Vida de
Henry
Brulard

Vida de Henry Brulard

Stendhal

autêntica　　　TRADUÇÃO Júlio Castañon Guimarães

Copyright desta edição © 2024 Autêntica Editora

Título original: *Vie de Henry Brulard*

Todos os direitos reservados pela Autêntica Editora Ltda. Nenhuma parte desta publicação poderá ser reproduzida, seja por meios mecânicos, eletrônicos, seja via cópia xerográfica, sem a autorização prévia da Editora.

EDITORAS RESPONSÁVEIS
Rejane Dias
Cecília Martins

REVISÃO
Aline Sobreira

CAPA
Diogo Droschi
(sobre desenho e litografia *Paisagem de Grenoble*, de A. Maugendre, no álbum La Salette, Paris; Grenoble, A. Merle, 1863. Biblioteca Municipal de Grenoble, Vh. 479)

DIAGRAMAÇÃO
Waldênia Alvarenga

Dados Internacionais de Catalogação na Publicação (CIP)
(Câmara Brasileira do Livro, SP, Brasil)

Stendhal, 1783-1842
    Vida de Henry Brulard / Stendhal ; tradução Júlio Castañon Guimarães. -- 1. ed. -- Belo Horizonte : Autêntica, 2024.

    Título original: Vie de Henry Brulard

    ISBN 978-65-5928-243-2

    1. Romancistas, Franceses - Século 19 - Biografia 2. Stendhal, 1783-1842 I. Título.

23-154591   CDD-843.914

Índices para catálogo sistemático:

1. Romance autobiográfico : Literatura francesa 843.914

Aline Graziele Benitez - Bibliotecária - CRB-1/3129

Belo Horizonte
Rua Carlos Turner, 420
Silveira . 31140-520
Belo Horizonte . MG
Tel.: (55 31) 3465 4500

São Paulo
Av. Paulista, 2.073, Conjunto Nacional
Horsa I . Sala 309 . Bela Vista
01311-940 . São Paulo . SP
Tel.: (55 11) 3034 4468

www.grupoautentica.com.br
SAC: atendimentoleitor@grupoautentica.com.br

7   Nota do tradutor

9   Capítulo I
19   Capítulo II
31   Capítulo III
39   Capítulo IV
45   Capítulo V: Pequenas lembranças de minha primeira infância
67   Capítulo VI
71   Capítulo VII
79   Capítulo VIII
89   Capítulo IX
101 Capítulo X: O mestre Durand
111 Capítulo XI: Amar e Merlino
119 Capítulo XII: Bilhete Gardon
129 Capítulo XIII: Primeira viagem a Échelles
141 Capítulo XIV: Morte do pobre Lambert
149 Capítulo XV
159 Capítulo XVI
171 Capítulo XVII
177 Capítulo XVIII: A primeira comunhão
181 Capítulo XIX
185 Capítulo XX
195 Capítulo XXI
201 Capítulo XXII: Cerco de Lyon, verão de 1793
207 Capítulo XXIII: Escola Central
215 Capítulo XXIV
225 Capítulo XXV
233 Capítulo XXVI

243	Capítulo XXVII
251	Capítulo XXVIII
259	Capítulo XXIX
267	Capítulo XXX
275	Capítulo XXXI
283	Capítulo XXXII
297	Capítulo XXXIII
315	Capítulo XXXIV
323	Capítulo XXXV
333	Capítulo XXXVI: Paris
339	Capítulo XXXVII
349	Capítulo XXXVIII
357	Capítulo XXXIX
367	Capítulo XL
375	Capítulo XLI
385	Capítulo XLII
393	Capítulo XLIII
401	Capítulo XLIV
407	Capítulo XLV: O São Bernardo
413	Capítulo XLVI
419	Capítulo XLVII: Milão
425	Apêndice
429	Testamentos

Nota do tradutor

Stendhal (1783-1842), pseudônimo de Henri Beyle, é um dos mais importantes nomes da literatura mundial, autor de obras-primas como os romances *O vermelho e o negro* e *A cartuxa de Parma*. Este *Vida de Henry Brulard* é sua autobiografia – escrita em 1835-1836 e só publicada postumamente em 1890 –, na qual se ocupa de sua infância e adolescência. O livro é considerado um dos pontos altos da escrita memorialística do século XIX, comparável às *Confissões* de Rousseau.

O manuscrito deixado pelo autor apresenta várias dificuldades – trechos interrompidos, equívocos, dados incompletos e assim por diante. Isso explica, por exemplo, o grande número de trechos entre parênteses e colchetes, bem como o uso de reticências. O manuscrito inclui vários desenhos realizados pelo próprio autor, sendo também de sua autoria as legendas; junto com estas há às vezes trechos entre colchetes e em itálico, de responsabilidade dos vários editores dos manuscritos, que são transcrições de palavras ou frases que integram os desenhos. No final deste volume, os apêndices apresentam um conjunto de indicações de Stendhal referentes ao destino de seu manuscrito, que dão uma ideia também do estado em que o autor o deixou. Assim, as diferentes edições da obra apresentam, em geral, numerosas notas, em que se transcrevem anotações feitas por Stendhal nas margens do manuscrito e em que se procuram elucidar os mais diferentes elementos do texto.

Nesta tradução, foi transcrita uma seleção das anotações do autor, aquelas que pareceram mais úteis para a leitura. Há também notas informativas, não exaustivas, mas apenas quando pareciam imprescindíveis. Para as anotações do autor e para as notas informativas, recorri ao material fornecido pelas duas diferentes edições publicadas na coleção Pléiade, a organizada por Henri Martineau e a organizada por Victor Del Litto, bem como ao da edição de Béatrice Didier e à edição da tradução para o inglês realizada por John Sturrock, pois aí se tem uma perspectiva similar à desta edição, ou seja, a leitura do texto em tradução. Assim, todas as informações presentes nas notas provêm dessas edições.

Capítulo I

Esta manhã, 16 de outubro de 1832, eu estava em San Pietro in Montorio, no monte Janículo, em Roma.[1] Fazia um sol magnífico. Quase imperceptível, um leve siroco fazia com que algumas pequenas nuvens brancas flutuassem acima do monte Albano; um calor delicioso reinava no ar, eu me sentia feliz por viver. Eu distinguia perfeitamente Frascati e Castel Gandolfo, que estão a quatro léguas daqui, a Villa Aldobrandini, onde está esse sublime afresco de Judite feito por Domenichino. Vejo perfeitamente o muro branco que indica as reformas feitas há pouco pelo príncipe Francesco Borghese, esse mesmo que vi em Wagram[2] como coronel do regimento de couraceiros, no dia em o Sr. de Noue, meu amigo, perdeu a perna. Bem mais adiante, percebo a colina de Palestrina e a casa branca de Castel San Pietro, que no passado foi sua fortaleza. Abaixo do muro em que me apoio, estão as grandes laranjeiras do pomar dos capuchinhos, depois o Tibre e o priorado de Malta, e um pouco depois, à direita, o túmulo de Cecília Metella, San Paolo e a Pirâmide de Cestio. Diante de mim, vejo Santa Maria Maggiore e as longas linhas do palácio de Monte Cavallo. Estende-se aos olhos toda a Roma antiga e moderna, da antiga Via Ápia, com as ruínas de seus túmulos e de seus aquedutos, até o magnífico jardim do Pincio, construído pelos franceses.

Esse lugar é único no mundo, dizia eu para mim mesmo, em devaneio; e a Roma antiga, a despeito de mim mesmo, sobrepujava a moderna, todas as lembranças de Tito Lívio voltavam-me em grande número. Sobre o Monte Albano, à esquerda do convento, eu percebia os campos de Aníbal.

---

[1] A data, fictícia, assinala a época em que Stendhal começou a pensar em escrever suas memórias – nessa época ele não estava em Roma; o texto começou de fato a ser escrito em 1835.

[2] Stendhal não esteve na Batalha de Wagram.

Que vista magnífica! Então é aqui que a *Transfiguração*, de Rafael, foi admirada durante dois séculos e meio. Que diferença da triste galeria de mármore cinza onde hoje está enterrada, no fundo do Vaticano! Assim, durante 250 anos essa obra-prima esteve aqui, 250 anos!... Ah! dentro de três meses terei cinquenta anos, é incrível! 1783, noventa e três, 1803, faço a conta nos dedos... e 1833, cinquenta. É incrível! Cinquenta! Terei cinquenta anos, e eu cantava a ária de Grétry:

Quand on a la cinquantaine...[3]

Essa descoberta imprevista não me irritou, eu acabava de pensar em Aníbal e nos romanos. Maiores que eu estão mortos!... No fim das contas, digo-me, não ocupei mal minha vida, *ocupei*! Ah! quer dizer que o acaso não me trouxe muitos infortúnios, pois na verdade dirigi muito pouco minha vida?

Apaixonar-se pela Srta. de Griesheim! Que podia eu esperar de uma jovem nobre, filha de um general que gozava de prestígio havia dois meses, antes da Batalha de Iena! Brichard tinha toda razão quando me dizia, com sua maldade habitual: "Quando se ama uma mulher, dizemos: que quero fazer com ela?".

Sentei-me nos degraus de San Pietro e ali devaneei por uma hora ou duas em torno desta ideia: vou fazer 50 anos, seria já tempo de me conhecer. O que fui, o que sou, na verdade seria difícil, para mim, dizê-lo. Passo por ser um homem muito inteligente e muito insensível, até mesmo dissoluto, e vejo que estive constantemente ocupado com amores infelizes. Amei perdidamente a Srta. Kubly, a Srta. de Griesheim, a Sra. de Diphortz, Métilde, e de fato não as tive, e vários desses amores duraram três ou quatro anos. Métilde ocupou de modo absoluto minha vida entre 1818 e 1824. E ainda não estou curado, acrescentei, depois de ter pensado apenas nela durante um bom quarto de hora talvez. Será que ela me amava?

---

[3] "Quando se tem 50 anos" – da ópera cômica *La fausse magie*, de Grétry (1741-1813), com libreto de Marmontel, que na verdade diz: "*Quand on la soixantaine*" (Quando se tem 60 anos).

Eu estava enternecido, e modo algum em êxtase. E Menti, em que tristeza não me mergulhou quando me deixou? Tive então um estremecimento ao pensar no dia 5 de setembro de 1826, em San Remo,[4] quando de meu retorno da Inglaterra. Que ano passei de 15 de setembro de 1826 a 15 de setembro de 1827! No dia desse assustador aniversário, eu estava na ilha de Ischia; e notei uma melhora sensível; em vez de pensar diretamente em minha infelicidade, como alguns meses antes, eu só pensava na *lembrança* do estado infeliz em que estava mergulhado em outubro de 1826, por exemplo. Essa observação consolou-me muito.

O que fui então? Eu não saberia. A que amigo, por mais esclarecido que seja, posso perguntar isso? O próprio Sr. di Fiore não poderia dar-me uma opinião. A que amigo algum dia eu disse uma única palavra sobre meus sofrimentos de amor?

E o que há de singular e de bastante infeliz, dizia-me eu nessa manhã, é que minhas *vitórias* (como eu as chamava então, com a cabeça cheia de coisas militares) não me deram um prazer que tivesse sido a metade apenas da profunda infelicidade que minhas derrotas me causaram.

A vitória espantosa sobre Menti não me deu prazer comparável à centésima parte da dor que ela me causou ao me deixar pelo Sr. de Rospiec.

Teria eu, portanto, um caráter triste?

...Diante disso, e, como eu não sabia o que dizer, pus-me, sem pensar, a admirar de novo a vista sublime das ruínas de Roma e de sua grandeza moderna: o Coliseu diante de mim e, abaixo de a meus pés, o Palazzo Farnese, com a bela galeria de Carlo Maderna aberta em pequenos arcos,[5] o Palazzo Corsini abaixo de meus pés.

Tenho sido um homem inteligente? Tive talento para alguma coisa? O Sr. Daru dizia que eu era ignorante como uma carpa; sim, mas foi Besançon que me trouxe isso, e a alegria de meu caráter causava

---

[4] Trata-se, na verdade, de Saint-Omer – esse tipo de anagrama era frequente em Stendhal. Algumas edições substituem "San Remo" por "Saint-Omer".

[5] Carlo Maderna não é considerado responsável por essa construção; na margem do manuscrito, Stendhal escreveu: "A verificar".

muita inveja à tristeza desse antigo secretário-geral de Besançon. Mas será que tive um caráter alegre?

Enfim, só desci do Janículo quando a leve bruma do anoitecer veio advertir-me de que logo eu seria tomado pelo frio súbito e muito desagradável e malsão que nessa região se segue imediatamente ao pôr do sol. Apressei-me em voltar ao Palazzo Conti (Piazza Minerva), eu estava extenuado. Vestia calças de ... branco inglês, dentro do cós escrevi: 16 de outubro de 1832, vou fazer 50 anos, abreviado assim, para não ser compreendido: *J. vaisa voirla 5.*[6]

À noite, ao voltar bastante entediado da reunião em casa do embaixador, eu me disse: eu deveria escrever minha vida, saberei talvez finalmente, quando em dois ou três anos isso estiver pronto, o que fui, alegre ou triste, inteligente ou tolo, corajoso ou medroso, e por fim, em suma, feliz ou infeliz, poderei dar esse manuscrito para Di Fiore ler.

Essa ideia sorriu-me. – Sim, mas essa terrível quantidade de *Eu* e de *Mim*! É o suficiente para deixar de mau humor o leitor mais benevolente. *Eu* e *mim*, isso seria, talento à parte, como o Sr. de Chateaubriand, esse rei dos *egotistas*.

De je *mis avec* moi *tu fais la récidive...*[7]

Eu me digo esse verso a cada vez que leio uma de suas páginas.

É verdade que seria possível escrever empregando-se a terceira pessoa, *ele* fez, *ele* disse; sim, mas como dar conta dos movimentos interiores da alma? É sobre isso antes de tudo que eu gostaria de consultar Di Fiore.

Continuo apenas em 23 de novembro de 1835. A mesma ideia de escrever *my life* ocorreu-me recentemente durante minha viagem a Ravena; para dizer a verdade, eu a tive muitas vezes desde 1832, mas sempre fiquei desanimado por essa terrível dificuldade dos *Eu* e dos *Mim*, que tornaria o autor de imediato antipático; não sinto que tenha

---

[6] Espécie de código usado por Stendhal para disfarçar o que estava dizendo; consistia em alterar a divisão normal das palavras – "*Je vais avoir la cinquantaine*" (vou fazer 50 anos).

[7] "Você põe de novo *eu* ao lado de *mim*" – adaptação de um verso de uma peça de Molière que diz: "*De pas mis avec rien tu fais la récidive*" (você recai em não ao lado de nada), do ato II, cena 6, de *Les femmes savantes*.

talento para contorná-la. Na verdade, não tenho segurança alguma de que tenha algum talento para me fazer ler. Às vezes tenho muito prazer em escrever, eis tudo.[8]

Se há outro mundo, não deixarei de ir ver Montesquieu; se ele me disser: "Meu pobre amigo, você não tinha talento algum", ficarei contrariado, mas de modo algum surpreso. Sinto isso com frequência, que olho pode ver-se a si mesmo? Há menos de três anos, encontrei esse *porquê*.

Vejo claramente que muitos escritores que usufruem de grande renome são detestáveis. O que hoje seria uma blasfêmia se dito a propósito do Sr. de Chateaubriand (uma espécie de Balzac[9]) será

---

[8] *Anotação de Stendhal na margem do manuscrito*: Em vez de tanto falatório, talvez isto bastasse: Brulard [*primeira versão:* Beyl{e}] (Marie-Henry), nascido em Grenoble, em 1786, de uma família de boa burguesia que tinha pretensões de nobreza, não houve aí mais orgulhosos aristocratas nove anos mais tarde, em 1792. B. foi testemunha muito cedo da maldade e da hipocrisia de certas pessoas, daí seu ódio instintivo pela religião. Sua infância foi feliz até a morte de sua mãe, que ele perdeu aos 7 anos, em seguida os padres fizeram dela um inferno. Para sair dele, estudou matemática com paixão e em 1797 ou 1798 ganhou o primeiro prêmio, ao passo que cinco alunos, recebidos um mês depois na Escola Politécnica, tinham conseguido apenas o segundo. Chegou a Paris um dia depois do 18 Brumário (9 de novembro) de 1799, mas deixou de se apresentar ao exame para a Escola Politécnica. Partiu com o exército de reserva como seu apreciador e atravessou o São Bernardo dois dias depois do primeiro cônsul. Ao chegar a Milão, o Sr. Daru, seu primo, então inspetor das revistas do exército, fez com que entrasse como sargento, e em breve como subtenente, no 6º de Dragões, de que o Sr. Le Baron, seu amigo, era coronel. Em seu regimento B., que tinha 150 francos de pensão por mês e que se dizia rico, ele tinha 17 anos, foi invejado e não foi bem recebido; teve todavia um belo certificado do Conselho de Administração. Um ano depois, foi ajudante de campo do bravo tenente-general Michaud, fez a campanha do Mincio contra o general Bellegarde, julgou a tolice do general Brune e teve encantadores períodos de guarnição em Brescia e Bergamo. Obrigado a deixar o general Michaud, pois era preciso ser pelo menos tenente para ocupar as funções de ajudante de campo, voltou ao 6º de Dragões em Alba e Savigliano, Piemonte, teve uma doença mortal em Saluces: 14 sangrias, ridícula aventura com uma senhora importante.

Aborrecido com seus camaradas, militares que eram apenas militares, B. foi para Grenoble, apaixonou-se pela Srta. Victorine Mounier; e, aproveitando-se da breve paz, pediu demissão e foi para Paris, onde passou dois anos na solidão, julgando estar apenas se distraindo com a leitura das *Cartas persas*, de Montaigne, de Cabanis, de Tracy e na verdade completando sua educação.

[9] Trata-se aqui de Guez de Balzac (1597-1654).

um *truism* em 1880. Nunca mudei em relação a esse Balzac: quando apareceu, por volta de 1803, o *Génie du christianisme* ridículo. Crozet ficou seduzido no Monte Cenis com o Sr. Derrien. Mas perceber os defeitos do outro é ter talento? Vejo os piores pintores verem muito bem os defeitos uns dos outros: O Sr. Ingres tem toda razão contra o Sr. Gros, e o Sr. Gros, contra o Sr. Ingres. (Escolho aqueles de que talvez se falará ainda em 1935.)

Eis o raciocínio que me tranquilizou em relação a estas Memórias. Suponhamos que eu continue este manuscrito e que uma vez escrito eu não o queime; eu o legarei não a um amigo que poderia tornar-se um carola ou um vendido a um partido, como esse sonso desse Thomas Moore,[10] eu o deixarei para um livreiro, por exemplo, o Sr. Levavasseur (Place Vendôme, Paris).

Assim, um livreiro, depois que eu me for, recebe um grosso volume encadernado com esta detestável caligrafia. Mandará copiar um pouco dele, e lerá; se a coisa lhe parecer tediosa, se ninguém falar mais do Sr. de Stendhal, ele abandonará o amontoado, que será talvez reencontrado 200 anos mais tarde, como as memórias de Benvenuto Cellini.

Se o imprime, e a coisa parece tediosa, falarão dela ao termo de 30 anos como hoje se fala do poema *Navigation*, do espião Esménard, de que se falava com frequência nos almoços do Sr. Daru em 1802. E esse espião ainda era, ao que me parece, censor ou diretor de todos os jornais que o *poffaient* (de *to puff*)[11] exageradamente todas as semanas. Era o Salvandy dessa época, ainda mais insolente, se isso é possível, mas com muito mais ideias.

Assim, minhas Confissões não existirão mais 30 anos depois de terem sido impressas, se os *Eu* e os *Mim* cansarem muito os leitores; no entanto, terei tido o prazer de as escrever, e de fazer a fundo meu exame de consciência. Além do mais, se houver sucesso, corro o risco

---

[10] Thomas Moore (1779-1852), escritor irlandês, a quem Byron legara suas *Memórias*, concordou com a queima do manuscrito e veio a publicar *Memórias sobre a vida de lorde Byron* (1830).

[11] "*To puff*", em inglês, "elogiar exageradamente". Stendhal esboçou dois textos, intitulados "Puff-dialogue" e "Puff-article", e publicou uma carta em defesa da nova palavra, que esteve em voga na França nessa época, designando publicidade mentirosa.

de ser lido em 1900 pelos espíritos de que gosto, as senhoras Roland, as Mélanie Guilbert, as ...

Por exemplo, hoje, 24 de novembro de 1835, chego da Capela Sistina, onde não tive qualquer prazer, embora munido de uma boa luneta para ver a abóbada e o *Juízo final*, de Michelangelo; mas um excesso de café cometido anteontem em casa dos Caetani, por culpa de uma máquina que Michelangelo[12] trouxe de Londres, provocou-me uma nevralgia. Uma máquina muito perfeita; esse ótimo café, letra de câmbio emitida sobre a felicidade futura em benefício do momento presente, devolveu-me minha antiga nevralgia, e estive na Capela Sistina como um cordeiro, *id est* sem prazer, em momento algum a imaginação pôde voar. Admirei o drapeado de brocado de ouro, pintado em afresco, ao lado do trono, isto é, da grande cadeira de nogueira do papa. Esse drapeado, que traz o nome de Sisto IV, papa (*Sixtus IIII, Papa*), pode ser tocado com a mão, está a dois pés do olho e ainda provoca ilusão após 354 anos.

Não estando bom para nada, nem sequer para escrever cartas oficiais do meu trabalho, mandei acender o fogo e escrevo isto, sem mentir espero, sem me fazer ilusão, com prazer, como uma carta a um amigo. Quais serão as ideias desse amigo em 1880? Muito diferentes das nossas! Hoje, para três quartos de meus conhecidos, são uma enorme imprudência, uma enormidade estas duas ideias: o *mais infame dos Kings* e *Tártaro hipócrita*, aplicadas a dois nomes que não ouso escrever;[13] em 1880, esses juízos serão *truisms* que mesmo os Kératry da época não ousarão mais repetir. Isso é novidade para mim; falar a pessoas das quais se ignora por completo o hábito mental, o tipo de educação, os preconceitos, a religião! Que incentivo para ser *verdadeiro*, e simplesmente *verdadeiro*, é só isso que conta. Benvenuto[14] foi *verdadeiro*, e seguem-no com prazer, como se tivesse sido escrito ontem, ao passo que se saltam as folhas desse jesuíta do Marmontel que, no entanto, como verdadeiro acadêmico, toma todas as precauções possíveis para não desagradar. Recusei-me a comprar

---

[12] Aqui se trata de Michelangelo Caetani.

[13] Trata-se de Luís Filipe, rei da França, e do czar russo Nicolau II.

[14] Benvenuto Cellini.

suas memórias em Livorno, a 20 *sous* [soldos[15]] o volume, eu, que adoro esse tipo de texto.

Mas quantas precauções não são necessárias para não mentir!

Por exemplo, no começo do primeiro capítulo, há uma coisa que pode parecer uma fanfarronada – não, meu leitor, eu não era soldado em Wagram, em 1809.

É preciso que saiba que, 45 anos antes de você, era moda ter sido soldado sob Napoleão. Portanto, hoje, 1835, dizer de modo indireto, e sem mentira absoluta (*jesuitico more*[16]), que se foi soldado em Wagram é uma mentira inteiramente digna de ser escrita.

O fato é que fui segundo sargento e subtenente no 6º Regimento de Dragões, quando da chegada deste à Itália, em maio de 1800, acredito eu, e que pedi baixa na época da breve paz de 1803. Eu estava entediado ao extremo com meus camaradas, e não achava nada mais agradável do que viver em Paris, como *filósofo*, era a palavra que eu empregava então para mim mesmo, graças aos 150 francos por mês que meu pai me dava. Eu supunha que, depois que ele se fosse, eu teria o dobro ou duas vezes o dobro; com o ardor de saber que na época me inflamava, isso era um excesso.

Não me tornei coronel, como poderia ter sido com a poderosa proteção do conde Daru, meu primo, mas fui, penso eu, bem mais feliz. Pouco depois, não pensei mais em estudar o Sr. de Turenne e imitá-lo, essa ideia fora meu objetivo fixo durante os três anos em que fui dragão. Algumas vezes ela era combatida por esta outra: fazer comédias como Molière e viver com uma atriz. Eu já tinha então um desgosto mortal pelas mulheres honestas e a hipocrisia que lhes é indispensável. Minha enorme preguiça se impôs; uma vez em Paris, eu passava seis meses inteiros sem fazer visitas a minha família (Srs. Daru, Sra. Le Brun, Sr. e Sra. de Baure), eu sempre me dizia *amanhã*; passei dois anos assim, em um quinto andar da Rue d'Angivilliers, com uma bela vista da colunata do Louvre, e lendo La Bruyère, Montaigne e J.-J. Rousseau, cuja ênfase logo me incomodou. Aí se formou meu

---

[15] Vigésima parte de um franco ou cinco cêntimos.
[16] Em latim, "ao modo jesuítico".

caráter. Eu lia muito também as tragédias de Alfieri, esforçando-me para encontrar prazer nelas, eu venerava Cabanis, Tracy e J.-B. Say, lia com frequência Cabanis, cujo estilo vago me desgostava. Eu vivia solitário e louco como um espanhol, a mil léguas da vida real. O bom padre Jeki, irlandês, dava-me aulas de inglês, mas eu não fazia qualquer progresso; eu estava louco por Hamlet.

Mas me deixo entusiasmar, perco-me, serei ininteligível se não seguir a ordem do tempo, e de resto as circunstâncias não me voltarão tão bem.

Portanto, em Wagram, em 1809, eu não era militar, mas, ao contrário, adjunto dos comissários de guerra, posto em que meu primo, o Sr. Daru, me havia colocado para *me retirar do vício*, conforme o estilo de minha família. Pois minha solidão da Rue d'Angivilliers acabara quando fui viver um ano em Marselha com uma atriz encantadora que tinha os sentimentos mais elevados e a quem nunca dei um centavo. Primeiro, pela importantíssima razão de que meu pai ainda me dava 150 francos por mês, com os quais era preciso viver, e essa pensão era paga muito irregularmente em 1805, em Marselha.

Mas me perco ainda. Em outubro de 1806, depois de *Iena*, fui adjunto dos comissários de guerra, posto desprezado pelos soldados; em 1810, a 3 de agosto, auditor do Conselho de Estado, alguns dias depois inspetor-geral do Mobiliário da Coroa. Estive em boas graças, não junto ao chefe, Napoleão não falava com loucos de minha espécie, mas muito bem visto pelo melhor dos homens, o duque de Frioul (Duroc). Mas me perco.

Capítulo II

Caí com Napoleão em abril de 1814. Vim para a Itália viver como na Rue d'Angivilliers. Em 1821, saí de Milão, com o desespero na alma por causa de Métilde, e pensando muito em arrebentar os miolos. Primeiro, tudo me entediava em Paris; depois, escrevi para me distrair; Métilde morreu, portanto inútil voltar a Milão. Eu me havia tornado perfeitamente feliz; isso é dizer muito, mas enfim muito passavelmente feliz, em 1830, quando escrevia *Le rouge et le noir* [*O vermelho e o negro*].

Fiquei entusiasmado com as jornadas de julho,[17] vi as balas sob as colunas do Théâtre-Français, com muito pouco perigo de minha parte; não esquecerei jamais esse belo sol, e a primeira visão da bandeira tricolor, no dia 29 ou 30, pelas 8 horas, depois de ter dormido em casa do comandante Pinto, cuja sobrinha tinha medo. Em 25 de setembro, fui nomeado cônsul em Trieste pelo Sr. Molé, que eu nunca havia visto. De Trieste, vim em 1831 para Civita-Vecchia e Roma, onde ainda estou e onde me entedio, por falta de possibilidade de troca de ideias. Tenho necessidade, de tempos em tempos, de conversar à noite com pessoas inteligentes, sem o quê me sinto como que asfixiado.

Assim, eis as grandes divisões de meu relato: nascido em 1783, dragão em 1800, estudante de 1803 a 1806. Em 1806, adjunto dos comissários de guerra, intendente em Brunswick. Em 1809, recolhendo os feridos em Essling, ou em Wagram, cumprindo missões ao longo do Danúbio, em suas margens cobertas de neve, em Linz e Passau, apaixonado pela condessa Petit, e a fim de a rever pedindo para ir à Espanha. Em 3 de agosto de 1810, nomeado mais ou menos por ela auditor no Conselho de Estado. Essa vida muito favorecida e de despesas leva-me a Moscou, faz-me intendente em Sagan, na Silésia, e por fim cair em

---

[17] Referência à revolução de julho de 1830 que depôs o rei Carlos X, substituído por Luís Filipe.

abril de 1814. Quem acreditaria! quanto a mim pessoalmente, a queda deu-me prazer.

Depois da queda, estudante, escritor, louco de amor, mandando imprimir *História da pintura na Itália*, em 1817; meu pai, que se tornara ultra,[18] arruína-se e morre em 1819, penso eu; volto a Paris em junho de 1821. Estou em desespero por causa de Métilde, ela morre, eu a prefiro morta a infiel; escrevo, consolo-me, estou feliz. Em 1830, no mês de setembro, entro na rotina administrativa, em que estou ainda, saudoso da vida de escritor no terceiro andar do Hotel de Valois, Rue de Richelieu, 71.

Tornei-me um homem de espírito a partir do inverno de 1826, antes eu me calava por preguiça. Passo, penso eu, por ser o homem mais alegre e mais insensível, é verdade que eu nunca disse uma única palavra sobre as mulheres que amava. Experimentei de modo completo a esse respeito todos os sintomas do temperamento melancólico descrito por Cabanis. Tive muito pouco sucesso.

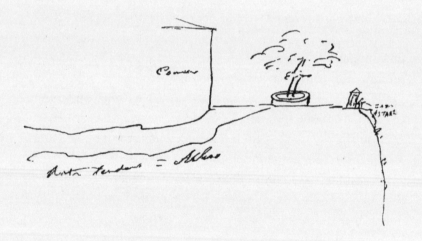

Convento. – Estrada para Albano. – Zadig. Astarté. – Lago de Albano

Mas, outro dia, devaneando sobre a vida no caminho solitário acima do lago de Albano, achei que minha vida podia ser resumida

---

[18] No caso, "ultra" refere-se a um reacionário extremista. Durante a Revolução Francesa, referia-se a um "revolucionário extremista"; durante a Restauração, a um "partidário intransigente da monarquia absoluta".

pelos nomes que se seguem, cujas iniciais, como Zadig,[19] eu escrevia na poeira, com minha bengala, sentado no pequeno banco atrás das estações do Calvário dos *Minori Osservanti* construído pelo irmão de Urbano VIII, Barberini, junto a essas duas belas árvores circundadas por um pequeno muro circular:

Virginie (Kubly),
Angela (Pietragrua),
Adèle (Rebuffel),
Mélanie (Guilbert),
Mina (de Griesheim),
Alexandrine (Petit),
Angelina que nunca amei (Bereyter),
Angela (Pietragrua),
Métilde (Dembowski),
Clémentine,
Giulia.

E, por fim, durante um mês no máximo, a Sra. Azur, cujo nome de batismo esqueci, e, imprudentemente, ontem, Amalia (Bettini).

A maioria dessas criaturas encantadoras não me honraram com seus favores, mas ocuparam literalmente toda minha vida. A elas sucederam minhas obras. Na realidade, nunca fui ambicioso, mas em 1811 eu me acreditava ambicioso.

O estado habitual de minha vida foi o de apaixonado infeliz, que gosta de música e pintura, isto é, de usufruir dos produtos dessas artes, e não de as praticar inabilmente. Procurei com uma sensibilidade refinada ver belas paisagens; foi unicamente por isso que viajei. As paisagens eram como um pequeno *arco* que tocava em meu espírito, e vistas que ninguém citava (a linha de rochedos nas proximidades de Arbois, penso eu, quando se vem de Dôle pela estrada principal, foi para mim uma imagem sensível e evidente da alma de Métilde). Vejo que foi o devaneio o que preferi a tudo, mesmo a passar por um homem de espírito. Só me dei esse trabalho, só assumi essa condição

---

[19] Não é Zadig, personagem da obra de Voltaire que tem esse nome como título, mas Astarté que escreve no chão o nome do amado.

de improvisar em diálogo, em benefício da companhia em que me encontrava, em 1826, por causa do desespero em que passei os primeiros meses desse ano fatal.

Recentemente, fiquei sabendo, ao ler em um livro (as cartas de Victor Jacquemont, o Indiano) que alguém pudera achar-me brilhante. Há alguns anos, eu vira mais ou menos a mesma coisa em um livro, então na moda, de Lady Morgan. Eu havia esquecido essa bela qualidade que me fizera tantos inimigos. Talvez fosse apenas a aparência da qualidade, e os inimigos são criaturas muito comuns para julgar o brilho; por exemplo, como um conde d'Argout pode julgar o que seja *brilhante*? Um homem cuja felicidade é ler por dia dois ou três volumes de romances *in*-12º destinados a camareiras. Como o Sr. de Lamartine julgaria o espírito? Primeiro, ele não o tem, e, em segundo lugar, ele também devora dois volumes por dia das obras mais medíocres. (Encontrado em Florença em 1824 ou 1826.)

O grande *drawback* (inconveniente) de ter espírito é que é preciso ter o olho fixo nos meio tolos que o cercam, *e se imbuir de suas sensações simplórias*. Tenho o defeito de me ligar ao menos impotente de imaginação e de me tornar ininteligível para os outros que, talvez, apenas fiquem mais contentes com isso.

Desde que estou em Roma, nem sequer uma vez por semana tenho espírito, e nem mesmo por cinco minutos, prefiro devanear. Essas pessoas não compreendem suficientemente as sutilezas da língua francesa para sentir as sutilezas de minhas observações; precisam do espírito grosseiro de caixeiro-viajante, como Melodrama,[20] que os encanta (exemplo: Michelangelo Caetani) e é seu verdadeiro pão cotidiano. A visão de um sucesso como esse gela-me, não me digno mais de falar às pessoas que aplaudiram Melodrama. Vejo todo o nada da vaidade.

Há dois meses, então, em setembro de 1835, pensando em escrever estas memórias, à margem do lago de Albano (a 200 pés do nível do lago), eu escrevia na poeira, como Zadig, estas iniciais:

---

[20] Forma como o autor se refere ao visconde Gustave-Adolphe Beugnot, secretário da embaixada em Roma na época de Stendhal.

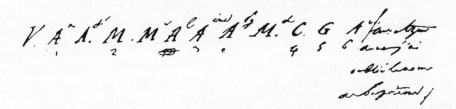

V. An. Ad. M. Mi. Ai. Aine. Apg. Mde. C. G. Aur.
  1   2   3   2   4 5 6
(Sra. Azur, cujo nome de batismo esqueci.)

Eu refletia profundamente sobre esses nomes, e sobre as espantosas besteiras e tolices que me fizeram fazer (digo espantosas para mim, não para o leitor, e de resto não me arrependo delas).

Na verdade só tive seis dessas mulheres que amei.

A maior paixão está para ser definida entre Mélanie 2, Alexandrine, Métilde e Clémentine 4.

Clémentine é a que me causou a maior dor ao me deixar. Mas essa dor é comparável àquela ocasionada por Métilde, que não queria dizer-me que me amava?

Com todas essas e com várias outras, sempre fui uma criança; também tive muito pouco sucesso. Em compensação, elas me ocuparam muito e apaixonadamente, e deixaram lembranças que me encantam (algumas depois de 24 anos, como a lembrança da Madonna del Monte, em Varese, em 1811). Não fui galante, não o bastante, só me ocupava da mulher que eu amava, e, quando não amava, eu divagava sobre o espetáculo das coisas humanas, ou lia com encanto Montesquieu ou Walter Scott.

E então, como dizem as crianças, estou tão longe de ser *blasé* em relação a suas artimanhas e seus pequenos favores, que em minha idade, 52 anos, e ao escrever isto, fico ainda inteiramente encantado com uma longa *chiacchierata*[21] que Amalia teve ontem à noite comigo no Teatro Valle.

---

[21] Em italiano no original, "tagarelice, conversa fiada".

Para as considerar o mais filosoficamente possível e tentar assim as despojar da auréola que me faz *ver mal*, que me ofusca e me retira a faculdade de ver distintamente, *ordenarei* essas senhoras (linguagem matemática) segundo suas diversas qualidades. Direi, portanto, para começar por sua paixão habitual, a vaidade, que duas delas eram condessas e uma, baronesa.

A mais rica era Alexandrine Petit, seu marido e ela sobretudo gastavam uns 80 mil francos por ano. A mais pobre era Mina de Griesheim, filha mais nova de um general sem qualquer fortuna e ex-protegido de um príncipe decaído, cujo estipêndio permitia à família viver, ou a Srta. Bereyter, atriz da Opera Buffa.

Procuro destruir o encanto, o *dazzling*[22] dos acontecimentos, considerando-os assim militarmente. Trata-se de meu único recurso para chegar à verdade em um tema sobre o qual não posso conversar com ninguém. Por pudor de um temperamento melancólico (Cabanis), sempre fui, a esse respeito, de uma discrição incrível, louca. Quanto ao espírito, Clémentine sobrepujou todas as outras. Métilde sobrepujou-as pelos sentimentos nobres, espanhóis; Giulia, assim me parece, pela força do caráter, ao passo que, no primeiro momento, ela parecia a mais fraca; Angela Pietragrua foi uma sublime puta à italiana, à Lucrécia Bórgia, e a Sra. Azur, uma puta não sublime, à Du Barry.

O dinheiro só me declarou guerra duas vezes, no fim de 1805 e em 1806 até agosto, pois meu pai não me enviava mais dinheiro, e sem *me prevenir disso*, este era o problema. Ficou uma vez cinco meses sem pagar minha pensão de 150 francos. Então nossas grandes dificuldades com o visconde, ele recebia exatamente sua pensão, mas a jogava toda regularmente, no dia em que a recebia.

Em 1829 e 1830, fiquei em apuros antes por falta de cuidado e irresponsabilidade do que por falta verdadeira de meios, já que de 1821 a 1830 fiz três ou quatro viagens à Itália, à Inglaterra, a Barcelona, e no fim desse período eu só devia 400 francos.

Minha maior falta de dinheiro levou-me ao procedimento desagradável de tomar emprestados 100 francos ou, algumas vezes, 200 ao Sr. Besançon. Eu devolvia depois de um mês ou dois; e enfim, em

---
[22] Em inglês no original, "ofuscamento".

setembro de 1830, eu devia 400 francos a meu alfaiate Michel. Os que conhecem a vida dos jovens de minha época acharão isso bem moderado. De 1800 a 1830, eu nunca havia devido um centavo a meu alfaiate Léger, nem a seu sucessor, Michel (22, Rue Vivienne).

Meus amigos de então, 1830, os Srs. de Mareste, Colomb, eram amigos de uma singular espécie, teriam tomado sem dúvida providências ativas para me tirar de um grande perigo, mas quando eu saía com uma roupa nova eles teriam dado 20 francos, o primeiro sobretudo, para que me jogassem um copo de água suja. (Excetuando-se o visconde de Barral e Bigillion [de Saint-Ismier], só tive em toda minha vida amigos dessa espécie.)

Eram ótimas pessoas, muito prudentes, que haviam chegado a 12 ou 15 mil francos de salário ou de renda graças a um trabalho ou uma atividade assídua, e que não podiam suportar ver-me alegre, irresponsável, feliz com um caderno de papel branco e uma pena, e vivendo com não mais de 4 ou 5 mil francos. Teriam gostado de mim cem vezes mais se me tivessem visto entristecido e infeliz por só ter a metade ou o terço de seu rendimento, eu que outrora talvez os houvesse chocado um pouco quando tinha um cocheiro, dois cavalos, uma caleche e um cabriolé, pois até esse ponto havia chegado meu luxo, na época do imperador. Então eu era ou me julgava ambicioso; o que me incomodava nessa suposição é que eu não sabia o que desejar. Eu tinha vergonha de estar apaixonado pela condessa Alexandrine Petit, sustentava uma amante, a Srta. A. Bereyter, atriz da Opera Buffa, almoçava no café Hardy, era de uma atividade incrível. Eu ia de Saint-Cloud a Paris exclusivamente para assistir a um ato do *Matrimonio segreto* no Odéon (Sra. Barilli, Barilli, Tacchinardi, Sra. Festa, Srta. Bereyter). Meu cabriolé esperava na porta do café Hardy, e isso é o que meu cunhado nunca me perdoou.

Tudo isso podia passar por fatuidade, e no entanto não o era. Eu procurava usufruir e agir, mas não buscava de modo algum dar a parecer mais prazeres ou ação do que realmente havia. O Sr. Prunelle, médico, homem inteligente, cuja racionalidade me agradava muito, horrivelmente feio e a seguir célebre como deputado venal e prefeito de Lyon em torno de 1833, e que eu conhecia nessa época, disse de mim: *É um vaidoso arrogante.* Esse juízo teve eco entre meus conhecidos. Talvez afinal tivessem razão.

Excelente e verdadeiro burguês, meu cunhado, o Sr. Périer-Lagrange (antigo negociante que se arruinava, sem o saber, ao ter atividade agrícola perto de La Tour-du-Pin), ao almoçar comigo no café Hardy e me ver fazer pedidos firmemente aos garçons, pois com todos os meus deveres a cumprir eu estava com frequência apressado, ficou encantado porque esses garçons fizeram entre si alguma brincadeira que sugeria que eu fosse um vaidoso, o que não me incomodou de modo algum. Sempre e como por instinto (tão bem confirmado a seguir pelas Câmaras) desprezei profundamente os burgueses.

Todavia, eu entrevia também que somente entre os burgueses se encontravam homens enérgicos tais como meu primo Rebuffel (negociante da Rue Saint-Denis), o padre Drucros, bibliotecário da cidade de Grenoble, o incomparável Gros (da Rue St-Laurent), geômetra de primeira ordem e meu mestre, sem que meus parentes do sexo masculino o soubessem, pois ele era jacobino, e toda minha família, carolamente ultra. Esses três homens tiveram toda minha estima e toda minha afeição, na medida em que o respeito e a diferença de idade podiam admitir essas comunicações que fazem com que se ame. Mesmo com eles eu era como fui mais tarde com os seres que amei muito, mudo, imóvel, estúpido, pouco amável e algumas vezes ofensivo por força de devotamento e ausência de *eu*. Meu amor-próprio, meu interesse, meu eu haviam desaparecido em presença da pessoa amada, eu estava transformado nela. O que acontecia quando essa pessoa era uma tratante, como a Sra. Pietragua? Mas sempre me antecipo. Teria eu coragem para escrever estas Confissões de um modo inteligível? É preciso narrar, e escrevo *considerações* sobre acontecimentos bem pequenos, mas que, precisamente por causa de sua dimensão microscópica, têm necessidade de ser contados com muita precisão. Que paciência lhe será necessária, ó meu leitor!

Portanto, para mim, a *energia* só existia, mesmo a meus olhos (em 1811), na classe que está em luta com as verdadeiras necessidades.

Meus amigos nobres, os Srs. Raymond de Bérenger (morto em Lützen), de Saint-Ferréol, de Sinard (devoto morto jovem), Gabriel du Bouchage (espécie de trapaceiro ou de tomador de empréstimo pouco escrupuloso, hoje par de França e ex-ultra pelo espírito), os Srs. de Monval, davam-me a impressão de terem sempre alguma coisa de singular, um respeito assustador pelas *conveniências* (por exemplo, Sinard). Procuravam sempre o *bom tom* ou *o que é adequado*, tal como se dizia em Grenoble, em 1793. Mas essa ideia, eu estava longe de a ter com clareza. Há apenas um ano minha ideia sobre a *nobreza* chegou por fim a ser completa. Por instinto, minha vida moral transcorreu a considerar atentamente cinco ou seis ideias principais, e a tentar ver a verdade a respeito delas.

Raymond de Bérenger era excelente e um verdadeiro exemplo da máxima: *noblesse exige*, ao passo que Monval (morto como coronel e em geral desprezado, por volta de 1829, em Grenoble) era o ideal de um deputado do centro. Tudo isso já se via muito bem quando esses senhores tinham 15 anos, por volta de 1798.

Só vejo a verdade com clareza em relação à maior parte dessas coisas ao escrevê-las, em 1835, na medida em que elas foram envolvidas até aqui pela auréola da juventude, proveniente da extrema vivacidade das sensações.

À força de empregar métodos filosóficos, por exemplo, à força de classificar meus amigos de juventude por *gêneros*, como o Sr. Adrien de Jussieu faz para suas plantas (em botânica), procuro alcançar essa verdade que me escapa. Percebo que o que eu considerava como montanhas elevadas, em 1800, eram na maioria apenas *montículos feitos por toupeiras*; mas se trata de uma descoberta que só fiz bem tarde.

Vejo que eu era como um cavalo muito assustadiço, e é a uma observação que me fez o Sr. de Tracy (o ilustre conde Destutt de Tracy, par de França, membro da Academia Francesa e, bem melhor, autor da lei de 3 de prairial sobre as escolas centrais), é a uma observação que me fez o Sr. de Tracy que devo essa descoberta.

Preciso de um exemplo. Por um nada, por exemplo, uma porta aberta pela metade, à noite, eu imaginava dois homens armados que esperavam para impedir-me de chegar a uma janela que dava para uma varanda de onde eu via minha amante. Era uma ilusão, que um homem sensato como Abraham Constantin, meu amigo, não teria tido. Mas ao cabo de uns poucos segundos (quatro ou cinco no máximo) o sacrifício de minha vida estava feito e perfeito, e eu me precipitava como um herói diante dos dois inimigos, que se transformavam em uma porta entreaberta.

Há apenas dois meses uma coisa desse tipo, mas em termos morais, ainda me aconteceu. O sacrifício estava feito e toda a coragem necessária estava presente, quando depois de 20 horas me dei conta, relendo uma carta mal lida (do Sr. Hérard), que se tratava de uma ilusão. Sempre leio muito rapidamente aquilo que me desagrada.

Portanto, classificando minha vida como uma coleção de plantas, encontrarei:

Infância e primeira educação, de 1786 a 1800............................	15 anos
Serviço militar, de 1800 a 1803..	3 –
Segunda educação, amores ridículos com a Srta. Adèle Clozel e com sua mãe, que se apossou do enamorado de sua filha. Vida Rue Angivilliers. Enfim, boa temporada em Marselha com Mélanie, de 1803 1805..	2 –
Retorno a Paris, fim da educação..	1 –
Serviço sob Napoleão, de 1806 ao fim de 1814 (de outubro de 1806 à abdicação, em 1814)..	7 ½
Abril, minha adesão,[23] no mesmo número do *Moniteur* em que saiu a abdicação de Napoleão. Viagens, grandes e terríveis amores, consolações escrevendo livros, de 1814 a 1830	15 ½
Segundo serviço, cônsul de 15 de setembro de 1830 até o presente quarto de hora...	5 anos

Iniciei-me na sociedade pelo salão da Sra. de Valserre, uma devota de rosto singular, sem queixo, filha do barão des Adrets e amiga de minha mãe. Isso foi provavelmente por volta de 1794. Eu tinha um temperamento ardente e a timidez descrita por Cabanis. Fui excessivamente tocado pela beleza do braço da Srta. Bonne de Saint-Vallier, penso eu, vejo o rosto e os belos braços, mas o nome é incerto, talvez fosse a Srta. de Lavalette. O Sr. de Saint-Ferréol, de que desde então

---

[23] Stendhal refere-se a sua adesão à restauração dos Bourbon, depois da queda de Napoleão.

nunca ouvi falar, era meu inimigo e meu rival, o Sr. de Sinard, amigo comum, acalmava-nos. Tudo isso se passava em um magnífico térreo que dava para o jardim da residência dos Adrets, hoje destruída e transformada em casa burguesa, na Rue Neuve, em Grenoble. Na mesma época, começou minha admiração apaixonada pelo padre Ducros (frade franciscano secularizado, homem de grande mérito, pelo menos assim me parece). Eu tinha como amigo íntimo meu avô, o Sr. Henri Gagnon, doutor em Medicina.

Depois de tantas considerações gerais, vou nascer.

Capítulo III

Minha primeira lembrança é a de ter mordido a face ou a testa da Sra. Pison du Galland, minha prima, mulher do homem de espírito que era deputado à Assembleia Constituinte. Eu a vejo ainda, uma mulher de 25 anos que tinha corpulência e muito ruge. Foi ao que parece esse ruge que mexeu comigo. Sentada no meio do prado que chamavam de talude da Porte de Bonne, sua face se encontrava precisamente à minha altura.

"Dê-me um beijo, Henri", disse-me ela. Eu não quis. Ela se chateou. Mordi, firme. Vejo a cena, mas sem dúvida porque imediatamente me transformaram num criminoso e me falavam disso sem parar.

Esse talude da Porte de Bonne estava coberto de margaridas. Com essa bonita florzinha eu fazia um buquê. Esse prado de 1786 encontra-se hoje sem dúvida no meio da cidade, ao sul da igreja do colégio.

Minha tia Séraphie declarou que eu era um monstro e que eu tinha um caráter atroz. Essa tia Séraphie tinha toda a acidez de uma moça devota que não pôde casar-se. O que lhe aconteceu? Eu nunca o soube, nunca sabemos a crônica escandalosa de nossos parentes, e deixei a cidade para sempre aos 16 anos, depois de três anos da paixão mais intensa, que me havia relegado a uma solidão completa.

O segundo traço de caráter era bem mais negro.

Eu tinha uma coleção de juncos, sempre no talude da Porte de Bonne (Bonne de Lesdiguières). Perguntar o nome botânico do junco, erva de forma cilíndrica como uma pena de galinha e com um pé de comprimento.

Tinham-me levado para casa, onde uma janela do primeiro andar dava para a Grande Rue, na esquina da Place Grenette. Eu fazia um jardim cortando esses juncos em pedaços de duas polegadas de comprimento que eu colocava no intervalo entre o balcão e o escoadouro da janela. A faca de cozinha de que eu me servia escapa-me e cai na rua, isto é, de uma dúzia de pés de altura, perto de uma certa Sra. Chenevaz ou sobre ela. Era a pior mulher de toda a cidade (mãe de Candide Chenevaz, que, na juventude, adorava *Clarisse Harlowe*, de Richardson, depois um dos 300 do Sr. de Villèle[24] e recompensado com o posto de primeiro presidente da corte real de Grenoble; morto em Lyon, sem ter assumido).

Minha tia Séraphie disse que eu quisera matar a Sra. Chenevaz; declarou-se que eu tinha um caráter atroz, fui repreendido por meu excepcional avô, o Sr. Gagnon, que tinha medo de sua filha Séraphie, a devota mais reputada da cidade, fui repreendido até mesmo por esse caráter elevado e espanhol, minha bondosa tia-avó a Srta. Elisabeth Gagnon.

Revoltei-me, eu devia ter 4 anos. Dessa época data meu horror pela religião, horror que minha razão pôde com grande esforço reduzir às justas dimensões, e isso bem recentemente, há menos de seis anos. Quase ao mesmo tempo, teve sua primeira origem meu amor filial instintivo, enfurecido nessa época, pela república.

Eu não tinha mais do que 5 anos.[25]

Essa tia Séraphie foi meu gênio mau por toda minha infância; era detestada, mas muito considerada na família. Suponho que a seguir meu pai tenha sido apaixonado por ela, pelo menos havia longos passeios nas *Granges* em um pântano sob os muros da cidade, em que eu era o único *terceiro incômodo* e me entediava muito. Escondia-me no momento de partir para esses passeios. Ali naufragou a bem pequena amizade que eu tinha por meu pai.

Na verdade, fui educado exclusivamente por meu excepcional avô,

---

[24] Ou seja, fazia parte da maioria que apoiava o ministério do conservador conde de Villèle, presidente do Conselho de Ministros, na década de 1820.

[25] *No verso da folha do manuscrito, Stendhal acrescentou*: "O Sr. Gagnon comprou a casa vizinha das senhoras de Marnais, em troca do apartamento, escrevo por toda tarde no gesso dos grampos: 'Henry Beyle, 1789'. Vejo ainda essa bela inscrição que deslumbrava meu bom avô. Portanto, meu atentado contra a vida da Sra. Chenevaz é anterior a 1789".

o Sr. Henri Gagnon. Esse homem raro fizera uma peregrinação a Ferney para ver Voltaire e fora recebido por este com distinção. Tinha um pequeno busto de Voltaire, do tamanho de uma mão fechada, posto sobre um suporte de ébano de seis polegadas de altura. (Era de um gosto estranho, mas as belas-artes não eram o forte nem de Voltaire nem de meu excelente avô.)

Esse busto ficava em frente à escrivaninha em que ele escrevia, seu gabinete ficava no fundo de um apartamento bem grande que dava para um terraço elegante enfeitado com flores. Era para mim um raro favor ser aí admitido, e um mais raro ver e tocar o busto de Voltaire.

E com tudo isso, até onde mais remotamente vai minha lembrança, os escritos de Voltaire sempre me desagradaram por completo, pareciam-me uma infantilidade. Posso dizer que nada desse grande homem jamais me agradou. Eu não podia ver na época que ele era o legislador e o apóstolo da França, seu Martinho Lutero.

O Sr. Henri Gagnon usava uma peruca empoada, redonda, com três fileiras de cachos, porque era doutor em Medicina, e doutor na moda entre as senhoras, acusado mesmo de ter sido amante de várias, entre outras de uma certa Sra. Teyssère, uma das mais bonitas da cidade, que não me lembro de jamais ter visto, pois na época estávamos brigados, mas que me fez compreender isso mais tarde de um modo singular. Meu excelente avô, por causa de sua peruca, sempre me pareceu ter 80 anos. Ele tinha vapores (como eu, infeliz), reumatismos, andava com dificuldade, mas por princípio jamais subia num veículo e nunca punha o chapéu: um pequeno chapéu triangular para ficar sob o braço e que fazia minha alegria quando eu podia pegá-lo para pôr em minha cabeça, o que era considerado por toda a família como uma falta de respeito; e enfim, por respeito, deixei de me ocupar do chapéu triangular e da pequena bengala com pomo de raiz de buxo guarnecido de tartaruga.

Meu avô adorava a correspondência apócrifa de Hipócrates, que ele lia em latim (embora soubesse um pouco de grego), e o Horácio da edição de Johannes Bond, impressa em caracteres horrivelmente pequenos. Ele me transmitiu essas duas paixões e na realidade quase todos os seus gostos, mas não como ele o teria desejado, conforme explicarei mais tarde.

Se algum dia eu retornar a Grenoble, é preciso que mande procurar os registros de nascimento e de morte desse excelente homem, que me adorava e não gostava de seu filho, o Sr. [Romain] Gagnon, pai do Sr. Oronce Gagnon, comandante de esquadrão dos dragões que matou um homem em duelo há três anos, pelo que lhe sou grato, provavelmente ele não é um tolo. Há 33 anos não o vejo, talvez 35.

Perdi meu avô enquanto eu estava na Alemanha, em 1807 ou em 1813, não tenho lembrança clara. Lembro-me de que fiz uma viagem a Grenoble para o rever ainda; encontrei-o bastante deprimido. Esse homem tão amável, que era o centro dos *serões* a que ia, quase não falava mais. Disse-me: "é uma visita de despedida", e depois falou de outras coisas; tinha horror ao sentimentalismo tolo das famílias.

Volta-me uma lembrança por volta de 1807, fiz-me retratar, para levar a Sra. Alexandrine Petit a também se retratar, e como o número das sessões era uma objeção, eu a levei a um pintor defronte à Fonte do Diorama que pintava a óleo, em uma sessão, por 120 francos. Meu bom avô viu esse retrato, que eu havia enviado a minha irmã, penso eu, para me desfazer dele, meu avô, que já havia perdido muito de sua lucidez, disse ao ver esse retrato: "Este é o verdadeiro", e depois recaiu na prostração e na tristeza. Parece-me que morreu logo depois, acho que aos 82 anos.

Se essa data é exata, ele devia ter 61 anos em 1789 e ter nascido em torno de 1728. Ele contava de vez em quando sobre a Batalha da *Assietta*, ataque nos Alpes tentado em vão pelo cavaleiro de Belle-Isle em 1742, ao que me parece. Seu pai, homem firme, cheio de energia e de honra, enviara-o ali como cirurgião do exército, para lhe formar o caráter. Meu avô começava seus estudos de Medicina e devia ter 18 ou 20 anos, o que indica ainda 1724 como época de seu nascimento.

Ele tinha uma velha casa situada na mais bela posição da cidade, a Place Grenette, na esquina da Grande-Rue, voltada para o sul e tendo diante dela a mais bela praça da cidade, os dois cafés rivais e o centro da boa sociedade. Ali, em um primeiro andar muito baixo, mas de uma alegria admirável, morou meu avô até 1789.

Devia ser rico nessa época, pois comprou uma esplêndida casa situada atrás da sua e que pertencia às senhoras de Marnais. Ele ocupou o segundo andar da casa, na Place Grenette, e todo o andar correspondente da casa de Marnais, e fez para si a mais bela residência da cidade. Nela havia uma escada magnífica para a época e um salão que podia ter 35 pés por 28.

Foram feitos consertos nos dois quartos desse apartamento que davam para a Place Grenette, e entre outras coisas uma *gippe*[26] (divisória formada por gesso e tijolos em pé) para separar o quarto da terrível tia Séraphie, filha do Sr. Gagnon, do de minha tia-avó Elisabeth, irmã dele. Foram postos *grampos* de ferro nessa divisória, e no gesso de cada um desses grampos escrevi: Henri Beyle 1789. Vejo ainda essas belas inscrições que maravilhavam meu avô.

– Já que você escreve tão bem, disse-me ele, você é digno de começar o latim.

Essa observação inspirava-me uma espécie de terror, e um pedante, de aspecto horrível, o Sr. Joubert, alto, pálido, magro, que se apoiava em um bastão nodoso, veio mostrar-me, ensinar-me *mura*, a amora. Fomos comprar um manual com o Sr. Giroud, livreiro, no fundo de um pátio que dava para a Place aux Herbes. Eu não desconfiava na ocasião que estavam comprando para mim um instrumento de dano.

Aqui começam meus infortúnios.

Há muito estou adiando um relato necessário, um dos dois ou três talvez que me farão pôr no fogo estas memórias.

Minha mãe, a Sra. Henriette Gagnon, era uma mulher encantadora, e eu era apaixonado por minha mãe.

Apresso-me a acrescentar que a perdi quando tinha 7 anos.

Amando-a aos 6 anos talvez (1789), eu tinha absolutamente o mesmo caráter que em 1828, ao amar loucamente Alberthe de Rubempré. Minha maneira de ir em busca da felicidade não havia, no fundo, mudado de modo algum, havendo apenas esta exceção: eu era, quanto ao que constitui a parte física do amor, como César seria, se voltasse ao mundo, em relação ao uso do canhão e das pequenas armas de fogo. Tivesse aprendido muito rapidamente e isso não mudaria fundamentalmente nada em minha tática.

---

[26] Palavra do Dauphiné que é a seguir, entre parênteses, explicada pelo próprio Stendhal. Várias vezes ele empregará palavras da região, mas algumas vezes considera como dialetais palavras que na verdade não o são.

Eu queria cobrir minha mãe de beijos e que não houvesse roupas. Ela me amava apaixonadamente e me beijava com frequência, eu lhe devolvia seus beijos com tal ardor que ela muitas vezes era obrigada a se afastar. Eu detestava meu pai quando ele vinha interromper nossos beijos. Eu sempre queria beijá-la no peito. Que se dignem lembrar que a perdi, por um parto, quando eu mal tinha 7 anos.

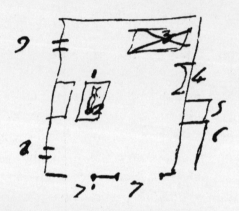

1. Meu colchão. – 2. Eu. – 3. Cama de Henriette. – 4. Lareira. – 5. Armário escuro dos vestidos. – 6. Quarto de vestir. – 7. Grande janela que dava para a Rue des Vieux-Jésuites. – 7. Janela pequena. – 8. Porta da sala. – 9. Porta de serviço.

Ela era saudável, de um frescor perfeito, era muito bonita, e penso que só não era muito alta. Tinha uma nobreza e uma serenidade perfeita nos traços; muito viva, preferia correr e fazer ela mesma as coisas a dar ordens a suas três empregadas, e por fim lia frequentemente no original a *Divina comédia*, de Dante, de que encontrei bem mais tarde cinco a seis exemplares de edições diferentes em seu aposento, que ficou fechado desde sua morte.

Faleceu na flor da juventude e da beleza, em 1790, devia ter 28 ou 30 anos.

Aí começa minha vida moral.

Minha tia Séraphie ousou repreender-me por eu não chorar o suficiente. Que julguem minha dor e o que senti! Parecia-me, porém, que eu a reveria no dia seguinte: eu não compreendia a morte.

Assim, há 45 anos perdi o que eu mais amava no mundo.

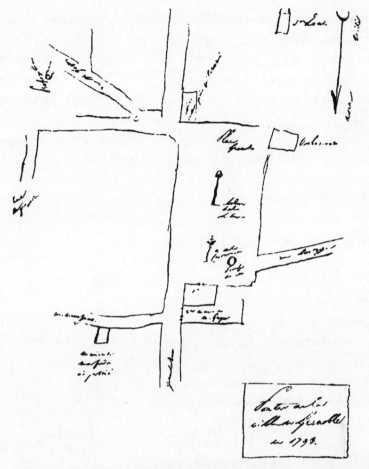

[Parte da cidade de Grenoble em 1793. – Rue Lafayette. – Rue Vieux-Jésuites. Casa de meu pai, onde nasci. – Rue Saint-Jacques. Propagação (convento). Casa de meu pai, que o arruinou. – Saint-Louis. Sul. Norte. – Place Grenette. – Verbo encarnado (igreja). – Árvore da Liberdade. Árvore da Fraternidade. – Bomba antiga. – Rue Montorge. – Primeira. Segunda casa do Sr. Gagnon. – Grande-Rue.]

Ela não pode ofender-se com a liberdade que tomo com ela ao revelar que a amava; se algum dia a reencontrasse, eu ainda o diria a ela. Aliás, ela não participou desse amor em nada. A esse respeito ela não agiu à veneziana, como a Sra. Benzoni com o autor de *Nella*.[27]

---

[27] O autor do longo poema "Nella" era Vittore Benzoni, filho da condessa Benzoni (1757-1839).

Quanto a mim, eu era tão criminoso quanto possível, eu amava seus encantos com furor.

Certa noite, como, por algum acaso, puseram-me para deitar no chão em seu quarto, num colchão, essa mulher viva e leve como um cervo saltou por cima de meu colchão para alcançar mais rapidamente sua cama.

Seu quarto ficou fechado por 10 anos após sua morte. Meu pai permitiu-me, com dificuldade, pôr nele um quadro de tela encerada e de ali estudar matemática em 1798. Mas nenhum empregado entrava ali, teria sido severamente repreendido, só eu tinha a chave. Esse sentimento de meu pai honra-o muito a meus olhos, agora que reflito sobre isso.

Ela morreu, portanto, em seu quarto, à Rue des Vieux-Jésuites, na quinta ou sexta casa à esquerda de quem vem da Grande-Rue, em frente à casa do Sr. Teisseire. Ali eu nascera, essa casa pertencia a meu pai, que a vendeu quando começou a construir sua rua nova e a fazer loucuras. Essa rua, que o arruinou, foi chamada Rue *Dauphin* (meu pai era extremamente ultra, partidário dos padres e dos nobres) e agora se chama, acho eu, *Rue Lafayette*.

Eu passava minha vida em casa de meu avô, que ficava a apenas 100 passos da nossa.

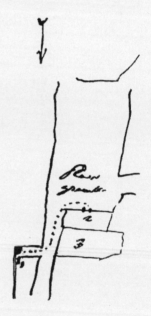

1. Nossa casa. – 2. A de meu avô. – 3. Casa Marnais. *[Place Grenette.]*

Capítulo IV

Eu escreveria um volume sobre as circunstâncias da morte de uma pessoa tão cara.

Isto é: ignoro absolutamente os detalhes, morreu de parto, aparentemente por inépcia de um cirurgião chamado *Hérault*, um tolo escolhido por desavença com outro parteiro, homem inteligente e de talento, foi assim mais ou menos que em 1814 morreu a Sra. Petit. Só posso descrever mais longamente meus sentimentos, que provavelmente pareceriam exagerados ou inacreditáveis para o espectador acostumado à natureza falsa dos romances (não falo de Fielding) ou à natureza estiolada dos romances construídos com corações de Paris.

Informo ao leitor que o Dauphiné tem uma maneira própria de sentir, viva, obstinada, argumentativa, que não encontrei em nenhuma outra região. Para olhos perspicazes, a música, as paisagens e os romances deveriam mudar a cada três graus de latitude. Por exemplo, em Valence, no Ródano, acaba o caráter provençal, o caráter borgonhês começa em Valence e dá lugar, entre Dijon e Troyes, ao caráter parisiense, polido, espirituoso, sem profundidade, que, em uma palavra, se preocupa muito com os outros.

A natureza humana do Dauphiné tem uma tenacidade, uma profundidade, um espírito, uma finura que se poderia buscar em vão na civilização provençal ou na borguinhona, suas vizinhas. Ali onde o provençal se desfaz em injúrias atrozes, o natural do Dauphiné reflete e conversa com seu próprio coração.

Todo o mundo sabe que o Dauphiné foi um Estado separado da França e metade italiano, por sua política, até o ano de 1349. Em seguida, Luís XI, delfim, rompido com seu pai, administrou a região durante ... anos, e eu tenderia a acreditar que foi esse gênio profundo e profundamente tímido e inimigo das reações espontâneas que deixou sua marca no caráter dos naturais do Dauphiné. Ainda em minha época, segundo a crença de meu avô e de minha tia Elisabeth, verdadeiro exemplo dos sentimentos enérgicos e generosos da família, Paris não era de modo algum um modelo, era uma cidade distante e inimiga cuja influência se devia temer.

Agora que com essa digressão fiz a corte aos leitores pouco sensíveis, relatarei que, na véspera da morte de minha mãe, nos levaram, minha irmã Pauline e eu, para passear na Rue Montorge; voltamos ao longo das casas à esquerda dessa rua (lado norte). Tinham-nos posto em casa de meu avô, na casa da Place Grenette. Eu dormia no soalho, sobre um colchão, entre a janela e a lareira, quando às 2 horas da madrugada toda a família entrou aos soluços.

"Mas como os médicos não encontraram remédios?", dizia eu à velha Marion (verdadeira criada de Molière, amiga de seus patrões, mas que lhes dizia o que queria, que havia visto minha mãe muito jovem, havia-a visto casar-se 10 anos antes, em 1780, e gostava muito de mim).

Marie Thomasset, de Vinay, verdadeiro exemplo de caráter do natural do Dauphiné, chamada pelo diminutivo *Marion*, passou a noite sentada ao lado de meu colchão, chorando muito e encarregada provavelmente de me conter. Eu estava muito mais espantado do que desesperado, eu não compreendia a morte, acreditava pouco nela.

"Então, dizia eu a Marion, nunca mais vou vê-la?

– Como você a quer rever, se vão levá-la para o cemitério?

– E onde é o cemitério?

– Rue des Mûriers, é o da paróquia Notre-Dame."

Todo o diálogo dessa noite ainda está presente para mim, e eu só teria de resolver transcrevê-lo aqui. Ali foi quando verdadeiramente começou minha vida moral, eu devia ter 6 anos e meio. De resto, essas datas são fáceis de verificar pelos registros do cartório.

Adormeci; no dia seguinte, quando despertei, Marion me disse:
"Você tem de ir beijar seu pai.

– Como, minha mamãezinha está morta! mas como é que eu não a verei mais?

– Você quer se calar, seu pai o espera, ele está ali, na cama de sua tia-avó."

Fui com repugnância para o espaço junto à cama, que estava no escuro, porque as cortinas estavam fechadas. Eu me sentia distanciado de meu pai e tinha repugnância em beijá-lo.

Um instante depois chegou o padre Rey, um homem muito alto, muito frio, com marcas de varíola, com jeito simplório e bom, falando pelo nariz, e que logo depois se tornou vigário-geral. Era amigo da família.

Acreditarão nisso? por causa de sua condição de padre eu tinha antipatia por ele.

O padre Rey pôs-se perto da janela, meu pai levantou-se, vestiu o robe, saiu da alcova fechada por cortinas de sarja verde. Havia duas belas cortinas de tafetá rosa, com brocado branco, que de dia escondiam as outras.

O padre Rey abraçou meu pai em silêncio, eu achava meu pai bem feio, ele tinha os olhos inchados, e as lágrimas vinham a todo instante. Eu havia ficado na alcova escura e o via muito bem.

"Meu amigo, isso vem de Deus", disse enfim o padre; e esse comentário, feito por um homem que eu odiava a outro de que eu não gostava, fez-me refletir profundamente.

Vão considerar-me um insensível, eu só estava ainda espantado com a morte de minha mãe. Eu não compreendia essa palavra. Ousarei escrever o que Marion me repetiu muitas vezes desde então em forma de reprovação? Passei a falar mal de *God*.[28]

De resto, suponhamos que eu minta sobre esses *rasgos de inteligência* que abrem o chão, certamente não minto sobre todo o resto. Se sou tentado a mentir, será mais tarde, quando se tratar de erros muito grandes, bem posteriores. Não tenho qualquer fé na inteligência infantil que anuncia um homem superior. Em um gênero menos sujeito a ilusões, pois enfim os monumentos ficam, todos os maus pintores que conheci fizeram coisas espantosas pelos 8 a 10 anos que *anunciavam o gênio*.

Que pena! nada anuncia o gênio, talvez a obstinação fosse um sinal.

No dia seguinte, houve o enterro, meu pai, cujo rosto estava de fato absolutamente modificado, revestiu-me de uma espécie de capa de lã negra que ele me amarrou ao pescoço. A cena passou-se no gabinete de meu pai, na Rue des Vieux-Jésuites; meu pai estava abatido e todo o gabinete atapetado de *in-folio* fúnebres, horríveis de ver. Só a *Enciclopédia*, de d'Alembert e Diderot, encadernada em azul, constituía exceção à feiura geral.

---

[28] Em inglês no original, "Deus".

Esse escritório de advogado havia pertencido ao Sr. de Brenier, marido da Sra. de Valserre e conselheiro do Parlamento. A Sra. de Valserre, ao ficar viúva, fora sua herdeira e mudara de nome, pois Valserre era mais nobre e mais bonito do que Brenier. A seguir, ela se fizera cônega.

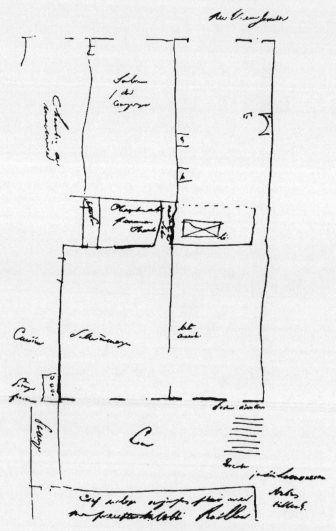

1. Meu pai em uma poltrona. – 2. Lareira. – 3. Sr. Pison. – 4. Meu tio. *[Rue Vieux-Jésuites. – Quarto de minha mãe. – Sala de visitas. – Pequeno cômodo. – Quarto da camareira. – Vestíbulo do salão. – Cama. – Cozinha. Pomar. Forno. – Sala de refeição. – Antecâmara. – Passagem. – Pátio. – Porta de entrada. Escada. – Jardim Lamouroux. Tílias. – Parte principal da casa onde fui posto com meu preceptor, padre Raillane.]*

Todos os parentes e amigos reuniram-se no gabinete de meu pai. Revestido de minha capa negra, eu estava entre os joelhos de meu pai em 1. O Sr. Pison, pai, nosso primo, homem sério, mas com a seriedade de um homem da corte de justiça, e muito respeitado na família como espírito de conduta (era magro, tinha 55 anos e o porte era muito distinto), entrou e se instalou em 3.

Em vez de chorar e de estar triste, pôs-se a conversar como de hábito e a falar da corte de justiça. (Talvez fosse a corte de justiça do Parlamento, é muito provável.) Pensei que ele falasse das cortes de justiça estrangeiras e fiquei profundamente chocado com sua insensibilidade.

Um instante depois, entrou meu tio, o irmão de minha mãe, um jovem muito bem apessoado e muito agradável, vestido na última moda. Era o galanteador da cidade, também se pôs a conversar normalmente com o Sr. Picot; instalou-se em 4. Fiquei violentamente indignado e me lembro de que meu pai o considerava um homem superficial. Reparei, todavia, que ele tinha os olhos muito vermelhos, e tinha um rosto muito bonito, isso me acalmou um pouco.

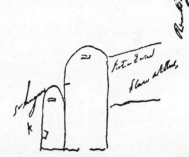

A. Fontes batismais.
[Saint-Hugues. – Notre-Dame. Place des Tilleuls. – Rue Bayard.]

Usava um chapéu muito elegante e um pó que cheirava muito bem; esse chapéu consistia em uma bolsa quadrada de tafetá negro e duas grandes orelhas de cães (esse foi o nome delas seis anos depois), como ainda usa hoje o príncipe de Talleyrand.

Fez-se um grande barulho, era o caixão de minha pobre mãe que estavam pegando no salão para o levar.

"Ah! isso, não sei a ordem dessas cerimônias", disse com um ar indiferente o Sr. Picot ao se levantar, o que me chocou muito; foi essa minha última sensação *social*. Ao entrar no salão e ver o caixão coberto com o tecido negro onde *estava minha mãe*, fui tomado do mais violento desespero, eu compreendia enfim o que era a morte.

Minha tia Séraphie já me havia acusado de ser insensível.

Pouparei ao leitor o relato de todas as fases de meu desespero na igreja paroquial de Saint-Hugues. Eu sufocava, foram obrigados, penso eu, a me retirar, porque minha dor fazia muito barulho. Nunca pude olhar com sangue-frio essa igreja de Saint-Hugues e a catedral que lhe é contígua. O simples som dos sinos da catedral, mesmo em 1828, quando fui rever Grenoble, deu-me uma tristeza sombria, seca, sem enternecimento, tristeza vizinha da cólera.

Chegando ao cemitério, que ficava em um bastião perto da Rue des Mûriers (hoje, pelo menos em 1828, ocupado por um grande prédio, depósito do serviço de engenharia), fiz loucuras que Marion me contou depois. Parece que eu não queria que se jogasse terra sobre o caixão de minha mãe, com o argumento de que a machucaria. Mas

> *Sur les noires couleurs d'un si triste tableau*
> *Il faut passer l'éponge ou tirer le rideau.*[29]

Em consequência do jogo complicado dos caracteres de minha família, ocorreu que com minha mãe acabou toda a alegria de minha infância.[30]

---

[29] "Sobre as negras cores de um tão triste quadro / É preciso passar a esponja ou puxar a cortina" – versos da peça *Rodogune* (ato II, cena 3), de Corneille.

[30] *Acrescentado por Stendhal na margem do manuscrito*: "Quanto a mim, a mais negra maldade sucede à bondade e à alegria. Capítulo *4 bis*. – Lembranças: eis as lembranças que depois de 23 × 2 anos me restam dos dias felizes passados na época de minha mãe. Salões, ceias, o capitão Beyle. O padre Chélan. Eu me *revorto*. Partida para Romans. Barthélemy d'Orbane o qual [*palavra rasurada*]. O Sr. Barthélemy d'Orbane me ensina caretas".

B. Sr. Barthélemy d'Orbane. – H. Eu.

Capítulo V
Pequenas lembranças de minha primeira infância[31]

Na época em que ocupávamos o primeiro andar na Place Grenette, antes de 1790 ou mais exatamente até meados de 1789, meu tio, jovem advogado, tinha um pequeno e bonito apartamento no segundo andar, na esquina da Place Grenette e da Grande-Rue. Ria comigo e me permitia vê-lo tirar seus belos trajes e pôr seu robe, à noite, às 9 horas, antes de cear. Era um momento delicioso para mim, e eu descia todo alegre para o primeiro andar, levando à frente dele o candelabro de prata. Minha aristocrática família considerar-se-ia desonrada se o candelabro não fosse de prata. É verdade que ele não estava com a nobre vela de cera, o uso então era servir-se de uma vela de sebo. Mas mandavam vir essa vela de sebo, com grande cuidado e dentro de uma caixa, das proximidades de Briançon; minha família queria que fosse feita com sebo de cabra, e para isso se escrevia em tempo hábil a um amigo que a família tinha nessas montanhas. Vejo-me ainda a assistir à desembalagem da vela e a comer pão com leite na tigela de prata; a fricção da colher contra o fundo da tigela molhada de leite parecia-me singular. Eram quase de *anfitrião para hóspede*, como se vê em Homero, as relações que minha família mantinha com esse amigo de Briançon, como consequência natural da desconfiança e da barbárie gerais.[32]

---

[31] *Acrescentado por Stendhal na margem do manuscrito*: "17-22 de dezembro de 1835. Omar. A ditar e mandar escrever em seu lugar página 75 do primeiro volume. Encadernar este manuscrito no fim do segundo. A colocar primeiro volume.//Pequenas lembranças a pôr *after the* relato *of my mother' death*: Barthélemy d'Orbane. Partida para Romans, muita neve. Partida para Vizille. Ódio de Séraphie pelas senhoritas Barnave diante do *campo* (casa de campo) das quais passamos em Saint-Robert. Pequenas lembranças. A pôr em seu lugar por volta de 1791. Copiar à esquerda em seu lugar".

[32] *Acrescentado por Stendhal na margem do manuscrito*: "Estilo. Ordem das ideias. Preparar a atenção por algumas palavras de passagem: 1º Sobre Lambert; 2º Sobre

Meu tio, jovem, brilhante, fútil, era considerado o homem mais simpático da cidade, a ponto de, muito anos depois, a Sra. Delaunay, querendo justificar sua virtude, que porém havia dado muitos passos em falso: "No entanto, dizia ela, nunca cedi ao Sr. Gagnon filho".

Meu tio zombava muito da gravidade de seu pai, que, ao encontrá-lo em sociedade com ricos trajes que ele não havia pagado, ficava muito espantado. "Eu desaparecia o mais rapidamente possível", acrescentava meu tio, que me contava esse caso.

Certa noite, a despeito de todo mundo (mas quais eram então os opositores antes de 1790?), ele me levou ao teatro. Apresentavam *O Cid*.

"Mas esse menino é louco", disse meu excelente avô quando de meu retorno, seu amor pelas letras o havia impedido de se opor muito seriamente à minha ida ao teatro. Assisti então à representação de *O Cid*, mas, ao que me parece, em trajes de cetim azul-celeste com calçados de cetim branco.

Ao dizer as Estâncias, ou em outro ponto, manejando uma espada com muito ardor, o Cid feriu-se no olho direito.

"Um pouco mais, dizem perto de mim, e ele furaria o olho." Eu estava nos primeiros camarotes, o segundo à direita.

De outra feita, meu tio teve a bondade de me levar à *Caravane du Caire*.[33] (Eu o atrapalhava em suas manobras junto às mulheres. Eu me dava conta disso bastante bem.) Os camelos fizeram-me perder completamente a cabeça. A *Infante de Zamora*,[34] em que um poltrão, ou então um cozinheiro, cantava uma arieta, usando um capacete que tinha no topo um rato, encantou-me até o delírio. Tratava-se para mim da verdadeira comicidade.

Eu me dizia, de modo muito obscuro sem dúvida, e não tão claramente quanto escrevo aqui: "Todos os momentos da vida de meu tio são tão deliciosos quanto aqueles cujo prazer partilho no teatro. A mais bela coisa do mundo é portanto ser um homem simpático, como

---

meu tio nos primeiros capítulos, 17 de dezembro de 35.//Estilo. Relação das palavras com as ideias: dicionário da Academia, verbete Saint-Marc-Girardin. Cavaleiro *of König Von* Jean Foutre, *Débats*". [N.T. Jean-foutre: "incapaz".]

[33] Ópera de Grétry (1783).
[34] Ópera de Framéry (1780), com música tirada de *La Frascatana*, de Paisiello.

meu tio". Não entrava na minha cabeça de 5 anos que meu tio não ficasse tão feliz quanto eu ficava ao ver desfilar os camelos da *Caravane*.

Mas fui muito longe: em lugar de ser galanteador, apaixonei-me pelas mulheres de que gostava, quase indiferente e sobretudo sem vaidade em relação às outras, daí a falta de sucesso e o *fiasco*.[35] Talvez nenhum homem da corte do imperador tenha tido menos mulheres que eu, que tomavam como o amante da mulher do primeiro-ministro.

[*A Bastilha fortificada de 1828 a 1836 pelo general Haxo (fanfarrão infatigável). — Montanha. Ste.-Marie-d'en-Haut. — Ponte de madeira. Isère. — Hôtel de Bonne. — Teatro. — A. Bilhetes. — Prisão. — Place Saint-André. — Torre da prefeitura. — Antigo palácio do condestável de Lesdiguières, creio. — Passagem da Sala de Concertos.*]

O teatro, o som de um belo sino grave (como na igreja de …, acima de Rolle, em maio de 1800, indo em direção ao São Bernardo) são e foram sempre de um efeito profundo em meu coração. A própria

---

[35] Em italiano no original.

missa, em que eu acreditava tão pouco, inspirava-me gravidade. Ainda bem jovem, e certamente antes de 10 anos e do bilhete do padre Gardon, eu acreditava que *God* desprezava esses atores de feira. (Depois de 42 anos de reflexões, ainda considero a mistificação útil demais para aqueles que a praticam, de modo que não deixam de sempre encontrar continuadores. História da medalha, que foi contada anteontem por ..., dezembro de 1835.)

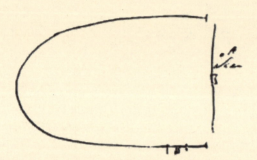

[Palco]. A. Ali o Cid se fere. – H. Henri B. com menos de 6 anos. Horrível sala de espetáculos de Grenoble. A qual me inspira a veneração mais terna. Eu gostava mesmo de seu mau cheiro por volta de 1794, 1795 e 1796. Esse amor ia até o furor na época da Srta. Kubly.

Tenho lembrança muito nítida e clara da peruca redonda e empoada de meu avô, ela tinha três fileiras de cachos. Ele nunca usava chapéu.

Essa indumentária havia contribuído, assim me parece, para que fosse conhecido e respeitado pelo povo, do qual jamais recebia dinheiro por seus cuidados como médico.

Era médico e amigo da maioria das casas nobres. O Sr. de Chaléon, a propósito de quem ainda me lembro do dobre fúnebre em Saint-Louis quando de sua morte; o Sr. de Lacoste, que teve uma apoplexia nas Terres-Froides, em La Frette; o Sr. de Langon, de uma alta nobreza, diziam os registros; o Sr. de Raxis, que tinha sarna e jogava seu casaco no assoalho do quarto de meu avô, que me repreendeu com perfeito comedimento porque, depois de ter falado dessa circunstância, articulei o nome do Sr. de Raxis; o Sr. e a Sra. des Adrets, a Sra. de Valserre, filha destes, no salão dos quais *vi a sociedade* pela primeira vez. Sua irmã, a Sra. de Mareste, parecia-me muito bonita e era tida como grande namoradeira.

Ele era e havia sido há 25 anos, na época em que o conheci, o promotor de todos os empreendimentos úteis e que, tendo em vista a situação de infância política dessas épocas recuadas (1760), poderíamos dizer liberais. Deve-se a ele a biblioteca. Isso não era coisa pouca. Foi preciso antes de tudo comprá-la, depois instalá-la, depois providenciar um bibliotecário.

Ele protegia, primeiro contra os pais, depois de modo mais eficaz, todos os jovens que mostravam amor pelo estudo. Citava aos pais recalcitrantes o exemplo de Vaucanson.

Quando meu avô voltou de Montpellier para Grenoble (doutor em Medicina), tinha uma cabeleira muito bonita, mas a opinião pública de 1760 declarou-lhe imperiosamente que se ele não usasse peruca ninguém teria confiança nele. Uma velha prima Didier, que o fez herdeiro, junto com minha tia Elisabeth, e que morreu em torno de 1788, era dessa opinião. Essa boa prima fazia-me comer pão amarelo (com açafrão) quando eu ia vê-la no dia de São Lourenço. Ela morava na rua perto da igreja de São Lourenço; na mesma rua minha antiga ama-seca, Françoise, que sempre adorei, tinha uma mercearia, ela havia deixado minha mãe para se casar. Foi substituída pela bela Geneviève, sua irmã, com quem, dizia-se, meu pai bancava o galanteador.

O quarto de meu avô, no primeiro andar, dando para a Place Grenette, era pintado de verde forte, e meu pai me dizia desde essa época:

"O vovô, que é tão inteligente, não tem bom gosto para as artes."

O caráter tímido do francês faz com que empregue raramente as cores definidas: verde, vermelho, azul, amarelo vivo; preferem as nuances indecisas. À parte isso, não vejo o que havia de criticável na escolha de meu avô. Seu quarto era voltado totalmente para o sul, ele lia muito, queria poupar a vista, de que se queixava às vezes.

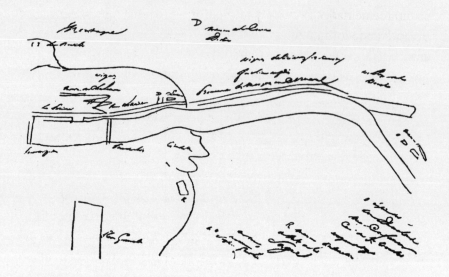

[Montanha. – A Bastilha. – Vinhas. – Subida de Chalemont. – La Périère. – Rue Saint-Laurent. – Saint-Laurent. – Saint-Laurent. – D. Casa da prima Didier. – Vinhas deliciosas (...) muito bem expostas. Passeio das máscaras no Carnaval. – Aldeia de La Tronche. – Casa Barral. – Ponte de pedra. – Ponte de madeira. – Cidadela. – Place Grenette. – O. Igreja do Sr. Dumollard, meu confessor, pároco de La Tronche e grande jesuíta. – R. Escola particular da Srta. de La Saigne; minha irmã, sua amiga Srta. Sophie Gauthier.]

Mas o leitor, se é que há algum para essas puerilidades, verá sem dificuldade que todos os meus *porquês*, todas as minhas explicações, podem ser muito equivocados. Tenho apenas imagens muito nítidas, todas as minhas explicações vêm ao escrever isto, 45 anos depois dos acontecimentos.

Meu bom avô, que na verdade foi meu verdadeiro pai e meu amigo íntimo até minha decisão, em torno de 1796, de sair de Grenoble pela matemática, contava com frequência uma coisa maravilhosa.

Minha mãe havia mandado que me levassem a seu quarto (verde), no dia em que fiz um ano, 23 de janeiro de 1784, e me mantinha de pé perto da janela; meu avô, que estava perto da cama, chamou-me, determinei-me a andar e cheguei até ele.

Na época eu falava um pouco e para cumprimentar eu dizia "*hateur*". Meu tio brincava com sua irmã Henriette (minha mãe) sobre minha feiura. Aparentemente minha cabeça era enorme, sem cabelos, e eu teria semelhança com o padre Brulard, um monge hábil, *bon-vivant* e com grande influência em seu convento, meu tio ou tio-avô, falecido antes de eu nascer.

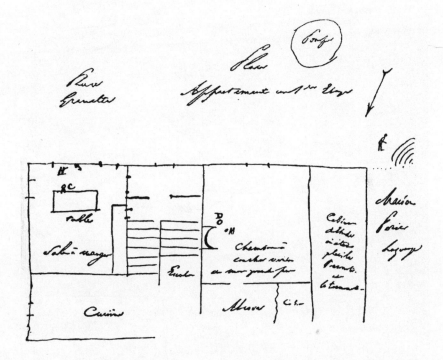

H. Eu. – D. Sr. Barthélemy d'Orbane. – C. O bom padre Chélan. – H. Eu. Não vejo onde eram os aposentos de minha tia Séraphie e de minha tia-avó Élisabeth. Tenho uma vaga lembrança de um quarto entre a sala de refeição e a Grande-Rue.
[*Place Grenette. – Bomba. – Planta do apartamento do primeiro andar. – Grande-Rue. – Sala de refeição. – Mesa. – Cozinha. – Escada. – Quarto de dormir verde de meu avô. – Alcova. – Cômodo. – Gabinete de estudo onde ficavam o barômetro e o termômetro. – Casa Périer-Lagrange.*]

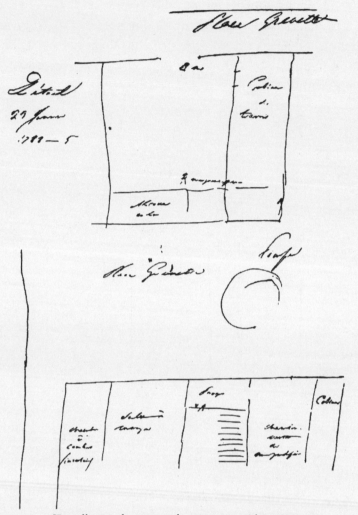

*[Detalhe 23 de janeiro de 1788-5. – Place Grenette.
– Eu. Meu avô. – Gabinete de trabalho. – Alcova e cama.
Place Grenette. – Bomba. – Quarto de dormir (duvidoso). – Sala de refeição.
– Corredor. – Quarto verde de meu avô. – Cômodo. – A' a parte superior dessa
divisão era de vidro para iluminar a escada. Havia uma porta em V.]*

Eu tinha muita iniciativa, ao que se devem dois acidentes relatados com terror e pesar por meu avô: perto do rochedo da Porte-de-France eu fincava com um pedaço de vara (com a ponta feita a faca) um burro que teve a insolência de me dar com duas patas no peito e que me derrubou. "Um pouco mais, ele estava morto", dizia meu avô.

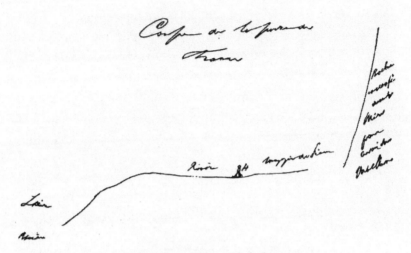

H. O lugar do coice do burro.
[Corte da Porte de France. – Torre de Rabot. – Rochedo escarpado com a mina para retirar cascalho. – Depósito de pedras. – Estrada. – Isère, rio.]

Imagino o acontecimento, mas provavelmente não é uma lembrança direta, é apenas a lembrança da imagem que eu formei da coisa, há muito tempo, à época dos primeiros relatos que me fizeram do fato.

O segundo acontecimento trágico foi que, estando entre minha mãe e meu avô, eu quebrei dois dentes da frente ao cair sobre a beirada de uma cadeira. Meu bom avô não se refazia de seu espanto: "Entre sua mãe e eu!", repetia ele, como que para deplorar a força da fatalidade.

A principal característica, a meus olhos, do apartamento do primeiro andar é que eu ouvia o ruído da barra de ferro com a ajuda da qual se bombeava, esse gemido prolongado e nada irritante me agradava muito.

O bom senso de quem nasceu no Dauphiné revoltou-se mais ou menos contra a corte. Lembro-me muito bem da partida de meu avô para a reunião dos Estados de Romans, ele era na época patriota muito considerado, mas dos mais moderados; pode-se imaginar um Fontenelle tribuno do povo.

No dia da partida, fazia um frio de *rachar* (foi – a verificar – o grande inverno de 1789 a 1790), a altura da neve na Place Grenette era de um pé.

Na lareira do quarto de meu avô, havia um fogo enorme. O quarto estava cheio de amigos, que vinham vê-lo pegar a carruagem. O mais célebre advogado consultor da cidade, o oráculo em matéria de direito, uma bela situação numa cidade com parlamento, o Sr. Barthélemy d'Orbane, amigo íntimo da família, estava em O e eu em H, diante do fogo crepitante. Eu era o herói do momento, pois estou convencido de que meu avô só sentia falta de mim em Grenoble e só gostava de mim.

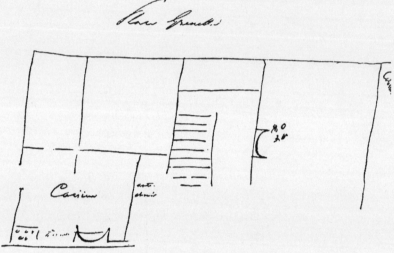

[Place Grenette. – Cozinha. Forno. – Antecâmara. – Gabinete.]

Nessa posição, o Sr. Barthélemy d'Orbane ensinou-me a fazer caretas. Vejo-o ainda e também a mim. É uma arte na qual fiz os mais rápidos progressos, eu mesmo ria das caretas que fazia para fazer os outros rirem. Foi em vão que logo se opuseram ao gosto crescente pelas caretas, ele ainda perdura, rio com frequência das caras que faço quando estou sozinho.

Na rua passa um presunçoso com uma cara afetada (o Sr. Lysimaque, por exemplo, ou o conde ..., amante da Sra. Del Monte), imito sua cara e rio. Meu instinto é de imitar mais os movimentos ou antes as posições afetadas do rosto (face) do que os do corpo. No Conselho de Estado, eu imitava sem querer e de modo muito perigoso o ar de importância do famoso conde Regnault de Saint-Jean-d'Angély, que ficava a três passos de mim, particularmente quando, para melhor escutar o colérico padre Louis, instalado do outro lado da sala à sua frente, ele abaixava os colarinhos desmedidamente longos de sua camisa. Esse instinto ou essa arte, que devo ao Sr. d'Orbane, fez-me muitos inimigos. Atualmente o sábio Di Fiore censura-me a ironia oculta, ou antes mal oculta, e visível, a despeito de mim mesmo, no canto direito da boca.

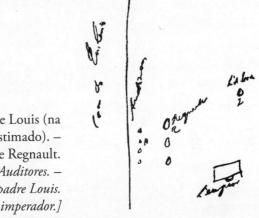

H. Eu. L. O colérico padre Louis (na época não ladrão e muito estimado). – R. O terrível conde Regnault.
[Pátio das Tuileries. – Auditores. – Regnault. – O padre Louis. – O imperador.]

Em Romans, faltaram apenas cinco votos para que meu avô fosse deputado. "Eu teria morrido", repetia ele com frequência, felicitando-se por ter recusado os votos de vários burgueses do campo que confiavam nele e vinham consultar-se com ele pela manhã em sua casa. Sua prudência à Fontenelle o impedia de ter uma ambição séria; todavia, ele gostava muito de fazer um discurso diante de uma assembleia escolhida, por exemplo, na biblioteca. Vejo-me lá ainda, escutando-o na primeira sala cheia de pessoas, e imensa a meus olhos. Mas por que todas essas pessoas? Em que ocasião? É o que a imagem não me diz. É só imagem.

Meu avô nos contava com frequência que em Romans sua tinta, posta sobre a lareira bem aquecida, gelava na ponta da pena. Não foi eleito, mas fez com que fossem eleitos um deputado ou dois cujos nomes esqueci, mas ele não esquecia o favor que lhes havia prestado e os seguia com o olhar na assembleia, onde lhes censurava a energia.

Eu gostava muito do Sr. d'Orbane, bem como de seu irmão, o gordo cônego, eu ia vê-los na Place des Tilleuls ou sob a abóbada que da Place Notre-Dame levava à Place des Tilleuls, a dois passos de

Notre-Dame, onde o cônego cantava. Meu pai ou meu avô mandavam ao advogado célebre perus gordos por ocasião do Natal.

Eu também gostava muito do padre Ducros, franciscano que largara a batina (do convento situado entre o Jardin-de-Ville e o Hôtel de Franquiéres, que, em minha lembrança, me parece-me no estilo da Renascença).

Eu gostava ainda do agradável padre Chélan, pároco de Risset, perto de Claix, pequeno homem magro, vigoroso, entusiasmado, de espírito vivo, já de certa idade, que me parecia velho, mas que talvez tivesse apenas 40 ou 45 anos, e cujas conversas à mesa me divertiam muitíssimo. Ele não deixava de vir jantar em casa de meu avô quando vinha a Grenoble, e o jantar era bem mais alegre que de hábito.

Certo dia, na ceia, ele falava há três quartos de hora segurando uma colherada de morangos. Por fim, levou a colher à boca.

"Padre, o senhor não dirá sua missa amanhã, disse meu avô.

– Desculpe-me, eu a direi amanhã, mas não hoje, pois já passa de meia-noite."

Esse diálogo fez minha alegria durante um mês, isso me parecia vibrante de espírito. Isso é o espírito para um povo ou para um homem jovem, a emoção está neles; – ver as respostas cheias de espírito admiradas por Boccaccio ou Vasari.

Meu avô, nesses tempos felizes, encarava a religião sem seriedade, e esses senhores eram da mesma opinião; ele só se tornou triste e um pouco religioso depois da morte de minha mãe (em 1790), e ainda, penso eu, pela esperança incerta de a rever no outro mundo, como o Sr. de Broglie, que disse, ao falar de sua simpática filha, morta aos 13 anos:

"Parece-me que minha filha está na América."

Acho que o padre Chélan jantava em nossa casa quando do *dia das telhas*. Nesse dia, vi correr o primeiro sangue derramado pela Revolução Francesa. Era um infeliz trabalhador chapeleiro S, ferido de morte por um golpe de baioneta S', na parte inferior das costas.

Deixamos a mesa no meio do jantar T. Eu estava em H, e o pároco Chélan, em C. Procurarei a data em alguma cronologia. A imagem não podia ser mais nítida para mim, pois isso foi talvez há 43 anos.

Um certo Sr. de Clermont-Tonnerre, comandante no Dauphiné e que ocupava a sede do Governo, casa isolada que dava para a muralha (com uma vista esplêndida das encostas de Eybens, uma vista tranquila e bela, digna de Claude Lorrain) e com uma entrada por um belo pátio, na Rue Neuve, perto da Rue des Mûriers, quis, ao que me parece, dissipar um agrupamento; ele tinha dois regimentos, contra os quais o povo se defendeu com as telhas que jogava do alto das casas, daí o nome: *Dia das telhas*.

Um dos suboficiais desses regimentos era Bernadotte, atual rei da Suécia, uma alma tão nobre quanto a de Murat, rei de Nápoles, mas bem mais hábil. Lefèvre, peruqueiro e amigo de meu pai, contou-nos com frequência que ele havia salvado a vida do general Bernadotte (como ele dizia em 1804), perseguido ferozmente no fundo de uma alameda. Lefèvre era um belo homem muito corajoso, e o marechal Bernadotte lhe havia enviado um presente.

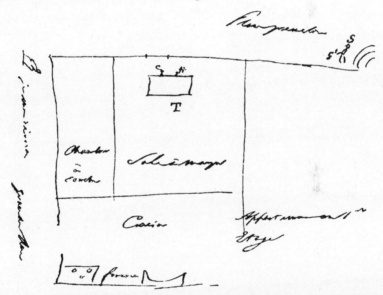

[Place Grenette. – Eu me revorto. Grande-Rue. – Quarto de dormir. – Sala de refeições. – Cozinha. Forno. – Apartamento no primeiro andar.]

Tudo isso, porém, é história, na verdade contada por testemunhas oculares, mas que eu não vi. No futuro, na Rússia e em outros lugares, só quero falar do que *vi*.

Como meus pais haviam deixado o jantar antes do fim e como eu estivesse sozinho na janela da sala de refeições, ou melhor, na janela de um cômodo que dava para a Grande-Rue, vi uma velha que, segurando seus velhos sapatos, gritava com todas as forças: "Eu me *revorto*! Eu me *revorto*!".

Ela ia da Place Grenette para a Grande-Rue. Vi-a em R vindo de R'. O ridículo dessa revolta tocou-me muito. Uma velha contra um regimento! À noite, meu avô contou-me a morte de Pirro.[36]

Eu pensava ainda na velha quando fui distraído por um espetáculo trágico em O. Um trabalhador chapeleiro, ferido nas costas por um golpe de baioneta, segundo dizem, caminhava com muita dificuldade, apoiado por dois homens, nos ombros dos quais havia passado os braços. Estava sem paletó, a camisa e a calça de nanquim ou branca estavam cheios de sangue, ainda o vejo, o ferimento de onde o sangue saía abundantemente era na parte inferior das costas, mais ou menos na mesma altura do umbigo.

Faziam com dificuldade com que andasse para chegar a seu quarto, situado no sexto andar da casa Périer, e ao chegar morreu.

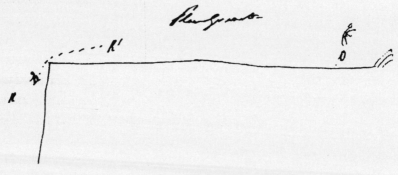

[Place Grenette.]

Meus parentes repreendiam-me e me afastavam da janela do quarto de meu avô para que eu não visse esse espetáculo de horror, mas eu acabava voltando. Essa janela estava em um primeiro andar muito baixo.

Revejo esse infeliz em todos os andares da escada da casa Périer, escada iluminada por grandes janelas que dão para a praça.

---

[36] O rei grego Pirro foi morto por uma telha jogada sobre ele.

Essa lembrança, como é natural, é a mais nítida que me ficou desses tempos.

Ao contrário, encontro com grande dificuldade alguns vestígios da lembrança de uma fogueira em Le Fontanil (estrada de Grenoble para Voreppe) onde haviam acabado de queimar *Lamoignon*.[37] Lamentei muito não ver uma grande figura de palha com roupas, o fato é que meus parentes, *bem-pensantes* e muito contrariados por tudo o que se afastava da *ordem* (a ordem reina em Varsóvia, disse o general Sebastiani em torno de 1832), não queriam que eu fosse atingido por essas provas da cólera ou da força do povo. Eu, já nessa idade, era de opinião contrária: ou talvez minha opinião aos 8 anos de idade seja ocultada por aquela, bem decidida, que tive aos 10 anos.

Certa vez, o Sr. Barthélemy d'Orbane, o cônego Barthélemy, o padre Rey, o Sr. Bouvier, todo mundo, falavam em casa de meu avô sobre a próxima chegada do marechal de Vaux.

"Ele vem fazer aqui uma entrada de balé", disse meu avô; essa frase que não compreendi me deu muito a pensar. Que podia haver de comum, dizia-me eu, entre um velho marechal e uma vassoura [*balai*]?[38]

Ele morreu, o som majestoso dos sinos emocionou-me profundamente. Levaram-me para ver a capela-ardente (ao que me parece, na sede do Comando, na direção da Rue des Mûriers, lembrança quase apagada); o espetáculo desse féretro negro e iluminado em pleno dia por grande quantidade de velas, as janelas fechadas, tocou-me. Era a ideia da morte que aparecia pela primeira vez. Fui levado por Lambert, empregado (criado) de meu avô e meu amigo íntimo. Era um jovem e belo homem muito desenvolto.

Um de seus amigos foi dizer-lhe: "A filha do marechal não passa de uma avarenta, o que ela dá de tecido negro para os tocadores de tambor cobrirem o instrumento não é suficiente para fazer uma calça. Os tocadores queixam-se muito, o uso é dar o que for necessário para

---

[37] Chrétien-François de Lamoignon (1735-1789), ministro da Justiça, foi queimado em efígie no Dauphiné (e em outros lugares) quando teve de deixar seu cargo.

[38] Em francês "vassoura" é "*balai*", que se pronuncia como "*ballet*" (balé).

fazer uma calça". De volta a casa, vi que meus pais falavam também da avareza dessa filha do marechal.

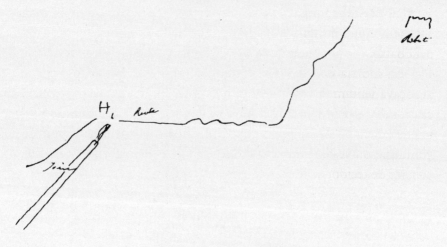

[Isère. – Estrada. – Rabot.]

O dia seguinte foi de batalha para mim, obtive com grande dificuldade, parece-me, que Lambert me levasse para ver passar o cortejo. Havia uma multidão enorme. Vejo-me no ponto H, entre a estrada principal e o Isère, perto do forno de cal, a 200 passos antes e a leste da Porte-de-France.

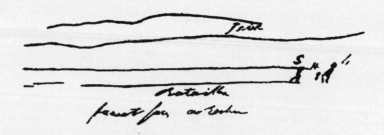

[Isère. – Batalhão em frente do rochedo.]

O som dos tambores cobertos pelo pequeno pedaço de tecido negro insuficiente para fazer uma calça emocionou-me muito. Mas eis outro caso: eu me encontrava no ponto H, na extrema esquerda de um batalhão do regimento da Austrásia, penso eu, uniforme branco e guarnições negras, L é Lambert que me dá a mão, a mim, H. Eu estava a seis polegadas do último soldado do regimento, S.

De repente ele me disse:

"Afaste-se um pouco, a fim de que *ao atirar* eu não o machuque."

Iam então atirar! e tantos soldados! Levavam a arma apontada para baixo.

Eu morria de medo; observava de longe o veículo negro que avançava lentamente pela ponte de pedra, puxado por seis ou oito cavalos. Eu esperava, aflito, a descarga. Enfim, o oficial deu um grito, imediatamente seguido pela descarga de tiros. Senti-me aliviado de um grande peso. Nesse momento, a multidão se precipitava para o veículo coberto de tecido, que vi com muito prazer, parece-me que havia velas.

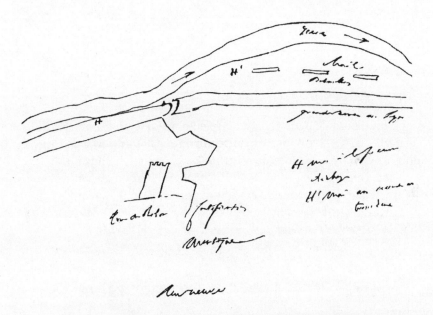

[Isère. – Malha. – Batalhões. – Estrada principal de Lyon. – Torre de Rabot. – Fortificações. – Montanha. – H. Eu na primeira descarga. – H'. Eu na segunda e terceira.]

Fizeram uma segunda e talvez uma terceira descarga, fora da Porte-de-France, mas eu já estava habituado.

Parece-me que me lembro também um pouco da partida para Vizille (Estados da província, realizados no castelo de Vizille, construído pelo condestável de Lesdiguières). Meu avô adorava as coisas antigas e fez-me ter uma ideia sublime desse castelo pelo modo como falava dele. Eu estava a ponto de ter veneração pela nobreza, mas logo o Sr. de Saint-Ferréol e o Sr. de Sinard, meus companheiros, curaram-me.

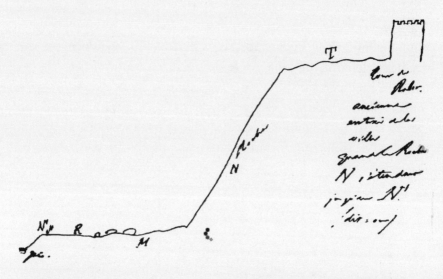

H. Eu. Ponto de onde vi passar o veículo negro levando os restos do marechal de Vaux, e, o que é bem pior, ponto de onde ouvi a descarga a dois pés de mim. – R. Estrada principal de Grenoble para Lyon e Paris. – M. Depósito de pedras. – N. Rochedo explorado pela mina. – T. Intervalo que vi reduzido em três quartos pelas minas, sequência da necessidade de cascalho para as casas novas (alvenaria) da cidade.
[Isère. – Rochedo. – Torre de Rabot. Antiga entrada da cidade quando o rochedo N se estendia até N' (segundo se diz).]

Levavam colchões presos atrás dos veículos de posta (de duas rodas).

O jovem Mounier, como dizia meu avô, foi à nossa casa. Como resultado de uma separação violenta, sua filha e eu não nutrimos a seguir uma violenta paixão um pelo outro, meia hora que passei sob uma porta-cocheira, na Rue Montmartre, na direção do bulevar, durante um temporal, em 1803 ou 1804, quando o Sr. Mounier foi cumprir as funções de prefeito em Rennes. (Minhas cartas a seu filho Édouard, carta de Victorine, dirigida a mim. O bom é que Édouard acredita, parece-me, que fui a Rennes.)

O pequeno retrato rígido e mal pintado que se vê em um cômodo vizinho à biblioteca pública de Grenoble, e que representa o Sr. Mounier em trajes de prefeito, se não me engano, é fiel. Rosto seguro, mas inteligência estreita. Seu filho, que conheci bem em 1803 e na Rússia em 1812 (Viasma-sobre-Tripas[39]), é um medíocre, astuto e hábil, verdadeiro exemplo de alguém nascido no Dauphiné, assim como o ministro Casimir Périer, mas este último encontrou alguém mais exemplar do Dauphiné que ele próprio. Édouard Mounier tem o sotaque arrastado, embora criado em Weimar, é par de França e barão, e julga bravamente no tribunal dos pares (1835, dezembro). O leitor acreditará em mim se ouso acrescentar que eu não gostaria de estar no lugar do Sr. Félix Faure e do Sr. Mounier, pares de França e outrora meus amigos?

Meu avô, amigo afetuoso e dedicado de todos os jovens que gostavam de trabalhar, emprestava livros ao Sr. Mounier, e o apoiava contra a desaprovação de seu pai. Algumas vezes, passando na Grande-Rue, ele entrava na loja deste último e lhe falava de seu filho. O velho comerciante de tecidos, que tinha muitos filhos e que só pensava no útil, via com um pesar mortal esse filho perder tempo a ler.

O forte do Sr. Mounier filho era o caráter, mas as luzes não correspondiam a sua firmeza. Meu avô nos contava, rindo, alguns anos depois, que a Sra. Borel, que se tornaria madrasta do Sr. Mounier, ao ir comprar tecido, o Sr. Mounier, empregado de seu pai, desdobrou a peça, mostrou o tecido e disse:

"Esse tecido é vendido a 27 libras a vara.

— Bem, eu lhe darei por ele 25", disse a Sra. Borel.

Diante do quê, o Sr. Mounier dobrou a peça de tecido e a recolocou friamente em seu compartimento.

"Mas senhor! senhor!, disse a Sra. Borel espantada, posso ir até 25 libras e 10 *sous*.

— Senhora, um homem sério só tem sua palavra."

A burguesa ficou muito escandalizada.

---

[39] Referência à batalha do dia 3 novembro de 1812, na localidade de Viasma, perto de Smolensk, durante a retirada das tropas napoleônicas da Rússia.

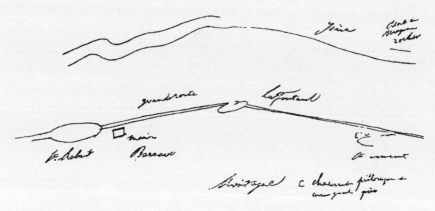

[Isère. – Dent de Moirans, rochedo. – Estrada principal. – Le Fontanil. – Saint-Robert. – Casa de Barnave. – Montanha. – Saint-Vincent. – C. Cabana pitoresca de meu avô.]

Esse mesmo amor pelo trabalho dos jovens, que tornaria meu avô tão culpado hoje, fazia com que protegesse o jovem Barnave. Barnave, nosso vizinho no campo, ele em Saint-Robert, nós em Saint-Vincent (estrada de Grenoble para Voreppe e Lyon). Séraphie o detestava e logo em seguida aplaudiu sua morte e os poucos bens que ficavam para suas irmãs, uma das quais se chamava, parece-me, Sra. Saint-Germain. Todas as vezes que passávamos por Saint-Robert: "Ah! essa é a casa de Barnave", dizia Séraphie, e ela o tratava como beata ofendida. Meu avô, que se dava muito bem com os nobres, era o oráculo da burguesia, e penso que a mãe do imortal Barnave, que com pesar o via negligenciar os processos judiciais por causa de Mably e Montesquieu, era tranquilizada por meu avô. Nessa época, nosso compatriota Mably era muito considerado, e dois anos depois deram seu nome à Rue des Clercs.[40]

---

[40] *Anotação de Stendhal na margem e nas folhas seguintes do manuscrito:* "19 de dezembro, Filarmônica, *before my chair* Amalia Bettini, *with her* [ou *she*] *a Young mano* Felsina… 20 de dezembro. Ontem à noite, Filarmônica, *before my chair* Amalia Bettini.

A incluir: segredo da fortuna dos Srs. Rothschild, visto por Dominique, 23 de dezembro de 1835. Vendem aquilo que todo mundo deseja, *rendas*, e além do mais tornaram-se fabricantes (*id est* tomando empréstimos).

Seria preciso comprar um mapa de Grenoble e colá-lo aqui. Mandar tirar os registros de óbito de meus parentes, o que me daria datas, e o registro de nascimento de *my dearest mother* e de meu avô. Dezembro de 1835. Quem pensa neles hoje além de mim, e com que ternura em minha mãe, morta há 46 anos? Posso portanto falar livremente de seus defeitos. A mesma justificação para a baronesa de Barcoff, Sra. Alex. Petit, baronesa Dembowski (há que tempo não escrevo esse nome!), Virginie, 2 Victorines, Angela, Mélanie, Alexandrine, Métyilde, Clémentine, Julia, Alberthe de Rubempré (adorada durante apenas um mês).

V. 2 V. A. M. A. M. C. J. A.

+ + + + +

Um homem mais positivo diria:

A. M. C. J. A.

Direito que tenho de escrever estas memórias: que criatura não gosta que se lembrem dela?

(20 dez. 1835). Fatos a pôr em seu lugar, postos aqui atrás para não os esquecer: nomeação como inspetor do mobiliário, atrás da página 254 da presente numeração. – Aos 7 anos, início do latim, portanto em 1790.

Fatos postos aqui para não os esquecer, a pôr em seu lugar: por que Omar me é incômoda.

É que não tenho um grupo à noite para me distrair de minhas ideias da manhã. Quando eu preparava uma obra em Paris, eu trabalhava até vertigens e impossibilidade de máquina. Às 6 horas era preciso no entanto ir jantar, sob pena de incomodar os garçons do restaurante e para um jantar de 3 fr. 50, o que me acontecia com frequência, e eu enrubescia por isso. Eu ia a um salão; ali, a menos que fosse bem ruim, eu me distraía por completo de meu trabalho da manhã, a ponto de ter esquecido seu tema ao voltar para casa à 1 hora.

(20 de dezembro de 1835). Cansaço da manhã. É isto que me falta em Omar: a Sociedade é tão lânguida (a Sra. Sandre, *the mother of* Marietta), a condessa Koven, a princesa de Da. não valem a pena de pegar um carro.

Tudo isso não consegue me distrair de minhas ideias da manhã, de modo que quando retomo meu trabalho no dia seguinte, em vez de estar renovado e descansado, estou estragado, quebrado.

E depois de quatro ou cinco dias dessa vida, desgosto do trabalho, desgastei realmente suas ideias ao pensar nele muito continuamente. Faço uma viagem de 15 dias a Civita-Vecchia ou a Ravena (1835, outubro). Esse intervalo é muito longo, *esqueci* meu trabalho. É por isso que o *Chasseur vert* se estiola, é isso que, com a falta total de boa música, desagrada-me em Omar". [N. T. *Chasseur vert* é o romance inacabado de Stendhal publicado com o título *Lucien Leuwen*.]

Capítulo VI

Depois da morte de minha mãe, meu avô ficou em desespero. Vejo, mas apenas hoje, que era um homem que devia ter um caráter do tipo do de Fontenelle, modesto, prudente, discreto, extremamente amável e agradável antes da morte de sua filha querida. Desde então, fechava-se com frequência em um silêncio discreto. No mundo só gostava dessa filha e de mim.

Sua outra filha, Séraphie, aborrecia-o e o irritava; ele gostava de paz acima de tudo, e ela só vivia de fazer cenas. Meu bom avô, pensando em sua autoridade de pai, censurava-se vivamente por não mostrar os dentes, *é uma expressão da região*, eu as conservo, com a possibilidade de a as traduzir mais tarde em francês de Paris, eu as conservo agora para melhor me lembrar dos detalhes que me chegam em quantidade. O Sr. Gagnon estimava e temia sua irmã, que a ele havia preferido na juventude um irmão morto em Paris, coisa que o irmão sobrevivente nunca lhe havia perdoado, mas com seu caráter à Fontenelle, amável e pacífico, não deixava isso transparecer; percebi isso mais tarde.

O Sr. Gagnon tinha uma espécie de aversão por seu filho, Romain Gagnon, meu tio, jovem brilhante e muito simpático.

Era o fato de ele ter essa qualidade que punha em desacordo, ao que me parece, o pai e o filho; ambos eram, mas em gêneros diferentes, os homens mais simpáticos da cidade. Meu avô era todo comedido nas brincadeiras, e seu espírito fino e frio podia passar despercebido. Era de resto um prodígio de ciência para essa época (em que florescia a mais risível ignorância). Os tolos ou os invejosos (os Srs. Champel, Tournus [o corno], Tourte) faziam-lhe sempre, para se vingar, cumprimentos por sua memória. Ele conhecia, aceitava e citava os autores reconhecidos em todos os tipos de assunto.

"Meu filho não leu nada", dizia ele algumas vezes com irritação. Nada era mais verdadeiro, mas era impossível entediar-se num grupo em que estivesse o Sr. Gagnon filho. Seu pai lhe havia dado um encantador apartamento em sua casa e o havia feito advogado. Em uma cidade com parlamento, todo mundo gostava da chicana, e vivia da chicana, e todos brincavam com a chicana. Sei ainda muitas brincadeiras sobre o *petitório* e o *possessório*.

Meu avô dava casa e mesa a seu filho, mais uma pensão mensal de 100 francos, soma enorme em Grenoble em 1789, para seus pequenos prazeres, e meu tio comprava trajes bordados de mil escudos e sustentava atrizes.

Eu só entrevia essas coisas, que eu só percebia pelas meias-palavras de meu avô. Suponho que meu tio recebesse presentes de suas amantes ricas, e com esse dinheiro se vestia magnificamente e mantinha as amantes pobres. É preciso saber que, em nossa região e nessa época, não havia nada de mau em receber dinheiro da Sra. Dulauron, ou da Sra. de Marcieu, ou da Sra. de Sassenage, desde que ele fosse gasto *hic et nunc* e que não fosse guardado. *Hic et nunc* é um modo de falar que Grenoble devia a seu Parlamento.

Aconteceu muitas vezes de meu avô, ao chegar à casa do Sr. de Quisonnas ou a algum outro círculo, perceber um jovem ricamente vestido e que todo mundo escutava, era seu filho.

"Como meu pai não conhecia esse meu traje, dizia-me meu tio, eu me eclipsava o mais rapidamente possível e ia em casa para pôr a modesta casaca. Quando meu pai me dizia: 'Mas me dê o pequeno prazer de me dizer como você paga os custos dessa roupa'. – Jogo e tenho sorte, eu respondia. 'Mas então, por que não paga suas dívidas?' E a Sra. fulana que queria ver-me com o belo traje que ela me havia comprado! prosseguia meu tio. Eu escapava com alguma história."

Não sei se meu leitor de 1880 conhece um romance muito célebre ainda hoje, *As ligações perigosas*, que foi escrito em Grenoble pelo Sr. Choderlos de Laclos, oficial de artilharia, e que retratava os costumes de Grenoble.

Ainda conheci a Sra. de Merteuil,[41] era a Sra. de Montmort, que me dava nozes cristalizadas, uma mulher manca que era proprietária da casa Drevon no Chevallon, perto da igreja de Saint-Vincent, entre

---

[41] Personagem do romance de Laclos.

Le Fontanil e Voreppe, mas mais perto de Le Fontanil. A largura do caminho separava a propriedade da Sra. de Montmort (ou alugada pela Sra. de Montmort) e a do Sr. Henri Gagnon. A jovem rica que é obrigada a ir para o convento deve ter sido uma Srta. de Blacons, de Voreppe. Essa família é exemplar pela tristeza, pela religiosidade, pela regularidade e pelo extremismo reacionário, ou pelo menos era exemplar em torno de 1814, quando o imperador me enviou como comissário para a 7ª divisão militar com o velho senador conde de Saint-Vallier, um dos livres-pensadores da época de meu tio e que me falou muito dele como alguém que levou as senhoras fulana e beltrana, cujos nomes esqueci, a fazerem grandes loucuras. Na época eu estava tomado pelo fogo sagrado e só pensava nos meios de rechaçar os austríacos, ou pelo menos de os impedir de entrar tão rapidamente.

Assim, vi o final dos hábitos da Sra. de Merteuil, como uma criança de 9 ou 10 anos devorada por um temperamento de fogo pode ver essas coisas, a propósito das quais todo o mundo evita dizer-lhe a palavra-chave.

Capítulo VII

Assim, a família era composta, à época da morte de minha mãe, em torno de 1790, por Gagnon pai, 60 anos; Romain Gagnon, seu filho, 25; Séraphie, sua filha, 24; Elisabeth, sua irmã, 64; Chérubin Beyle, seu genro, 43; Henri, filho de Chérubin, 7; Pauline, filha de Chérubin, 4; Zénaïde, filha de Chérubin, 2.

Eis os personagens do triste drama de minha juventude, que quase só me traz à lembrança sofrimentos e profundas contrariedades morais. Mas vejamos um pouco o caráter desses personagens.

Meu avô, Henri Gagnon (60 anos); sua filha, Séraphie, esse diabo em forma de mulher cuja idade eu nunca soube, ela podia ter 22 ou 24 anos; sua irmã, Elisabeth Gagnon (64 anos), mulher alta e magra, seca, com um belo rosto italiano, caráter perfeitamente nobre, mas nobre com os refinamentos e os escrúpulos de consciência espanhóis. Ela, nesse aspecto, formou meu coração, e é a minha tia Elisabeth que devo as abomináveis imposturas de nobreza à espanhola em que caí durante os primeiros 30 anos de minha vida. Suponho que minha tia Elisabeth, rica (para Grenoble), tenha ficado solteira em consequência de uma paixão infeliz. Fiquei sabendo alguma coisa nesse sentido pela boca de minha tia Séraphie em minha primeira juventude.

A família era enfim composta de meu pai.

Joseph-Chérubin Beyle, advogado no Parlamento, a seguir ultra e cavaleiro da Legião de Honra, adjunto do prefeito de Grenoble, morto em 1819, aos 72 anos, assim dizem, o que o supõe nascido em 1747. Portanto, em 1790, tinha 43 anos.

Era um homem extremamente pouco simpático, que estava sempre pensando em compras e vendas de propriedades, excessivamente ardiloso, acostumado a vender aos camponeses e a comprar deles, exemplo acabado de alguém nascido no Dauphiné. Não havia nada de menos espanhol e de menos desenfreadamente nobre que esse espírito, tanto que era antipático a minha tia Elisabeth. Além do mais era excessivamente enrugado e feio, e desconcertado e silencioso com as mulheres, que no entanto lhe eram necessárias.

Essa última condição lhe havia dado a compreensão da *Nouvelle Héloïse* [Nova Heloísa] e das outras obras de Rousseau, de quem ele só falava com adoração, ao mesmo tempo que o amaldiçoava como ímpio, pois a morte de minha mãe o lançou na mais alta e na mais absurda devoção. Ele se impôs a obrigação de dizer todos os ofícios de um padre, houve mesmo a possibilidade durante três ou quatro anos de sua entrada nas ordens, e provavelmente foi impedido pelo desejo de me deixar seu lugar de advogado; ia tornar-se *consistorial*: era uma distinção nobre entre os advogados, de que ele falava como um jovem tenente de granadeiros fala da cruz. Ele não gostava de mim como indivíduo, mas como filho que devia dar continuidade a sua família.

Teria sido bem difícil que gostasse de mim: 1º via claramente que eu não gostava dele, nunca eu lhe falava sem necessidade, pois ele era estranho a todas essas belas ideias literárias e filosóficas que constituíam a base de minhas perguntas a meu avô e das excelentes respostas desse velho simpático. Eu o via muito pouco. Minha paixão por deixar Grenoble, isto é, ele, e minha paixão pela matemática – único meio de que eu dispunha para deixar essa cidade que eu abominava e que detesto ainda, pois foi lá que aprendi a conhecer os homens – minha paixão matemática lançou-me em uma profunda solidão de 1797 a 1799. Posso dizer que trabalhei durante esses dois anos e mesmo durante uma parte de 1796 como Michelangelo trabalhou na Sistina.

Desde minha partida, em fim de outubro de 1799 – lembro-me da data porque em 18 de brumário, 9 de novembro, eu estava em Nemours –, fui para meu pai apenas um pedidor de dinheiro, a frieza aumentou continuamente, ele não podia dizer uma palavra que não me desagradasse. Meu horror era vender um terreno a um camponês, usando de artimanhas durante oito dias, para ganhar 300 francos, essa era sua paixão.

Nada de mais natural. Seu pai, que tinha, penso eu, o grande nome de *Pierre* Beyle, morreu de gota, em Claix, de repente, aos 63 anos. Meu pai aos 18 anos (em torno portanto de 1765) viu-se com uma propriedade em Claix que rendia 800 ou 1.800 francos, uma das duas quantias, um cargo de procurador e 10 irmãs para cuidar, uma mãe, rica herdeira, isto é, tendo talvez 60 mil francos e em sua condição de herdeira tendo o diabo no corpo. Ela por muito tempo em minha infância me deu tapas quando eu puxava o rabo de seu cachorro Azor (cachorro de Bolonha com longos pelos brancos). O dinheiro foi portanto, e com razão, o grande pensamento de meu pai, e eu sempre só pensei nele com desgosto. Esse pensamento representa para mim sofrimentos cruéis, pois ter dinheiro não me dá qualquer prazer, mas sua falta é uma triste infelicidade.

Talvez nunca o acaso tenha reunido duas criaturas mais fundamentalmente incompatíveis que meu pai e eu.

Daí a ausência de qualquer prazer em minha infância, de 1790 a 1799. Esse período, que todo mundo diz ser o dos verdadeiros prazeres da vida, foi para mim, graças a meu pai, apenas uma sequência de dores amargas e de desgostos. Dois diabos voltaram-se contra minha pobre infância, minha tia Séraphie e meu pai, que a partir de 1791 se tornou seu escravo.

O leitor pode tranquilizar-se quanto ao relato de meus infortúnios, primeiro pode saltar algumas páginas, partido que lhe suplico tome, pois escrevo às cegas, talvez coisas muito entediantes mesmo para 1835, o que não dizer para 1880?

Em segundo lugar, não tenho quase qualquer lembrança da triste época 1790-1795, durante a qual fui um pobre menininho perseguido, sempre repreendido a propósito de tudo, e protegido apenas por um sábio à Fontenelle que não queria travar uma batalha por mim, e tanto mais que nessas batalhas sua autoridade superior a tudo impunha-lhe elevar muito a voz, ora, é disso que ele tinha mais horror; e minha tia Séraphie, que, não sei por quê, tinha-se voltado contra mim, também sabia muito bem disso.

Quinze ou 20 dias depois da morte de minha mãe, meu pai e eu voltamos a dormir na triste casa, eu em uma pequena cama envernizada com grades, posta na alcova de meu pai. Ele dispensou seus empregados e comia em casa de meu avô, que nunca quis ouvir falar de pagamento. Acho que era por interesse por mim que meu avô aceitou assim o convívio habitual com um homem que lhe era antipático.

Só os reunia o sentimento de uma profunda dor. Por ocasião da morte de minha mãe, minha família rompeu todas as suas relações sociais, e, para cúmulo de tédio para mim, viveu desde então isolada.

O Sr. Joubert, taciturno e pedante montanhês (em Grenoble chama-se a isso "*bet*", que quer dizer homem grosseiro nascido nas montanhas de Gap), o Sr. Joubert, que me ensinava latim, Deus sabe com quanta bobagem, fazendo-me recitar as regras do livro de gramática, coisa que repugnava minha inteligência, e me atribuíam muita, morreu. Eu ia ter aulas com ele na pequena Place Notre-Dame; posso dizer que nunca passei por ela sem me lembrar de minha mãe e da perfeita alegria da vida que levei na sua época. Depois, mesmo meu bom avô ao me beijar me causava incômodo.

O pedante Joubert de rosto terrível deixou-me como herança o segundo volume de uma tradução francesa de Quinto Cúrcio, esse romano sem graça que escreveu a vida de Alexandre.

Esse horroroso pedante, com cinco pés e seis polegadas de altura, horrivelmente magro e que usava um redingote preto, sujo e rasgado, no fundo porém não era mau.

Todavia, seu sucessor, o padre Raillane, foi em toda a extensão da palavra um tratante execrável. Não quero dizer que tenha cometido crimes, mas é difícil ter uma alma mais seca, mais inimiga de tudo o que é honesto, mais perfeitamente desligada de qualquer sentimento de humanidade. Era padre, nativo de uma aldeia da Provença, era pequeno, magro, afetado, de tez esverdeada, com olhar falso e um sorriso abominável.

Há pouco havia terminado a educação de Casimir e Augustin Périer e de seus quatro ou seis irmãos.

Casimir foi um ministro muito célebre e a meu ver alguém que foi logrado por Luís Filipe. Augustin, o mais enfático dos homens, morreu par de França. Scipion morreu um pouco louco por volta de 1806. Camille foi um prefeito sem importância, e acaba de se casar em segundas núpcias com uma mulher muito rica, é um pouco louco como todos os irmãos. Joseph, marido de uma bonita mulher extremamente afetada e que teve amores célebres, talvez tenha sido o mais sensato de todos. Um outro, Amédée, acho eu, talvez tendo sido roubado no jogo por volta de 1815, preferiu passar cinco anos em Sainte-Pélagie a pagar.

Todos esses irmãos eram loucos no mês de maio, pois é! Acho que deviam essa vantagem em parte a nosso comum preceptor, o padre Raillane.

Esse homem, por habilidade, por educação ou por instinto de padre, era inimigo jurado da lógica e de qualquer raciocínio reto.

Meu pai tomou-o aparentemente por vaidade. O Sr. Périer *milord*, pai do ministro Casimir, passava por ser o homem mais rico da região. De fato, ele tinha 10 ou 11 filhos e deixou 350 mil francos para cada um. Que honra para um advogado no Parlamento tomar para seu filho o preceptor que acabava de sair da casa do Sr. Périer!

Talvez o padre Raillane tenha sido mandado embora por alguma falta, o que me provoca essa suspeita hoje é que havia ainda na casa dos Périer três crianças muito novas, Camille, com a minha idade, Joseph e Amédée, acho eu, bem mais novos.

Desconheço por completo os acordos financeiros que meu pai fez com o padre Raillane. Toda atenção dada às coisas do dinheiro era considerada, em minha família, vil e baixa em último grau. De certo modo falar de dinheiro era contra o pudor, o dinheiro era como uma triste exigência da vida, infelizmente indispensável, como os lugares para as necessidades, mas de que não se devia jamais falar. Falava-se, no entanto, e por exceção, das somas elevadas que um imóvel custava, a palavra "imóvel" era pronunciada com respeito.

O Sr. Bellier pagou por sua propriedade de Voreppe 20 mil escudos. Pariset custa a nosso primo Colomb mais de 12 mil escudos (de 3 francos).

Essa repugnância a falar de dinheiro, tão contrária aos usos de Paris, vinha não sei de onde e se estabeleceu em meu caráter. A visão de uma grande soma de ouro só desperta em mim a ideia do tédio de a garantir contra ladrões, esse sentimento com frequência foi tomado como afetação, e não falo mais dele.

Toda a honra, todos os sentimentos elevados e exaltados da família vinham-nos de minha tia Elisabeth, esses sentimentos reinavam como déspotas na casa, e no entanto ela raramente falava deles, talvez uma vez a cada dois anos, em geral, eram trazidos à baila por um elogio a seu pai. Essa mulher, de uma rara elevação de caráter, era adorada por mim, e podia ter na época 65 anos, sempre vestida com grande correção e usando em seu vestuário muito discreto tecidos caros. Compreende-se que só hoje e ao pensar nisso é que descubro essas coisas. Por exemplo, não sei qual é a fisionomia de nenhum de meus parentes e no entanto tenho presentes seus traços até no menor dos detalhes. Se imagino um pouco a fisionomia de meu excelente avô, é por causa da visita que lhe fiz quando eu já era auditor ou adjunto dos comissários de guerra; esqueci por completo a época dessa visita. Quanto ao caráter, tornei-me homem muito tarde, é assim que explico hoje essa falta de memória para as fisionomias. Até os 25 anos, o que digo, com frequência ainda hoje é preciso que me segure com as duas mãos para não me entregar de todo à sensação produzida pelos objetos e poder julgá-los racionalmente, com minha experiência. Mas que diabos isso tem a ver para o leitor? Que lhe diz todo este livro? E, no entanto, se não aprofundo esse caráter de Henry, tão difícil de conhecer para mim, não me comporto como autor correto que procura dizer sobre seu tema tudo o que pode saber. Peço a meu editor, se eu vier a tê-lo, para cortar com rigor esses excessos.

Certo dia, minha tia Elisabeth Gagnon comoveu-se com a lembrança de seu irmão, morto jovem em Paris; estávamos sós, depois do jantar, em seu quarto, que dava para a Grenette. Evidentemente essa alma elevada correspondia a seus pensamentos, e, como ela gostava de mim, dirigia-me a palavra por pura formalidade.

"...Que caráter! (o que queria dizer: que força de vontade.) Que atividade! Ah! que diferença!" (isso queria dizer: que diferença em relação a *este*, meu avô, Henri Gagnon.) E logo em seguida, recompondo-se e pensando em frente de quem ela falava, acrescentou: "*Nunca falei tanto dele*".

Eu: "E com que idade ele morreu?".

Srta. Elisabeth: "Aos 23 anos".

O diálogo durou muito tempo, ela acabou por falar de seu pai. Entre muitos detalhes que esqueci, ela disse:

"Em tal época, *ele chorava de raiva ao tomar conhecimento de que o inimigo se aproximava de Toulon.*"

(Mas quando o inimigo se aproximou de Toulon? Em torno de 1736, talvez, na guerra marcada pela Batalha de *Assietta*, de que acabo de ver em 34 uma gravura interessante pela *verdade*.)

Ele teria desejado que a milícia avançasse. Ora, nada no mundo era mais oposto aos sentimentos de meu avô Gagnon, verdadeiro Fontenelle, o homem mais rico de espírito e menos patriota que conheci. O patriotismo teria de modo baixo afastado meu avô de suas ideias elegantes e literárias. Meu pai teria calculado de imediato o que podia ganhar com ele. Meu tio Romain teria dito com ar alarmado: "Diabos! Isso pode fazer-me correr algum perigo". O coração de minha velha tia e o meu teriam palpitado de interesse.

Talvez eu adiante um pouco as coisas a meu respeito e atribua aos 7 ou 8 anos os sentimentos que tive aos 9 ou 10. É impossível para mim distinguir em relação às mesmas coisas os sentimentos de duas épocas contíguas.

Estou certo é de que o retrato sério e rebarbativo de meu avô[42] em sua moldura dourada com grandes rosáceas de meio pé de largura, que quase me fazia medo, tornou-se para mim caro e sagrado a partir do momento em que fiquei sabendo dos sentimentos corajosos e generosos que lhe haviam inspirado os inimigos que se aproximavam de Toulon.

---

[42] Trata-se na verdade do bisavô.

Capítulo VIII

Nessa ocasião, minha tia Elisabeth contou-me que meu avô[43] havia nascido em Avignon, cidade da Provença, região *onde nasciam as laranjas*, disse-me ela com tom de lamento, e muito mais próxima de Toulon que Grenoble. É preciso saber que o grande esplendor da cidade eram as 60 ou 80 laranjeiras em caixas, provenientes talvez do condestável de Lesdiguières, último grande personagem produzido pelo Dauphiné, as quais, com a proximidade do verão, eram colocadas com grande pompa nas cercanias da magnífica aleia das Castanheiras, plantada também, penso eu, por Lesdiguières. "Há então uma região onde as laranjeiras nascem diretamente na terra?", disse eu a minha tia. Compreendo hoje que, sem saber, eu lhe lembrava o objeto eterno de sua nostalgia.

Ela me contou que éramos originários de uma região ainda mais bela que a Provença (nós, isto é, os Gagnon), que o avô de seu avô, como resultado de uma circunstância muito funesta, viera esconder-se em Avignon no séquito de um papa; que ali fora obrigado a mudar um pouco seu nome e a se esconder, que então vivera do ofício de cirurgião.

Com o que sei da Itália de hoje, eu traduziria assim: que um Sr. Guadagni ou Guadanianno, tendo cometido algum pequeno assassinato na Itália, viera para Avignon em torno de 1650, acompanhando algum legado. O que me chamou muito a atenção na época foi que tivéssemos vindo (pois eu me considerava um Gagnon e só pensava nos Beyle com uma repugnância que dura ainda em 1835), que tivéssemos vindo de uma região onde as laranjeiras crescem na terra mesmo. Que lugar de delícias, pensava eu!

O que me confirmaria nessa ideia da origem italiana é que a língua desse país era muito prezada na família, coisa bem singular em uma

---
[43] Como na situação anterior, trata-se do bisavô.

família burguesa de 1780. Meu avô conhecia e prezava o italiano, minha pobre mãe lia Dante, coisa muito difícil, mesmo hoje; o Sr. Artaud, que passou 20 anos na Itália e que acaba de imprimir uma tradução de Dante, comete pelo menos dois contrassensos e um absurdo por página. De todos os franceses de meu conhecimento, dois apenas, o Sr. Fauriel, que me deu as histórias de amor árabes, e o Sr. Delécluze, dos *Débats*, compreendem Dante, e no entanto todos os escrevinhadores de Paris comprometem incessantemente esse grande nome, citando-o e pretendendo explicá-lo. Nada me indigna mais.

Meu respeito por Dante é antigo, data dos exemplares que, na biblioteca paterna, encontrei na prateleira ocupada por livros de minha pobre mãe e que constituíam meu único consolo durante a *tirania Raillane*.

Meu horror pela atividade desse homem e pelo que ele ensinava por ofício chegou a um ponto que beira a mania.

Acreditariam que, ontem ainda, 4 de dezembro de 1835, vindo de Roma para Civita-Vecchia, tive ocasião de prestar, sem me incomodar, um grande favor a uma jovem que não imagino muito cruel? No caminho, ela descobriu meu nome, a despeito de mim mesmo, ela era portadora de uma carta de recomendação para meu secretário. Tem olhos muito belos e esses olhos olharam-me sem crueldade durante as oito últimas léguas da viagem. Pediu-me que lhe conseguisse uma hospedagem que não fosse cara, enfim, provavelmente só dependia de mim mesmo ser bem tratado, mas, como escrevo isto há oito dias, a fatal lembrança do padre Raillane estava despertada. O nariz aquilino, mas um pouco pequeno demais, dessa bonita lionesa, Sra. ... lembrou-me o do padre, e a partir desse momento foi-me impossível até mesmo olhá-la, e fingi dormir na carruagem. Além disso, mesmo depois de ter feito com que ela embarcasse por favor e mediante oito escudos em lugar de 25, eu hesitava em ir ver o novo local de quarentena para não ser obrigado a vê-la e receber seus agradecimentos.

Como não há qualquer consolação, nada que não seja feio e sujo, nas lembranças relativas ao padre Raillane, há 20 anos pelo menos afasto os olhos com horror da lembrança dessa terrível época. Esse homem deveria ter feito de mim um inescrupuloso, isto é, vejo isso agora, um perfeito jesuíta, ele falava comigo em particular, durante nossos passeios ao longo do Isère, da Porte de La Graille à embocadura do Drac, ou simplesmente em um pequeno bosque além da ilha A, para me explicar que eu era imprudente em palavras: "Mas, senhor, dizia-lhe eu em outros termos, é verdade, é o que sinto.

— Não importa, meu pequeno amigo, não se deve dizer, isso não é conveniente".

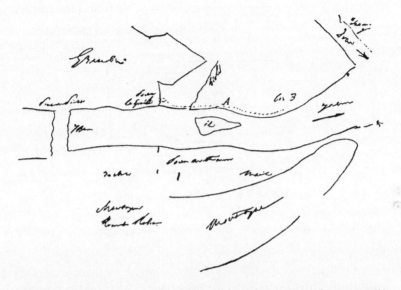

[Grenoble. – Sassenage. – Drac. – Ponte de pedra. – Porte de La Graille. – Biole. – Bosque B. – Isère. Ilha. Isère. – Rochedo. – Porte de France. – Aleia. – Montanha. Torre de Rabot. – Montanha.]

Se essas máximas tivessem funcionado, eu hoje seria rico, pois por três ou quatro vezes a fortuna bateu em minha porta. (Recusei em maio de 1814 a direção-geral do fornecimento (trigo) de Paris, sob as ordens do conde Beugnot, cuja mulher tinha por mim a mais viva amizade; depois de seu amante, o Sr. Pépin de Belle-Isle, meu amigo íntimo, eu era aquele de quem ela mais gostava.) Eu seria portanto rico, mas seria um inescrupuloso, eu não teria as encantadoras visões do *belo*, que com frequência ainda enchem minha cabeça em minha idade de *fifty two*.[44]

O leitor pensa talvez que procuro afastar esse cálice fatal de ter de falar do padre Raillane.

---

[44] Em inglês no original, "cinquenta e dois".

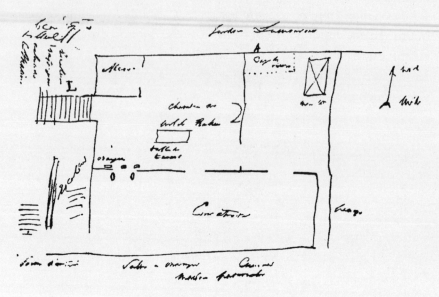

[Bela tília. – Jardim Lamouroux. – Escada vai até a da casa. – Alcova. – Quarto do padre Raillane. Mesa de trabalho. Laranjeiras. – Gaiola dos pássaros. Minha cama. – Norte. Sul. – Escada. – Pátio estreito. – Corredor. – Porta de entrada. – Sala de refeição. – Cozinha. – Casa paterna.]

Ele tinha um irmão, alfaiate no final da Grande-Rue, perto da Place Claveyson, que era a abjeção em pessoa. Uma única desgraça faltava a esse jesuíta, ele não era sujo, mas ao contrário muito cuidado e limpo. Gostava dos canários, fazia-os procriar e os mantinha com muita limpeza, mas ao lado de minha cama. Não imagino como meu pai suportava uma coisa tão pouco sadia.

Meu avô nunca subira à casa depois da morte de sua filha, não o teria suportado; meu pai, Chérubin Beyle, como eu disse, gostava de mim como continuador de seu nome, mas de modo algum como filho.

A gaiola dos canários, de arame preso a réguas de madeira, por sua vez presas à parede por ganchos de gesso, devia ter nove pés de comprimento, seis de altura e quatro de profundidade. Nesse espaço, voejavam tristemente longe do sol uns 30 pobres canários de todas as cores. Quando se reproduziam, o padre os alimentava com gemas de ovo, e de tudo o que ele fazia só isso me interessava. Mas esses diabos de passarinhos acordavam-me com o nascer do dia, logo em seguida eu ouvia a pá do padre que arranjava o fogo da lareira com um cuidado que reconheci mais tarde ser próprio dos jesuítas. Mas esse viveiro produzia muito cheiro, e a dois pés de minha cama e em um quarto úmido, escuro, onde não batia sol nunca. Não tínhamos janela para o jardim Lamouroux, só uma *abertura de servidão* (as cidades com parlamento são cheias de termos jurídicos) que dava uma brilhante luz à escada L, a que uma bela tília fazia sombra, embora a escada estivesse a pelo menos 40 pés do chão. Essa tília devia ser muito alta.

O padre punha-se numa irritação calma, escura e maldosa de um diplomata fleugmático, quando eu comia o pão seco da minha merenda perto de suas laranjeiras. Essas laranjeiras eram uma verdadeira mania, bem mais incômoda ainda que a dos passarinhos. Algumas tinham três polegadas e outras um pé de altura, ficam postas sobre a janela O, que o sol atingia um pouco durante dois meses do verão. O fatal padre achava que as migalhas caídas de nosso pão escuro atraíam as moscas, que comiam suas laranjeiras. Esse padre teria dado aulas de pequenez aos burgueses mais burgueses, os mais *patets* da cidade. (*Patet*, pronunciem: *paté*, extrema atenção dada às coisas de menor interesse.)

Meus companheiros, os Srs. Chazel e Reytiers, eram bem menos infelizes que eu. Chazel era um bom menino já grande, cujo pai, meridional, acho eu, o que quer dizer homem franco, brusco, grosseiro, e empregado-comissário dos Srs. Périer, não tinha em muita conta o latim. Vinha *sozinho* (sem empregado) pelas 10 horas, fazia mal seu *dever* de latim e ia embora ao meio-dia e meia, com frequência não vinha à tarde.

Reytiers, garoto muito bonito, louro e tímido como uma mocinha, não ousava olhar de frente o terrível padre Raillane. Era filho único de um pai que por sua vez era o mais tímido e religioso dos homens. Chegava às 8 horas, sob a guarda severa de um empregado que vinha pegá-lo quando tocava meio-dia em Saint-André (igreja da moda na cidade, cujos sinos ouvíamos muito bem). Às 2 horas, o empregado trazia de volta Reytiers com sua merenda em um cesto. No verão, pelas 5 horas, o padre Raillane levava-nos para passear, no inverno raramente, e então era pelas 3 horas. Chazel, que era um *grande*, entediava-se com o passeio e nos deixava logo.

Tínhamos muita vontade de ir para os lados da ilha do Isère, primeiro a montanha, vista dali, tem um aspecto delicioso, e um dos defeitos *literários* de meu pai e do Sr. Raillane era exagerar permanentemente as belezas da natureza (que essas belas almas deviam sentir bem pouco, eles só pensavam em ganhar dinheiro). Por nos falar muito da beleza do rochedo da Buisserate, o padre Raillane fizera-nos levantar a cabeça. Mas era um objeto completamente diferente que nos fazia gostar da margem perto da ilha. Ali, nós, pobres prisioneiros, víamos jovens que *usufruíam da liberdade*, iam e vinham *sozinhos* e depois'se banhavam no Isère e em um riacho afluente chamado Biole. Excesso de felicidade de que não percebíamos a mesma possibilidade no futuro mais longínquo.

O Sr. Raillane, como um verdadeiro jornal ministerial de nossos dias, só sabia falar conosco sobre os perigos da liberdade. Nunca via uma criança se banhando sem nos predizer que ela acabaria por se afogar, prestando-nos assim o favor de fazer de nós uns fracos, e ele foi bem-sucedido em relação a mim. Nunca consegui aprender a nadar. Quando me vi livre, dois anos depois, em torno de 1795, acho eu, e ainda enganando meus parentes e apresentando a cada dia uma nova mentira, eu já pensava em deixar Grenoble, custasse o que custasse, eu estava apaixonado pela Srta. Kubly, e a natação não me era mais um objeto suficientemente interessante para que a aprendesse. Todas as vezes que eu entrava na água, Roland (Alphonse) ou algum outro dos *melhores* me dava um caldo.

Não tenho datas durante a terrível tirania Raillane, tornei-me sombrio e odiava todo mundo. Minha grande infelicidade era não poder brincar com as outras crianças; meu pai, provavelmente muito orgulhoso por ter um preceptor para seu filho, temia acima de tudo ver-me *ir com crianças do povo*, essa era a expressão dos aristocratas dessa época. Uma única coisa poderia fornecer-me uma data: a Srta. Marine Périer (irmã do ministro Casimir Périer) veio ver o Sr. Raillane, que talvez fosse seu confessor, pouco tempo antes de seu casamento com esse louco do Camille Teisseire (patriota enfurecido que mais tarde queimou seus exemplares de Voltaire e de Rousseau), que, em 1811, quando era subprefeito graças ao Sr. Crétet, seu primo, ficou tão estupefato com a atenção de que me viu usufruir no salão da condessa Daru (no térreo que dava para o jardim do Hôtel de Biron, acho eu, prédio da Lista Civil, última casa à esquerda da Rue Saint-Dominique, na esquina do Boulevard des Invalides). Vejo ainda sua cara invejosa e sua polidez desajeitada para comigo. Camille Teisseire havia enriquecido, ou melhor, seu pai se enriquecera fabricando *ratafia de cereja*, do que ele muito se envergonhava.

Mandando buscar nos livros de registro de Grenoble (que Luís XVIII chamava Grelibre[45]) a certidão de casamento do Sr. Camille Teisseire (Rue des Vieux-Jésuites ou Place Grenette, pois sua vasta casa tinha duas entradas) com a Srta. Marine Périer, eu teria a data da tirania Raillane.

Eu era taciturno, dissimulado, descontente, traduzia Virgílio, o padre me exagerava as belezas desse poeta e eu acolhia seus elogios como os pobres poloneses de hoje têm de acolher os louvores da bonomia russa em suas gazetas venais; eu odiava o padre, odiava meu pai, fonte dos poderes do padre, odiava ainda mais a religião em nome da qual ele me tiranizava. Eu provava a meu companheiro de agrilhoamento, o tímido Reytier, que todas as coisas que nos ensinavam eram puras invenções. De onde eu tirara essas ideias? Não sei. Tínhamos uma grande bíblia ilustrada encadernada em verde, com ilustrações gravadas em madeira e inseridas no texto, nada é melhor para as crianças. Lembro-me de que procurava constantemente coisas ridículas nessa pobre bíblia. Reytiers, mais tímido, mais crédulo, adorado por seu pai e por sua mãe, que usava muito ruge e fora muito bonita, admitia minhas dúvidas por complacência para comigo.

Traduzíamos então Virgílio com grande dificuldade, quando descobri na biblioteca de meu pai uma tradução de Virgílio em quatro volumes *in*-8º, muito bem encadernados, feita por esse *tratante* do padre Desfontaines, penso eu. Encontrei o volume correspondente às *Geórgicas* e ao segundo livro que estropiávamos (de fato não sabíamos nada de latim). Escondi esse oportuno volume no banheiro, em um armário onde se guardavam as penas dos capões consumidos na casa, e ali, duas ou três vezes durante nossa penosa *versão*, íamos consultar a de Desfontaines. Parece-me que o padre se deu conta disso pela bondade ingênua de Reytiers, foi uma cena abominável. Eu me tornava cada vez mais sombrio, desagradável, infeliz. Execrava todo mundo, e minha tia Séraphie de modo superlativo.

---

[45] Atribui-se essa palavra a Luís XVIII, mas na verdade ela tem origem revolucionária; é um jogo com o nome da cidade – Gre-noble (Gre-nobre) e Gre-libre (Gre-livre).

Um ano depois da morte de minha mãe, em 1791 ou 1792, parece-me hoje que meu pai se apaixonou por minha tia, donde intermináveis passeios nas *Granges*, aonde me levavam como acompanhante, tomando a precaução de me fazer andar a 40 passos adiante assim que passávamos pela Porte de Bonne. Essa tia Séraphie tomara-se de antipatia por mim, não sei por quê, e fazia com que eu fosse a toda hora repreendido por meu pai. Eu os execrava e isso devia transparecer, já que, mesmo hoje, quando tenho reservas em relação a alguém, as pessoas presentes de imediato o percebem. Eu detestava minha irmã mais nova, Zénaïde (hoje Sra. Alexandre Mallein), porque ela era querida por meu pai, que toda noite a fazia adormecer em seus joelhos, e altamente protegida pela Srta. Séraphie. Eu cobria os gessos da casa (*éparvement des gippes*[46]) com caricaturas[47] contra Zénaïde *delatora*. Minha irmã Pauline (hoje viúva Périer-Lagrange) e eu acusávamos Zénaïde de desempenhar junto de nós o papel de espião, e acho mesmo que era algo assim. Eu jantava sempre em casa de meu avô, mas tínhamos acabado de jantar quando tocava 1h15 em Saint-André, e às 2 horas era preciso deixar o belo sol da Place Grenette pelos quartos úmidos e frios que o padre Raillane ocupava junto ao pátio da casa paterna, Rue des Vieux-Jésuites. Nada era mais penoso para mim, como eu era taciturno e dissimulado, fazia projetos de fugir, mas onde arrumar dinheiro?

Certo dia, meu avô disse ao padre Raillane:

"Mas, senhor, por que ensinar a essa criança o sistema celeste de Ptolomeu, que o senhor sabe que é falso?

– Mas ele explica tudo, e de resto é aprovado pela Igreja."

Meu avô não pôde digerir essa resposta e com frequência a repetia, mas rindo; ele nunca se indignava contra o que dependia dos outros, ora, minha educação dependia de meu pai, e quanto menos o Sr. Gagnon tinha estima por seu saber, mais ele respeitava seus direitos de pai.

Mas essa resposta do padre, com frequência repetida por meu avô, que eu adorava, acabou por fazer de mim um ímpio à força e de

---

[46] Entre parênteses, Stendhal apresenta os termos usados em Grenoble.

[47] *Anotação de Stendhal no manuscrito*: "Lembro de uma muito engraçada. Zénaïde era representada dobando um fio; fora desenhada de pé, de modo bastante grotesco, com essa legenda embaixo: 'Zénaïde, inveja lucrativa, Caroline Beyle'".

resto a mais taciturna das criaturas. Meu avô sabia astronomia, embora não compreendesse nada de cálculo; passávamos as noites de verão no magnífico terraço de seu apartamento, ali ele me mostrava a Ursa Maior e a Ursa Menor, e me falava poeticamente dos pastores da Caldeia e de Abraão. Adquiri assim consideração por Abraão, e disse a Reytiers: Não é um tratante como esses outros personagens da Bíblia.

Meu avô possuía, ou havia pegado emprestado na biblioteca pública, de que havia sido o fomentador, um exemplar *in-4º* da viagem de Bruce pela *Núbia* e pela *Abissínia*. Essa viagem continha gravuras, donde sua influência imensa em minha educação.

Eu execrava tudo o que me ensinavam meu pai e o padre Raillane. Ora, meu pai fazia-me recitar de cor a geografia de *Lacroix*, o padre havia continuado com isso; eu a sabia bem, forçado, mas a execrava.

Bruce, descendente de reis da Escócia, dizia-me meu grande avô, deu-me um gosto vivo por todas as ciências de que falava. Daí meu amor pela matemática e enfim essa ideia, ouso dizer de gênio: *A matemática pode fazer-me sair de Grenoble.*[48]

---

[48] Stendhal havia escrito na margem, depois riscou: "Logo depois roubei volumes de Voltaire".

Capítulo IX

Apesar de toda a sagacidade de alguém nascido no Dauphiné, meu pai, Chérubin Beyle, era um homem apaixonado. À sua paixão por Bourdaloue e Massillon sucedera a paixão pela agricultura, que, a seguir, foi substituída pelo amor da colher de pedreiro (ou a alvenaria), que ele sempre tivera, e finalmente pelo ultracismo e pela paixão de administrar a cidade de Grenoble em benefício dos Bourbons. Meu pai sonhava noite e dia com o que era o objeto de sua paixão, ele tinha muita sagacidade, uma grande experiência da sagacidade dos outros naturais do Dauphiné, e eu concluiria de muito bom grado a partir de tudo isso que ele tinha talento. Mas não tenho mais ideia disso do que de sua fisionomia.

Meu pai começou a ir duas vezes por semana a Claix, trata-se de um *domaine* (termo da região que quer dizer uma pequena propriedade) de 150 *arpents*, acho eu, situado ao sul da cidade, na encosta da montanha, além do Drac. Todo o terreno de Claix e de Furonières é seco, calcário, cheio de pedras. Um padre livre-pensador inventou, por volta de 1750, de cultivar o *pântano* a oeste da ponte de Claix; esse pântano fez a fortuna da região.

A casa de meu pai ficava a duas léguas de Grenoble, fiz esse trajeto, a pé, mil vezes talvez. É sem dúvida a esse exercício que meu pai devia uma saúde perfeita que o levou quase aos 72 anos, acho eu. Um burguês, em Grenoble, só é levado em consideração se tiver um *domaine*. Lefèvre, o peruqueiro de meu pai, tinha um *domaine* em Corenc e faltava com frequência ao trabalho *porque tinha ido* a Corenc, desculpa sempre bem recebida. Algumas vezes encurtávamos o caminho atravessando o Drac na barcaça de Seyssins, no ponto A.

Meu pai estava tão tomado por sua nova paixão que falava dela o tempo todo. *Mandou vir* (expressão da região, aparentemente), aparentemente mandou vir de Paris, ou de Lyon, a biblioteca agronômica ou econômica, que tinha ilustrações; eu folheava muito esse livro, o que me valeu ir com frequência a Claix (isto é, a nossa casa de Furonières), às quintas-feiras, dia de folga. Eu passeava com meu pai em seus campos e escutava de má vontade a exposição de seus projetos, no entanto o prazer de ter alguém para escutar esses romances que ele chamava de cálculos fez com que por várias vezes eu só voltasse à cidade na sexta-feira, algumas vezes partíamos já na quarta-feira à noite.

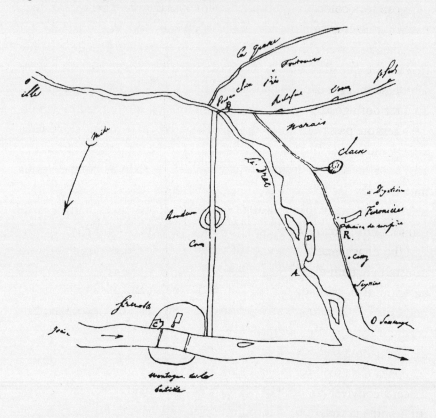

A. Ponte de ferro construída por volta de 1826. – B. Ponte de Claix notável com arco em semicírculo. – C. Cidadela. – G. Place Grenette. – D. Rochedo de Comboire a pique sobre o Drac, que é muito rápido, rochedos e bosques cheios de raposas. – R. Casa de campo que teve grande papel em minha infância e que revi em 1828, vendida para um general.
[Vizille. – La Gresse. – Pont de Claix. – Fontanieu. – Prados. – Rochefort. – Varces. – Saint-Paul. – Sul. – Rondeau. – Corso. – O Drac. – Pântano. – Claix. – Doyatières. – Furonières. – Casa de meu pai. – Cossey. – Seyssins. – Sassenage. – Grenoble. – Isère. – Montanha da Bastilha.]

Claix me desagradava porque aí eu estava sempre cercado por projetos de agricultura, mas logo descobri uma grande compensação. Dentro em pouco, roubei volumes de Voltaire na edição em 40 volumes *enquadrados*[49] que meu pai tinha em Claix (seu *domaine*) e que era perfeitamente encadernada em couro de vitela imitando mármore. Havia 40 volumes, acho eu, muito apertados, eu pegava dois e afastava um pouco todos os outros, a coisa não ficava visível. De resto, esse livro perigoso fora colocado na prateleira mais alta da estante, em cerejeira e vidro, que estava com frequência fechada a chave.

Pela graça de Deus, mesmo nessa idade as gravuras pareciam-me ridículas, e que gravuras! as da *Pucelle*.[50]

Esse milagre quase me fazia acreditar que Deus me havia destinado a ter bom gosto e a escrever um dia a *História da pintura na Itália*.

Sempre passávamos as *férias* em Claix, isto é, os meses de setembro e de agosto. Meus professores queixavam-se de que eu esquecia todo meu latim durante esse período de lazer. Nada me era tão odioso quanto meu pai chamar nossas idas a Claix de *nossos prazeres*. Eu ficava como um galé que fosse obrigado a chamar de *seus prazeres* um sistema de grilhões um pouco menos pesados que os outros.

Eu estava desesperado e, penso eu, era muito desagradável e muito injusto para com meu pai e o padre Raillane. Confesso, mas com grande esforço da razão, mesmo em 1835, que não posso julgar esses dois homens. Envenenaram minha infância com toda a força da palavra "envenenamento". Tinham rostos severos e constantemente me impediram de trocar uma palavra com uma criança da minha idade. Foi somente na época das escolas centrais (admirável obra do Sr. de Tracy) que comecei a conviver com crianças de minha idade. Mas não com a alegria e a despreocupação da infância, cheguei ali dissimulado, mau, cheio de ideias de vingança diante do menor soco, que tinha para mim o efeito de uma bofetada entre homens, em uma palavra, tudo, exceto traidor.

---

[49] Usa-se a palavra "enquadrados" [*encadrés*] porque, nessa edição, em todas as páginas o texto vinha enquadrado por um duplo fio – foi impressa pelos irmãos Cramer, em Genebra, em 1775.

[50] Trata-se de *La Pucelle d'Orléans* (A donzela de Orléans), 1752, poema cômico de Voltaire sobre Joana d'Arc.

O grande mal da tirania Raillane é que eu sentia meus males. Eu sempre via passar na Grenette crianças de minha idade que iam *juntas* passear e correr, ora, foi o que não me permitiram uma única vez. Quando eu deixava entrever a dor que me devorava, diziam-me: "Você vai andar de carruagem", e a Sra. Périer-Lagrange (mãe de meu falecido cunhado), figura das mais tristes, levava-me em sua carruagem quando ela ia fazer um passeio higiênico, ela me repreendia pelo menos tanto quanto o padre Raillane, era seca e beata, e tinha, como o padre, um desses rostos inflexíveis que nunca riem. Belo substituto para um passeio com meninos de minha idade! Quem acreditaria que nunca brinquei com bolinhas de gude e que só tive um pião por intercessão de meu avô, para quem, em relação a esse assunto, sua filha Séraphie fez uma *cena*.

Eu era assim muito dissimulado, muito desagradável, quando na bela biblioteca de Claix fiz a descoberta de um *Dom Quixote* francês. Esse livro tinha ilustrações, mas tinha aspecto velho, e eu detestava tudo o que era velho, pois meus parentes impediam-me de ver os jovens e eles me pareciam extremamente velhos. Mas enfim, pude compreender as ilustrações, que me pareciam divertidas: Sancho Pança montado em uma sela com alforges apoiada em quatro estacas, Ginés de Pasamonte havia levado o burro.

Dom Quixote fez-me morrer de rir. Considerem por favor que desde a morte de minha pobre mãe eu não ria, eu era vítima da mais rigorosa educação aristocrática e religiosa. Meus tiranos não deixavam de se manifestar um único momento. Recusava-se qualquer convite. Com frequência eu surpreendia discussões em que meu avô era de opinião que deviam permitir-me aceitar. Minha tia Séraphie fazia oposição em termos injuriosos para mim, meu pai, que lhe era submisso, dava a seu sogro respostas jesuíticas, que eu sabia bem que não levavam a nada. Minha tia Elisabeth dava de ombros. Quando um projeto de passeio resistia a uma tal discussão, meu pai fazia intervir o padre Raillane para um dever de que eu não me havia desincumbido na véspera e que era preciso fazer exatamente no momento de meu passeio.

Que se avalie o efeito de *Dom Quixote* no meio de uma tristeza tão horrível! A descoberta desse livro, lido sob a segunda tília da aleia no lado do canteiro cujo terreno se afundava de um pé, e ali eu me sentava, talvez seja a maior época de minha vida.

Quem acreditaria nisso? Meu pai, vendo-me morrer de rir, repreendia-me, ameaçava tomar-me o livro, o que fez várias vezes, e me levava para seus campos a fim de me explicar seus projetos de *reparações* (benfeitorias, melhorias).

Perturbado, até na leitura de *Dom Quixote*, escondi-me nos arvoredos, pequeno espaço verde na extremidade oriental do *clos* (pequeno jardim), fechado por muros.

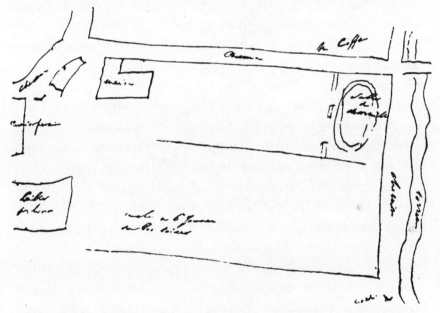

[Sr. Coffe. – Caminho. – Casa. – Caminho. – Arvoredos. – Caminho. – Curso d'água. – Norte. – Casa rural. – Depósito de vinho. – Esse terreno tem 6 journaux[51] de 600 toesas.]

Achei um Molière com ilustrações, as estampas pareciam-me ridículas e só compreendi *O avaro*. Encontrei as comédias de Destouches, e uma das mais ridículas comoveu-me até as lágrimas. Havia uma história

---
[51] Antiga medida de comprimento, de extensão variável.

de amor misturado com generosidade, estava ali meu fraco. Procuro em vão em minha memória o título dessa comédia, desconhecida mesmo entre as comédias desconhecidas desse insípido diplomata. *Le tambour nocturne* [Tambor noturno], em que há uma ideia copiada do inglês, divertiu-me muito.

Vejo como fato estabelecido na minha cabeça que, desde a idade de 7 anos, eu havia resolvido fazer comédias, como Molière. Há 10 anos apenas eu ainda me lembrava do *como* dessa resolução.

Meu avô ficou encantado com meu entusiasmo por *Dom Quixote*, de que eu lhe falei, pois eu lhe dizia mais ou menos tudo, esse homem excepcional era, de fato, meu único companheiro.

Emprestou-me, mas sem que sua filha Séraphie soubesse, o *Orlando furioso*, traduzido, ou antes, penso eu, imitado de Ariosto pelo Sr. de Tressan (cujo filho, hoje marechal de campo e, em 1820, ultra bastante insípido, mas, em 1788, jovem encantador, havia tanto contribuído para me fazer aprender a ler, prometendo-me um pequeno livro de imagens que nunca me deu, falta de palavra que me chocou muito).

Ariosto formou meu caráter, tornei-me loucamente apaixonado por Bradamante,[52] que eu imaginava uma jovem corpulenta de 24 anos com atrativos da mais radiosa brancura.

Eu tinha horror por todos os detalhes burgueses e baixos que serviram a Molière para dar a conhecer seu pensamento. Esses detalhes lembravam-me muito minha infeliz vida. Há uns três dias (dezembro de 1835), quando dois burgueses meus conhecidos estavam para fazer entre si uma cena cômica de pequena dissimulação e de meia discussão, afastei-me uns 10 passos para não ouvir. Tenho horror dessas coisas, o que me impediu de adquirir experiência. Não é *um pequeno infortúnio*.

Tudo o que é baixo e banal no gênero burguês lembra-me Grenoble, tudo o que me lembra Grenoble causa-me horror, não, *horror* é muito nobre, *náusea*.

Grenoble é, para mim, como a lembrança de uma abominável indigestão; não há perigo, mas um assustador desgosto. Tudo o que é baixo e banal sem compensação, tudo o que é inimigo do menor

---

[52] Personagem de *Orlando furioso*, de Ariosto.

movimento generoso, tudo o que se regozija com a infelicidade de quem ama a pátria ou é generoso, eis Grenoble para mim.

Nada me espantou em minhas viagens como ouvir oficiais meus conhecidos dizerem que Grenoble era uma cidade encantadora, com muito espírito e cujas *bonitas mulheres não se esquecia*. Da primeira vez que ouvi esse comentário, foi à mesa, em casa do general Moncey (hoje marechal, duque de Conegliano), em 1802, em Milão ou Cremona; fiquei tão espantando que pedi detalhes de um lado a outro da mesa; então subtenente *rico*, 150 francos por mês, eu não hesitava diante de nada. Minha execração do estado de náusea e de indigestão contínua, de que eu mal acabava de escapar, estava no auge. O oficial de Estado-maior sustentou muito bem sua observação, havia passado 15 ou 18 meses em Grenoble, sustentava que era a cidade mais agradável da província, citou-me as Sras. Allemand-Dulauron, Piat-Desvials, Tournus, Duchamps, de Montmaur, as Srtas. Rivière (filhas do hoteleiro, Rue Montorge), as Srtas. Bailly, comerciantes de moda, amigas de meu tio, os Srs. Drevon, Drevon sênior e Drevon o Igual, o Sr. Dolle da Porte-de-France, e, da sociedade aristocrática (palavra de 1800 substituída por *ultra*, depois por legitimista), o cavaleiro de Marcieu, o Sr. de Bailly.

Que pena! eu mal havia ouvido pronunciar esses nomes agradáveis, meus parentes só os evocavam para deplorar sua loucura, pois censuravam tudo, *tinham rancor*, é preciso repeti-lo para explicar minha infelicidade de um modo razoável. Quando da morte de minha mãe, meus parentes desesperados haviam rompido toda relação com a sociedade; minha mãe era a alma e a alegria da família, meu pai, sombrio, tímido, rancoroso, pouco simpático, tinha o caráter de Genebra (aí se calcula e aí jamais se ri) e jamais, parece-me, tivera relações sociais a não ser por causa de minha mãe. Meu avô, homem agradável, homem do mundo, o homem da cidade cuja conversa era a mais procurada por todos, desde o artesão até o grande senhor, desde a Sra. Barthélemy, mulher do sapateiro, mulher inteligente, até o barão des Adrets, em casa de quem ele continuou a jantar uma vez por mês, ferido até o fundo do coração pela morte da única criatura que amou e, vendo que chegava aos 60 anos, havia rompido com a sociedade por desgosto pela vida. Apenas minha tia Élisabeth, independente e mesmo rica (da riqueza de Grenoble em 1789), havia conservado casas em que ia jogar à noite (antes da ceia, das 7 às 9 horas). Saía assim duas ou três vezes por semana e algumas vezes, por piedade por mim, embora cheia de respeito pelos direitos paternos, ela, quando meu pai estava em Claix, dizia precisar de mim e me levava, como seu acompanhante, em casa da Srta. Simon, que punha um excesso de ruge, na casa nova dos jacobinos. Minha boa tia fez-me até mesmo assistir a um grande jantar oferecido pela Srta. Simon. Lembro-me ainda do brilho das luzes e da magnificência do serviço, houve no meio da mesa uma peça de centro com estátuas de prata. No dia seguinte, minha tia Séraphie denunciou-me a meu pai e houve uma cena. Essas discussões, muito polidas na forma, mas nas quais se diziam palavras fortes que não se esquecem, constituíam a única diversão dessa família triste em que minha má sorte me havia lançado. Como eu invejava o sobrinho da Sra. Barthélemy, mulher de nosso sapateiro!

Eu sofria, mas não via as causas de tudo isso, atribuía tudo à maldade de meu pai e de Séraphie. Era preciso, para ser justo, ver burgueses inchados de orgulho e que querem dar a seu *filho único*, como se referiam a mim, uma educação aristocrática. Essas ideias estavam muito acima de minha idade, e de resto quem as teria dado a mim? Eu só tinha como amigos Marion, a cozinheira, e Lambert, o camareiro de meu avô, e o tempo todo, ao me ouvir rindo na cozinha com eles, Séraphie me chamava. Em seu estado de espírito sombrio, eu era a única ocupação, enfeitavam essa opressão com o nome de educação e provavelmente o faziam de boa-fé. Graças a esse contato contínuo, meu avô comunicou-me sua veneração pelas letras. Horácio e Hipócrates eram, a meus olhos, homens bem diferentes de Rômulo, Alexandre e Numa. O Sr. de Voltaire era muito diferente desse imbecil do Luís XVI, de quem ele zombava, ou do livre-pensador Luís XV, cujos hábitos sujos ele reprovava; referia com repugnância *a* Du Barry, e a ausência da palavra *senhora*, no âmbito de nossos hábitos polidos, impressionou-me muito, eu tinha horror dessas criaturas. Dizia-se sempre: Sr. de Voltaire, e meu avô só pronunciava esse nome com um sorriso que misturava respeito e afeição.

Logo chegou a política. Minha família era das mais aristocráticas da cidade, o que fez com que de imediato me sentisse um republicano arrebatado. Eu via passar os belos regimentos de dragões indo para a Itália, sempre algum se hospedava em casa, eu os devorava com os olhos, meus parentes os execravam. Logo os padres esconderam-se, sempre houve em casa um padre ou dois escondidos. A gulodice de um dos primeiros que vieram, um homem gordo com olhos fora das órbitas quando comia carne de porco salgada, encheu-me de aversão. (Tínhamos excelente *carne de porco salgada* que eu ia buscar na cave com o empregado Lambert, ela era conservada em uma pedra cavada em forma de bacia.) Comia-se, em casa, com rara correção e cuidados atentos. Recomendavam-me, por exemplo, que não fizesse qualquer barulho com a boca. A maioria desses padres, pessoas do povo, produzia ruído da língua contra o palato, cortava o pão de maneira descuidada, não era preciso muito para que essas pessoas, cujo lugar era à minha esquerda, causassem-me horror. Um de nossos primos foi guilhotinado em Lyon (o Sr. Santerre), e a soturnidade da família e seu estado de ódio e de descontentamento com todas as coisas redobraram.

No passado, quando eu ouvia falar das alegrias ingênuas da infância, das despreocupações dessa idade, da felicidade da primeira juventude, a única verdadeira na vida, meu coração se apertava. Não conheci nada disso; e, mais ainda, essa idade foi para mim uma época contínua de infelicidade, e de ódio, e de desejos de vingança sempre impotentes. Toda minha infelicidade pode resumir-se em duas palavras: nunca me permitiram que falasse com uma criança de minha idade. E meus parentes, entediando-se muito depois de seu afastamento de todo convívio, honravam-me com uma atenção contínua. Por essas duas causas, nessa época da vida, tão alegre para as outras crianças, eu era desagradável, sombrio, insensato, *escravo*, em uma palavra, no pior sentido da palavra, e pouco a pouco assumi os sentimentos dessa condição. O pouco de felicidade que eu podia arrancar era preservado pela mentira. Numa outra relação, eu era inteiramente como os povos atuais da Europa, meus tiranos falavam-me sempre com as suaves palavras da mais terna solicitude, e seu aliado mais seguro era a religião. Eu tinha de suportar sermões contínuos sobre o amor paterno e os deveres das crianças. Certo dia, entediado com o páthos de meu pai, eu lhe disse: "Se gosta tanto de mim, dê-me cinco *sous* por dia e deixe-me viver como eu quiser. De resto, esteja certo de uma coisa, logo que eu tiver idade eu me alistarei".

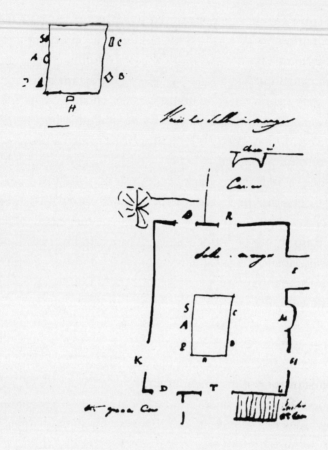

Eis o mapa da mesa em casa de meu avô onde comi dos 7 aos 16 anos e meio. A. Meu avô. – B. Meu pai. – C. Minha tia Élisabeth. – S. Minha tia Séraphie. – M. Eu. – P. O padre escondido em casa. – F. Janela única da sala de refeição. – O. Porta para a pequena escada em caracol. R. – Porta da cozinha. – E. Grande passagem que levava à outra casa que dava para a Place Grenette. – M. Estufa. – N. Entrada do quarto de Lambert.
– L. Armário dos licores, eram excelentes, presentes feitos a meu avô.
– T. Grande porta que dava para a grande escada. – D. Única janela muito estreita, de guilhotina, à inglesa. – K. Porta do quarto de meu avô.
[Aqui a sala de refeição. – Lareira. – Cozinha. – Sala de refeição. – Pátio muito grande. – Escada muito bonita.]

Meu pai avançou contra mim como para me aniquilar, ele estava fora de si. "Você não passa de um ímpio desprezível", disse-me ele. Dir-se-ia o imperador Nicolau e a municipalidade de Varsóvia, de que tanto se fala no dia em que escrevo (7 de dezembro de 1835, Civita-Vecchia),[53] tanto é verdade que todas as tiranias se parecem.

Por um grande acaso, parece-me que não permaneci desagradável, mas apenas desgostoso pelo resto de minha vida em relação aos burgueses, jesuítas e hipócritas de todas as espécies. Talvez eu tenha sido curado da maldade por meus sucessos de 1797, 1798 e 1799 e pela consciência de minhas forças. Além de minhas outras belas qualidades, eu tinha um orgulho insuportável.

Para dizer a verdade, pensando bem nisso, não me curei de meu horror um pouco despropositado por Grenoble, no verdadeiro sentido da palavra eu o *esqueci*. As magníficas lembranças da Itália, de Milão, apagaram tudo.

Ficou-me apenas uma lacuna digna de nota em meu conhecimento dos homens e das coisas. Todos os detalhes que formam a vida de Chrysale na *École des femmes* [*Escola de mulheres*]:

Et hors un gros Plutarque à mettre mes rabats,[54]

causam-me horror. Se me permitirem uma imagem *tão desagradável quanto minha sensação*, é como o cheiro de ostras para um homem que teve uma terrível indigestão de ostras.

Todos os fatos que constituem a vida de Chrysale são substituídos em mim pelo romanesco. Acredito que essa mancha em meu telescópio tenha sido útil para meus personagens de romance, há uma espécie de baixeza burguesa que eles não podem ter, e para o autor isso seria falar *chinês*, que ele não sabe. Essa expressão: baixeza burguesa só exprime uma nuance, isso será talvez bem obscuro em 1880. Graças aos jornais, o burguês provincial torna-se raro, não há mais *costumes de condição social*: um jovem elegante de Paris, com o qual eu me encontrava em convívio muito prazeroso, apresentava-se muito bem, sem afetação, e gastava 8 ou 10 mil francos. Um dia perguntei:

---

[53] Em 16 de outubro de 1935, Nicolau I da Rússia fez em Varsóvia violento discurso contra os poloneses.

[54] "Exceto um gordo Plutarco a pôr meus colarinhos" – verso que na verdade se encontra na peça *Les femmes savantes* [As sabichonas] (ato II, cena 7), de Molière.

"O que ele faz?

– É um advogado (procurador) que tem muito trabalho", disseram-me.

Citarei então, como exemplo da baixeza burguesa, o estilo de meu bom amigo Sr. Fauriel (do Instituto), em sua excelente *Vida de Dante*, publicado em 1834 na *Revue de Paris*.[55] Mas que pena! onde estarão essas coisas em 1880? Algum homem inteligente que escreva bem ter-se-á apoderado das profundas pesquisas do excelente Fauriel, e os trabalhos desse bom burguês tão consciencioso serão completamente esquecidos. Ele foi o mais belo homem de Paris. A Sra. Condorcet (Sophie Grouchy), grande conhecedora, apoderou-se dele, o burguês Fauriel fez a besteira de a amar, e ela, ao morrer, por volta de 1820, acho eu, deixou-lhe 1.200 francos de renda, como a um lacaio. Ele ficou profundamente humilhado. Eu lhe disse, quando me deu 10 páginas para *L'Amour*, aventuras árabes: "Quando se está às voltas com uma princesa ou uma mulher muito rica, é preciso bater nela, ou o amor se apaga". Essa afirmação causou-lhe horror, e ele o disse sem dúvida à pequena Srta. Clarke, que é feita como um ponto de interrogação, ?, como Pope. O que fez com que, pouco depois, ela fizesse com que eu fosse repreendido por um idiota de seus amigos (o Sr. Augustin Thierry, membro do Instituto), e eu a larguei ali. Havia uma bela mulher nesse grupo, a Sra. Belloc, mas ela fazia amor com outro ponto de interrogação, preto e recurvado, a Srta. de Montgolfier, e, na verdade, aprovo essas pobres mulheres.

---

[55] Intitulado apenas "Dante", o artigo de Fauriel na verdade saiu na *Revue des Deux Mondes*.

Capítulo X
O mestre Durand

Não encontro nenhuma lembrança da maneira como fui libertado da tirania Raillane. Esse tratante teria feito de mim um excelente jesuíta, digno de suceder a meu pai, ou um soldado crapuloso, mulherengo e frequentador de cabarés. O temperamento, como em Fielding, teria velado por completo o *ignóbil*. Eu seria, portanto, uma ou outra dessas duas amáveis coisas, sem meu excepcional avô que, sem saber, comunicou-me seu culto por Horácio, Sófocles, Eurípides e a literatura refinada. Por sorte, ele desprezava todos os escritores banais seus contemporâneos, e não fui envenenado pelos Marmontel, Dorat e outros rebotalhos. Não sei por que ele fazia a todo momento protestos de respeito em relação aos padres, que na verdade lhe causavam horror como algo sujo. Vendo-os introduzidos em sua sala por sua filha Séraphie e por meu pai, seu genro, ele era perfeitamente polido para com eles, como para com todo mundo. Para falar de alguma coisa, falava de literatura e, por exemplo, dos autores sacros, embora não gostasse deles. Mas esse homem tão educado tinha toda a dificuldade do mundo para dissimular a profunda aversão que lhe causava a ignorância deles. "Ora, ignoram até mesmo seu historiador, o padre Fleury!" Surpreendi um dia esse comentário, que redobrou minha confiança nele.

Logo descobri que ele se confessava muito raramente. Mais do que ter crença, era extremamente polido para com a religião. Teria tido fé se tivesse podido acreditar que reencontraria no céu sua filha Henriette (o duque de Broglie disse: "Parece-me que minha filha está na América"), mas ele era apenas triste e silencioso. Logo que chegava alguém, por polidez ele falava e contava histórias.

Talvez o Sr. Raillane tenha sido obrigado a se esconder por recusar-se ao juramento à Constituição civil do clero. De qualquer modo, seu afastamento foi para mim o maior acontecimento possível, e não tenho lembrança dele.

Isso constitui um defeito da minha cabeça, de que descubro vários exemplos, desde que há três anos me veio, na esplanada de San Pietro in Montorio (Janículo), a ideia luminosa de que eu ia fazer 50 anos e de que era tempo de pensar na partida, e antes disso de me dar o prazer de olhar por um instante para trás. Não tenho qualquer lembrança das épocas ou dos momentos em que senti muito vivamente. Uma das razões para me julgar corajoso é que me lembro com uma clareza perfeita das menores circunstâncias dos duelos em que me vi envolvido. No exército, quando chovia, e eu andava na lama, essa bravura era o que bastava, mas quando eu não me havia molhado na noite precedente, e meu cavalo não escorregava debaixo de mim, a temeridade mais perigosa era, para mim, literalmente, um verdadeiro prazer. Meus companheiros sensatos ficavam sérios e pálidos, ou então inteiramente vermelhos, Mathis tornava-se mais alegre, e Farine, mais sensato. É como atualmente, não penso nunca na possibilidade *of wanting of a thousand francs*,[56] o que me parece no entanto a ideia dominante, o grande pensamento de meus amigos de minha idade, que têm um desembaraço de que estou bem longe (por exemplo, os Srs. Besançon, Colomb etc.), mas divago. A grande dificuldade para escrever estas memórias é a de ter e de escrever apenas as lembranças relativas à época que seguro pelos cabelos; por exemplo, trata-se agora dos tempos, evidentemente menos infelizes, que passei com o mestre Durand.

Era um homem de 45 anos talvez, gordo e todo rotundo, que tinha um filho de 18 anos grande, muito simpático, que eu admirava de longe e que mais tarde foi, penso eu, apaixonado por minha irmã. Nada havia de menos jesuíta e de menos dissimulado do que esse pobre Sr. Durand, além do mais, era educado, vestido com uma estrita economia, mas nunca com relaxamento. Na verdade, não sabia uma palavra de latim, mas nem eu, e isso não era coisa de nos indispor.

---

[56] Em inglês no original, "de ter necessidade de mil francos".

Eu sabia de cor o *Selectae e profanis*,[57] e sobretudo a história de Ândrocles e seu leão, eu conhecia também o Antigo Testamento e talvez um pouco de Virgílio e de Cornélio Nepo. Mas se me tivessem dado, escrita em latim, a permissão de férias de oito dias, eu não teria compreendido nada. O infeliz latim feito por modernos, o *De viris illustribus*,[58] em que se falava de Rômulo, de que eu gostava muito, era ininteligível para mim. Pois bem! o Sr. Durand era a mesma coisa, sabia de cor os autores que explicava há 20 anos, mas quando meu avô tentou uma ou duas vezes consultá-lo sobre alguma dificuldade de seu Horácio não explicada por Jean Bond (esse nome fazia minha alegria, no meio de tantos tormentos, que prazer poder rir de *Jambon*!),[59] o Sr. Durand não compreendia nem sequer qual era o objeto em questão.

Assim, o método era lamentável e, se eu quisesse, eu ensinaria latim em 18 meses a uma criança de inteligência comum. Mas então não era nada estar acostumado a uma situação penosa, duas horas pela manhã e três horas à noite? Essa é uma grande questão. (Por volta de 1819, ensinei inglês em 26 dias ao Sr. Antonio Clerichetti, de Milão, que sofria com um pai avaro. No trigésimo dia, ele *vendeu* a um livreiro sua tradução dos interrogatórios da princesa de Gales [Caroline de Brunswick], insigne puta cujo marido, rei e pródigo em milhões, não conseguiu convencê-la de lhe ter feito o que 95 de 100 maridos são.[60])

Não tenho qualquer recordação do acontecimento que me separou do Sr. Raillane.

Depois da dor de todos os momentos, fruto da tirania desse jesuíta malévolo, vejo-me de repente estabelecido em casa de meu grande avô,

---

[57] Compilação de autoria de Jean Huzet (1660-1728), cujo título completo é *Selectae e profanis scriptoribus historiae* (1727).

[58] *De viris illustribus urbis Romae*, manual de latim de autoria de Lhomond, publicado por volta de 1775.

[59] O nome Jean Bond pronuncia-se em francês como "*jambon*", que significa presunto em francês. Jean Bond (1550-1612), humanista e médico inglês, publicou, em 1606, uma edição anotada da obra de Horácio.

[60] Referência ao processo de divórcio, em 1820, movido por Jorge IV, rei da Inglaterra, contra sua esposa, Caroline de Brunswick.

dormindo em um pequeno cômodo em trapézio ao lado de seu quarto, e recebendo lições de latim do bom Durand, que vinha, parece-me, duas vezes por dia, das 10 às 11 horas e das 2 às 3 horas. Meus parentes atinham-se firmemente ao princípio de não me deixar ter comunicação com *crianças do povo*. Mas as aulas do Sr. Durand tinham lugar em presença de meu grande avô, no inverno em seu quarto, no ponto M, no verão no grande salão ao lado do terraço, em M', algumas vezes em M", em uma antecâmara onde não se passava quase nunca.[61]

As lembranças da tirania Raillane causaram-me horror até 1814; por essa época, eu as esqueci, os acontecimentos da Restauração absorviam meu horror e minha aversão. É só esse último sentimento que as lembranças do mestre Durand *em casa* me inspiram, pois segui também seu curso na Escola Central, mas nessa época eu era feliz, pelo menos comparativamente, eu começava a ser sensível à bela paisagem formada pela vista das colinas de Eybens e de Échirolles e pelo belo prado do talude da *Porte de Bonne*, de que se tinha ampla visão da janela da Escola, felizmente situada no terceiro andar do colégio; o resto estava em reparo.

Parece que no inverno o Sr. Durand vinha dar-me aula de 7 horas da noite às 8. Pelo menos, vejo-me a uma pequena mesa iluminada por uma vela, o Sr. Durand com minha família, quase como uma réstia de cebolas,[62] diante da lareira de meu avô, e meio voltado à direita para a pequena mesa onde eu, H, estava.

---

[61] *Stendhal havia escrito*: "O que não era nada menos do que me privar durante longos anos não apenas de brincar, mas mesmo de trocar uma palavra com qualquer criança de minha idade". Riscou o trecho e anotou: "Mais acima, na tirania Raillane".

[62] No original: "*en rang d'oignon*", "fila de cebolas", "enfileirado". *Na margem, Stendhal anotou*: "O senhor d'Oignon", lembrando a origem da expressão – o barão d'Oignon era grande mestre de cerimônias nos Estados de Blois (1576), indicando os lugares em que as pessoas deviam sentar-se.

A. Magnífica cama de damasco vermelho de meu avô. – B. Seu armário. – C. Magnífica cômoda em marchetaria tendo na parte superior um relógio de pêndulo: Marte que oferece o braço à França, a França tinha um manto enfeitado com flores de lis, o que mais tarde acarretou grandes inquietações. – F. Única janela com magníficos vidros da Boêmia. Um deles, no alto, à esquerda, tendo se quebrado, assim ficou por 10 anos. – D. Lareira. – H. Meu quarto. – O. Minha pequena janela. – RR. Armários. – R'. Imenso armário de meu avô.
[Minha cama. – Escada em caracol. – Pátio. – Pátio pequeno. – Gabinete de meu avô. – Sala de refeição. – Pátio grande e triste. Norte. – Grande salão à italiana. – Quarto de meu tio Romain Gagnon.]

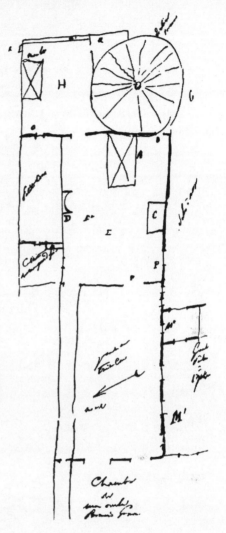

Foi ali que o Sr. Durand começou a me explicar as *Metamorfoses*, de Ovídio. Vejo-o ainda, assim como vejo a cor amarela ou de raiz de buxo da capa do livro. Parece-me que por causa do tema muito alegre houve uma discussão entre Séraphie, que tinha o diabo no corpo mais do que nunca, e seu pai. Por amor da boa literatura, ele ficou firme e, em lugar dos horrores sombrios do Antigo Testamento, tive os amores de Píramo e de Tisbe, e sobretudo Dafne transmudada em loureiro. Nada me divertiu tanto quanto essa história. Pela primeira vez em minha vida, compreendi que podia ser agradável saber latim, que era há tantos anos meu suplício.

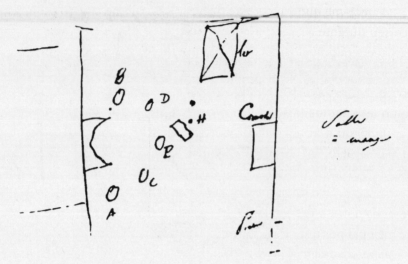

A. Sr. Chérubin Beyle. – B. Sr. Gagnon. – C. D. Minhas tias. – P. Sr. Durand. – H. Eu.
[Cama. – Cômoda. – Porta. – Sala de refeição.]

Mas aqui a cronologia desta importante história pergunta: "Há quantos anos?".

Na verdade, não sei, eu havia começado o latim aos 7 anos, em 1790. Suponho que o ano VII da República corresponda a 1799, por causa do enigma afixado no Luxemburgo a propósito do Diretório[63]:

Lancette
Laitue
Rat

Parece-me que no ano V eu estava na Escola Central.

Eu já estava na escola há um ano, pois ocupávamos a grande sala de matemática, no primeiro andar, quando ocorreu o assassinato de Roberjot, em Rastadt. Talvez tenha sido em 1794 que explicava as *Metamorfoses*, de Ovídio. Meu avô permitia-me às vezes ler a tradução do Sr. Dubois-Fontanelle, penso eu, que mais tarde foi meu professor.

---

[63] A pronúncia das palavras *"Lancette"*, *"Laitue"*, *"Rat"* (lanceta, alface, rato) é, em francês, semelhante à da frase *"L'an sept les tuera"* (O ano sétimo os matará).

Parece-me que a morte de Luís XVI, em 21 de janeiro de 1793, ocorreu durante a tirania Raillane. Coisa engraçada e em que a posteridade terá dificuldade para acreditar, minha família burguesa, mas que se julgava à beira da nobreza, meu pai sobretudo, que se julgava nobre arruinado, lia todos os jornais, acompanhava o processo do rei como teria acompanhado o de um amigo íntimo ou de um parente.

Chegou a notícia da condenação, minha família foi levada ao total desespero. "Mas eles nunca ousarão mandar executar esse decreto infame", dizia ela. "Por que não, pensava eu, se ele traiu?"

Eu estava no gabinete de meu pai, Rue des Vieux-Jésuites, pelas 7 horas da noite, noite fechada, lendo à luz de minha lâmpada e separado de meu pai por uma mesa bem grande. Eu fingia trabalhar, mas lia as *Mémoires d'un homme de qualité* [*Memórias de um homem de qualidade*], do *abbé* Prévost, de que eu havia descoberto um exemplar bem estragado pelo tempo. A casa foi sacudida pelo veículo do correio que chegava de Lyon e de Paris.

"É preciso que eu vá ver o que esses monstros terão feito", disse meu pai, levantando-se.

"Espero que o traidor tenha sido executado", pensei. Depois refleti na extrema diferença entre meus sentimentos e os de meu pai. Eu gostava ternamente de nossos regimentos, que eu via passar pela Place Grenette da janela de meu avô, eu imaginava que o rei procurava fazer com que fossem vencidos pelos austríacos. (Vê-se que, embora com apenas 10 anos, eu não estava muito longe da verdade.) Mas confessarei que me teria sido suficiente o interesse que o vigário-geral Rey e os outros padres, amigos da família, tinham pelo destino de Luís XVI, para que isso me fizesse desejar sua morte. Eu considerava, em virtude de uma estrofe de canção que eu cantava quando julgava não estar sendo ouvido por meu pai ou minha tia Séraphie, que era *dever estrito* morrer pela pátria quando fosse preciso. O que era a vida de um traidor que por uma carta secreta podia fazer sacrificar um desses belos regimentos que eu via passar pela Place Grenette? Eu avaliava o caso entre minha família e eu, quando meu pai entrou de volta. Vejo-o ainda, em redingote de moletom branco que ele não havia tirado para ir ao correio, a dois passos.

"Está feito, disse ele com um grande suspiro, eles o assassinaram."

Fui tomado de um dos mais vivos movimentos de alegria que experimentei em minha vida. O leitor pensará talvez que sou cruel, mas assim eu era aos 10 anos, assim sou aos 52.

Quando em dezembro de 1830 não se puniu com a morte esse insolente patife Peyronnet e os outros signatários das ordenações,[64] eu disse dos burgueses de Paris: consideram o estiolamento de sua alma como civilização e generosidade. Como, depois de tamanha fraqueza, ousar condenar à morte um simples assassino?

Parece-me que o que se passa em 1835 justificou minha previsão de 1830.

Fiquei tão entusiasmado com esse grande ato de justiça nacional que não pude continuar a leitura de meu romance, certamente um dos mais tocantes que existem. Eu o escondi, pus diante de mim o livro sério, provavelmente Rollin, que meu pai me mandava ler, e fechei os olhos para poder saborear em paz esse grande acontecimento. É exatamente o que eu faria ainda hoje, acrescentando que, salvo por um dever imperioso, nada me poderia determinar a ver o traidor que o interesse da pátria envia ao suplício. Eu poderia encher 10 páginas com os detalhes dessa noite, mas se os leitores de 1880 são tão estiolados quanto a boa sociedade de 1835, a cena assim como o herói lhes inspirarão um sentimento de aversão profunda, indo quase até o que as almas de papel machê chamam de horror. Quanto a mim, eu teria muito mais piedade por um assassino condenado à morte sem provas inteiramente suficientes que por um *King* que se encontrasse na mesma situação. A *death of a King*[65] culpado é sempre útil *in terrorem*[66] para impedir os estranhos abusos nos quais a *loucura última* produzida pelo poder absoluto lança essas pessoas. (Veja-se o amor de Luís XV pelas covas recém-tampadas nos cemitérios do interior, que ele via de sua carruagem ao passear pelas cercanias de Versalhes. Veja-se a loucura atual da pequena rainha Dona Maria de Portugal.)

---

[64] Trata-se das ordenações que desencadearam a Revolução de 1830. O conde de Peyronnet (1778-1854), ministro de Carlos X e autor de várias leis contra a imprensa, foi condenado à prisão perpétua.

[65] Em inglês no original, "a morte de um rei".

[66] Em latim no original, "no terror".

A página que acabo de escrever escandalizaria muito até mesmo meus amigos de 1835. Em casa da Sra. Aubernon, em 1829, fui desprezado em coro por ter *wished the death of the Duke of Bordeaux*.[67] O próprio Sr. Mignet (hoje conselheiro de Estado) teve horror de mim, e a dona da casa, de quem eu gostava (*did like*) porque parecia Cervantes, nunca me perdoou, dizia que eu era extremamente imoral, e ficou escandalizada, em 1833, nos banhos de Aix, porque a condessa Curial fazia minha defesa. Posso dizer que a aprovação dos seres que considero *fracos* é-me totalmente indiferente. Parecem-me loucos, vejo claramente que não compreendem o problema.

Enfim, suponhamos que eu seja cruel, pois bem, sim, sou, aparecerão muitas outras coisas a meu respeito, se eu continuar a escrever.

Concluo dessa lembrança, tão presente a meus olhos, que em 1793, há 42 anos, eu buscava a felicidade precisamente como hoje, em outros termos, mais comuns, meu caráter era absolutamente o mesmo de hoje. Todas as tergiversações, quando se trata da *pátria*, ainda me parecem *pueris*.

Eu diria *criminosas*, se não fosse meu desprezo ilimitado pelas criaturas fracas. (Exemplo: o Sr. Félix Faure, par de França, primeiro presidente, falando a seu filho, em Saint-Ismier, verão de 1828, sobre a morte de Luís XVI: "*Ele foi morto por pessoas más*". É o mesmo homem que condena hoje, na Câmara dos Pares, os jovens e respeitáveis loucos chamados conspiradores de abril. Eu, de minha parte, condená-los-ia a um ano de estada em *Cincinnati* (América), ano durante o qual eu lhes daria 200 francos por mês.)

Só tenho uma outra lembrança com essa mesma nitidez, é a de minha primeira comunhão, que meu pai fez com que eu fizesse em Claix, em presença do carpinteiro religioso Charbonot, de Cossey, por volta de 1795.

Como, em 1793, o correio levava cinco bons dias, e talvez mesmo seis, de Paris a Grenoble, a cena do gabinete de meu pai talvez seja de 28 ou 29 de janeiro, às 7 horas da noite. Na ceia, minha tia Séraphie fez-me uma cena sobre minha alma *atroz* etc. Eu olhava meu pai, ele não abria a boca, aparentemente com medo de ir e de me fazer ir aos extremos últimos. Por mais cruel e atroz que eu seja, pelo menos eu

---

[67] Em inglês no original, "desejado a morte do Duque de Bordeaux".

não passava por covarde na família. Meu pai era por demais alguém nascido no Dauphiné e muito fino para não ter percebido, mesmo em seu gabinete (às 7 horas), o que uma criança de 10 anos sentia.

Aos 12 anos, um prodígio de conhecimento para minha idade, eu fazia incessantes perguntas a meu excepcional avô, cuja felicidade era responder-me. Eu era a única criatura com que ele quis falar de minha mãe. Ninguém na família ousava falar-lhe dessa criatura querida. Aos 12 anos, portanto, eu era um prodígio de conhecimento e, aos 20, um prodígio de ignorância.

De 1796 a 1799, só prestei atenção àquilo que podia dar-me os meios para deixar Grenoble, isto é, à matemática. Eu calculava com ansiedade os meios de poder dedicar ao trabalho uma meia hora a mais por dia. Além do mais, eu gostava, e ainda gosto, da matemática por ela mesma, pois que não admite a *hipocrisia* e o *vago*, meus dois objetos de aversão.

Nesse estado de espírito, que podia significar para mim uma resposta sensata e desenvolvida de meu bom avô que incluía uma informação sobre Sanconiaton, uma apreciação dos trabalhos de Court de Gébelin, de quem meu pai, não sei como, possuía uma bela edição *in*-4º (talvez não haja *in*-12º), com uma bela gravura representando os órgãos vocais do homem?

Aos 10 anos, fiz, inteiramente às escondidas, uma comédia em prosa, ou, antes, um primeiro ato. Eu trabalhava pouco, porque esperava o momento do gênio, isto é, esse estado de exaltação que à época me tomava talvez duas vezes por mês. Esse trabalho era um grande segredo, meus escritos sempre me inspiraram o mesmo pudor que meus amores. Nada me teria sido mais penoso do que ouvir falarem a respeito. Ainda experimentei vivamente esse sentimento em 1830, quando a Sra. Victor de Tracy me falou de *O vermelho e o negro* (romance em dois volumes).

Capítulo XI
Amar e Merlino[68]

Foram dois representantes do povo que um belo dia chegaram a Grenoble e algum tempo depois publicaram uma lista de 152 nomes notoriamente suspeitos (de não gostar da República, isto é, do governo e da pátria) e de 350 simplesmente suspeitos. Os *notoriamente* deviam ser detidos; quanto aos *simplesmente*, deviam ser simplesmente vigiados.

Vi tudo isso de baixo, como uma criança, talvez fazendo pesquisas no *Journal du Département*, se é que ele existia à época, ou nos arquivos, seria encontrado exatamente o contrário quanto às datas, mas, quanto ao efeito em mim e na família, não resta dúvida. De qualquer modo, meu pai era notoriamente suspeito, e o Sr. Henri Gagnon, simplesmente suspeito.

A publicação dessas duas listas foi um desastre para a família. Apresso-me a dizer que meu pai só foi libertado em 6 de termidor (ah! eis uma data. Libertado em 6 de termidor, três dias antes da morte de Robespierre) e colocado na lista durante 22 meses.

Esse grande acontecimento dataria portanto de ... no ano ... Enfim, encontro em minha memória que meu pai ficou 22 meses na lista e só passou na prisão 32 dias ou 42.

Minha tia Séraphie mostrou nessa ocasião muita coragem e foi muito ativa. Ela ia ver os *membros do Departamento*, isto é, da administração departamental, ia ver os representantes do povo, e obtinha sempre *sursis* de 15 dias ou 22 dias, de 50 dias algumas vezes.

Meu pai atribuiu o aparecimento de seu nome na lista fatal a uma antiga rivalidade de Amar, que era também advogado, ao que me parece.

---

[68] André Amar (1755-1816) e Jean-François-Marie Merlino (1737-1805) chegaram a Grenoble em abril de 1793.

Dois ou três meses depois dessa humilhação, da qual em família se falava sem parar à noite, escapou-me uma ingenuidade que confirmou meu caráter *atroz*. Era em termos polidos que se exprimia todo o horror que o nome Amar inspirava.

"Mas, disse eu a meu pai, Amar o pôs na lista como notoriamente *suspeito* de não gostar da República, parece-me que é *certo* que você não gosta dela."

Diante dessa observação, toda a família enrubesceu de cólera, estiveram a ponto de me prender em meu quarto; e, durante a ceia, para a qual logo me vieram chamar, ninguém me dirigiu a palavra. Eu refletia profundamente. "Nada é mais verdadeiro que o que eu disse, meu pai se vangloria de execrar *a nova ordem das coisas* (expressão em moda, na época, entre os aristocratas), que direito têm eles de se zangar?"

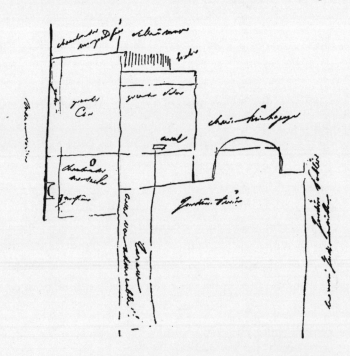

O. Quarto de meu tio. – Q. Meu pai Chérubin Beyle lendo Hume.
[Quarto de meu avô. – Sala de refeição. – Escada. – Casa vizinha. – Galeria. – Pátio grande. – Grande salão. Altar. – Quarto de meu tio. – Meu pai. – Terraço com vista esplêndida. – Casa Périer-Lagrange. – Jardim Périer. – Jardim público chamado Jardin de Ville.]

Essa forma de raciocínio: *Que direito tem ele?* foi habitual em mim desde os primeiros atos arbitrários que seguiram a morte de minha mãe, tornaram amargo meu caráter e me fizeram o que sou.

O leitor observará sem dúvida que essa forma levava rapidamente à maior indignação.

Meu pai, Chérubin Beyle, instalou-se no quarto O, chamado quarto de meu tio. (Meu simpático tio Romain Gagnon casara-se em Échelles, na Savoie, e, quando vinha a Grenoble, a cada dois ou três meses, com o fim de rever suas antigas amigas, ocupava esse quarto mobiliado com magnificência em damasco vermelho – magnificência de Grenoble em 1793.)

É ainda de se observar a sabedoria do espírito do natural do Dauphiné. Meu pai chamava de "esconder-se" o fato de atravessar a rua e ir dormir em casa de seu sogro, onde se sabia que ele jantava e ceava há dois ou três anos. O Terror foi portanto muito suave e, acrescentarei ousadamente, muito razoável, em Grenoble. Apesar de 22 anos de progresso, o Terror de 1815, ou reação do partido de meu pai, parece-me ter sido mais cruel. Mas o extremo desgosto que 1815 me inspirou fez-me esquecer os fatos, e talvez um historiador imparcial fosse de outra opinião. Suplico ao leitor, caso eu tenha algum, que se lembre de que só tenho pretensão à veracidade no que toca a *meus sentimentos*, quanto aos fatos, sempre tive pouca memória. O que faz, num parêntese, com que o célebre George Cuvier sempre me vencesse nas discussões que ele se dignava algumas vezes ter comigo em seu salão, aos sábados, de 1827 a 1830.

Meu pai, para se livrar da horrível perseguição, instalou-se no quarto de meu tio, O. Era inverno, pois me dizia: "*Isto é um depósito de gelo*".

Eu dormia ao lado de sua cama, numa bonita cama em forma de gaiola de passarinho e da qual era impossível cair. Mas isso não durou. Logo me vi no trapézio ao lado do quarto de meu avô.

Parece-me agora que foi apenas na época de Amar e Merlino que passei a ocupar o trapézio, onde me sentia muito incomodado pelo cheiro da cozinha do Sr. Reyboz ou Reybaud, merceeiro, provençal, cujo sotaque me fazia rir. Ouvi-o com frequência resmungar contra sua filha, horrivelmente feia, sem o que eu não teria deixado de fazer dela a senhora de meus pensamentos. Essa era minha loucura e ela durou muito tempo, mas sempre tive o hábito de uma discrição perfeita, que reencontrei no temperamento melancólico de Cabanis.

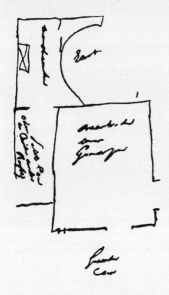

[Meu quarto. – Escada. – Pátio pequeno. Cheiro da cozinha do Sr. Reyboz. – Quarto de meu avô. – Pátio grande.]

Fiquei muito espantado, vendo meu pai de mais perto no quarto de meu tio, ao notar que ele não lia mais Bourdaloue, Massillon ou sua Bíblia de Sacy em 22 volumes. A morte de Luís XVI o havia lançado, bem como a muitos outros, na *História de Carlos I*, de Hume; como não sabia inglês, lia a tradução, única então, de um certo Sr. Belot, ou presidente Belot. Em breve, meu pai, instável e absoluto em seus gostos, tornou-se inteiramente político. Em minha infância, eu só via o ridículo da mudança, hoje vejo o porquê. Talvez por meu pai abandonar qualquer outra ideia ao seguir suas paixões (ou seus gostos) fizesse dele um homem um pouco acima do comum.

Ei-lo então todo Hume e Smollett, e desejando fazer com que eu saboreasse esses livros, tal como, dois anos antes, quisera fazer-me adorar Bourdaloue. Avaliem como foi acolhida essa proposta do amigo íntimo de minha inimiga Séraphie.

O ódio dessa amarga beata redobrou quando me viu instalado em casa de seu pai na condição de favorito. Tínhamos cenas horríveis, pois eu lhe resistia muito bem, argumentava, e era isso o que a enfurecia.

As Sras. Romagnier e Colomb, das quais eu gostava com ternura, nossas primas, mulheres então de 36 ou 40 anos, e a segunda, mãe do Sr. Romain Colomb, meu melhor amigo (que por sua carta de ... dezembro de 1835, recebida ontem, fez-me uma cena por causa do prefácio de De Brosses,[69] mas pouco importa), vinham jogar com minha tia Élisabeth. Essas senhoras ficavam espantadas com as cenas que eu tinha com Séraphie, as quais iam com frequência ao ponto de interromper o *boston*,[70] e eu acreditava ver com clareza que elas me davam razão contra essa louca.

Pensando seriamente nessas cenas, desde a época delas, 1793, ao que me parece, eu as explicaria assim: Séraphie, bastante bonita, fazia amor (italianismo a ser eliminado) com meu pai e odiava desesperadamente em mim a criatura que constituía um obstáculo moral ou legal a seu casamento. Resta saber se em 1793 a autoridade eclesiástica teria permitido um casamento entre cunhado e cunhada. Penso que sim, Séraphie era do primeiro sinédrio devoto da cidade juntamente com uma certa Sra. Vignon, sua amiga íntima.

Durante essas cenas violentas, que se repetiam uma ou duas vezes por semana, meu avô nada dizia, já assinalei que ele tinha um caráter à Fontenelle, mas no fundo eu percebia que ele estava do meu lado. Pensando bem, o que podia haver de comum entre uma moça de 26 ou 30 anos e uma criança de 10 ou 12 anos?

Os empregados, a saber, Marion, Lambert, primeiro, e depois o homem que o substituiu estavam do meu lado. Minha irmã Pauline, bonita menina que tinha três ou quatro anos a menos que eu, estava do meu lado. Minha segunda irmã, Zénaïde (hoje Sra. Alexandre Mallein), estava do lado de Séraphie e era acusada por Pauline e por mim de ser seu espião junto de nós.

Fiz uma caricatura desenhada a grafite no gesso do grande corredor da sala de refeições para os quartos que davam para a Grenette, na antiga casa de meu pai. Zénaïde era representada em um pretenso retrato que tinha dois pés de altura, abaixo escrevi:

---

[69] Romain Colomb publicou, em 1836, uma nova edição das *Lettres écrites d'Italie*, de Charles de Brosse (1709-1777), Stendhal escreveu um prefácio que irritou Colomb e que não foi utilizado.

[70] Antigo jogo de cartas.

"Caroline-Zénaïde B..., delatora."

Essa banalidade foi ocasião de uma cena abominável, cujos detalhes ainda vejo. Séraphie estava furiosa, o jogo foi interrompido. Parece-me que Séraphie atacou as Sras. Romagnier e Colomb. Já eram 8 horas. Essas senhoras, ofendidas com razão pelos ataques dessa louca e vendo que nem seu pai (Sr. Henri Gagnon) nem sua tia (minha tia-avó Élisabeth) podiam ou ousavam impor-lhe silêncio, decidiram ir embora. Essa partida foi o sinal para uma intensificação da tempestade. Houve alguma observação severa de meu avô ou de minha tia; para rechaçar Séraphie, que queria lançar-se sobre mim, peguei uma cadeira de palha que mantive entre nós, e fui para a cozinha, onde estava seguro de que a boa Marion, que me adorava e detestava Séraphie, proteger-me-ia.

Ao lado dessas imagens mais claras, encontro *falhas* nessa lembrança, é como um afresco de que grandes pedaços houvessem caído. Vejo Séraphie retirando-se da cozinha e eu acompanhando a inimiga ao longo do corredor. A cena ocorrera no quarto de minha tia Élisabeth.

Vejo-me e vejo Séraphie no ponto S. Como eu gostava muito da cozinha, ocupada por meus amigos Lambert e Marion e a empregada de meu pai, que tinham a grande vantagem de não serem meus superiores, só ali eu encontrava a suave igualdade e a liberdade, aproveitei a cena para não aparecer até a ceia. Parece-me que chorei de raiva pelas injúrias atrozes (ímpio, celerado etc.) que Séraphie me havia lançado, mas eu tinha uma vergonha amarga de minhas lágrimas.

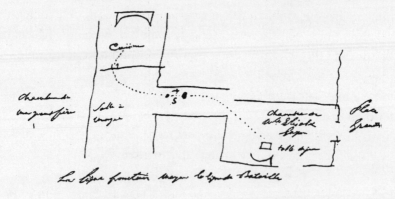

[Quarto de meu avô. – Cozinha. – Sala de refeição. – Quarto de Élisabeth Gagnon. Mesa de jogo. – Place Grenette. – A linha pontilhada marca a linha de batalha.]

Interrogo-me há uma hora para saber se essa cena é de fato verdadeira, real, assim como 20 outras que, evocadas das sombras, reaparecem um pouco, depois dos anos de esquecimento; mas sim, isso é bem real, embora nunca em outra família eu tenha observado nada de semelhante. É verdade que vi poucos interiores burgueses, a aversão distanciava-me deles, e o medo que eu causava por minha posição ou minha inteligência (peço perdão por essa vaidade) impedia talvez que tais cenas ocorressem em minha presença. Por fim, não posso duvidar da realidade da cena a propósito da caricatura de Zénaïde e de várias outras. Eu triunfava sobretudo quando meu pai estava em Claix, era um inimigo de menos, e o único realmente poderoso.

"*Criança desnaturada, vou te comer!*", disse-me um dia meu pai, avançando para mim furioso; mas ele nunca me bateu, ou no máximo duas ou três vezes. Essas palavras: *criança desnaturada* etc. foram-me dirigidas num dia em que eu havia batido em Pauline, que chorava de modo ensurdecedor.

Aos olhos de meu pai, eu tinha um caráter atroz, era uma verdade estabelecida por Séraphie e a partir *dos fatos*: o assassinato da Sra. Chenevaz, minha dentada no rosto da Sra. Pison-Dugalland, meu comentário sobre Amar. Logo chegou a famosa carta anônima assinada Gardon. Mas é preciso explicações para compreender esse grande crime. Realmente foi um golpe lamentável, tive vergonha dele durante alguns anos, quando pensava ainda em minha infância, antes de minha paixão por Mélanie, paixão que acabou em 1805, quando fiz 22 anos. Hoje, que o ato de escrever minha vida faz com que me apareçam grandes fragmentos, acho muito boa a tentativa Gardon.

Capítulo XII
Bilhete Gardon

Haviam sido formados os batalhões da Esperança,[71] ou o exército da Esperança (é estranho eu não me lembrar com certeza do nome de uma coisa que agitou tanto minha infância). Eu morria de vontade de fazer parte desses batalhões que eu via desfilar. Vejo hoje que era uma excelente instituição, a única que podia erradicar o clericalismo na França. Em lugar de brincar de capela, a imaginação das crianças pensa na guerra e se acostuma com o perigo. De resto, quando a pátria as chama, aos 20 anos, já conhecem os *exercícios*, e, em vez de tremer diante do *desconhecido*, lembram-se das brincadeiras da infância.

O Terror era tão pouco Terror em Grenoble que os aristocratas não mandavam embora seus filhos.

Um certo padre Gardon, que havia jogado fora a batina, dirigia o exército da Esperança. Fiz uma falsificação, peguei um pedaço de papel mais largo que comprido, da forma de uma letra de câmbio, vejo-o ainda, e, modificando minha caligrafia, convidei o cidadão Gagnon a enviar seu neto, Henri B..., a Saint-André, para que se incorporasse ao batalhão da Esperança. Acabava assim:

"Saúde e fraternidade,
    Gardon."

Só a ideia de ir a Saint-André já era para mim a felicidade suprema. Meus parentes deram prova de bem poucas luzes, deixaram-se enganar por essa carta de uma criança, que devia conter 100 erros contrários

---
[71] Formação paramilitar organizada pelos jacobinos de Grenoble.

à verossimilhança. Necessitaram dos conselhos de um pequeno corcunda chamado *Tourte*, verdadeiro *toad-eater*, engolidor de sapos, que se insinuara na casa por meio dessa infame atividade. Mas isso será compreendido em 1880?

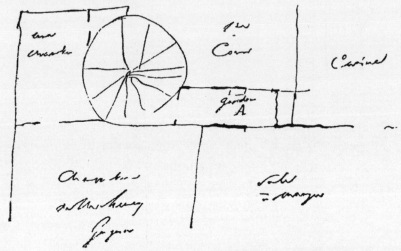

[*Meu quarto. – Primeiro pátio. – Cozinha. – Gardon A. – Quarto do Sr. Henri Gagnon. – Sala de refeição.*]

O Sr. Tourte, horrivelmente corcunda e que trabalhava como copista na administração do departamento, introduzira-se na casa como criatura subalterna, sem se ofender com nada, bom bajulador de todos. Eu havia posto meu papel no espaço entre as portas que formavam uma antecâmara na escada em caracol, no ponto A.

Meus parentes, muito alarmados, chamaram para o conselho o pequeno Tourte, que, em sua condição de escriba oficial, conhecia supostamente a assinatura do Sr. Gardon. Ele pediu uma amostra de minha caligrafia, fez uma comparação, com sua sagacidade de copista, e meu pobre e pequeno artifício para sair da jaula foi descoberto. Enquanto deliberavam sobre meu destino, relegaram-me ao gabinete de história natural de meu avô, que constituía um vestíbulo para nosso magnífico terraço. Ali, eu me divertia a fazer *saltar no ar* (expressão da região) uma bola de argila vermelha que eu acabava de amassar. Eu estava na posição moral de um jovem desertor que vai ser fuzilado. A ação de *falsificar* me *afligia* um pouco.

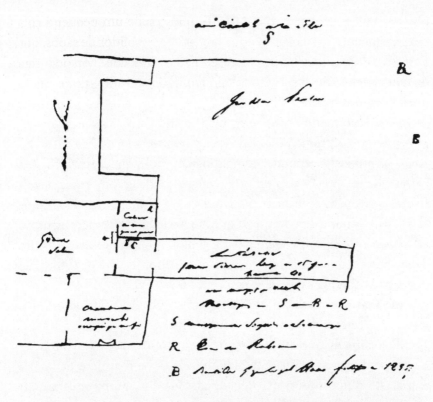

A. Altar onde eu ajudava a missa todos os domingos. – C. Vestíbulo do terraço. – P. Mapa do Dauphiné feito pelo Sr. de Bourcet, pai do Tartufo, e avô de meu amigo em Brunswick, o general Bourcet, ajudante de campo do marechal Oudinot, agora corno e, acho eu, louco. –
R. Pilha de romances e outros maus livros que pertenceram a meu tio e que a uma légua cheiravam a âmbar e almíscar.
[Casa Périer. – Grande salão. – Gabinete de meu avô. – Quarto de meu tio ocupado por meu pai. – Magnífico jardim situado no centro da cidade. – S. – Jardim Périer. – O terraço (muro sarraceno[72] com 15 pés de largura e 40 de altura), vista magnífica para a as montanhas em S, B e T. – S. Montanha de Seyssins e Sassenage. – R. Torre de Rabot. – B. Bastilha (que o general Haxo fortifica em 1835).]

Havia nesse vestíbulo do terraço um magnífico mapa do Dauphiné com quatro pés de largura, pendurado na parede. Minha bola de argila, descendo do teto muito algo, atingiu o precioso mapa, muito admirado

---

[72] "Muro sarraceno" são os restos da antiga muralha romana de Grenoble.

por meu avô, e, como era muito úmida, traçou sobre o mapa um longo *traço* vermelho.

"Ah! com isso estou frito, pensei. Isso é outra coisa; ofendo meu único protetor." Eu estava ao mesmo tempo muito aflito por ter feito uma coisa desagradável a meu avô.

Nesse momento chamaram-me para comparecer diante de meus juízes, Séraphie à frente, e ao lado dela o horrível corcunda Tourte. Eu me havia proposto responder como romano, isto é, que desejava servir à pátria, que era meu dever bem como meu prazer etc. Mas a consciência de meu erro para com meu excelente avô (a mancha no mapa), que eu via pálido por causa do medo que lhe havia feito o bilhete assinado *Gardon*, comoveu-me, e creio que fui deplorável. Sempre tive o defeito de me deixar comover como um tolo pela menor palavra de submissão das pessoas das quais eu estava com mais raiva, *et tentatum contemni*.[73] Em vão mais tarde escrevi por toda parte essa reflexão de Tito Lívio, nunca tive certeza de conservar minha raiva.

Por causa de minha fraqueza de coração (não de caráter), infelizmente perdi minha posição de soberba. Eu tinha o projeto de fazer a ameaça de ir eu próprio declarar ao padre Gardon minha resolução de servir à pátria. Fiz essa declaração, mas com uma voz fraca e tímida. Minha ideia assustou, e viram que me faltava energia. Meu próprio avô condenou-me, a sentença foi que durante três dias eu não jantaria à mesa. Mal eu havia sido condenado, minha emoção se dissipou e me tornei de novo um herói.

"Prefiro muito mais, disse-lhes eu, jantar sozinho do que com tiranos que me repreendem sem parar."

O pequeno Tourte quis desempenhar sua função:
"Mas, senhor Henri, parece-me...
– O senhor deveria ter vergonha e se calar, disse-lhe eu, interrompendo-o. O senhor é meu parente para falar assim? etc.
– Mas, senhor, disse ele, todo vermelho por trás dos óculos de que seu nariz estava armado, como amigo da família...

---

[73] Há em Tito Lívio (*História de Roma*, livro I) a seguinte frase: "*tentari patientiam et tentatam contemni*" (testaram-lhe a paciência e depois a desprezaram).

– Não me deixarei nunca ser repreendido por um homem como o senhor."

Essa alusão a sua enorme corcunda aniquilou sua eloquência.

Ao sair do quarto de meu avô, onde a cena se havia passado, para ir estudar latim sozinho na grande sala, eu estava de humor negro. Eu sentia confusamente que era um ser fraco, quanto mais eu refletia, mais eu tinha raiva de mim mesmo.

O filho de alguém notoriamente suspeito, sempre fora da prisão por meio de sucessivos *sursis*, indo pedir ao padre *Gardon* para servir à pátria, que podiam dizer meus parentes, com sua missa de 80 pessoas todos os domingos?

Assim, a partir do dia seguinte procuraram reaproximar-se de mim. Mas esse caso, que Séraphie não deixou de me censurar já na primeira cena que me fez, levantou como que um muro entre meus parentes e eu. Digo-o com dificuldade, comecei a gostar menos de meu avô, e logo vi claramente seu defeito: ele tem medo de sua filha, tem medo de Séraphie! Só minha tia Élisabeth permanecera-me fiel. Assim, minha afeição por ela redobrou.

Ela combatia, lembro-me, meu ódio por meu pai, e me repreendeu rudemente porque uma vez, falando dele com ela, referi-me a ele como *esse homem*.

A propósito disso, farei duas observações[74]:

1º Esse ódio de meu pai por mim e de mim por ele era coisa tão certa na minha cabeça, que minha memória não se dignou guardar lembrança do papel que ele deve ter desempenhado no terrível caso do bilhete *Gardon*.

2º Minha tia Élisabeth tinha o espírito espanhol. Seu caráter era a quintessência da honra. Ela me transmitiu plenamente esse modo de sentir, daí minha sequência ridícula de tolices cometidas por delicadeza e grandeza de espírito. Essa tolice só cessou um pouco em mim em 1810, em Paris, quando eu estava apaixonado pela Sra. Petit. Mas ainda hoje o notável Fiori (condenado à morte em

---

[74] *Na margem do manuscrito, Stendhal anotou*: "Sinto que tudo isto é muito longo, mas me agrada ver reaparecerem esses tempos primitivos, embora infelizes, e peço ao Sr. Levavasseur reduzir bastante, se vier a imprimir. H. Beyle".

Nápoles – em 1800) diz-me: "O senhor estendeu suas redes muito alto". (Tucídides)

Minha tia Élisabeth dizia ainda habitualmente, quando admirava de fato muito alguma coisa: "Isso é belo como o Cid".

Ela sentia, mas nunca exprimia, um desprezo bastante grande pelo *fontenellismo* de seu irmão (Henri Gagnon, meu avô). Ela adorava minha mãe, mas ao falar dela não se comovia como meu avô. Acho que nunca vi minha tia Élisabeth chorar. Ela me teria perdoado tudo no mundo, menos chamar meu pai de *esse homem*.

"Mas como você quer que eu goste dele? dizia-lhe eu. Com exceção de me ter penteado quando tive tinha, o que ele fez por mim?

– Ele tem a bondade de levá-lo para passear.

– Prefiro ficar em casa, detesto o passeio nas *Granges*."

(Na direção da igreja de Saint-Joseph e a sudeste dessa igreja, que se inclui agora na praça de Grenoble que o general Haxo está fortificando, mas, em 1794, as cercanias de Saint-Joseph eram ocupadas por terrenos com cânhamo e horríveis *routoirs* (buracos cheios até a metade de água para curtir as fibras do cânhamo), onde eu percebia os ovos viscosos das rãs que me causavam horror: *horror* é a palavra adequada, estremeço de pensar.)

Certo dia, quando falava comigo sobre minha mãe, minha tia deixou escapar que ela não tivera inclinação por meu pai. Essa observação foi para mim de um alcance imenso. Eu, no fundo da alma, ainda tinha ciúme de meu pai.

Fui contar isso a Marion, que me deixou muito contente, ao me dizer que na época do casamento de minha mãe, por volta de 1780, ela dissera um dia a meu pai, que lhe fazia a corte: "Deixe-me, seu grosseirão feio".

Na ocasião não vi o ignóbil e a improbabilidade de tal comentário, só vi o sentido, que me encantava.

Os tiranos são com frequência desajeitados, talvez seja a coisa que mais me fez rir em minha vida.

Tínhamos um primo Santerre, homem muito galanteador, muito alegre e, como tal, bastante odiado por meu avô, muito mais prudente e talvez não inteiramente isento de inveja em relação a esse pobre Santerre, agora idoso e bastante pobre. Meu avô queria dar a impressão de ter desprezo por ele apenas por causa de seus maus costumes do passado. Esse pobre Santerre era muito alto, escavado (marcado) pela varíola, os olhos avermelhados em volta e bastante fracos, usava óculos e um chapéu de grandes abas caídas.

A cada dois dias, parece-me, enfim quando o correio chegava de Paris, ele vinha trazer a meu avô cinco ou seis jornais destinados a outras pessoas e que líamos antes dessas outras pessoas.

O Sr. Santerre vinha pela manhã, em torno das 11 horas, recebia para almoçar uma meia taça de vinho e pão, e o ódio de meu avô chegou várias vezes a lembrar em minha presença a fábula da Cigarra e da Formiga (*six gales*,[75] escrevia M...), o que queria dizer que o pobre Santerre vinha à casa atraído pelo dedo de vinho e o *crochon*[76] (...) de pão.

A baixeza dessa reprovação revoltava minha tia Élisabeth, e a mim talvez ainda mais. Mas o essencial da tolice dos tiranos é que meu avô punha os óculos e lia alto para a família todos os jornais. Eu não perdia uma única sílaba.

E em meu íntimo eu fazia comentários absolutamente contrários àqueles que eu ouvia fazerem.

Séraphie era uma beata enfurecida, meu pai, com frequência ausente dessas leituras, um aristocrata extremado, meu avô, aristocrata, mas muito mais moderado, odiava os jacobinos, sobretudo como pessoas mal vestidas e de mau gosto.

"*Que nome: Pichegru!*",[77] dizia ele. Essa era sua grande objeção a esse famoso traidor que à época conquistava a Holanda. Minha tia Élisabeth só tinha horror das condenações à morte.

Os títulos desses jornais, a que eu dava grande atenção, eram: *Le Journal des Hommes Libres*.

Perlet, cujo título ainda vejo, com a última palavra formada por uma marca que imitava a desse Perlet;

---

[75] "Cigarra" em francês é "*cigales*"; "*six gales*" é uma forma que significaria "seis sarnas".
[76] "*Crochon*" é um termo do Dauphiné, que significa "pedaço".
[77] Charles Pichegru (1761-1804), general dos exércitos revolucionários, de origem humilde.

Le Journal des Débats;
Le Journal des Défenseurs de la Patrie. Mais tarde, parece-me, esse jornal, que seguia por correio extraordinário, alcançava a diligência, que havia partido 24 horas antes.

Minha ideia de que o Sr. Santerre não vinha todos os dias tem como base o número de jornais que havia para ler. Mas talvez, em lugar de vários números do mesmo jornal, houvesse apenas um grande número de jornais.

Algumas vezes, quando meu avô estava gripado, eu era encarregado da leitura. Que inabilidade de meus tiranos! É como se *the Papes* fundassem uma biblioteca em lugar de queimar todos os livros como Omar[78] (contestam-lhe essa boa ação).

Durante todas essas leituras, que duraram, ao que me parece, um ano ainda após a morte de Robespierre e que tomavam bem duas horas toda manhã, não me lembro de ter sido uma única vez da mesma opinião que eu ouvia meus parentes exprimirem. Por prudência, eu não falava, e se algumas vezes eu queria falar, em vez de me refutarem impunham-me silêncio. Vejo agora que essa leitura era um remédio para o terrível tédio em que minha família havia mergulhado três anos antes, quando da morte de minha mãe, ao romper totalmente com a sociedade.

O pequeno Tourte tomava meu grande avô como confidente de seus amores com uma de nossas parentas que desprezávamos por ser pobre e por prejudicar nossa nobreza. Ele era amarelo, horrível, com ar doentio. Pôs-se a ensinar minha irmã Pauline a escrever, e me pareceu que o animal se apaixonou por ela. Trouxe a nossa casa o padre Tourte, seu irmão, que tinha o rosto estragado por *escrófulas*. Como meu avô disse que ficava com *aversão* quando convidava esse padre para jantar, esse sentimento em mim acabou se tornando excessivo.

---

[78] Alusão ao incêndio da Biblioteca de Alexandria, que teria sido ordenado por Omar, sucessor de Maomé.

O Sr. Durand continuava a vir uma ou duas vezes por dia à casa, mas me parece que eram duas vezes, pela seguinte razão: eu havia chegado a essa época incrível de besteira em que se manda o estudante de latim fazer versos. Querem saber se ele tem gênio poético, e dessa época data meu horror pelos versos. Mesmo em Racine, que me parece muito eloquente, encontro muitos *recheios*.

Para desenvolver em mim o gênio poético, o Sr. Durand trouxe um grande volume *in*-12º cuja encadernação preta estava horrivelmente sebenta e suja.

A sujeira teria feito com que eu tivesse horror do Ariosto do Sr. de Tressan, que eu adorava, imaginem o volume preto do Sr. Durand, este mesmo, por sua vez, bastante mal arrumado. Esse volume continha o poema de um jesuíta sobre uma mosca que se afoga em uma jarra de leite. Todo o sentido se baseava na antítese produzida pela brancura do leite e a negrura do corpo da mosca, a suavidade que ela buscava no leite e a amargura da morte.

Esses versos foram-me ditados com a supressão dos qualificativos, por exemplo:

Musca (atrib.) *duxerit anos* (atrib.) *multos* (sinônimo)

Eu abria o *Gradus ad parnassum*, lia todos os atributos da mosca: *volucris, avis, nigra*, e escolhia, para obter a medida de meus hexâmetros e de meus pentâmetros, *nigra*, por exemplo, para *musca, felices* para *annos*.

A sujeira do livro e a banalidade das ideias provocaram-me uma tal aversão que regularmente, todos os dias, pelas 2 horas, era meu avô que fazia meus versos, como se estivesse me ajudando.

O Sr. Durand voltava às 7 horas da noite e me fazia observar e admirar a diferença que havia entre meus versos e os do padre jesuíta.

É preciso realmente *emulação* para que inépcias desse tipo sejam engolidas. Meu avô contava-me seus feitos no colégio, ali pelo menos eu teria podido conversar com crianças da minha idade.

Em breve eu teria essa alegria: criou-se uma Escola Central, meu avô fez parte da comissão de organização, fez com que o Sr. Durand fosse nomeado professor.

Capítulo XIII
Primeira viagem a Échelles[79]

É preciso falar de meu tio, esse homem agradável que trazia alegria à família quando vinha de *Échelles* (Savoie), onde se casara, a Grenoble.[80]

Ao escrever minha vida em 1835, faço muitas descobertas, essas descobertas são de duas espécies: antes de tudo, 1º, são grandes fragmentos de afrescos em uma parede, que há muito tempo esquecidos aparecem de repente, e ao lado desses fragmentos bem conservados estão, como eu disse várias vezes, grandes trechos nos quais se veem os tijolos da parede. O revestimento, o reboco sobre o qual o afresco estava pintado, caiu, e o afresco está perdido para sempre. Ao lado desses pedaços de afresco conservados, não há data, é preciso que, atualmente, em 1835, eu vá em busca das datas. Felizmente, pouco importa um anacronismo, uma confusão de um ou de dois anos. A partir de minha chegada a Paris, em 1799, como minha vida está misturada com os acontecimentos da imprensa, todas as datas são seguras.

2º em 1835, descubro a fisionomia e o porquê dos acontecimentos. Meu tio (Romain Gagnon) provavelmente só vinha a Grenoble, por volta de 1795 ou 1796, para ver suas antigas amantes e para descansar de Échelles, onde ele reinava, pois Échelles é um burgo, composto na época

---

[79] *Anotação de Stendhal na margem do manuscrito*: "Ditar isto e mandar escrever em papel branco no fim do primeiro volume. Encadernar este capítulo no fim do segundo volume. 18 de dezembro de 1835.
Pôr em sua época antes da conquista da Savoie pelo general Montesquiou, antes de 1792. Mandar copiar no papel branco posto no fim do segundo volume".
Diante da primeira linha: "Pôr meu tio antes desta viagem, em seu lugar, por volta de 1791".

[80] Inicialmente Stendhal havia escrito: "Agradável, que me deu uma visão do paraíso".

de camponeses enriquecidos pelo contrabando e pela agricultura, e cujo único prazer era a caça. As *elegâncias* da vida, as bonitas mulheres alegres, frívolas e bem vestidas, meu tio só as podia encontrar em Grenoble.

Fiz uma viagem a Échelles, foi como uma temporada no céu, tudo ali foi encantador para mim. O ruído do *Guiers*, curso d'água que passava a 200 passos diante das janelas de meu tio, tornou-se um som sagrado para mim, e que de imediato me transportava ao céu.

Aqui já me faltam as frases, será preciso que eu trabalhe e transcreva os trechos, como me ocorrerá mais tarde para minha temporada em Milão. Onde encontrar palavras para representar a felicidade perfeita usufruída com delícia e sem saciedade por uma alma sensível até a aniquilação e a loucura?

Não sei se não renunciarei a este trabalho. Parece-me que eu só poderia representar essa felicidade arrebatadora, pura, fresca, divina, pela enumeração dos males e do tédio de que ela era a ausência completa. Ora, essa parece ser uma maneira triste de representar a felicidade.

Um percurso de sete horas em um cabriolé leve por Voreppe, La Placette e St-Laurent-du-Pont levou-me ao Guiers, que na época separava a França da Savoie. Portanto, na época, a Savoie não tinha sido conquistada pelo general Montesquiou, cujo penacho ainda vejo; foi ocupada por volta de 1792, acho eu. Minha divina temporada em Échelles é portanto de 1790 ou 1791. Eu tinha 7 ou 8 anos.

Foi uma felicidade súbita, completa, perfeita, trazida e mantida por uma mudança de cenário. Uma viagem prazerosa de sete horas faz desaparecerem para sempre Séraphie, meu pai, o manual, o professor de latim, a triste casa Gagnon de Grenoble, a casa ainda mais triste da Rue des Vieux-Jésuites.

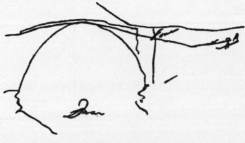

[*Ponte. – Drac.*]

Séraphie, o clericalismo, tudo o que era tão terrível e tão forte em Grenoble desaparecia em Échelles. Minha tia Camille Poncet, casada com meu tio Gagnon, uma pessoa alta e bela, era a própria bondade e a própria alegria. Um ano ou dois antes dessa viagem, perto da ponte de Claix, do lado de Claix, no ponto A, eu havia entrevisto por um instante sua pele branca a dois dedos acima dos joelhos, enquanto ela descia de nossa charrete coberta. Ela era para mim, quando pensava nela, um objeto do mais ardente desejo. Ainda está viva, não a vejo há 30 ou 33 anos, sempre foi de grande bondade. Sendo jovem, tinha uma sensibilidade verdadeira. Parece muito essas encantadoras mulheres de Chambéry (aonde ia com frequência, a cinco léguas de sua casa) tão bem retratadas por J.-J. Rousseau (*Confessions* [*Confissões*]); tinha uma irmã da mais fina beleza, com a mais pura tez, com a qual me parece que meu tio flertava um pouco. Eu não poderia jurar que ele também não honrasse com suas atenções *Fanchon*, a camareira factótum, a melhor e a mais alegre das moças, embora não fosse bonita.

Tudo foram sensações refinadas e perturbadoras de felicidade nessa viagem, sobre a qual eu poderia escrever 20 páginas de superlativos.

A dificuldade, o pesar profundo de retratar mal e de estragar assim uma lembrança celeste em que o *tema ultrapassa* de muito o *narrador*, faz com que o escrever seja verdadeiramente doloroso em vez de prazeroso. Poderei muito bem a seguir não descrever de modo algum a passagem do monte São Bernardo com o exército de reserva (16 a 18 de maio de 1800) e a temporada em Milão na Casa Castelbarco ou na Casa Bovara.

Enfim, para não deixar em branco a viagem a Échelles, anotarei algumas lembranças que devem dar uma ideia tão inexata quanto possível dos objetos que as causaram. Eu tinha 8 anos quando tive essa visão do céu.

Ocorreu-me que talvez toda a infelicidade de minha horrível vida em Grenoble, de 1790 a 1799, tenha sido uma felicidade, já que trouxe a felicidade, que para mim nada pode superar, da temporada em Échelles e da temporada em Milão na época de Marengo.

Tendo chegado a Échelles, fiquei amigo de todo mundo, todo mundo me sorria como a uma criança muito viva. Meu avô, homem do mundo, dissera-me: "Você é feio, mas ninguém jamais o criticará por sua feiura".

Fiquei sabendo, há uns 10 anos, que uma das mulheres que mais me amou, ou pelo menos o fez por mais tempo, Victorine Bigillion, falava de mim nos mesmos termos, depois de 25 anos de ausência.

Em Échelles, fiz de *La Fanchon*, como a chamavam, minha amiga íntima. Eu ficava tomado de respeito diante da beleza de minha *titia* Camille e não ousava falar-lhe, eu a devorava com os olhos. Levaram-me à casa dos Srs. Bonne ou de Bonne, pois tinham pretensões de nobreza, não sei se até não se diziam parentes de Lesdiguières.

[Meu quarto. – Pátio pequeno. – Quarto de meu avô. Lareira. Retrato. – Pátio grande.]

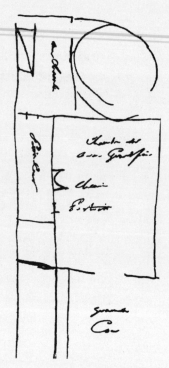

Alguns anos depois, encontrei, traço por traço, o retrato dessa boa gente nas *Confissões*, de Rousseau, na parte sobre Chambéry.

O Bonne mais velho, que cultivava a propriedade de Berlandet, a 10 minutos de Échelles, onde deu uma festa encantadora com bolos e leite, e onde me puseram sobre um burro conduzido por Grubillon filho, era o melhor dos homens; seu irmão, o Sr. Blaise, tabelião, era o mais tolo de todos. Zombavam o dia todo do Sr. Blaise, que ria com os outros. O irmão deles, Bonne-Savardin, negociante em Marselha, era muito elegante; mas o cortesão da família, o arguto que todos olhavam com respeito, estava a serviço do rei em Turim, e mal o vi.

Só me lembro dele por um retrato que a Sra. Camille Gagnon tem agora em seu quarto em Grenoble (o quarto do meu falecido avô; o retrato, acompanhado de uma cruz vermelha, de que toda a família se orgulha, está posto entre a lareira e o pequeno gabinete).

Havia em Échelles uma moça alta e bela, refugiada proveniente de Lyon. (Portanto, o Terror havia começado em Lyon, isso poderia dar-me uma data exata. Essa deliciosa viagem ocorreu antes da conquista da Savoie pelo general Montesquiou, como se dizia na época, e depois que os realistas fugiram de Lyon.)

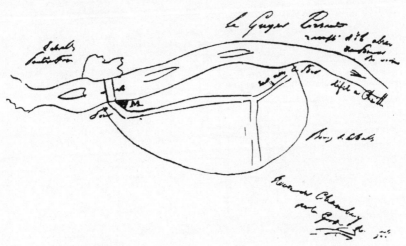

 Nos pontos AA estavam os potes com as armas da Savoie do lado da margem direita. – M. Casa Poncet, onde moravam meu tio, a Sra. Poncet, a Sra. Camille e a Srta. [Marie].
[Échelles. Porta de M. – O Guiers, curso d'água cheio de ilhas, que ia até Ponte-de-Beauvoisin. – Ponte. – Rua para a ponte (de Beauvoisin). – Desfiladeiro de Cahilles. – Burgo de Échelles. – Estrada de Chambéry pela gruta. – Rochedo da gruta.]

 A Srta. Cochet estava sob a tutela de sua mãe, mas acompanhada de seu pretendente, um belo jovem, o Sr. ..., moreno e que tinha ar bastante triste. Parece-me que tinham acabado de chegar de Lyon. A seguir, a Sra. Cochet casou-se com um belo imbecil de meus primos (o Sr. Doyat, de La Terrasse, e teve um filho na Escola Politécnica. Parece-me que ela foi um pouco amante de meu pai). Era alta, boa, bastante bonita e, quando a conheci em Échelles, muito alegre. Foi encantadora na festa de Berlandet. Todavia, a Srta. Poncet, irmã de Camille (hoje Viúva Blanchet), tinha uma beleza mais fina, falava muito pouco.

 A mãe de minha tia Camille e da Srta. ..., a Sra. Poncet, irmã dos Bonne e da Sra. Giroud, e sogra de meu tio, era a melhor das mulheres. Sua casa, onde eu me hospedava, era o quartel-geral da alegria.

 Essa casa deliciosa tinha uma varanda de madeira, e um jardim ao lado do curso d'água, o Guiers. O jardim era atravessado obliquamente pelo dique do Guiers.

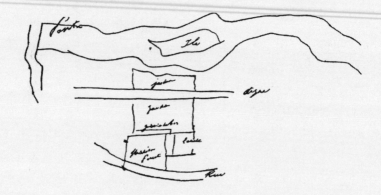

[*Ponte. – Ilha. – Jardim. – Dique. – Jardim. – Varanda de madeira. – Casa Poncet. – Estábulo. – Rua.*]

Em uma segunda festa em Berlandet, revoltei-me por ciúme, uma senhorita de que eu gostava havia tratado bem um rival de 20 ou 25 anos. Qual era, porém, o objeto de meus amores? Talvez isso me volte como muitas coisas me voltam enquanto escrevo. Eis o lugar da cena, que vejo tão nitidamente como se eu a tivesse deixado há oito dias, mas sem fisionomia.

Depois de minha revolta por ciúme, do ponto A eu jogava pedras nessas senhoras. O grande Corbeau (oficial em licença de um semestre) me pegou e me pôs sobre uma macieira ou amoreira em M, no ponto O, entre dois galhos dos quais eu não ousava descer. Saltei, machuquei-me, fugi para Z.

Eu havia luxado um pouco o pé e fugia mancando; o excelente Corbeau perseguiu-me, pegou-me e me levou em seus ombros até Échelles.

Ele fazia um pouco o papel de *patito*,[81] dizendo que havia sido apaixonado pela Srta. Camille Poncet, minha tia, que havia preferido a ele o brilhante Romain Gagnon, jovem advogado de Grenoble que voltava da emigração em Turim.

---

[81] Em italiano no original, "sofrido, adoentado".

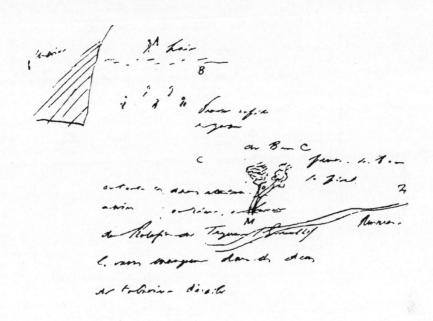

[Casa. – Sebe. – Declive do gramado. – De B e C declive de oito ou 10 pés onde todas essas senhoras estavam sentadas. Ria-se, bebia-se ratafia de Teisseire (Grenoble), na falta de copos, em tampas de caixas de rapé feitas de tartaruga. – Riacho. – Ponte Jean-Lioud. – A gruta.]

Entrevi nessa viagem a Srta. Thérésine Maistre, irmã do conde de Maistre, chamado de Bance (e era Bance, autor da *Viagem em torno de meu quarto*, cuja múmia vi em Roma por volta de 1832, ele não passa de um ultra muito educado, dominado por uma mulher russa, e se ocupa também de pintura. O talento e a alegria desapareceram, ficou só a bondade).

O que eu poderia dizer de uma viagem à gruta? Ouço ainda as gotas silenciosas caírem do alto dos grandes rochedos sobre a estrada.

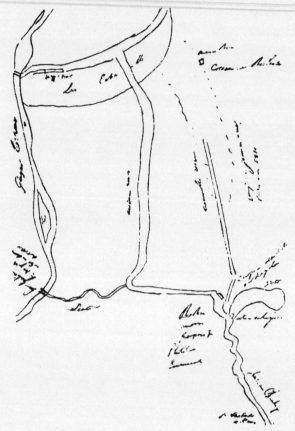

[Casa Poncet. – Les Échelles. – Casa Bonne. – Encostas de Berlandet. – Curso do Guiers. – Ilha. – Antiga estrada. – Nova estrada que nunca vi, feita por volta de 1810. – Ponte Jean-Lioud a 100 pés ou 80 acima do curso do Guiers. – Rochas enormes cortadas por Philibert Emmanuel. – Corte na rocha por Napoleão. – Gruta. Entrada da gruta. – Estrada de Chambéry. – Saint-Thibaud-de-Couz.]

Demos alguns passos na gruta com essas senhoras: a Srta. Poncet teve medo, a Srta. Cochet mostrou mais coragem. No retorno, passamos pela ponte Jean-Lioud (Deus sabe qual é seu verdadeiro nome).

O que eu poderia dizer de uma caçada no bosque de Berland, margem esquerda do Guiers, perto da ponte Jean-Lioud?

Eu entrava com frequência sob as imensas faias. O Sr. ..., pretendente da Srta. Cochet, caçava com ... (os nomes e as imagens se apagaram). Meu tio deu a meu pai um cão enorme, chamado Berland, de cor escura. Ao cabo de um ano ou dois, essa lembrança de uma região deliciosa para mim morreu doente, ainda o vejo.

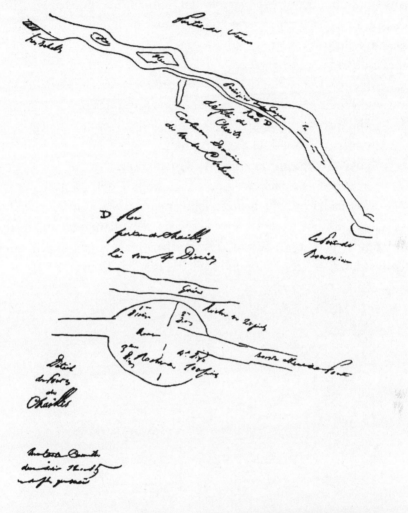

[Parte da França. – Les Échelles. – Ilha. – Precipícios do Guiers. – Ilha. – A ponte de Beauvoisin. – Rocha. Desfiladeiro de Chailles. – Carbaron, propriedade do Sr. de Corbeau. – D. Rocha, portas de Cahilles, ali estão quatro dioceses. – Detalhe das portas de Chailles: Guiers. – Rochas de 20 pés. 1ª diocese. – 2ª diocese. – Estrada. – Estrada que vai até a ponte [de Beauvoisin]. – 3ª diocese. – 4ª diocese. – Rochedo de 100 pés. – Minha tia Camille devia ter 12 ou 15 anos a mais que eu.]

Sob os bosques de Berland situei as cenas do Ariosto.

As florestas de Berland e os precipícios em forma de falésias que as circundam do lado da estrada de Saint-Laurent-du-Pont tornaram-se para mim um lugar caro e sagrado. Foi ali que situei todos os encantos de Ismeno da *Jerusalém libertada*. Quando de meu retorno a Grenoble, meu avô deixou-me ler a tradução da *Jerusalém* feita por Mirabaud, apesar de todas as observações e reclamações de Séraphie.

Meu pai, o menos elegante, o mais ardiloso, o mais político, digamos tudo em uma única palavra, o homem mais tipicamente originário do Dauphiné, não podia não ter ciúmes da amabilidade, da alegria, da elegância física e moral de meu tio.

Acusava-o de *enfeitar* (mentir). Querendo ser amável como meu tio nessa viagem a Échelles, eu quis enfeitar para o imitar.

Inventei não sei que história sobre meu livro de latim (é um volume escondido por mim debaixo de minha cama para que o professor de latim (seria o Sr. Joubert ou o Sr. Durand?) não marcasse para mim (com a unha) as lições a serem estudadas em Échelles).

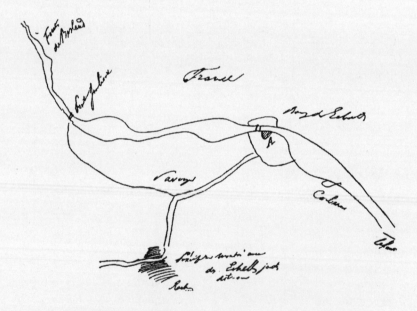

A. Casa da Sra. Poncet ou de meu tio esposo da filha mais velha, *herdeira* (na Savoie).
[Florestas de Berland. – Ponte Jean-Lioud. – França. – Burgo de Échelles. – Savoie. – Corbaron. – A ponte (de Beauvoisin). – Rochedos. – Precipícios que no passado se subia por escadas, segundo se diz.]

Meu tio descobriu sem dificuldade a mentira de uma criança de 8 ou 9 anos; não tive a prudência de espírito de lhe dizer: "Eu queria ser simpático como você!". Como eu gostava dele, comovi-me, e a lição me causou profunda impressão.

Se me *repreendessem* (corrigissem) com essa razoabilidade e essa justiça, teriam feito tudo de mim. Estremeço ao pensar: se Séraphie tivesse tido a educação e a inteligência de seu irmão, teria feito de mim um jesuíta.

(Estou *tomado de desprezo* hoje. Quanta baixeza e covardia há nos generais do Império! Eis o verdadeiro defeito do tipo de gênio como Napoleão: alçar homem às primeiras dignidades porque ele é corajoso e tem o talento de dirigir um ataque. Que abismo de baixeza e de fraqueza morais nos pares que acabam de condenar o suboficial Thomas à prisão perpétua, sob o sol de Pondichéry, por um erro que merece no máximo seis meses de prisão! E os coitados desses jovens já suportaram 20 meses (18 de dezembro de 1835)!

Logo que eu receber minha *História da revolução*, de Thiers, preciso escrever nas páginas em branco do volume relativo a 1793 os nomes de todos os generais pares que acabam de condenar o Sr. Thomas, a fim de os desprezar suficientemente ao mesmo tempo que leio as belas ações que fizeram com que se tornassem conhecidos por volta de 1793. A maioria desses infames têm agora 65 a 70 anos. Meu insosso amigo Félix Faure tem a baixeza infame sem as belas ações. E o Sr. d'Houdetot! e Dijon! Eu diria como Julien[82]: Canalha! Canalha! Canalha!)

Desculpe-me esse longo parêntese, ó leitor de 1880! Tudo de que falo estará esquecido nessa época. A generosa indignação que faz meu coração palpitar e que me impede de escrever mais será ridícula. Se em 1880 houver um governo passável, estarão esquecidas as cascatas, as corredeiras, as ansiedades pelas quais a França terá passado para chegar a esse ponto, a história só escreverá uma única palavra ao lado do nome de Luís Filipe: *o mais patife dos Kings*.

O Sr. de Corbeau, que se tornou meu amigo desde que me havia trazido de volta nas costas de Berlandet até Échelles, levava-me para

---

[82] Trata-se de Julien Sorel, personagem do romance de Stendhal *O vermelho e o negro*.

pescar à linha truta no Guiers. Pescava entre as portas de Chailles, embaixo dos precipícios do desfiladeiro de Chailles, e a ponte de Échelles, algumas vezes pelos lados da ponte Jean-Lioud.[83] Sua linha tinha 15 ou 20 pés. Na direção de Chailles, ao erguer vigorosamente a isca, sua linha de crina branca passou por sobre uma árvore, e a truta de três quartos de libra (são as boas) ficou visível para nós a 20 pés da terra no alto da árvore, que estava sem folhas. Que alegria para mim!

---

[83] *Anotação de Stendhal na margem do manuscrito*: "18 de dezembro de 1835. Às 4 horas e 50, falta claridade. Paro.
A 18 de dezembro de 1835 de 2 horas às 4h30, vinte e quatro páginas. Estou tão absorvido pelas lembranças que se expõem a meus olhos que mal posso formar minhas letras. Cinquenta e dois anos e onze meses".

Capítulo XIV
Morte do pobre Lambert

Ponho aqui, para não o perder, um desenho com que enfeitei esta manhã uma carta que escrevi a meu amigo R. Colomb, que em sua idade, como homem prudente, foi mordido pelo cão da metromania,[84] o que o levou a me fazer censuras porque escrevi um prefácio para a nova edição de De Brosses; ora, ele também havia feito um prefácio.

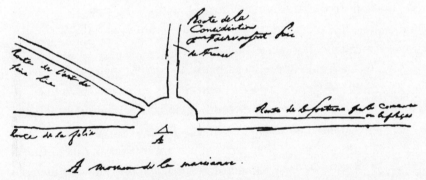

[A. Momento do nascimento. – Estrada da loucura. – Estrada da arte de conseguir ser lido. – Estrada da consideração: Fx. Faure torna-se par de França. – Estrada da fortuna pelo comércio ou pelos cargos.]

Esse mapa é feito para responder a Colomb, que diz que eu vou desprezá-lo.

Acrescento: se há outro mundo, vou venerar Montesquieu, ele me dirá talvez: "Meu pobre amigo, você não teve qualquer talento no

---

[84] É provável que aqui haja referência à peça *Métromanie* de Alexis Piron, mas Stendhal usa a palavra também no sentido de mania de escrever.

outro mundo". Ficarei chateado com isso, mas pouco surpreso; o olho não se vê a si mesmo.

Mas minha carta a Colomb apenas fará com que todas as pessoas de dinheiro empalideçam; quando chegam ao bem-estar, põem-se a detestar as pessoas que foram lidas pelo público. Os funcionários dos Negócios Estrangeiros ficariam bem felizes de me causar algum pequeno dissabor em minha atividade. Essa doença é mais maligna quando o homem de dinheiro, tendo chegado aos 50 anos, adquire a mania de se fazer escritor. É como os generais do Império que, vendo por volta de 1820 que a Restauração não os queria, puseram-se a gostar *apaixonadamente* de música, isto é, *por falta de melhor solução*.

Voltemos a 1794 ou 1795. Afirmo de novo que não pretendo retratar as coisas, em si mesmas, mas apenas seu efeito sobre mim. Como eu não seria persuadido dessa verdade por esta simples observação: não me lembro da fisionomia de meus parentes, por exemplo, de meu grande avô, que olhei tão frequentemente e com toda a afeição de que uma criança ambiciosa é capaz.

Como, segundo o sistema bárbaro adotado por meu pai e Séraphie, eu não tinha amigo ou colega de minha idade, minha *sociabilidade* (inclinação para falar livremente de tudo) se dividira em duas ramificações.

Meu avô era meu companheiro sério e respeitável.

Meu amigo, a quem eu dizia tudo, era um rapaz muito inteligente, chamado Lambert, camareiro de meu avô. Minhas confidências com frequência incomodavam Lambert e, quando eu era muito insistente, ele me dava um tapa bem seco e proporcional à minha idade. Com isso eu só fazia gostar mais dele. Sua principal atividade, que lhe desagradava muito, consistia em buscar pêssegos em Saint-Vincent, perto de Le Fontanil (propriedade de meu avô). Perto dessa cabana que eu adorava havia latadas muito bem expostas que produziam pêssegos magníficos. Havia parreiras que produziam excelente *lardan* (espécie de uva *chasselas*, a de Fontainebleau é apenas uma cópia desta). Tudo isso chegava a Grenoble em dois cestos colocados na extremidade de uma vara chata, e essa vara balançava sobre as costas de Lambert, que tinha de fazer assim as quatro milhas que separam Saint-Vincent de Grenoble.

Lambert tinha ambição, era insatisfeito com seu destino, para o melhorar, começou a criar bichos-da-seda, a exemplo de minha tia Séraphie, que estragava os pulmões *fazendo* bichos-da-seda em Saint-Vincent. (Durante esse período, eu respirava, a casa de Grenoble, dirigida por meu avô e pela sensata Élisabeth, tornava-se agradável para mim. Eu me arriscava algumas vezes a sair sem a indispensável companhia de Lambert.)

Esse melhor amigo que tive havia comprado uma amoreira (perto de Saint-Joseph), criava bichos-da-seda no quarto de alguma amante.

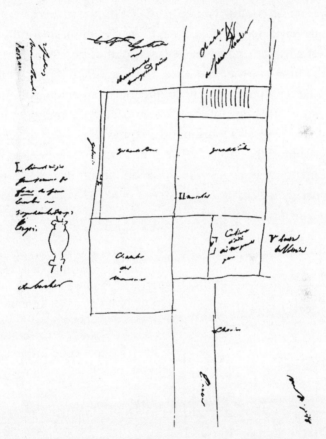

[*Dois padres. – Morte de Lambert. – Terraço. – Chorier. –
L. Lugar de que eu me lembrava por força do pobre Lambert ao olhar os piões da fogueira. – Varanda. Os 2 padres, Guillabert e ... – Quarto de meu avô. – Pátio grande. – Quarto de meu tio. – Quarto do pobre Lambert. – Grande salão. Minha mesa. – Gabinete de verão de meu avô. – Chorier. – Terraço. – V. Busto de Voltaire. – Vista esplêndida.*]

Quando ele próprio estava *recolhendo* (colhendo) as folhas dessa amoreira, caiu, foi trazido até nós sobre uma escada. Meu avô cuidou dele como de um filho. Mas houve comoção cerebral, a luz não causava mais impressão em suas pupilas, morreu ao cabo de três dias. No delírio que não o deixou nunca, dava gritos de sofrimento que me cortavam o coração.

Experimentei a dor pela primeira vez em minha vida. Pensei na morte.

A dilaceração produzida pela perda de minha mãe fora uma loucura em que havia ao que me parece muito de amor. A dor da morte de Lambert foi a dor como eu a experimentei por todo o resto de minha vida, uma dor meditada, seca, sem lágrimas, sem consolo. Eu estava desolado e a ponto de cair (o que foi claramente reprovado por Séraphie) ao ir 10 vezes por dia ao quarto de meu amigo, cujo belo rosto eu olhava, ele estava moribundo e expirava. Não esquecerei nunca essas belas sobrancelhas negras e esse ar de força e saúde que seu delírio só fazia aumentar. Eu o via sendo sangrado, depois de cada sangria eu via que experimentavam a luz diante dos olhos (sensação que me veio à lembrança na noite da Batalha de Landshut, acho eu, 1809).

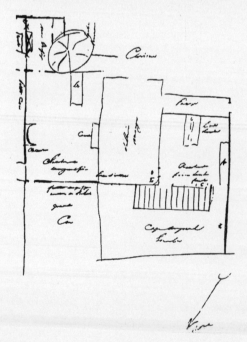

L. Armário dos licores. – A. Grande armário de nogueira para a roupa de cama, banho e mesa da família. A roupa era encarada com uma espécie de respeito. – B. Porta para a sala de refeições. – C. Janela que iluminava mal e que dava para a escada, mas muito grande e muito bonita.
[Minha cama. – Meu trapézio. – Escada em caracol. – Cozinha. – Pátio pequeno. – Quarto de meu avô. Cama. Lareira. Cômoda. – Sala de refeição. Porta de entrada. – Corredor. – Quarto do pobre Lambert. Cama de Lambert. Janela. – Janela esplêndida com vidros da Boêmia. – Pátio grande. – Gaiola da escada principal. – Norte.]

Vi certa vez, na Itália, um rosto de São João que olhava seu amigo e seu Deus sendo crucificado, e que de repente me atraiu pela lembrança do que eu havia experimentado, 25 anos antes, quando da morte do *pobre Lambert*, como passou a ser referido na família depois de sua morte. Eu poderia preencher ainda cinco ou seis páginas de lembranças *claras* que me restam dessa grande dor. Fecharam-no em seu caixão, levaram-no ...

Sunt lacrimae rerum.[85]

O mesmo lado de meu coração se emociona com certos acompanhamentos de Mozart em *Dom Giovanni*.

O quarto do pobre Lambert ficava na escada principal, ao lado do armário de licores L.

[Escada principal. – Local para lenha. – Lenha. – Pátio grande. – Norte. – No segundo andar aqui quarto de meu tio.]

Oito dias depois de sua morte, Séraphie enfureceu-se com justiça porque lhe serviram não sei que *potage* [caldo] (em Grenoble: *soupe* [*sopa*]) em uma pequena vasilha de louça lascada (vejo-a ainda 40 anos depois do acontecimento), que servira para receber o sangue de Lambert durante uma das sangrias. Desfiz-me em lágrimas de imediato, a ponto de ter soluços que me sufocavam. Eu nunca havia conseguido chorar na morte de minha mãe. Só comecei a poder chorar mais de um ano depois, sozinho, durante a noite, em minha cama. Séraphie, vendo-me chorar por Lambert, fez-me uma cena. Fui à cozinha, repetindo a meia-voz e como que para me vingar: nojenta! nojenta!

---

[85] Palavras iniciais do verso 462 do livro I da *Eneida*: "*Sunt lacrimae rerum, et mentem mortalia tangunt*" (Há lágrimas para os sofrimentos e as coisas humanas tocam o coração).

Minhas mais suaves efusões com meu amigo tiveram lugar enquanto ele trabalhava serrando a madeira no depósito, separado do pátio, em C, por uma divisória com aberturas, formada por pequenas colunas de nogueira trabalhadas no torno, como uma balaustrada de jardim.

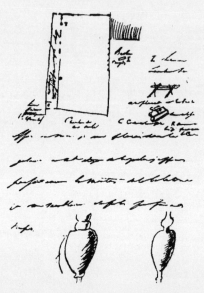

L. Lugar onde Lambert serrava a madeira para a lareira
de meu avô. – H. Eu. Dali, eu olhava os pedaços de madeira
do depósito e provocava em mim mesmo paroxismos de dor abrindo a
boca para fazer o sangue subir à cabeça.
[Longo corredor com pequenas janelas elegantes. – Banheiro reservado para a família. – Quarto de meu tio. – Lenha. – Piões. – T. Termômetro de meu avô. – L. Lugar onde Lambert serrava. – Ele punha madeira assim. – Corda. – Lâmina da serra. – C. Corda da serra. – R. Pedaço de madeira que esticava a corda.]

Depois de sua morte, eu me punha na galeria, no segundo andar da qual eu via perfeitamente as hastes da balaustrada, que me parecem esplêndidas para fazer piões. Que idade eu teria nessa época? Essa ideia do pião indica pelo menos a idade de minha razão. Penso em uma coisa, posso mandar buscar o documento de óbito do pobre Lambert, mas *Lambert* era o nome de batismo ou de família? Parece-me que seu irmão, que tinha um pequeno café de mau aspecto, na Rue de Bonne, perto da caserna, chamava-se também Lambert. Mas que diferença, meu Deus!

eu achava na época que nada havia de tão *comum* quanto esse irmão, a cuja casa Lambert às vezes me levava. Pois é preciso confessá-lo, apesar de minhas opiniões na época perfeita e fundamentalmente republicanas, meus parentes me haviam comunicado por completo seus gostos aristocráticos e reservados. Esse defeito ficou-me, e me impediu, por exemplo, há menos de 10 dias, de aproveitar uma bela oportunidade. Abomino a ralé (ter contatos com ela), ao mesmo tempo que, com o nome de *povo*, desejo apaixonadamente sua felicidade e acredito que seja preciso fazer-lhe perguntas sobre um objeto importante para que que essa felicidade seja conseguida. Isto é, convocando-o a ter seus deputados.

Meus amigos, ou, antes, pretensos amigos, partem daí para pôr em dúvida meu sincero liberalismo. Tenho horror do que é sujo, ora, o povo é sempre sujo a meus olhos. Só há a exceção de Roma, mas aí a sujeira é escondida pela ferocidade. (Por exemplo, a sujeira única do pequeno padre sardo Crobras, mas meu respeito sem limites por sua energia. Seu processo de cinco anos com seus superiores. *Ubi missa, ibi mensa*.[86] Poucos homens têm essa força. Os príncipes Caetani conhecem perfeitamente essas histórias do Sr. Crobras de Sartène, penso eu, na Sardenha.[87])

Os paroxismos de amor a que eu me entregava no ponto H são incríveis.[88] Era a ponto de arrebentar uma veia. Acabo de me machucar ao *imitá-los* pelo menos 40 anos depois. Quem se lembra de Lambert hoje, a não ser o coração de seu amigo!

Irei mais longe, quem se lembra de Alexandrine, morta em janeiro de 1815, há 20 anos?

Quem se lembra de Métilde, morta em 1825?

Elas não me pertencem? a mim, que gosto delas mais do que todo o resto do mundo? que penso apaixonadamente nelas, 10 vezes por semana, e com frequência por duas horas seguidas?

---

[86] Em latim no original, "onde está a missa, ali está a mesa".

[87] Referência ao envenenamento de quatro sacerdotes enviados na verdade à Córsega, onde fica Sartène. O nome Crobras não foi identificado pelos estudiosos de Stendhal.

[88] *Anotação de Stendhal na margem do manuscrito*: "Ideia. Ir passar três dias em Grenoble, e só ver Crozet no terceiro dia.
Ir sozinho incógnito a Claix, à Bastilha, a La Tronche".

Capítulo XV[89]

Minha mãe tivera um raro talento para o desenho, dizia-se com frequência na família. "Que pena! o que é que ela não fazia bem?", acrescentava-se com um profundo suspiro. Depois do quê, silêncio triste e longo. O fato é que antes da Revolução, que mudou tudo nessas províncias recuadas, ensinava-se desenho em Grenoble tão ridiculamente quanto o latim. Desenhar era fazer a sanguínea hachuras paralelas, imitando gravura; dava-se pouca atenção ao contorno.

Com frequência eu achava grandes cabeças a sanguínea desenhadas por minha mãe.

Meu avô alegou esse exemplo, esse *precedente* todo-poderoso, e, apesar de Séraphie, fui aprender a desenhar em casa do Sr. Le Roy. Foi um grande avanço, como o Sr. *Le Roy* morava na casa Teisseire, antes do grande portão dos jacobinos, pouco a pouco deixaram-me ir sozinho à sua casa e sobretudo voltar.

Isso era uma grande coisa para mim. Meus tiranos, eu os chamava assim ao ver as outras crianças correrem, aceitavam que eu fosse sozinho de P a R. Compreendi que indo muito rápido, pois contavam os minutos, e a janela de Séraphie dava precisamente para a Place Grenette, eu poderia dar uma volta pela Place de la Halle, à qual se chegava pelo portão L. Eu só ficava exposto durante o trajeto de R a L. O relógio de Saint-André, que regulava a cidade, tocava os quartos de hora, eu devia sair às 3h30 ou às 4 horas (não me lembro bem quando) da casa do Sr. Le Roy e cinco minutos depois estar de volta. O Sr. Le Roy, ou antes a Sra. Le Roy, um demônio de 35 anos, muito atraente e com olhos encantadores, era especialmente encarregada, sob ameaça, penso eu, de perder um aluno que pagava bem, de só me deixar sair às 3h15. Algumas

---

[89] *Anotação de Stendhal na margem do manuscrito*: "17 de dezembro de 1835. Muito frio na perna esquerda gelada. Pôr *after the death of poor* Lambert".

vezes, ao subir, eu ficava parado por quartos de horas inteiros, olhando pela janela da escada, em F, sem outro prazer que o de me sentir livre; nesses raros momentos, em vez de se dedicar a calcular as medidas de meus tiranos, minha imaginação se punha a usufruir de tudo.

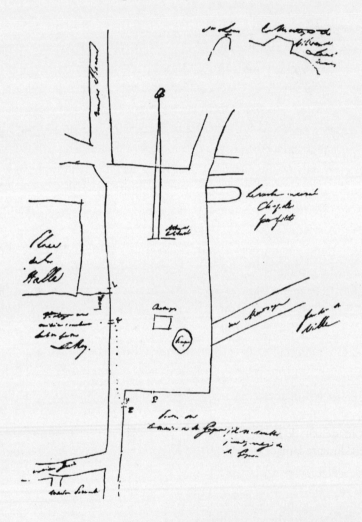

[Place de la Halle. – 3º andar ao sul e a oeste habitado pelo Sr. Le Roy. – Rue Vieux-Jésuites. – Casa paterna. – Rue de Bonne. – Árvore da liberdade. – Castanhas. – Bomba. – Portas da casa do Sr. Gagnon (parece que xingo quando digo Sr. Gagnon). – Saint-Louis. – A montanha Villard-de-Lans, acho eu. – O Verbo Encarnado, capela muito pequena. – Rue Montorge. – Jardin de Ville.]

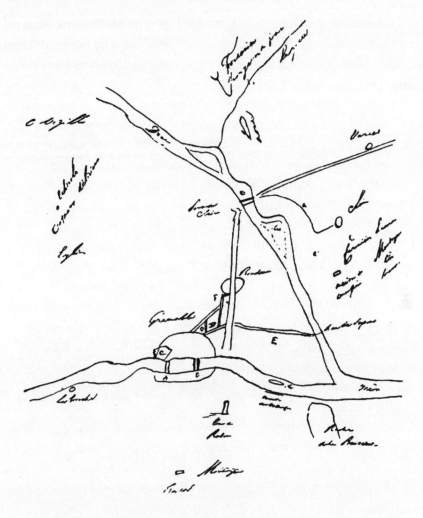

C. Cidadela. – A. Ponte de madeira. – B. Ponte de pedra. – D. Caminho horrivelmente lamacento, dito des Boiteuses. – F. Caminho Méné. – Para ir a Claix, isto é, a Furonières, pegávamos o caminho Méné por OBF, o Cours (dito Course), a ponte e os caminhos R e R'. Algumas vezes o caminho E do moinho de Canel e a barca de Seyssins. Meu amigo Crozet construiu ali uma ponte de ferro por volta de 1826.

[Vizille. – Échirolles, encostas muito agradáveis. – Eybens. – La Tronche. – Drac. – Pont de Claix. – Grenoble. – Torre de Rabot. – Montanha. – Bastilha. – Fontanieu (tínhamos pastos aí). – La Gresse. – Norte. – Varces. – Ilhas. – Claix. – Rondeau. – Furonières, aldeia. – Casa de meu pai. – Montanha muito alta. – Barcaça de Seyssins. – Ilha. – Isère. – Subida de Saint-Martin(-le-Vinoux). – Rochedo da Buisserate.]

A grande questão para mim passou logo a ser adivinhar se Séraphie estaria em casa às 3h30, hora de minha volta. Minha boa amiga Marion (Marie Thomasset, de Vinay), empregada típica de Molière e que detestava Séraphie, ajudava-me muito. Num dia em que Marion me havia dito que Séraphie sairia depois do café, pelas 3 horas, para ir à casa de sua boa amiga, a Sra. Vignon, a *boime*,[90] ousei ir ao Jardin de Ville, cheio de garotos. Para isso, atravessei a Place Grenette, passando por trás da barraca das castanhas e da bomba, e entrando pelo arco do jardim.

Viram-me, algum amigo ou protegido de Séraphie traiu-me, cena à noite diante dos avós. Menti, como de esperar, diante da pergunta de Séraphie:

"Você esteve no Jardin de Ville?"

Diante disso, meu avô repreendeu-me delicada e polidamente, mas com firmeza, pela mentira. Eu sentia intensamente o que eu não sabia exprimir. Mentir não é o único recurso dos escravos? Um velho empregado, sucessor do pobre Lambert, espécie de O Rancor,[91] fiel executor das ordens de meus parentes e que dizia melancolicamente ao falar de si: "Sou um exterminador de urinóis", foi encarregado de me levar à casa do Sr. Le Roy. Eu estava livre nos dias em que ele ia a St-Vincent buscar frutas.

Esse clarão de liberdade enfureceu-me. "Que farão comigo afinal, disse-me eu, qual é a criança de minha idade que não sai sozinha?" Fui várias vezes ao Jardin de Ville; se se davam conta, repreendiam-me, mas eu não respondia. Ameaçaram suprimir o professor de desenho, mas continuei com minhas escapadas. Tentado por um pouco de liberdade, eu me tornara feroz. Meu pai começava a ser tomado por sua grande paixão pela agricultura e ia com frequência a Claix. Julguei perceber que em sua ausência eu começava a fazer medo a Séraphie. Minha tia Élisabeth, por orgulho espanhol, como não tinha autoridade legítima, ficava neutra; meu avô, por seu caráter à Fontenelle, detestava os gritos; Marion e minha irmã Pauline estavam inteiramente do meu lado. Séraphie era tida por louca aos olhos de muitas pessoas, e, por exemplo,

---

[90] Mais à frente Stendhal apresenta o significado desse termo do Dauphiné.

[91] No original, "La Rancune", personagem do *Roman comique*, de Paul Scarron (1610-1660).

aos olhos de nossas primas, a Sra. Colomb e a Sra. Romagnier, mulheres excelentes. (Pude apreciá-las depois que cheguei à idade da razão e tive alguma experiência da vida.) Nessa época, uma palavra da Sra. Colomb fazia-me pensar, o que me fazia supor que com delicadeza teriam feito tudo de mim, provavelmente um típico originário do Dauphiné, *banal*, mas bem *astuto*. Comecei a resistir a Séraphie, eu tinha por minha vez crises de raiva abomináveis.

"Você não irá mais à casa do Sr. Le Roy", dizia ela.

Parece-me, pensando bem, que houve uma vitória de Séraphie, e por consequência a interrupção das aulas de desenho.

O Terror era tão suave em Grenoble que meu pai, de tempos em tempos, ia morar em sua casa, na Rue des Vieux-Jésuites. Ali, vejo o Sr. Le Roy dar-me aula na grande escrivaninha negra do gabinete de meu pai, dizendo-me no fim da aula:

"Senhor, diga a seu *caro* pai que não posso mais vir por 35, ou 45 francos por mês."

Tratava-se de *assignats*[92] que *desabavam* direto (expressão da região). Mas que data dar a essa imagem tão nítida que me voltou de repente? Talvez tenha sido muito mais tarde, na época em que eu pintava a guache.

[Rue des Vieux-Jésuites. – Gabinete. – L. Sr. Le Roy. – H. Eu.]

---

[92] Papel-moeda emitido durante a Revolução Francesa, entre 1789 e 1796, cujo valor era em princípio garantido pela venda dos bens nacionais.

Os desenhos do Sr. Le Roy eram o que menos me importava. Esse professor mandava-me fazer olhos de perfil e de frente, e orelhas a sanguínea a partir de outros desenhos gravados, parece-me, à maneira do crayon.

O Sr. Le Roy era um *parisiense* muito educado, magro e fraco, envelhecido pela mais excessiva das libertinagens (essa é minha impressão, mas como eu podia justificar estas palavras: mais excessiva?), de resto educado, civilizado, como se é em Paris, o que me fazia o efeito de: excessivamente polido, para mim, acostumado ao ar frio, descontente, de modo algum civilizado que faz a fisionomia comum desses originários do Dauphiné tão hábeis (ver o caráter de Sorel pai, em *O vermelho*, mas onde diabos estará o *Vermelho* em 1880? Terá passado para as margens escuras).

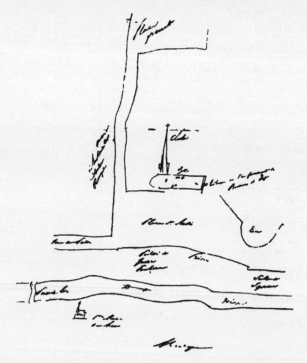

[Place Grenette. – Casa onde moravam as senhoras Colomb e Romagnier. – Campanário. Igreja. Tribuna aonde se chegava a partir dos escritórios do departamento. – Torre. – Place Saint-André. – Rue du Palais. – Palácio de Justiça. – Parlamento. – Prisão. – Sala de espetáculo. – Ponte de madeira. – Isère. – Sainte-Marie d'en Haut. – Montanha.]

Certo dia, com o cair da noite, fazia frio, tive a audácia de escapar, aparentemente para encontrar minha tia Élisabeth em casa da

Sra. Colomb, ousei entrar na Sociedade dos Jacobinos, cujas sessões se realizavam na igreja de Saint-André. Eu estava tomado pelos heróis da história romana, via-me um dia como um Camilo ou um Cicinato, ou os dois ao mesmo tempo. Deus sabe a que pena me exponho, dizia-me, se algum *espião de Séraphie* (era minha ideia da época) me vê aqui? O presidente estava em P, mulheres mal vestidas em F, eu em H.

Pediam a palavra e falavam com bastante desordem. Meu avô zombava habitualmente, e *alegremente*, do modo de falar delas. Pareceu-me de imediato que meu avô tinha razão, a impressão não foi favorável, achei horrivelmente comuns essas pessoas de que eu teria desejado gostar.[93] Essa igreja estreita e alta era muito mal iluminada, ali encontrei muitas mulheres da classe mais baixa. Em uma palavra, eu era então como hoje: gosto do povo, detesto os opressores, mas seria para mim um suplício permanente viver com o povo.

Tomarei de empréstimo por um momento a língua de Cabanis.[94] Tenho a pele excessivamente fina, uma pele de mulher (mais tarde eu sempre tinha bolhas depois de segurar meu sabre durante uma hora), por um nada esfolo os dedos, que são muito bonitos, em uma palavra, a superfície de meu corpo é de mulher. Daí talvez um horror incomensurável pelo que tem o ar *sujo*, ou *úmido*, ou *escurecido*. Havia muitas dessas coisas nos jacobinos de Saint-André.

De volta, uma hora depois, à casa da Sra. Colomb, minha tia de caráter espanhol olhou-me com ar muito sério. Saímos; quando estávamos a sós, na rua, ela me disse:

"Se você foge assim, seu pai vai perceber...

– Nunca, se Séraphie não me denunciar.

– Deixe-me falar... E não tenho por que falar de você com seu pai. Não o levarei mais à casa da Sra. Colomb."

[Pirâmide de madeira que ilumina Chépy.]

---

[93] *Anotação de Stendhal na margem do manuscrito*: "17 de dezembro de 1835. Sofro com o frio diante de meu fogo, a dois pés e meio da lareira. Muito frio *for* Roma".

[94] *Anotação de Stendhal na margem do manuscrito*: "Estilo. Essas palavras *por um momento* são um descanso para o espírito. Eu as teria apagado em 1830, mas em 1835 lamento não encontrar semelhantes em O *vermelho*".

Essas palavras, ditas com muita simplicidade, tocaram-me, a feiura dos jacobinos me havia impressionado, fiquei pensativo no dia seguinte e nos próximos: meu ídolo estava abalado. Se meu avô tivesse percebido minha sensação, e eu lhe tivesse dito tudo se ele me tivesse falado disso no momento em que regávamos as flores no terraço, ele podia ridicularizar para sempre os jacobinos e me trazer de volta ao regaço da *Aristocracia* (assim chamada na época, hoje partido legitimista, ou conservador). Em vez de divinizar os jacobinos, minha imaginação teria sido empregada para representar e exagerar a sujeira de sua sala de Saint-André.

Essa sujeira, deixada por conta dela mesma, foi logo apagada por algum relato de batalha ganha que fazia minha família gemer.

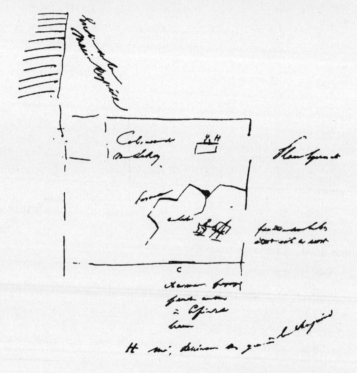

[Escada da casa Teisseire. – Gabinete do Sr. Le Roy. – Place Grenette. – Biombo. – O Sr. Le Roy. – Janela cuja parte inferior era coberta de verde. – Encantadora paisagem pendurada na parece a seis pés de altura. – H. Eu, desenhando meus olhos a sanguínea.]

Por essa época, as artes tomavam conta de minha imaginação, pela via dos sentidos, diria um pregador. Havia no ateliê do Sr. Le Roy uma paisagem grande e bela: uma montanha abrupta, muito perto do olhar, guarnecida por grandes árvores; ao pé dessa montanha, um curso d'água pouco profundo, mas largo, límpido, corria da esquerda para a direita ao pé das últimas árvores. Ali, três mulheres quase nuas, ou sem quase, banhavam-se alegremente. Era quase o único ponto claro nessa tela de três pés e meio por dois e meio.

Essa paisagem, encantadoramente verdejante, encontrando uma imaginação preparada por *Félicia*,[95] tornou-se para mim o ideal da felicidade. Era uma mistura de sentimentos ternos e de suave voluptuosidade. Banhar-se assim com mulheres tão agradáveis!

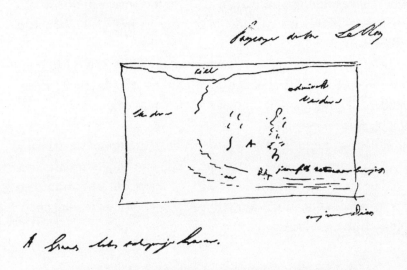

[*Paisagem do Sr. Le Roy. – Céu. – Vegetação. – Admirável vegetação.
– Água. – Moças arregaçando as saias ou jovens deusas.
– A. Grandes árvores como eu gosto.*]

A água era de uma limpidez que fazia um belo contraste com os pútridos cursos d'água das *Granges*, cheios de rãs e cobertos de uma putrescência verde. Eu considerava a planta verde que cresce sobre esses sujos cursos d'água como uma corrupção. Se meu avô me tivesse dito: "É uma planta, mesmo o mofo que estraga o pão é uma planta", meu

---

[95] *Félicia, ou mes Fredaines*, publicado em 1776, é um romance de autoria de Andréa de Nerciat.

horror teria rapidamente cessado. Só o superei por completo depois de o Sr. Adrien de Jussieu (esse homem tão natural, tão sábio, tão sensato, tão digno de ser gostado), em nossa viagem a Nápoles (1832), ter-me falado longamente dessas pequenas plantas, sempre um pouco sinais de apodrecimento a meus olhos, embora eu soubesse vagamente que se tratava de plantas.[96]

Só tenho um meio de impedir minha imaginação de me pregar peças, é ir direto ao objeto. Vi bem isso ao andar para os dois canhões (de que se fala no certificado do general Michaud).

Mais tarde, quero dizer, em torno de 1805, em Marselha, tive o prazer delicioso de ver minha amante, excepcionalmente bem feita, banhar-se no Huveaune coroado de grandes árvores (na residência da Sra. Rey ou ...).

Lembrei-me vividamente da paisagem do Sr. Le Roy, que durante quatro ou cinco anos fora para mim o *ideal* da felicidade voluptuosa. Eu poderia ter exclamado, como não sei qual tolo de um dos romances de 1832: *Este é o meu ideal!*

Tudo isso, como se percebe, independe muito do mérito da paisagem, que era provavelmente um prato de espinafre sem perspectiva área.

Mais tarde, *Le traité nul*, ópera de Gaveaux, foi para mim o começo da paixão que se deteve (?) no *Matrimonio segreto*, descoberto em Ivrea (fim de maio de 1800) e no *Dom Giovanni*.[97]

---

[96] *Passagem suprimida por Stendhal no manuscrito*: "Eu deveria hoje estudar a história natural dos vermes e dos escaravelhos que me causam sempre horror. Por volta de 1810, comprei dois volumes do Sr. Duméril com essa intenção, mas a campanha da Rússia, a de 1813, minha missão na sétima divisão vieram desviar-me. Em Grenoble, no entanto, li um pouco para falar do assunto à Sra. Gauthier".

[97] *Matrimonio segreto* e *Dom Giovanni* são óperas, respectivamente, de Cimarosa e de Mozart.

Capítulo XVI

Eu estava estudando em uma pequena mesa no ponto P, perto da segunda janela do salão à italiana, traduzia prazerosamente Virgílio ou as *Metamorfoses*, de Ovídio, quando um sombrio murmúrio de uma multidão imensa, reunida na Place Grenette, fez-me saber que dois padres acabavam de ser guilhotinados.

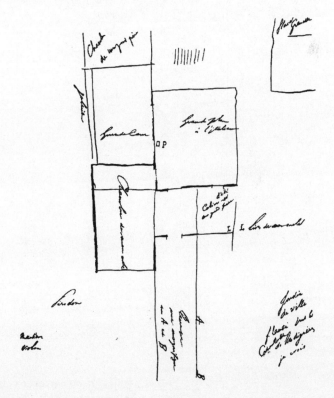

[Mantion, violino. – Pirodon. – Varanda. – Quarto de meu avô. – Pátio grande. – Quarto de meu tio. – Grande salão à italiana. – Gabinete de verão de meu avô. – Terraço, vista esplêndida em A e B. – Place Grenette. – L. Livros de meu tio. – Jardin de Ville plantado pelo condestável de Lesdiguières, acho eu.]

Foi o único sangue que o Terror de 1793 teria feito correr em Grenoble.

Este é um de meus grandes erros: meu leitor de 1880, afastado da fúria e da seriedade dos partidos, voltar-se-á contra mim quando eu lhe confessar que essa morte, que gelava de horror meu avô, que deixava Séraphie furibunda, que redobrava o silêncio altivo e espanhol de minha tia Élisabeth, deu-me *pleasure*.[98] Eis a grande palavra escrita.

Há mais, há bem pior, *I am* ainda *in 1835 the man of*[99] *1794*.

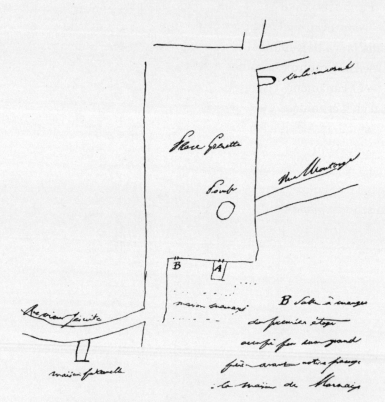

[Rue Vieux-Jésuites. — Casa paterna. — Place Grenette. — Bomba. — Casa Marnais. — Verbo encarnado. — Rue Montorge. — B. Sala de refeição do primeiro andar ocupada por meu avô antes de nossa mudança para a casa de Marnais.]

---

[98] Em inglês no original, "prazer".

[99] Em inglês no original (com exceção de "ainda"), "sou ainda em 1835 o homem de 1794".

(Eis ainda um meio de achar uma data verdadeira. O registro do tribunal criminal, atualmente Corte Real, na Place Saint-André, deve ter a data da morte do Sr. Revenas e do Sr. Guillabert.)

Meu confessor, o Sr. Dumolard, de Bourg-d'Oisans (padre zarolho e muito bom homem aparentemente, desde 1815 jesuíta furioso), mostrou-me, com gestos que me pareceram ridículos, orações ou versos latinos escritos pelos Srs. Revenas e Guillabert, que ele queria a toda força fazer com que eu tomasse como generais de brigada.

Eu lhe respondi orgulhosamente:

"Meu bom pai (avô) disse-me que há 20 anos enforcaram na mesma praça dois ministros protestantes.

– Ah! é muito diferente!

– O Parlamento condenou os dois primeiros por sua religião, o tribunal civil criminal acaba de condenar estes por terem traído a pátria."

Se não são essas as palavras, é esse pelo menos o sentido.

Mas eu não sabia ainda que discutir com os tiranos é perigoso, deviam ler em meus olhos minha pouca simpatia pelos dois traidores da pátria. (Não havia em 1795 e não há, a meus olhos, em 1835 crime nem sequer *comparável*.)

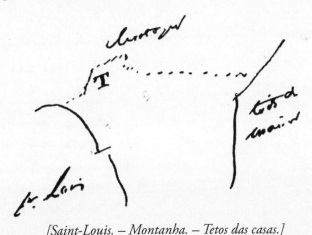

[Saint-Louis. – Montanha. – Tetos das casas.]

Fizeram-me uma cena abominável, meu pai pôs-se contra mim em uma das maiores cóleras de que tenho lembrança. Séraphie triunfava. Minha tia Élisabeth, em particular, deu-me uma lição de moral. Mas creio, Deus perdoe-me, que a convenci de que era a pena de talião.

Felizmente para mim, meu avô não se juntou a meus inimigos, em particular ele era inteiramente da opinião de que a morte dos dois ministros protestantes era igualmente condenável.

"Bem menos, sob o tirano Luís XV a pátria não estava em perigo." Eu não disse tirano, mas minha fisionomia devia dizê-lo.

Se meu avô, que já estivera contra mim na batalha do padre Gardon, tivesse se mostrado contra nesse caso, pronto, eu não gostaria mais dele. Nossas conversas sobre a grande literatura, Horácio, o Sr. de Voltaire, o capítulo XV de *Bélisaire*, os belos trechos de *Telêmaco*, *Séthos*,[100] que formaram meu espírito, teriam cessado e eu teria sido bem mais infeliz por todo o tempo que transcorreu entre a morte dos dois infelizes padres e minha paixão exclusiva pela matemática: primavera ou verão de 1797.

[*Fac-símile do texto de Barnave anexado ao manuscrito.*]

---

[100] *Bélisaire* (1767), romance de Marmontel; *Les aventures de Télémaque* (1699), romance de Fénelon; e *Séthos, histoire de monuments de l'ancienne Egypte* (1731), romance de Terrasson.

Passavam-se todas as tardes de inverno[101] com as pernas ao sol, no quarto de minha tia Élisabeth, que dava para a Grenette no ponto A.

Por cima da igreja de Saint-Louis, ou ao lado, melhor dizendo, via-se o trapézio T da montanha do Villars-de-Lans. Ali estava minha imaginação, dirigida pelo Ariosto do Sr. de Tressan, ela só via um prado no meio de altas montanhas. Meu rabisco da época parecia muito com a escrita, aqui anexada, de meu ilustre compatriota.

Meu avô tinha o costume de dizer, enquanto tomava seu excelente café, às 2 horas da tarde, as pernas ao sol: "Desde 15 de fevereiro, *neste clima*, está *bom* ao sol".

Ele gostava muito das ideias geológicas e teria sido um partidário ou um adversário das elevações do Sr. Élie de Beaumont, que me encantam. Meu avô falava-me *com paixão*, isso é o essencial, das ideias geológicas de um certo Sr. Guettard, que ele conhecera, *ao que me parece*.

Observei com minha irmã Pauline, que era do meu lado, que a conversa no mais belo momento do dia, ao tomar café, consistia sempre em lamentações. Lamentava-se a propósito de tudo.

Não posso dar a realidade dos fatos, só posso apresentar deles a *sombra*.

Passávamos as noites de verão, de 7 às 9h30 (às 9 horas, o *sein* ou *saint*[102] tocava em Saint-André, os belos sons desse sino davam-me uma viva emoção). Meu pai, pouco sensível à beleza das estrelas (eu falava sem parar de constelações com meu avô), dizia que estava gripando e ia conversar no cômodo vizinho com Séraphie.

Esse terraço, formado pela espessura de um muro dito *sarraceno*, muro que tinha 15 ou 18 pés de altura, tinha uma vista magnífica da montanha de Sassenage; ali, o sol se punha no inverno; do rochedo de Voreppe, pôr do sol de verão, e no noroeste da Bastilha, cuja montanha (hoje transformada pelo general Haxo) se erguia acima de todas as casas e acima da torre de Rabot, que foi, parece-me, a antiga entrada da cidade antes que se tivesse cortado o rochedo da Porte-de-France.

---

[101] *Anotação de Stendhal na margem do manuscrito*: "Terraço Chorier a ser feito. Calça de verão com cheiro de fábrica. Livros de meu tio pelo canto do grande escritório na Rue des Vieux-Jésuites. Casamento e vida de meu tio".

[102] Designação do sino que anunciava o fechamento das portas da cidade.

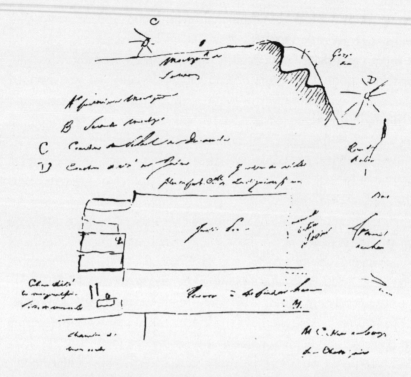

A. Primeira montanha. – B. Segunda montanha. – C. Pôr do sol em dezembro. – D. Pôr do sol em junho. – I. Gabinete de verão de meu avô. Livros de meu tio. – N. Gabinete onde Ponset se instalou. – G. Banco de marceneiro ao lado do qual eu passava minha vida. – M. Gabinete em losangos de castanheiro com forma arquitetônica de mau gosto, à Bernini.

[Montanha de Sassenage. – Jardin de Ville plantado pelo condestável de Lesdiguières, acho eu. – Jardin Périer. – Nova casa Périer. – Terraço com 40 pés de altura. – Quarto de meu tio. – Gargantas abertas. – Torre de Rabot. – Bastilha. – Sainte-Marie-d'en-Haut. – Norte. – Hospedaria e pequeno jardim de Pirodon.]

Meu avô teve muitas despesas com esse terraço. O marceneiro Ponset veio instalar-se durante um ano no gabinete de história natural, cujos armários de madeira branca foram feitos por ele; fez em seguida caixas de castanheiro de 18 polegadas de largura por dois pés de altura, que foram enchidas com boa terra, vinha e flores. Duas videiras subiam do jardim do Sr. Périer-Lagrange, nosso vizinho, bom e imbecil.

Meu avô mandara instalar coberturas de ripas de castanheiro. Foi um grande trabalho de que se encarregou um marceneiro chamado

Poncet, bom bêbado de 30 anos bastante alegre. Ele se tornou meu amigo, pois enfim com ele eu encontrava a boa igualdade.

Meu avô regava suas flores todos os dias, mais frequentemente duas vezes do que uma, Séraphie nunca ia a esse terraço, era um momento de alívio. Eu sempre ajudava meu avô a regar as flores, e ele me falava de Lineu e de Plínio, não por dever, mas com prazer.

Essa é a grande e extrema obrigação que tenho para com esse grande homem. Para cúmulo da felicidade, ele zombava muito dos pedantes (os Lerminier, os Salvandy, os ... de hoje), tinha um espírito no gênero do Sr. Letronne, que acaba de destronar Memnon, *nem mais nem menos que a estátua de Memnon*.[103] Meu avô falava-me com o mesmo interesse do Egito, fez com que eu visse a múmia comprada, por sua influência, para a biblioteca pública; ali o bom padre Ducros (o primeiro homem superior com que falei em minha vida) teve mil atenções para comigo. Meu avô, muito reprovado por Séraphie, apoiada pelo silêncio de meu pai, fez-me ler *Séthos* (cansativo romance do *abbé* Terrasson), à época divino para mim. Um romance é como um arco, a caixa do violino *que dá os sons* é a alma do leitor. Minha alma na época era louca, e vou dizer por quê.

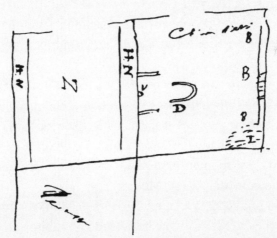

Z. Gabinete de história natural. – HN. Minerais, pássaros...
[Gabinete de verão. – Terraço.]

---

[103] Passagem da peça *Le Malade imaginaire* (ato II, cena 5), de Molière. A.-J. Letronne era o autor do estudo *La statue vocale de Memnon* (1833), em que mostra que os sons produzidos pela estátua eram físicos, e não sobrenaturais.

Enquanto meu avô lia, sentado em uma poltrona em D, de frente para o pequeno busto de Voltaire em V, eu olhava sua biblioteca situada em B, eu abria os volumes *in-4º* de Plínio, tradução com o original ao lado. Ali, eu buscava sobretudo a história natural da *mulher*.

O cheiro excelente era de âmbar ou almíscar (que me fazem doente há 16 anos, é talvez o mesmo odor, âmbar e almíscar). Enfim, fui atraído por um monte de livros em brochura – jogados confusamente em L. Eram maus romances não encadernados que meu tio havia deixado em Grenoble, quando de sua partida para se estabelecer em Échelles (Savoie), perto de Ponte-de-Beauvoisin. Essa descoberta foi decisiva para meu caráter. Abri alguns desses livros, eram romances banais de 1780, mas para mim tratava-se da essência da volúpia.

Meu avô proibiu-me de tocar neles, mas eu aguardava o momento em que estivesse mais ocupado em sua poltrona a ler livros novos, que, não sei como, ele sempre tinha em grande abundância, e então eu roubava um volume dos romances de meu tio. Meu avô percebeu sem dúvida meus roubos, pois me vejo posto no gabinete de história natural, aguardando que algum doente o viesse chamar. Nessas circunstâncias, meu avô lamentava ver-se retirado de seus caros estudos e ia receber o doente em suas dependências ou na antecâmara do grande apartamento. Pronto! eu ia para o gabinete de estudos, em L, e roubava um volume.

Eu não poderia exprimir a paixão com que lia esses livros. Ao termo de um mês ou dois, encontrei *Félicia ou mes fredaines*. Fiquei inteiramente louco, a posse de uma amante real, então objeto de todos os meus desejos, não me teria mergulhado em uma tal torrente de volúpia.

A partir desse momento, minha vocação estava decidida: viver em Paris fazendo comédias como Molière.

Essa era minha ideia fixa, que escondi por uma dissimulação profunda, a tirania de Séraphie me havia dado os hábitos de um escravo.

Nunca pude falar do que adorava, um discurso desse tipo ter-me-ia parecido uma blasfêmia.

Sinto isso de modo tão vivo em 1835 quanto o sentia em 1794.

Esses livros de meu tio traziam o endereço do Sr. Falcon, que tinha na época o único gabinete literário, era um ardoroso patriota profundamente desprezado por meu avô e muito odiado por Séraphie e meu pai.

Pus-me consequentemente a gostar dele, talvez seja a pessoa nascida em Grenoble que mais estimei. Havia nesse antigo lacaio da Sra. de Brizon (ou de outra senhora da Rue Neuve em cuja casa meu avô fora servido à mesa por ele), havia nesse lacaio uma alma 20 vezes mais nobre que a de meu avô, de meu tio, não falarei de meu pai e da jesuíta Séraphie. Talvez apenas minha tia Élisabeth lhe fosse comparável. Pobre, ganhando pouco e desprezando ganhar dinheiro, Falcon punha uma bandeira tricolor do lado de fora de sua loja a cada vitória dos exércitos, e nos dias de festa da República.

Adorou essa República da época de Napoleão como sob os Bourbons e morreu aos 82 anos, por volta de 1820, sempre pobre, mas honesto até a mais extrema delicadeza.

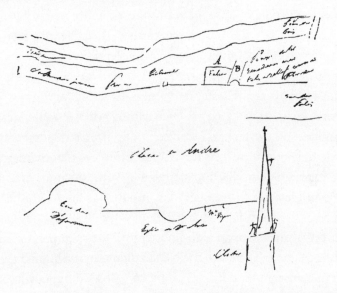

[Isère. – Ponte de madeira. – A. Sala de espetáculo. – Prisão. – Tribunal. – A. Falcon. – B. Passagem da Renascença com cabeças em relevo como em Florença. – Rue du Palais. – Place Saint-André. – Torre do departamento. – Sra. Vignon. – Igreja de Saint-André. Campanário.]

Ao passar, eu olhava de soslaio a loja de Falcon, que tinha um grande topete de grou-coroado, perfeitamente empoado, e ostentava um belo casaco vermelho com grandes botões de aço, a moda de então, nos dias felizes para sua cara República. É o mais belo exemplo do caráter de quem é originário do Dauphiné. Sua loja ficava pelos lados da Place

Saint-André, lembro-me de sua mudança para o palácio. Falcon passou a ocupar a loja A, no antigo Palácio dos Delfins onde era a sede do Parlamento e em seguida o Tribunal Real. Eu passava intencionalmente sob a passagem B para o ver. Ele tinha uma filha muito feia, objeto habitual das brincadeiras de minha tia Séraphie, que a acusava de fazer amor com os patriotas que vinham ler os jornais no gabinete literário de seu pai.

Mais tarde, Falcon estabeleceu-se em A'. Então eu tinha a ousadia de ir ler em seu gabinete. Não sei se, na época em que eu roubava os livros de meu tio, tive a ousadia de me inscrever em seu gabinete, parece-me que, de algum modo, eu conseguia seus livros.

Meus devaneios foram dirigidos poderosamente pela *Vie et les aventures de Mme de **** [*Vida e as aventuras da Sra. de ****], romance extremamente emocionante, talvez muito ridículo, pois a heroína era presa pelos selvagens. Emprestei, parece-me, esse romance a meu amigo Romain Colomb, que ainda hoje guardou lembrança dele.

Logo peguei a *Nouvelle Héloïse* [*Nova Heloísa*], acho que a peguei na prateleira mais alta da estante de meu pai, em Claix.

Eu a li deitado na cama em meu *trapézio* de Grenoble, depois de ter o cuidado de me fechar à chave, e com arrebatamentos de felicidade e de deleite impossíveis de descrever. Hoje, essa obra parece-me pedante e, mesmo em 1819, nos arrebatamentos do amor mais louco, não consegui ler 20 páginas seguidas. A partir de então, roubar livros tornou-se minha grande atividade.

Eu tinha um canto ao lado do escritório de meu pai, na Rue des Vieux-Jésuites, onde eu punha, meio escondidos por sua humilde posição, os livros que me agradavam; eram exemplares de Dante com xilogravuras estranhas, traduções de Luciano por Perrot d'Ablancourt (as belas infiéis), a correspondência de *Milord All-eye avec Milord All-ear*, do marquês d'Argens, e enfim as *Mémoires d'un homme de qualité retiré du monde*.[104]

Achei um meio de fazer com que se abrisse o gabinete de meu pai, que estava abandonado desde a fatal lista Amar e Merlino, e passei em revista cuidadosa todos os livros. Ele tinha uma esplêndida

---

[104] A *Correspondance secrète de Milord All-eye avec Milord All-ear (1777-1778)* não é do marquês d'Argens, sendo atribuída a Pidansat de Moirobert; *Mémoires et aventures d'un homme de qualité qui s'est retiré du monde* (1728) é obra do *abbé* Prévost.

coleção de Elzevirs, mas infelizmente eu nada compreendia de latim, embora soubesse de cor o *Selectae e profanis*. Encontrei alguns livros *in*-12º, acima da pequena porta que comunicava com o salão, e tentei ler alguns verbetes da *Enciclopédia*. Mas o que era tudo isso perto de *Félicia* e da *Nouvelle Héloïse*?

Minha confiança literária em meu avô era extrema, eu confiava em que ele não me trairia junto a Séraphie e meu pai. Sem confessar que eu havia lido a *Nouvelle Héloïse*, ousei falar-lhe do livro elogiosamente. Sua conversão ao jesuitismo não devia ser antiga, em vez de me interrogar com severidade contou-me que o barão des Adrets (o único dos amigos em cuja casa continuou a jantar duas ou três vezes por mês, depois da morte de minha mãe), na época em que saiu a *Nouvelle Héloïse* (não é 1770?), um dia demorou para o jantar em sua casa; a Sra. des Adrets avisou-o uma segunda vez, enfim esse homem tão frio chegou em lágrimas.

"O que se passa?", perguntou-lhe a Sra. des Adrets, muito alarmada.

"Ah! Julie[105] morreu!", e quase não comeu.

Eu devorava os anúncios de livros à venda que chegavam com os jornais. Meus parentes, na época, recebiam, ao que me parece, um jornal em conjunto com alguém.

Eu imaginava que Florian devia ser um livro sublime provavelmente a partir dos títulos: *Gonzalve de Cordoue*, *Estelle* etc.

Pus um pequeno escudo (3 francos) em uma carta e escrevi a um livreiro de Paris para que me enviasse uma certa obra de Florian. Era muita ousadia, que teria dito Séraphie diante da chegada do pacote?

Todavia, ele enfim nunca chegou, e com um luís, que meu avô me havia dado no dia de ano-novo, comprei um Florian. Foi das obras desse grande homem que extraí minha primeira comédia.

---

[105] Trata-se do personagem de *Julie ou la Nouvelle Héloïse* (1761), romance epistolar de Rousseau.

Capítulo XVII

Séraphie passara a ter como amiga íntima uma certa Sra. Vignon, a primeira *boime* da cidade. ("*Boime*", em Grenoble, quer dizer hipócrita afetada, mulher jesuíta.) A Sra. Vignon morava no terceiro andar, na Place Saint-André, e era mulher de um procurador, penso eu, mas respeitada como uma mãe da igreja, que encontrava lugar para os padres e sempre tinha um de passagem em sua casa. O que me interessava é que tinha uma filha de 15 anos que parecia bastante um coelho branco, tendo os olhos grandes e vermelhos. Tentei, mas em vão, apaixonar-me por ela durante uma viagem de uma semana ou duas que fizemos a Claix. Aí, meu pai não se escondia de modo algum e sempre viveu em sua casa, a mais bonita do cantão.

Nessa viagem havia Séraphie, a Sra. e a Srta. Vignon, minha irmã Pauline, eu, e talvez um certa Sr. Blanc, de Seyssins, personagem ridículo que admirava muito as pernas nuas de Séraphie. Ela saía de pernas nuas, sem meias, pela manhã, no *clos*.

Eu estava tão tomado pelo diabo que as pernas de minha mais cruel inimiga me impressionaram. De bom grado eu teria me apaixonado por Séraphie. Eu imaginava um prazer delicioso em apertar em meus braços essa inimiga encarniçada.

A despeito de sua condição de moça casadoura, ela mandou abrir uma grande porta condenada que, de seu quarto, dava para a escada da Place Grenette, e após uma cena abominável, em que vejo ainda seu rosto, mandou fazer uma chave. Provavelmente seu pai lhe recusava a dessa porta.

Ela recebia suas amigas por essa porta e entre outras a Sra. Vignon, Tartufo de saia, que tinha orações particulares para os santos, e pela qual meu bom avô teria tido horror se seu caráter à Fontenelle lhe tivesse permitido: 1º sentir o horror; 2º exprimi-lo.

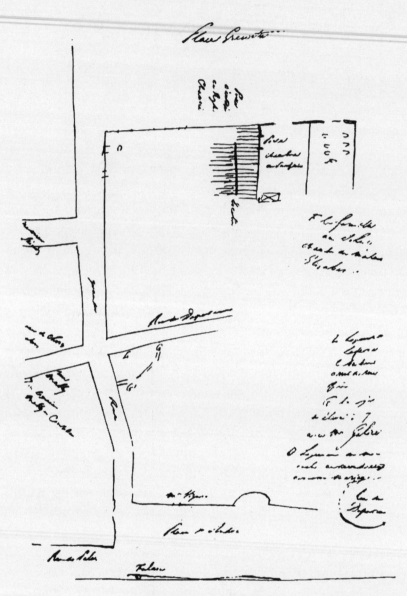

[Place Grenette. – Porta de entrada no térreo. – Porta. Quarto de Séraphie. – Escada. – Rue Vieux-Jésuites. – F. A família ao sol, quarto de minha tia Élisabeth. – Rua principal. – Rue des Clercs, na época Rue Mably. Aqui moravam Mably e Condillac. – Rue du Département. – L. Moradia de Lefèvre, barbeiro, amigo de meu pai. – G' Ali eu cheguei aos 7 com a Sra. Galice. – O. Moradia de meu tio no segundo andar antes de seu casamento. – A Sra. Vignon. – Place Saint-André. – Torre do departamento. – Rue du Palais. – Falcon.]

Meu avô empregava contra essa Sra. Vignon seu grande xingamento: Que o Diabo te cuspa na bunda!

Meu pai se escondia sempre em Grenoble, isto é, hospedava-se em casa de meu avô e não saía durante o dia. A paixão política durou só 18 meses. Vejo-me indo em seu nome ao livreiro Allier, na Place Saint-André, com 50 francos em *assignats*, para comprar a Química de Fourcroy, que o levou à paixão pela agricultura. Percebo bem o nascimento desse gosto: ele só podia passear em Claix.

Mas tudo isso não terá sido causado por seus amores com Séraphie, se amor houve? Não posso ver a fisionomia das coisas, só tenho minha memória de criança. Vejo imagens, lembro-me dos efeitos sobre meu coração, mas, para as causas e a fisionomia, nada. É sempre como no caso dos afrescos do Campo Santo de Pisa, onde se percebe muito bem um braço, e o pedaço ao lado, que representava a cabeça, caiu. Vejo uma sequência de imagens *muito nítidas*, mas sem fisionomia outra que a que tiveram para mim. Bem mais, só vejo essa fisionomia pela lembrança do efeito que ela produziu em mim.[106]

Meu pai logo experimentou uma sensação digna do coração de um tirano. Eu tinha um tordo domesticado que ficava habitualmente sob as cadeiras da sala de refeições. Ele havia perdido um pé em luta e andava saltando. Defendia-se contra os gatos, cães, e todo o mundo o protegia, o que era muito gentil para comigo, pois ele enchia o soalho de manchas brancas pouco limpas. Eu alimentava esse tordo de um modo pouco limpo, com os *chaplepans* molhados na *benne* da cozinha (baratas afogadas no balde de água suja da cozinha).

Severamente separado de toda criatura de minha idade, vivendo apenas com velhos, essa criancice tinha encanto para mim.

De repente, o tordo desapareceu; ninguém quis dizer-me como: alguém, inadvertidamente, havia-o esmagado ao abrir uma porta. Achei que meu pai o havia matado por maldade; ele ficou sabendo, essa

---

[106] *Anotação de Stendhal na margem do manuscrito*: "Pôr uma palavra dos passeios forçados a Granges.
History. The papel *of a secretary of* embaixada *in* Roma *is* receber chutes na bunda e sorrir agradavelmente a quem os dá. É assim que de 1832 a 1835 se torna oficial *of the* Legião de Honra. Dominique, 1832-1835".

ideia o magoou, um dia ele me falou disso em termos *muito* indiretos e muito delicados.

Fui sublime, enrubesci até o branco dos olhos, mas não abri a boca. Ele me pressionou para que respondesse, mesmo silêncio; mas meus olhos, que eram muito expressivos nessa idade, deviam falar.

Eis-me vingado, tirano, do ar doce e paternal com que você me forçou tantas vezes a ir a esse detestável passeio das *Granges* no meio dos campos regados pelas *carroças da meia-noite* (dejetos da cidade).

Durante mais de um mês fiquei orgulhoso dessa vingança, gosto disso numa criança.[107]

A paixão de meu pai por sua propriedade de Claix e pela agricultura tornava-se extrema. Mandava fazer grandes *consertos*, melhorias, por exemplo, *abrir* o terreno, cavá-lo a dois pés e meio de profundidade e levar para um trecho do campo todas as pedras maiores que um ovo. Jean Vial, nosso antigo jardineiro, Charrière, Mayousse, o velho ..., antigo soldado, executavam esses trabalhos por *preço fixo*, por exemplo, 20 escudos (60 francos) para abrir uma *tière*, espaço de terra compreendido entre duas fileiras de videiras ou então de bordos que sustentavam videiras.

Meu pai plantou nas Grandes Barres, em seguida na Jomate, onde arrancou a videira baixa. Obteve por troca com o hospital (que a

---

[107] *Anotação de Stendhal na margem do manuscrito*: "20 de dezembro de 1835, fatos a pôr em seu tempo, postos aqui para não os esquecer: inspetor do mobiliário da coroa, como, 1811. Depois da objeção do imperador, tornei-me inspetor do mobiliário, por meio de meu registro de nascimento, 2º do certificado Michaud, 3º do acréscimo de meu nome. O erro é o de não ter posto Brulard de la Jomate (sendo La Jomate *nossa*). O Sr. de Bor. Baure era um magistrado perfeitamente sensato e polido do final do século XVIII; ele gostava do que era sincero e correto, e só teria cometido uma má ação pela última necessidade e a contragosto. De resto, com espírito, eloquente, com boa dicção, tendo um grande conhecimento dos autores, amigo particular do cardeal de Beausset e do Sr. de Villaret, bispo (da universidade), alto, magro, digno, com pequenos olhos maliciosos e um nariz infinito. Teria sido um excelente e muito digno arcebispo. Ele de [Baure] sofria pelo dinheiro o que eu não teria sofrido por nada, por ser vilipendiado pelo conde Daru, de quem era secretário-geral. Foi ele que, para obrigar a Sra. Petit (pois eu, com minha desatenção e minhas ideias de alta e declarada virtude, eu devia chocá-lo 20 vezes por dia), conseguiu toda minha nomeação depois da objeção do imperador. Nomeado para Amsterdã no dia ... de setembro ou novembro de 1811".

recebera, parece-me, pelo testamento de um Sr. Gutin, comerciante de tecidos) a vinha da elevação (entre o pomar e nossa própria elevação), arrancou-a, escavou-a e enterrou o *Murger* (monte de pedras de sete a 10 pés de altura) e por fim a cultivou.

Ele falava longamente comigo sobre todos esses projetos, tornara-se um verdadeiro *proprietário do sul*.

Trata-se de um tipo de loucura que se encontra com frequência ao sul de Lyon e de Tours; essa mania consiste em comprar campos que rendem um ou dois por cento, retirar, para isso, dinheiro emprestado a cinco ou seis, e algumas vezes tomar empréstimo a cinco para *arredondar*, é a palavra, comprando campos que rendem dois. Um ministro do Interior preocupado com sua função empreenderia uma missão contra essa mania que destrói a prosperidade e toda a parte da felicidade que se deve ao dinheiro nos 20 departamentos ao sul de Tours e de Lyon.

Meu pai foi um exemplo memorável dessa mania, que tem a ver ao mesmo tempo com a avareza, com o orgulho e com a mania nobiliárquica.

Capítulo XVIII
A primeira comunhão

Essa mania, que acabou por arruinar radicalmente meu pai e por me reduzir, em tudo e por tudo, a meu terço do dote de minha mãe, proporcionou-me grande bem-estar por volta de 1794.

Todavia, antes de ir mais longe, é preciso cuidar da história de minha primeira comunhão, anterior, parece-me, a 21 de julho de 1794.

O que me consola um pouco da impertinência de escrever tantos *eu* e *mim* é que suponho que muitas pessoas muito bem comuns deste século XIX fazem como eu. Haverá portanto uma inundação de memórias por volta de 1880 e de *Diários*, e, com meus *eu* e *mim*, serei apenas como todo mundo. O Sr. de Talleyrand, o Sr. Molé escrevem suas memórias. E o Sr. Delécluze também.

Foi um padre infinitamente menos tratante do que o padre Raillane, é preciso dizê-lo, que recebeu o encargo dessa grande operação de minha primeira comunhão, a que meu pai, muito devoto nessa época, dava a maior importância. O jesuitismo do padre Raillane dava medo mesmo a meu pai; foi assim que o Sr. Cousin fez medo aqui mesmo ao jesuíta.

Esse bom padre, de aparência tão bondosa, chamava-se Dumolard e era um camponês cheio de simplicidade e nascido nas proximidades da Matheysine, ou de La Mure, perto de Bourg-d'Oisans. Depois, tornou-se um grande jesuíta e obteve a encantadora paróquia de La Tronche, a 10 minutos de Grenoble (é como a subprefeitura de Sceaux para um subprefeito, alma danada dos ministros ou que desposa uma de suas bastardas.)

Nessa época, o Sr. Dumolard era tão bondoso que até lhe emprestei uma pequena edição italiana de Ariosto em quatro volumes *in*-18º. Talvez, no entanto, eu só a tenha emprestado a ele em 1803.

O rosto do Sr. Dumolard não era feio, não fosse um olho que estava sempre fechado; era caolho, é preciso que se diga, mas seus traços eram agradáveis e exprimiam não apenas a bonomia, mas, o que é bem mais ridículo, uma franqueza alegre e perfeita. Realmente ele não era tratante nessa época, ou, para melhor dizer, refletindo bem, minha percepção de 12 anos, treinada por uma solidão completa, foi completamente enganada, pois a seguir ele foi um dos mais profundos jesuítas da cidade, e de resto sua excelentíssima paróquia, ao alcance das devotas da cidade, *jura por ele* e contra minha tolice dos 12 anos.

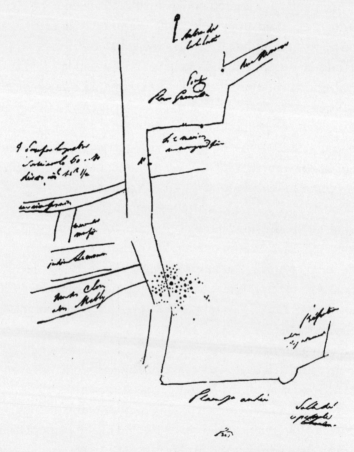

[Árvore da Liberdade. – Bomba. Place Grenette. – Rue Montorge. – As duas casas de meu avô. – A'. Porta pela qual saíam as 60 a 80 devotas, pelas 11h30. – Rue Vieux-Jésuites. – Casa de meu pai. – Jardin Lamouroux. – Rue des Clercs, na época Mably. – Prefeitura, na época departamento. – Place Saint-André. – Prisão. – Sala de espetáculo.]

O primeiro presidente de Barral, o homem mais indulgente e mais educado, disse-me, por volta de 1816, penso eu, levando-me para passear em seu magnífico jardim de La Tronche, que ficava ao lado da paróquia:

"Esse Dumolard é um dos maiores tratantes da tropa.

– E o Sr. Raillane?, perguntei.

– Ah! o Raillane os supera a todos. Como o seu pai pôde escolher um homem desses?

– Não tenho a menor ideia, fui vítima, e não cúmplice."

Há dois ou três anos, o Sr. Dumolard dizia a missa com frequência em nossa casa, no salão à italiana de meu avô. O Terror, que nunca foi Terror no Dauphiné, jamais percebeu que 80 ou 100 devotos saíam da casa de meu avô todos os domingos, ao meio-dia. Esqueci-me de dizer que bem pequeno faziam-me ajudar essas missas, e eu me saía muito bem. Eu tinha um ar muito digno e muito sério. Por toda a minha vida as cerimônias religiosas emocionaram-me extremamente. Por muito tempo eu ajudara a missa desse tratante do padre Raillane, que ia dizê-la na Propagation, no fim da Rue Saint-Jacques, à esquerda; era um convento e dizíamos nossa missa na tribuna.

Éramos tão crianças, Reytiers e eu, que um grande acontecimento, certo dia, foi que Reytiers, aparentemente por timidez, fez pipi durante a missa que eu ajudava, em um genuflexório de pinho. O pobre diabo procurava eliminar, enxugar, absorver a umidade produzida para sua grande vergonha, esfregando seu joelho contra a tábua horizontal do genuflexório. Foi uma grande cena. Entrávamos com frequência na residência das freiras; uma delas, alta e bem feita, agradava-me muito, perceberam isso sem dúvida, pois nesse tipo de coisa sempre fui um grande desajeitado, e não a vi mais. Uma de minhas observações foi que a abadessa tinha muitos pontos negros na ponta do nariz, eu achava isso horrível.

O Governo havia caído na abominável besteira de perseguir os padres. O bom senso de Grenoble e sua desconfiança em relação a Paris salvaram-nos do que havia de violência nessa tolice.

Os padres diziam-se perseguidos, mas 60 devotas vinham às 11 horas da manhã ouvir sua missa no salão de meu avô. A polícia não podia nem sequer fazer de conta de o ignorar. A saída de nossa missa criava uma aglomeração na Grand'rue.

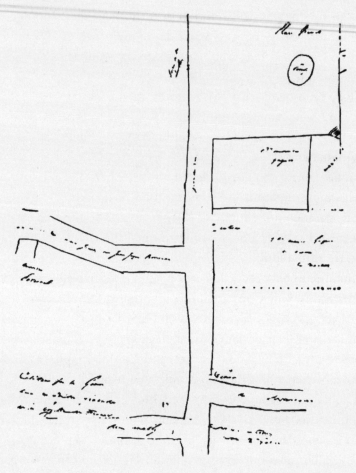

[Place Grenette. Bomba. – Rue Montorge. – Porta do Sr. Le Roy. – Rua principal. – Primeira casa Gagnon. – Casa Périer. – Segunda casa Gagnon antes de Marnais. Entrada. – Rue Vieux-Jésuites ou Jean-Jacques Rousseau. Casa paterna. – G. Genou. – Café de propriedade do Sr. Genou, pai do Sr. de Genou, da Gazette de France. – Rue du Département. – Rue Mably. – Aqui seven times with[108] Sra. Galice.]

---

[108] Em inglês no original, "sete vezes com".

Capítulo XIX

Meu pai foi riscado da lista dos suspeitos (o que, durante 21 meses, fora o único objeto de nossa ambição) a 21 de julho de 1794, por ajuda dos belos olhos de minha bela prima Joséphine Martin.

Ele passou então longas temporadas em Claix (isto é, em Furonières). Como a liberdade nas cidades da Itália por volta do século VIII, minha independência nasceu da fraqueza de meus tiranos.

Durante as ausências de meu pai, inventei de trabalhar na Rue des Vieux-Jésuites, no salão de nosso apartamento, onde, há quatro anos, ninguém havia posto os pés.

Essa ideia, filha da necessidade do momento, como todas as invenções da mecânica, tinha imensas vantagens. Primeiro, eu ia sozinho à Rue des Vieux-Jésuites, a 200 passos da casa Gagnon; depois, lá eu estava ao abrigo das incursões de Séraphie, que, em casa de meu avô, vinha, quando ela estava com o diabo no corpo mais do que de hábito, revistar meus livros e remexer em meus papéis.

Tranquilo no salão silencioso onde estava o belo móvel bordado por minha pobre mãe, comecei a trabalhar com prazer. Escrevi minha comédia intitulada, acho eu, *M. Piklar*.

Para escrever, eu esperava sempre o momento do gênio.

Só me corrigi dessa mania bem mais tarde. Se a tivesse expulsado mais cedo, eu teria acabado minha comédia *Letellier et Saint-Bernard*, que levei para Moscou e que, o pior, trouxe de volta (e que está entre meus papéis, em Paris). Essa tolice prejudicou muito a quantidade de meus trabalhos. Ainda em 1806, eu esperava o momento do gênio para escrever. Durante todo o curso de minha vida, nunca falei da coisa pela qual eu estava apaixonado, a menor objeção me teria traspassado o coração. Também nunca falei de literatura. Meu amigo íntimo na época, o Sr. Adolphe de Mareste (nascido em Grenoble por volta de 1782), escreveu-me para Milão a fim de me dar sua opinião sobre a

Vida de Haydn, Mozart e Metastásio. Ele tinha certeza de que eu era *the author*.[109]

Se eu tivesse falado, por volta de 1795, de meu projeto de escrever, algum homem sensato me teria dito: "Escreva todos os dias durante duas horas, gênio ou não". Esse conselho ter-me-ia feito empregar 10 anos de minha vida que foram gastos tolamente a esperar o *gênio*.

Minha imaginação fora empregada em prever o mal que me faziam meus tiranos e a maldizê-los; assim que fiquei livre, em H, no salão de minha mãe, tive o vagar de ter gosto por qualquer coisa. Minha paixão eram: as medalhas moldadas em gesso sobre moldes ou concavidades de enxofre. Antes eu havia tido uma pequena paixão: o amor pelos *épinaux*, bastões nodosos pegos nas sebes de pilriteiros, penso eu; a caça.

[*Rue des Vieux-Jésuites. – Grande-Rue. – Porta Gagnon.*]

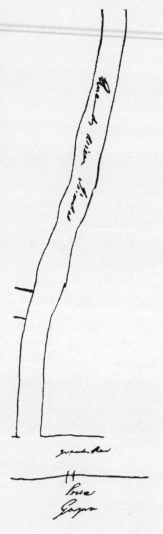

Meu pai e Séraphie haviam sufocado uma coisa e outra. A paixão pelos *épinaux* desapareceu sob as brincadeiras de meu tio; a paixão pela caça, apoiada em devaneios de deleite nutridos pela paisagem do Sr. Le Roy e nas imagens vivas que minha imaginação havia fabricado ao ler Ariosto, tornou-se um furor, fez-me adorar *La Maison rustique*, Buffon, fez-me escrever sobre os animais e por fim só morreu pela saciedade. Em Brunswick, em 1808, fui um dos chefes de caças em que se matavam 50 ou 60 lebres, com camponeses como batedores. Tive horror de matar

---

[109] Em inglês no original, "o autor".

uma corça, esse horror aumentou. Nada me parece mais banal hoje do que trocar um pássaro encantador por quatro onças de carne morta.

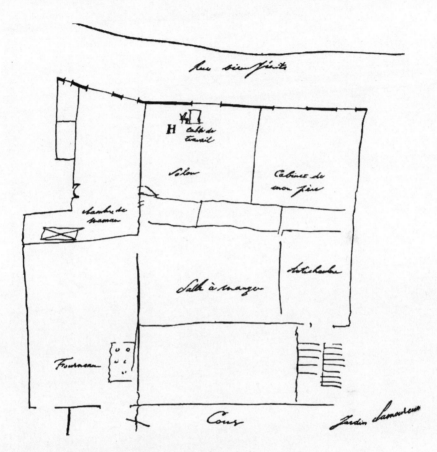

[Rue Vieux-Jésuites. – Salão. Mesa de trabalho. – Gabinete de meu pai. – Quarto de mamãe. – Sala de refeição. – Antecâmara. – Forno. – Pátio. – Jardin Lamouroux.]

Se meu pai, por medo burguês, tivesse-me permitido ir à caça, eu teria sido mais ágil, o que me teria servido para a guerra. Aí só fui ágil por força da *força*.

Falarei novamente da caça, voltemos às medalhas.[110]

---

[110] *Anotação de Stendhal no verso desta folha do manuscrito*: "26 de dezembro. A pôr: Caráter *of my father* Chérubin B. Ele não era avaro, mas de fato apaixonado. Nada lhe custava satisfazer a paixão dominante: assim, para mandar cavar uma *tière*, ele não me mandava para Paris meus 150 francos por mês, sem os quais eu não podia viver. Ele teve paixão pela agricultura e por Claix, depois um ano ou dois de paixão pela construção (da casa da Rue de Bonne, cuja planta cometi a besteira de fazer com Mante). Tomava emprestado a 8 ou 10 por cento a fim de terminar uma casa que, um dia, render-lhe-ia 6. Entediado da casa, entregou-se à paixão de administrar para os Bourbons, até o ponto inacreditável de passar 17 meses sem ir a Claix, a duas léguas da cidade. Arruinou-se de 1814 a 1819, acho eu, época de sua morte. Gostava das mulheres em excesso, mas tímido como uma criança de 12 anos; a Sra. Abraham Mallein, de solteira Pascal, zombava muito dele a esse respeito".

Capítulo XX

Após quatro ou cinco anos da mais profunda e da mais monótona infelicidade, só respirei quando me vi sozinho e fechado à chave no apartamento da Rue des Vieux-Jésuites, até ali abominado por mim. Durante esses quatro ou cinco anos, meu coração ficou cheio do sentimento do ódio impotente. Sem meu gosto pela volúpia, eu talvez me tivesse tornado, por uma educação como essa, de que estavam seguros aqueles que a davam, um *salafrário sem escrúpulo* ou um tratante simpático e insinuante, um verdadeiro jesuíta, e eu seria sem dúvida muito rico. A leitura da *Nouvelle Héloïse* e os escrúpulos de Saint-Preux[111] formaram-me profundamente como um homem correto; eu podia ainda, depois dessa leitura feita com lágrimas e nos arrebatamentos de amor pela virtude, fazer tolices, mas eu me teria sentido infame. Assim, foi um livro lido muito às escondidas, e a despeito de meus parentes, que me fez homem correto.

A história romana do maçante Rollin, apesar de suas reflexões banais, havia povoado minha cabeça com feitos de uma sólida virtude (baseada na *utilidade* e não na vaidosa honra das monarquias; Saint-Simon é uma bela peça justificativa de Montesquieu, a *honra* base das monarquias; não foi mau ter visto isso em 1734, época das *Cartas persas*, no estado de infância em que, nessa época, ainda estava a razão dos franceses).

Com os fatos de que tomei conhecimento em Rollin confirmados, explicados, ilustrados pela conversa contínua de meu excepcional avô e pelas teorias de Saint-Preux, nada era igual à repugnância e ao desprezo profundo que eu tinha pelos mandamentos *of God and the Church*,[112]

---

[111] Personagem do livro de Rousseau.
[112] Em inglês no original, "de Deus e da Igreja".

explicados por padres que eu via dia a dia se afligirem com as *vitórias da pátria* e desejarem que as tropas francesas fossem derrotadas.

A conversa de meu excepcional avô, a quem devo tudo, sua veneração pelos benfeitores da humanidade tão contrária às ideias do cristianismo, impediu-me sem dúvida de ser pego como uma mosca nas teias de aranha por conta de meu respeito pelas cerimônias. (Vejo hoje que era a primeira forma de meu amor pela música, 1, pela pintura, 2, e pela arte de Viganò,[113] 3.) Eu acreditaria de bom grado que meu avô era um recém-convertido por volta de 1793. Talvez ele tivesse aderido à religião quando da morte de minha mãe (1790), talvez a necessidade de ter o apoio do clero em sua atividade de médico lhe tivesse imposto um ligeiro verniz de hipocrisia, ao mesmo tempo que a peruca com três fileiras de cachos. Eu acreditaria mais nessa última possibilidade, pois vi que era amigo, e de longa data, do padre Sadin, pároco de Saint-Louis (sua paróquia), do cônego Rey e da Srta. Rey, sua irmã, em casa do qual íamos com frequência (minha tia Élisabeth jogava cartas aí), na pequena rua por trás de Saint-André, mais tarde Rue du Département, e até mesmo do agradável e por demais agradável padre Hélie, pároco de Saint-Hughes, que me havia batizado e me lembrou disso mais tarde no Café de la Régence, em Paris, onde eu almoçava por volta de 1803 durante minha verdadeira educação, na Rue d'Angivilliers.

É preciso observar que em 1790 os padres não adotavam as consequências da teoria e estavam bem longe de ser intolerantes e absurdos como os vemos em 1835. Aceitava-se muito bem que meu avô trabalhasse em presença de seu pequeno busto de Voltaire e que sua conversa, excetuado um único assunto, fosse o que ela teria sido no salão de Voltaire, e os três dias que passou nesse salão eram citados por ele como os mais belos de sua vida, quando se apresentava ocasião para tal. Ele não se esquivava de modo algum ao caso crítico ou escandaloso sobre os padres, e, durante sua longa carreira de observações, esse espírito sábio e frio os recolheu às centenas. Nunca ele exagerava, nunca mentia, o que me permite, assim me parece, supor hoje que quanto a espírito não se tratava de um burguês; mas era capaz de desenvolver

---

[113] Salvatore Viganò (1769-1821), dançarino e coreógrafo napolitano.

ódios eternos por ocasião de erros muito pequenos, e não posso lavar seu espírito da censura de ser burguês.

Encontro de novo o tipo burguês até mesmo em Roma, em casa do Sr. 120 e de sua família,[114] sobretudo o Sr. Bois, o cunhado Simonetti enriquecido.

Meu avô tinha uma veneração e um amor pelos grandes homens, o que chocava bastante o pároco atual de Saint-Louis e o grande vigário atual do bispado de Grenoble, que considera ponto de honra não visitar o prefeito em sua condição de *príncipe* de Grenoble, penso eu (relatado pelo Sr. Rubichon e com aprovação, Civita-Vecchia, janeiro 1835).

O padre Ducros, esse franciscano que suponho homem de gênio, havia perdido a saúde empalhando aves com venenos. Sofria muito das entranhas, e meu tio me fez saber por suas brincadeiras que ele tinha um priapismo. Não compreendi essa doença, que me parecia inteiramente natural. O padre Ducros gostava muito de meu avô, seu médico, a quem devia em parte seu lugar de bibliotecário; mas ele não deixava de *desprezar* um pouco a fraqueza de seu caráter, não podia tolerar os destemperos de Séraphie, que chegavam com frequência a ponto de interromper a conversa, perturbar o encontro e forçar os amigos a se retirar.[115]

Os caracteres à Fontenelle são muito sensíveis a essa nuance de desprezo não expresso, meu avô portanto combatia com frequência meu entusiasmo pelo padre Ducros. Algumas vezes, quando o padre Ducros chegava à casa com alguma coisa de interessante para dizer, mandavam-me para a cozinha; eu não ficava ofendido, mas chateado por não saber da coisa curiosa. Esse filósofo foi sensível a minha avidez e ao vivo apreço que eu mostrava por ele, e que fazia com que eu nunca saísse do cômodo quando ele ali estava.

Presenteava seus amigos e amigas com quadros dourados de dois pés e meio por três, guarnecidos de um grande vidro, por trás do qual dispunha seis ou oito dúzias de medalhas em gesso de 18 linhas de

---

[114] "Sr. 120": trata-se do advogado Ciabatta, amigo de Stendhal em Roma.

[115] *Anotação de Stendhal na margem do manuscrito*: "Resposta a uma reprovação: como podem querer que eu escreva bem, forçado a escrever tão rápido para não perder minhas ideias?".

diâmetro.[116] Eram todos os imperadores romanos e as imperatrizes, outro quadro apresentava todos os grandes homens da França, de Clément Marot a Voltaire, Diderot e d'Alembert. Que diria o Sr. Rey de hoje ao ver isso?

Essas medalhas eram circundadas, com muito bom gosto, por pequenos cartões dourados no corte, e volutas executadas no mesmo material preenchiam os intervalos entre as medalhas. Os ornamentos desse tipo eram muito raros à época e admito que a oposição da cor branca opaca das medalhas e das sombras leves, finas, bem desenhadas, que marcavam os traços dos personagens, com o corte dourado dos cartões e sua cor amarelo ouro, criava um efeito muito elegante.

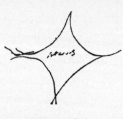

[*Intervalos*]

Os burgueses de Vienne, Romans, La Tour du Pin, Voiron etc., que vinham jantar em casa de meu avô, não se cansavam de admirar esses quadros. Eu, por minha vez, instalado em uma cadeira, não me cansava de estudar os traços desses *homens ilustres* cuja vida eu teria gostado de imitar e cujas obras teria gostado de ler.

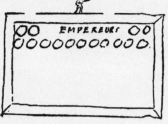

Quadro de medalhas em gesso branco do padre Ducros, bibliotecário da cidade de Grenoble (por volta de 1790), morto por volta de 1806 ou 1916.

O padre Ducros escrevia, com seus cartões de borda dourada, na parte superior desses quadros:

HOMENS ILUSTRES DA FRANÇA
ou
IMPERADORES E IMPERATRIZES.

Em Voiron, por exemplo, em casa de meu primo Allard du Plantier (descendente do historiador e estudioso de antiguidades Allard), esses quadros eram admirados como medalhas antigas; nem mesmo sei se

---

[116] Equivalente a cerca de 4 cm.

o primo, que não era bom conhecedor, não as tomava por medalhas antigas. (Tratava-se de um filho estiolado por um pai inteligente, como Monseigneur[117] por Luís XIV.)

Certo dia, o padre Ducros disse-me:

"Quer que eu lhe ensine a fazer medalhas?"

Isso foi para mim como a abertura dos céus.

Fui a seu apartamento, verdadeiramente delicioso para um homem que gosta de pensar, tal como eu gostaria de ter um para nele acabar meus dias.

Quatro pequenos quartos de 10 pés de altura, voltados para o sul e o pôr do sol, com uma bela vista para Saint-Joseph, as encostas de Eybens, a ponte de Claix e o infinito das montanhas na direção de Gap.

Esses cômodos eram cheios de baixos-relevos e de medalhas moldadas com base em modelos antigos ou modernos passáveis.

As medalhas eram, na maioria, de enxofre vermelho (avermelhado por uma mistura de cinábrio), o que é belo e sério; enfim, não havia um pé quadrado da superfície desse apartamento que não desencadeasse uma ideia. Havia também quadros. "Mas não sou suficientemente rico, dizia o padre Drucros, para comprar aqueles que me agradariam." O principal quadro representava uma nevasca, não era de todo mau.

Meu avô me havia levado várias vezes a esse apartamento encantador. Assim que eu me via sozinho com meu avô fora de casa, longe do alcance de meu pai e de Séraphie, eu era de uma alegria perfeita. Eu caminhava muito lentamente, pois meu bom avô tinha reumatismos, que suponho tinham a ver com a gota (pois eu, seu verdadeiro neto e que tenho o mesmo corpo, tive gota em maio de 1835 em Civita-Vecchia).

O padre Ducros, que tinha boa situação, pois fez seu herdeiro o Sr. Navizet, de Saint-Laurent, antigo fabricante de camurça, era bem servido por um camareiro grande e gordo, um ajudante da biblioteca e uma excelente empregada. Eu dava gratificação a todos eles, por sugestão de minha tia Élisabeth.

Eu era inexperiente tanto quanto possível pelo milagre dessa abominável educação solitária e de toda uma família que se encarniçava

---

[117] Luís, o Grande Delfim de França, filho mais velho de Luís XIV, era habitualmente referido apenas como Monseigneur.

sobre uma pobre criança para a doutrinar, e o sistema fora muito bem seguido, porque a dor da família fazia com que esse sistema fizesse parte de seus gostos.

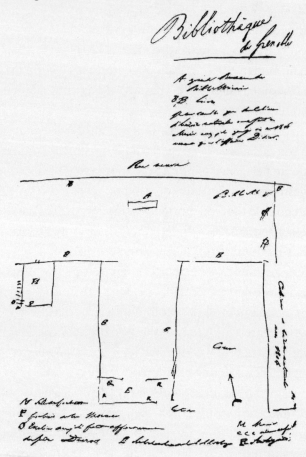

[Biblioteca de Grenoble. – A. Grande escrivaninha do bibliotecário. – B. B. Livros. – Parece-me que do gabinete de história natural fizeram um museu muito bonito que vi em 1816, quando vim para o caso Didier. – Rue Neuve. – Biblioteca. – Pátio. Entrada. – Gabinete de história natural por volta de 1804. – N. Sala dos retratos. – P. Retrato do Sr. Mounier. – O. Escada do pequeno e bonito apartamento do padre Ducros. – E. Antecâmara da biblioteca. – M. Múmia. – C. C. C. Pássaros empalhados. – R. Antiguidades.]

Essa inexperiência das coisas mais simples levou-me a fazer muitas coisas desastradas em casa do Sr. Daru pai, de novembro de 1799 a maio de 1800.

Voltemos às medalhas. O padre Ducros obtivera, não sei como, uma quantidade de medalhas de gesso. Ele as embebia em óleo e sobre esse óleo aderia enxofre misturado com ardósia bem seca e pulverizada.

Quando esse molde estava bem frio, punha aí um pouco de óleo, circundava-o com um papel oleado, com altura de três linhas de A a B, o molde no fundo.

Sobre o molde, derramava gesso líquido feito na hora, e de imediato gesso menos fino e mais forte, de modo a dar quatro linhas de espessura à medalha de gesso. Eis o que eu nunca cheguei a fazer bem. Eu não desfazia meu gesso suficientemente rápido, ou, antes, eu deixava que entrasse ar nele. Foi em vão que Saint-..., o velho empregado, trazia-me gesso em pó. Eu encontrava meu gesso em geleia, cinco ou seis horas depois de tê-lo colocado sobre o molde de enxofre.

Mas esses moldes, a coisa mais difícil, eu os fiz de imediato, e muito bem, só que muito espessos. Eu não poupava material.

Instalei minha oficina de gessaria no toalete de minha pobre mãe, eu só entrava nesse quarto, onde ninguém entrava há cinco anos, com um sentimento religioso, eu evitava olhar para a cama. Eu jamais poderia rir nesse quarto, revestido de papel de Lyon que imitava bem o damasco vermelho.

Embora nunca tivesse chegado a fazer um quadro de medalhas como o padre Ducros, eu me preparava eternamente para esse grande renome fazendo muitos moldes de enxofre (em B, na cozinha).

Comprei um grande armário com 12 ou 15 gavetas de três polegadas de altura, onde eu armazenava minhas riquezas.

Deixei tudo isso em Grenoble em 1799. Desde 1796 eu não fazia mais caso disso; terão feito fósforos com esses preciosos moldes (ou concavidades) de enxofre cor de ardósia.

Li o dicionário das medalhas da Enciclopédia metódica.[118]

---

[118] Trata-se da *Encyclopédie méthodique ou par ordre de matières, par uns Société de gens de lettres, etc.*, de Diderot e d'Alembert, que começou a ser publicada em 1782.

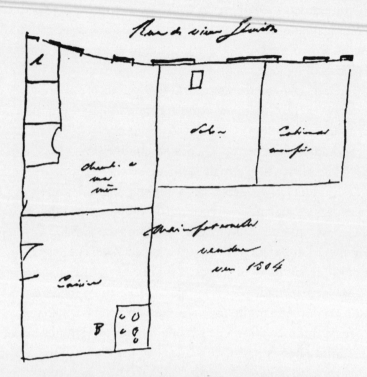

Em 1816, morávamos na esquina da Rue de Bonne com a Place Grenette, onde cortejei Sophie Vernier e a Srta. Élise, em 1814 e 1816, mas não o bastante, eu me teria aborrecido menos. Dali, ouvi guilhotinarem David, que faz a glória do duque Decazes.
– A. Oficina de meu gesso. – B. Forno onde faço meus enxofres.
[*Rue des Vieux-Jésuites. – Quarto de minha mãe. – Sala. – Gabinete de meu pai. – Cozinha. – Casa paterna vendida por volta de 1804.*]

Um professor hábil que tivesse sabido aproveitar esse gosto ter-me-ia feito estudar com paixão toda a história antiga; era preciso fazer com que eu lesse Suetônio, depois Dioniso de Halicarnasso, à medida que minha jovem cabeça pudesse receber as ideias sérias.

Mas o gosto reinante à época em Grenoble levava a ler e a citar as epístolas de um Sr. de Bonnard, trata-se, penso eu, de um pequeno Dorat (como se diz: um pequeno Mâcon[119]). Meu avô mencionava com respeito a *Grandeurs de romains* [*Grandeza dos romanos*],

---

[119] Vinho branco produzido na região de Mâcon, França.

de Montesquieu, mas eu nada compreendia, coisa pouco difícil de acreditar, eu ignorava os acontecimentos sobre os quais Montesquieu elaborou suas magníficas considerações.

Era preciso pelo menos fazer com que eu lesse Tito Lívio. Em vez disso, faziam com que eu lesse e admirasse os hinos de Santeuil: "*Ecce sede tonantes...*".[120] Pode-se imaginar o modo como eu acolhia essa religião de meus tiranos.

Os padres que jantavam em casa procuravam agradecer a hospitalidade de meus parentes fazendo-me um discurso patético sobre a Bíblia de Royaumont, cujo tom falso e meloso me inspirava a mais profunda aversão. Eu gostava 100 vezes mais do Novo Testamento em latim, que eu havia aprendido inteiro de cor em um exemplar *in*-18º. Meus parentes, como os reis de hoje, queriam que a religião me mantivesse em submissão, e eu só respirava revolta.

Eu via desfilar a legião alóbroga (aquela, penso eu, que foi comandada pelo Sr. Caffe, morto nos Invalides, aos 85 anos, em novembro ou dezembro de 1835), meu grande pensamento era este: eu não faria bem de me engajar?

Com frequência eu saía sozinho, ia ao Jardim, mas achava as outras crianças muito simples, de longe eu morria de vontade de brincar com elas, de perto eu as achava grosseiras.

Comecei mesmo, acho eu, a ir ao teatro, que eu deixava no momento mais interessante, às 9 horas no verão, quando ouvia soar o *sing* (ou o *saint*).

Tudo o que era tirania me revoltava, e eu não gostava do poder. Eu *fazia meus deveres* (composições, traduções, versos sobre a mosca afogada em uma jarra de leite) em uma bonita mesinha de nogueira, na antecâmara do grande salão à italiana, exceto no domingo para nossa missa a porta que dava para a grande escada estava sempre fechada. Deu-me de escrever na madeira dessa mesa o nome de todos os assassinos de príncipes, por exemplo: Poltrot, duque de Guise, a ... em 1563. Meu avô, ao me ajudar a fazer meus versos, ou mesmo ao fazê-los ele próprio, viu essa lista; seu

---

[120] O trecho correto diz: "*Ecce sedes hic Tonantis*" (Eis aqui o trono daquele que troa); faz parte um hino do século XVII atribuído a Jean de Santeuil, mas seria na realidade de Sébastien Besnault.

espírito muito tranquilo, inimigo de toda violência, ficou consternado, ele quase concluiu a partir disso que Séraphie tinha razão quando me representava como provido de um espírito atroz. Talvez eu tivesse sido levado a fazer minha lista de assassinos pela ação de Charlotte Corday – 11 ou 12 de julho de 1793 –, pela qual eu estava louco. Nessa época eu era grande entusiasta de Catão de Útica, as reflexões adocicadas e cristãs do *bom Rollin*, como o chamava meu avô, pareciam-me o cúmulo da tolice.

E ao mesmo tempo eu era tão criança, que, tendo encontrado na *História antiga*, de Rollin, ao que me parece, um personagem que se chamava *Aristócrates*, fiquei maravilhado com essa circunstância e partilhei meu entusiasmo com minha irmã Pauline, que era liberal e de meu lado contra Zénaïde-Caroline, ligada ao partido de Séraphie e chamada de espiã por nós.

Antes ou depois, eu havia tido um gosto violento pela óptica, o que me levou a ler a *Óptica*, de Smith, na biblioteca pública. Eu fazia lunetas para ver o vizinho, dando a impressão de olhar para frente. Com um pouco de habilidade, por esse meio, podiam ainda facilmente lançar-me na ciência da óptica e fazer-me *dominar* um bom tanto de matemática. Daí à astronomia era apenas um passo.

[Espelho inclinado.]

Capítulo XXI

Quando com todo direito eu pedia dinheiro a meu pai, por exemplo, porque ele me havia prometido, ele murmurava, irritava-se, e em vez dos 6 francos prometidos, dava-me 3. Isso me indignava, como? não ser fiel a sua promessa?

Os sentimentos espanhóis transmitidos por minha tia Élisabeth punham-me nas nuvens, eu só pensava na honra, no heroísmo. Eu não tinha a menor habilidade, a menor arte de me adaptar, a menor hipocrisia adocicada (ou jesuíta).

Esse defeito resistiu à experiência, ao raciocínio, ao remorso de uma infinidade de logros em que, por *espanholismo*, eu caíra.

Ainda tenho essa falta de habilidade: todos os dias, por espanholismo, engano-me de um *paolo*[121] ou dois ao comprar a menor das coisas. O remorso que tenho disso, uma hora depois, acabou por me dar o hábito de comprar pouco. Deixo que me falte por um ano seguido um pequeno móvel que me custará 12 francos pela certeza de ser enganado, o que me deixará de mau humor, e esse mau humor é superior ao prazer de ter o pequeno móvel.

Escrevo isso de pé, em uma mesa Tronchin[122] feita por um carpinteiro, que nunca havia visto tal coisa, há um ano que me privo dela pelo aborrecimento de ser enganado. Enfim, tomei a precaução de não falar com o carpinteiro ao voltar do café, às 11 horas da manhã, quando meu estado de espírito está exaltado (exatamente como em 1803, quando eu tomava café *queimando* na Rue Saint-Honoré, esquina da Rue de Grenelle ou d'Orléans), mas nos momentos de cansaço, e minha mesa Tronchin custou-me apenas quatro escudos e meio (ou 4,5 × 5,45 = 24, 52).

---

[121] Moeda dos Estados romanos.

[122] Mesa cujo tampo pode ser levantado, abaixado e inclinado; embora já existisse no século XV, recebeu no século XVIII o nome de um médico suíço, Tronchin.

Esse caráter fazia com que minhas conversas sobre dinheiro, coisa tão espinhosa entre um pai de 51 anos e um filho de 15, acabassem habitualmente de minha parte por um ataque de profundo desprezo e de concentrada indignação.

Algumas vezes, não por habilidade, mas por acaso, eu falava com eloquência a meu pai sobre a coisa que eu queria comprar, sem desconfiar eu o *exaltava* (eu lhe dava um pouco de minha paixão), e então sem dificuldade, mesmo com prazer, ele me dava tudo o que me faltava. Um dia de feira na Place Grenette, enquanto ele se escondia, eu lhe falei de meu desejo de ter desses caracteres móveis recortados em uma folha de latão do tamanho de uma carta de baralho, ele me deu seis ou sete *assignats* de 15 *sous*, ao voltar eu havia gastado tudo.

"Você sempre gasta todo o dinheiro que eu dou."

Como ele havia decidido dar-me esses *assignats* de 15 *sous*, o que em um caráter tão sem graça se podia chamar de graça, achei sua reprovação muito justa. Se meus parentes tivessem sabido como lidar comigo, teriam feito de mim um simplório como vejo tantos na província. A indignação que senti desde minha infância e no mais alto nível, por causa de meus sentimentos espanhóis, criou-me, a despeito deles, o caráter que tenho. Mas qual é esse caráter? Eu teria dificuldade para dizê-lo. Talvez eu venha a ver a verdade aos 65 anos, se chegar até lá.[123]

Um pobre que me dirige a palavra em *estilo trágico*, como em Roma, ou em *estilo de comédia*, como na França, indigna-me: 1º detesto ser perturbado em meu devaneio; 2º não acredito em uma única palavra do que ele me diz.

---

[123] *Anotação de Stendhal na margem do manuscrito*: "A incluir. Referente a meu caráter. Vão dizer-me: mas você é um príncipe ou um Emílio, para que qualquer Jean-Jacques Rousseau se dê ao trabalho de estudar e de guiar seu caráter? Responderei: Toda minha família se envolvia em minha educação. Depois da grande imprudência de ter deixado tudo quando da morte de minha mãe, eu era para eles o único remédio para o tédio e eles me davam todo o tédio que eu tirava deles. Nunca falar a qualquer criança de minha idade! – Escrita: as ideias galopam em mim, se não as anoto rapidamente eu as perco. Como eu escreveria rápido? Eis, Sr. Colomb, como adquiro o hábito de escrever mal. Roma, *thirtyest december 1835*, voltando de San Gregorio e do Foro Boario".

Ontem, passando pela rua, uma mulher do povo de 40 anos, mas bastante bem, dizia a um homem que andava com ela: *Bisogna campar*[124] (mas é preciso viver). Essa observação, isenta de comédia, tocou-me até as lágrimas. Nunca dou aos pobres que me pedem, acho que não é por avareza. Quando o gordo guarda sanitário (11 de dezembro) em Civita-Vecchia me falou de um pobre português do lazareto que só pede seis baioques por dia, imediatamente lhe dei seis ou oito *paoli* trocados. Como ele os recusava, de medo de se comprometer com seu chefe (um camponês grosseiro, vindo de Fiuminata, chamado Romanelli), pensei que seria mais digno de um cônsul dar um escudo, o que fiz; assim seis *paoli* por verdadeira humanidade, e quatro por causa do bordado do traje.

A propósito de conversas financeiras de pai com filho: o marquês Torrigiani, de Florença (grande jogador na juventude e muito acusado de ganhar como não se deve), vendo que seus três filhos perdiam algumas vezes 10 ou 15 luíses no jogo, para lhes evitar o incômodo de lhe pedir, entregou 3 mil francos a um velho porteiro fiel, com ordem de dar esse dinheiro a seus filhos quando eles tivessem perdido, e de lhe pedir mais quando os 3 mil francos tivessem sido gastos.

Isso é muito bom em si, e de resto o procedimento tocou os filhos, que se moderaram. Esse marquês, oficial da Legião de Honra, é pai da Sra. Pozzi, cujos belos olhos me haviam inspirado uma tão viva admiração em 1817. A história sobre o jogo de seu pai me teria dado uma pena horrível em 1817, por causa desse maldito espanholismo de meu caráter, de que eu me queixava há pouco. Esse espanholismo impede-me de ter o *gênio cômico*:

1º desvio meus olhares e minha memória de tudo o que é baixo;

2º simpatizo, como aos 10 anos, quando eu lia Ariosto, com tudo o que é história de amor, de florestas (os bosques e seu vasto silêncio), de generosidade.

A história espanhola mais comum, se nela há generosidade, faz-me virem lágrimas aos olhos, enquanto desvio os olhos do personagem de Chrysale, de Molière, e ainda mais do fundo de maldade em *Zadig*,

---

[124] Em italiano no original.

Candide, Le pauvre diable [*O pobre diabo*] e outras obras de Voltaire, de que só gosto verdadeiramente de:

> *Vous êtes, lui dit-il, l'existence et l'essence*
> *Simple avec attribut et de pure substance.*[125]

Barral (o conde Paul de Barral, nascido em Grenoble por volta de 1785) comunicou-me bem jovem seu gosto por esses versos, que seu pai, o primeiro presidente, havia-lhe ensinado.

Esse espanholismo, transmitido por minha tia Élisabeth, fez-me passar, mesmo na minha idade, por uma criança privada de experiência, por um louco *cada vez mais incapaz de algum assunto sério*, aos olhos de meu primo Colomb (sendo seus esses termos), verdadeiro burguês.

A conversa do verdadeiro burguês sobre os *homens e a vida*, que não passa de uma coleção desses detalhes feios, joga-me em um *spleen* profundo quando sou forçado por alguma conveniência a ouvi-lo um pouco mais.

Esse é o segredo de meu horror a Grenoble por volta de 1816, que na época eu não sabia explicar.

Não posso ainda explicar, hoje, aos 52 anos, a disposição para a infelicidade que o domingo me dá. Isso a tal ponto que fico alegre e contente; ao cabo de 200 passos pela rua, percebo que as lojas estão fechadas: Ah! *é domingo*, digo para mim mesmo.

Na mesma hora, toda disposição interior para a felicidade desaparece.

Será inveja do ar contente dos operários e burgueses endomingados?

É inútil dizer-me: mas perco assim 52 domingos por ano e talvez 10 dias santos: a coisa é mais forte do que eu, meu único recurso é um trabalho obstinado.

Esse defeito – meu horror por Chrysale – talvez me tenha mantido jovem. Seria portanto uma feliz infelicidade, como a de ter tido poucas mulheres (mulheres como Bianca Milesi, que deixei escapar em Paris,

---

[125] "Sois, diz-lhe ele, a existência e a essência/Simples, com atributo e pura substância" – da sátira de Voltaire *Les Systèmes* (1772).

certa manhã, por volta de 1829, unicamente por não me ter apercebido de que era chegada a hora propícia – nesse dia ela estava com um vestido de veludo preto –, perto da Rue du Helder ou du Mont-Blanc).

Como quase não tive dessas mulheres (verdadeiras burguesas), não sou nem um pouco *blasé* aos 50 anos. Quero dizer *blasé* em termos morais, pois o físico, como é natural, amorteceu-se consideravelmente, a ponto de passar muito bem 15 dias ou três semanas sem mulher; essa quaresma só me incomoda na primeira semana.

A maioria de minhas loucuras aparentes, sobretudo a besteira de não ter aproveitado a oportunidade, *que é careca*, como dizia Dom Japhet d'Arménie,[126] todos os meus equívocos ao comprar etc., etc., vêm do *espanholismo* transmitido por minha tia Élisabeth, pela qual tive sempre o mais profundo respeito, um respeito tão profundo que impedia minha amizade de ser afetuosa, e, assim me parece, da leitura de Ariosto feita tão jovem e com tanto prazer. (Hoje, os heróis de Ariosto parecem-me cavalariços cuja força constitui seu único mérito, o que me põe em disputa com as pessoas inteligentes que preferem muito mais Ariosto a Tasso (aqui o Sr. Bontadossi, Dom Filippo Caetani), enquanto a meus olhos, quando por felicidade Tasso esquece de imitar Virgílio ou Homero, ele é o mais tocante dos poetas.)

Em menos de uma hora, acabo de escrever estas 12 páginas, e parando de vez em quando para tentar não escrever coisas pouco claras, que eu seria obrigado a apagar.

Como eu teria podido escrever *fisicamente* bem, Sr. Colomb? – Meu amigo Colomb, que me aflige com essa reprovação[127] em sua carta de ontem e nas precedentes, enfrentaria os suplícios para manter sua palavra e por mim. (Nasceu em Lyon por volta de 1785, seu pai, antigo negociante muito leal, retirou-se para Grenoble, por volta de 1788. O Sr. Romain Colomb tem 20 ou 25 mil francos de renda e três filhas, na Rue Godot-de-Mauroy, Paris.)

---

[126] *Dom Japhet d'Arménie* é uma comédia em versos de Scarron; a passagem está no ato VI, cena 4.

[127] *Anotação de Stendhal no manuscrito*: "Justificação de minha má escrita: as ideias galopam em mim e se vão se não as pego. Com frequência, movimento nervoso na mão".

Capítulo XXII
Cerco de Lyon, verão de 1793

O famoso cerco de Lyon, cujo comandante conheci tão bem mais tarde, o Sr. de Précy, em Brunswick, 1806-1809, meu primeiro modelo de homem do mundo, depois do Sr. de Tressan, em minha primeira infância, o cerco de Lyon agitou todo o Midi; eu era a favor de Kellermann e dos republicanos, meus parentes, a favor dos assediados e de Précy (sem senhor, como diziam).

O primo Santerre, da posta, cujo primo ou sobrinho Santerre lutava em Lyon, vinha à nossa casa duas vezes por dia; como era verão, tomávamos o café com leite da manhã no gabinete de história natural no terraço.

Foi no ponto H que talvez eu tenha experimentado os mais intensos arrebatamentos de amor pela pátria e de ódio pelos *aristocratas* (*legitimistas* de 1835) e pelos padres, seus inimigos.

O Sr. Santerre, empregado na posta das cartas, trazia-nos constantemente seis ou sete jornais desviados dos assinantes, que só os recebiam duas horas mais tarde por causa de nossa curiosidade. Ele recebia seu dedo de vinho e seu pão e escutava os jornais. Com frequência, ele tinha notícias de Lyon.

À noite, sozinho, eu ia ao terraço para tentar ouvir o canhão de Lyon. Vejo na *Tábua cronológica*,[128] o único livro que tenho em Roma, que Lyon foi tomada em 9 de outubro de 1793. Foi portanto durante o verão de 1793, aos 10 anos, que eu ia escutar o canhão de Lyon; nunca o escutei. Eu olhava com inveja a montanha de Méaudre (pronunciem Mioudre), de onde era ouvido. Nosso corajoso primo Romagnier

---
[128] Trata-se da *Chronologie universelle* (1825), de François-Adolphe Loève-Veimars.

(primo por ter se casado com uma jovem Blanchet, parenta da mulher de meu avô, acho eu) era de Mioudre, aonde ia a cada dois meses ver seu pai. Na volta, fazia palpitar meu coração dizendo-me: "Ouvimos muito bem o canhão de Lyon, sobretudo à noite, ao pôr do sol, e quando o vento é de noroeste (*nordoua*)".

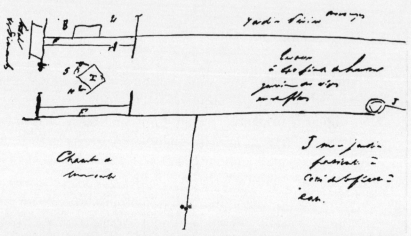

A. Gabinete de história natural. – F. Armários fechados que continham minerais, conchas. – T. Mesa do almoço com café com leite excelente e ótimos pãezinhos muito cozidos, griches[129] aperfeiçoadas. – S. M. Santerre com um chapéu de abas largas por causa de seus olhos fracos e circundados de vermelho. – H. Eu, devorando suas notícias. – B. Gabinete de trabalho de meu avô (o Sr. Henri Gagnon). – L. Monte de livros de meu tio, cheirando a almíscar, que fizeram minha educação.
[*Montanhas. – Jardin Périer. – Altar dos domingos. – Terraço a 40 pés de altura margeado de videiras e flores. – J. Meu jardim particular ao lado do tanque. – Quarto de meu tio.*]

Eu contemplava o ponto B com o mais intenso desejo de lá ir, mas era um desejo que não devia ser enunciado.

Eu talvez devesse ter colocado esse detalhe mais acima, mas repito que de minha infância só tenho imagens muito nítidas, sem *data* e sem *fisionomia*.

Eu as escrevo um pouco quando elas me ocorrem.

---

[129] Tipo de pão.

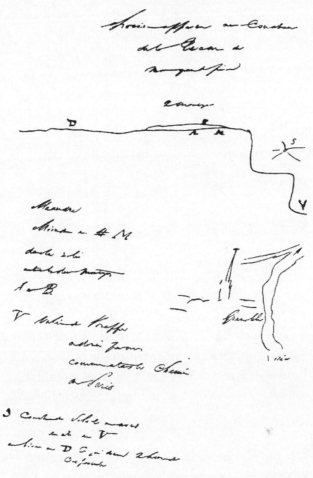

[Horizonte visível do terraço de meu avô ao pôr do sol. – Duas montanhas. – Méaudre ou Mioudre em M no vale entre as duas montanhas A e B. – V. Vale de Voreppe adorado por mim por ser o caminho de Paris. – S. Pôr do sol em abril, no verão em V, no inverno em D. O que dá duas horas de crepúsculo. – Grenoble. – Isère.]

Não tenho qualquer livro e não quero ler livro algum, valho-me apenas da estúpida *Cronologia* que traz o nome desse homem fino e seco, o Sr. Loève-Veimars. Farei o mesmo com a campanha de Marengo (1800), com a de 1809, com a campanha de Moscou, com a de 1813, em que fui intendente em Sagan (Silésia, no Bober); não pretendo de modo algum escrever uma história, mas apenas anotar minhas lembranças a fim de perceber que homem fui: estúpido ou inteligente, medroso ou corajoso etc., etc. É a resposta à grande sentença: *Gnoti seauton*.[130]

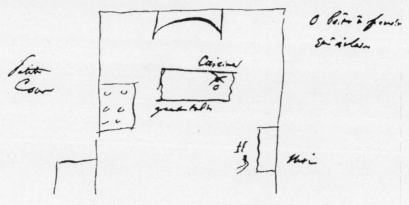

*[Pátio pequeno. – Cozinha. Mesa grande.
Eu. – O. Caixa de pó que explodiu.]*

Durante esse verão de 1793, o cerco de Toulon agitava-me muito; não é preciso dizer que meus parentes aprovavam os traidores que a renderam, no entanto, minha tia Élisabeth, com seu orgulho castelhano, disse-me ....

Vi partir o general Carteaux ou Cartaud, que desfilou na Place Grenette. Vejo ainda seu nome nos veículos de carga que desfilavam lentamente e com grande ruído pela Rue Montorge para ir a Toulon.

Um grande acontecimento preparava-se para mim, na ocasião fui muito sensível a ele, mas era muito tarde, todo vínculo de amizade estava para sempre rompido entre meu pai e eu, e meu horror pelos detalhes burgueses e por Grenoble era doravante invencível.

Minha tia Séraphie estava doente há bastante tempo. Por fim, falou-se de perigo; foi a boa Marion (Marie Thomasset), minha amiga, que pronunciou essa grande palavra. O perigo tornou-se iminente, os padres afluíram.

Uma noite de inverno, ao que me parece, eu estava na cozinha, pelas 7 horas da noite, no ponto H, diante do armário de Marion.

---

[130] "Conhece-te a ti mesmo", máxima gravada no frontão do templo de Delfos.

Alguém veio dizer: "Ela se foi". Pus-me de joelhos no ponto H para agradecer a Deus por essa grande libertação.

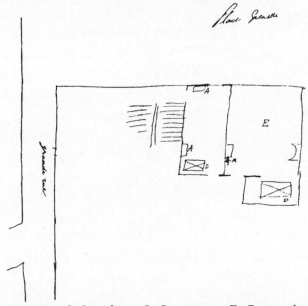

AA. Armários de Séraphie. – L. Sua cama. – E. Quarto de minha tia Élisabeth. – D. Cama e alcova. – H. Eu lendo *La Henriade* ou *Bélisaire*, de que meu avô admirava muito o décimo quinto capítulo ou o começo: *Justinien envelhecia...* "Que retrato da velhice de Luís XV", dizia ele. – M. Escada e patamar da casa Périer-Lagrange. François, o filho mais velho, bom e idiota, grande cavaleiro, casou-se com minha irmã Pauline durante minhas campanhas da Alemanha.
[*Place Grenette. – Rua principal.*]

Se os parisienses são tão tolos em 1880 quanto em 1835, esse modo de tomar a morte da irmã de minha mãe fará com que eu passe por um bárbaro, cruel, atroz.

De qualquer modo, essa é a verdade. Depois da primeira semana de missas dos mortos e de orações, todo mundo na casa se viu enormemente aliviado. Acredito que até mesmo meu pai ficou bem satisfeito por estar livre dessa amante diabólica, se é que ela foi sua amante, ou dessa amiga íntima diabólica.

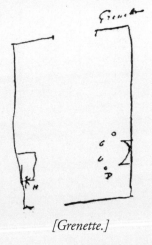

[*Grenette.*]

Uma de suas últimas ações, numa noite em que eu lia sobre a cômoda de minha tia Élisabeth no ponto H, *La Henriade* ou *Bélisaire*, que meu avô acabava de me emprestar, fora gritar: "Como se pode dar esse tipo de livro a essa criança! quem lhe deu esse livro?".

Meu formidável avô, diante de meu pedido importuno, acabava de ter a gentileza, apesar do frio, de ir comigo até seu gabinete de trabalho, junto do terraço, no outro extremo da casa, para me dar esse livro que eu tinha vontade de ler nessa noite.

Toda a família estava como uma réstia de cebolas diante da lareira no ponto D. Em Grenoble repetia-se com frequência essa expressão: réstia de cebola. Meu avô, diante da reprovação insolente de sua filha, só respondeu, dando de ombros: "Ela está doente".

Ignoro absolutamente a data dessa morte; poderei mandar verificá-la nos registros civis de Grenoble.

Parece-me que logo depois eu ia à Escola Central, coisa que Séraphie jamais teria suportado. Acho que foi por volta de 1797 e que só fiquei três anos na Escola Central.

Capítulo XXIII
Escola Central

Muitos anos depois, por volta de 1817, fiquei sabendo pelo Sr. Tracy que fora ele em grande parte que criara a excelente lei das escolas centrais.

Meu avô foi o muito digno presidente da comissão encarregada de apresentar à administração departamental os nomes dos professores e de organizar a escola. Meu avô adorava as letras e a instrução, e há 40 anos estava à frente de tudo o que se fizera de literário e de liberal em Grenoble.

Séraphie o criticara duramente por ter aceitado essas funções de membro da comissão de organização, mas o fundador da biblioteca pública estava à frente da Escola Central em função da consideração que a sociedade tinha por ele.

Meu mestre Durand, que vinha à nossa casa para me dar aulas, foi professor de latim, como não ir a seu curso na Escola Central? Se Séraphie estivesse viva, teria achado uma razão, mas, no estado das coisas, meu pai se limitou a dizer palavras profundas e sérias sobre o perigo dos maus conhecimentos para os costumes. Eu não sentia alegria; houve uma sessão de abertura da escola nas salas da biblioteca onde meu avô fez um discurso.

Talvez seja desse público tão numeroso na primeira sala SS que eu tenha a imagem em minha cabeça.

Os professores eram os senhores Durand, de língua latina; Gattel, gramática geral e também lógica, parece-me; Dubois-Fontanelle, autor da tragédia *Éricie ou la Vestale* e redator durante 22 anos da *Gazette des Deux Ponts*, literatura; Trousset, jovem médico, protegido e pode-se dizer aluno de meu avô, química; Jay, um fanfarrão alto, com cinco pés e 10 polegadas, sem a menor sombra de talento, mas bom para agitar (exaltar a cabeça das crianças), desenho – em pouco tempo ele tinha 300 alunos; Chalvet (Pierre-Vincent), jovem pobre e livre-pensador,

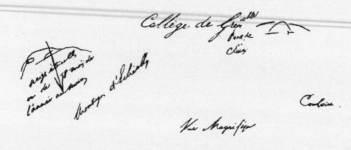

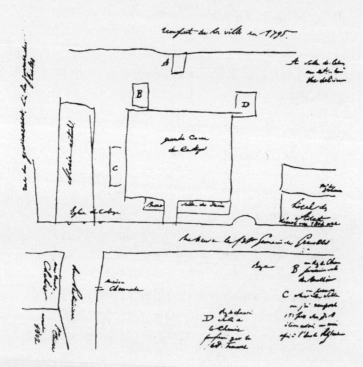

[Colégio de Grenoble. – Pont-de-Claix. – Neves eternas ou por oito meses do ano pelo menos. – Montanhas de Échirolles. – Comboire. – Vista esplêndida. – Muralhas da cidade em 1795. – Rue du Gouvernement. – Ali o Dia das Telhas. – Igreja do colégio. Museu atual. – Grande pátio do colégio. – Elevação. – Sala de desenho. – A. Sala de latim no segundo ou terceiro andar. Vista encantadora. – A Sra. de Valserre. – Residência dos Adrets demolida por volta de 1864 e reconstruída. – Rue Neuve, o bairro de St-Germain de Grenoble. – Minha tia Charvet. – Ste-Claire antes de 1802. – Rue Pertuisière. – Casa Cheminade. – B. No térreo primeira sala de matemática. – C. No primeiro andar segunda sala onde obtive o primeiro prêmio entre sete ou oito alunos admitidos um mês depois na Escola Politécnica. – D. Térreo sala de química ensinada pelo Dr. Trousset.]

verdadeiro autor sem qualquer talento, história – e encarregado de receber o dinheiro das inscrições, que ele comeu em parte com três irmãs, prostitutas profissionais, que lhe deram uma nova sífilis da qual morreu pouco depois; por fim, Dupuy, o burguês mais enfático e mais paternal que jamais vi, foi professor de matemática, sem qualquer sombra de talento. Não passava de um agrimensor e foi nomeado em uma cidade que tinha um Gros! Mas meu avô não sabia nada de matemática e a odiava, e de resto a ênfase do "papai" Dupuy (como o chamávamos; ele nos dizia "meus filhos") era boa o bastante para conquistar-lhe a estima geral em Grenoble. Esse homem tão vazio dizia no entanto uma grande verdade: "Meu filho, estude a Lógica de Condillac, é a base de tudo".

Não se diria melhor hoje, substituindo-se, porém, o nome de Condillac pelo de Tracy.

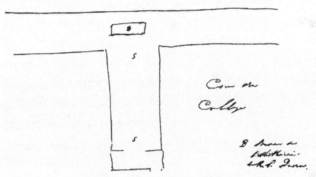

[Rue Neuve. – Pátio do colégio. –
B. Escritório do bibliotecário o R. P. Ducros.]

O melhor é que acho que Dupuy não compreendia nem sequer a primeira palavra dessa lógica de Condillac que ele nos aconselhava; era um volume bem pequeno *in*-12º. Mas me apresso, é meu defeito, será preciso talvez, relendo, apagar todas essas frases que ofendem a ordem cronológica.

O único homem perfeito para seu lugar era o padre Gattel, padre janota, arrumadinho, sempre na companhia das mulheres, verdadeiro padre do século XVII; mas era muito sério ao dar suas aulas e sabia, acho eu, tudo o que se sabia sobre os hábitos, princípios dos movimentos de instinto e em segundo lugar sobre a facilidade e a analogia que os povos seguiram ao formar as línguas.

Gattel fizera um dicionário muito bom em que ousara anotar a pronúncia e de que sempre me servi. Enfim, era um homem que sabia trabalhar cinco a seis horas todos os dias, o que é muito na província, onde as pessoas só sabem perder tempo com coisas sem importância o dia todo.

Os tolos de Paris criticam essa representação da pronúncia sã, natural. É por fraqueza e por ignorância. Têm medo de ser ridículos ao notar a pronúncia de *Anvers* [*Antuérpia*] (cidade), de *cours* [aula], de *vers* [verso]. Não sabem que em Grenoble, por exemplo, diz-se: "*J'ai été au* Cour-ce", ou "*j'ai lu des* ver-ce *sur* Anver-se *et* Calai-se".[131] Se se fala assim em Grenoble, cidade instruída e que tem a ver ainda um pouco com as regiões do Norte, que no tocante à língua esmagaram o Midi, o que se dará em Toulouse, Bazas, Pézenas, Digne? Regiões onde se deveria afixar a pronúncia francesa na porta das igrejas.

Um ministro do Interior que quisesse cumprir sua obrigação, em vez de fazer intrigas junto ao rei e nas câmaras, como o senhor Guizot, deveria pedir um crédito de 2 milhões por ano para levar ao nível de instrução dos outros franceses as pessoas que moram no triângulo fatal que se estende entre Bordeaux, Bayonne e Valence. Nessas regiões acredita-se em bruxas, não se sabe ler e não se fala francês. Podem produzir por acaso um homem superior como Lannes, Soult, mas o geral… é de uma ignorância inacreditável. Penso que, por causa do clima e do amor e da energia que dedica à máquina, esse triângulo deveria produzir os primeiros homens da França. A Córsega levou-me a essa ideia.

Com seus 180 mil habitantes, essa pequena ilha deu oito ou 10 homens de mérito à Revolução, e o departamento do Norte, com seus 900 mil habitantes, apenas um. Ignoro ainda por cima o nome desse *um*. É óbvio que os padres são todo-poderosos nesse triângulo fatal. A civilização vai de Lille a Rennes e cessa na direção de Orléans e Tours. A sudeste, Grenoble é seu brilhante limite.[132]

---

[131] "Fui à aula" e "li versos sobre Antuérpia e Calais". O trecho reproduz a pronúncia das palavras "*cours*", "*vers*", "*Anvers*", "*Calais*".

[132] *Anotação de Stendhal na margem do manuscrito*: "31 de dezembro de 1835, Roma. Iniciado este livro do qual esta aqui a 325ª página, e mais 100, no todo 400, em … de 1835.

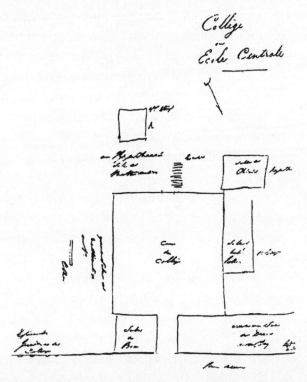

[Colégio ou escola central. – 3º andar. – No térreo, sala de matemática. Escada. Sala de química. Térreo. – Grande sala de matemática no primeiro andar. Quadro. – Pátio do colégio. – Sala de literatura. – 1º andar. – Igreja dos Jesuítas e do colégio. – Sala de desenho com moldes de gesso. – Imensa sala de desenho do Sr. Jay. – Apartamento do Sr. Chalvet. – Rue Neuve.]

Nomear os professores para a Escola Central – Gattel, Dubois-Fontanelle, Trousset, Villars (camponês dos Hautes-Alpes), Jay, Durand, Dupuy, Chalvet, ei-los mais ou menos por ordem de utilidade para as

---

Rapidez: a 3 de dezembro de 1835, eu estava na 93; em 31 de dezembro, na 325: 322 em 28 dias. Houve então uma viagem a Civita-Vecchia. Nenhum trabalho nos dias de viagem e no primeiro da chegada: aqui, um ou dois sem escrever. Portanto, em 23 dias 223 páginas ou 10 páginas por dia; comumente 18 ou 20 páginas por dia, e nos dias de correio 4 ou (nada). Como eu poderia escrever bem fisicamente? De resto, minha má caligrafia afasta os indiscretos.

1º de janeiro de 1836. Ontem de 11 h ¾ ao meio-dia e 5 minutos, em casa do Sr. Praslin com Dom Filippo [Caetani] diante de sua lareira. *Coming from* Sandro e *Rodolphe* no Valle".

crianças, os três primeiros tinham mérito — custava pouco e logo estava feito, mas havia muitos consertos para se fazer nos prédios. Apesar da guerra, tudo se fazia nessa época de energia. Meu avô pedia incessantemente fundos à administração departamental.

As aulas começaram na primavera, acho eu, em salas provisórias.

A do Sr. Durand tinha uma vista encantadora, e enfim depois de um mês fui sensível a ela. Era um belo dia de verão e uma brisa suave agitava o feno no talude da Porte de Bonne, diante de nós, a 60 ou 80 pés mais abaixo.

Meus parentes elogiavam para mim ininterruptamente, até enjoar, a beleza dos campos, do verde, das flores etc., dos ranúnculos etc., etc.

Essas expressões banais deram-me pelas flores e pelos canteiros uma aversão que ainda dura.

Felizmente, a vista magnífica que descobri *sozinho* em uma janela do colégio, perto da sala de latim, aonde eu ia devanear sozinho, superou a profunda aversão causada pelas frases de meu pai e dos padres, seus amigos.

Foi assim que, tantos anos depois, as numerosas e pretensiosas frases dos Srs. Chateaubriand e Salvandy fizeram-me escrever *O vermelho e o negro* com um estilo muito entrecortado. Grande tolice, pois em 20 anos quem pensará nos falatórios hipócritas desses senhores? De minha parte, compro o bilhete de uma loteria cujo grande prêmio reduz-se a isto: ser lido em 1935.

É a mesma disposição de espírito que me fazia fechar os olhos às paisagens dos êxtases de minha tia Séraphie. Eu era em 1794 como o povo de Milão é em 1835, as autoridades alemãs e execradas querem fazer com que se aprecie Schiller, cuja bela alma, tão diferente da do insosso Goethe, ficaria muito chocada ao ver tais apóstolos de sua glória.

Foi algo bem estranho, para mim, começar, na primavera de 1794 ou 1795, aos 11 ou 12 anos, em uma escola onde eu tinha 10 ou 12 colegas.

Achei a realidade bem abaixo das loucas imagens de minha imaginação. Esses colegas não eram suficientemente alegres nem imaginativos, e tinham maneiras bem ignóbeis.

Parece-me que o Sr. Durand, todo envaidecido por se ver professor de uma escola central, mas sempre boa pessoa, pôs-me a traduzir Salústio, *De Bello Jugurtino*. A liberdade produziu seus primeiros frutos, readquiri o bom senso, perdendo minha cólera, e apreciei muito Salústio.

Todo o colégio estava cheio de operários, muitos cômodos de nosso terceiro andar estavam abertos, e ali eu ia devanear sozinho.

Tudo me espantava nessa liberdade tão desejada, e a que eu finalmente chegava. Os encantos que aí encontrava não eram aqueles com que havia sonhado, esses companheiros tão alegres, tão amáveis, tão nobres, que havia imaginado, eu não os encontrava, mas em seu lugar moleques muito egoístas.

Tive esse desapontamento mais ou menos por todo o decorrer de minha vida. Só as alegrias da ambição ficaram isentas dele, quando, em 1811, fui auditor e, 15 dias depois, inspetor do mobiliário, fiquei louco de contentamento durante três meses por não ser mais comissário das Guerras e não estar exposto à inveja e aos maus-tratos desses heróis tão grosseiros que constituíam a mão de obra do imperador em Iena e em Wagram. A posteridade não conhecerá jamais a grosseria e a estupidez dessas pessoas fora de seu campo de batalha. E mesmo nesse campo de batalha, que prudência! Eram pessoas como o almirante Nelson, o herói de Nápoles (ver Colletta[133] e o que me contou o senhor Di Fiori), como Nelson pensando sempre no que cada ferimento lhes traria em dotações e em condecorações. Que animais ignóbeis, comparados à alta virtude do general Michaud, do coronel Mathis! Não, a posteridade não saberá jamais como eram inúteis esses heróis dos boletins de Napoleão, e como eu ria ao receber o *Moniteur* em Viena, Dresden, Berlim, Moscou, que quase ninguém recebia no exército a fim de que não fosse possível zombar das mentiras. Os boletins eram máquinas de guerra, *trabalhos de campo*, e não peças históricas.

Felizmente para a pobre verdade, a extrema pusilanimidade desses heróis, que se tornaram pares de França e juízes em 1835, deixará a posteridade a par de seu heroísmo de 1809. Só abro exceção para o cordial Lasalle e para Exelmans, que a seguir... Mas à época ele não fora visitar o marechal Bourmont, ministro da Guerra. Moncey também não teria feito certas baixezas, mas Suchet... Eu esquecia o grande Gouvion-Saint-Cyr, antes que a idade o tivesse tornado meio

---

[133] Trata-se do general Pietro Colletta (1775-1831).

imbecil, e essa imbecilidade remonta a 1814. Depois dessa época ele só teve talento para escrever. E na ordem civil, sob Napoleão, que tipos desprezíveis, como o Sr. de Barante, que foi perseguir o Sr. Daru em Saint-Cloud no mês de novembro às 7 horas da manhã, como o conde d'Argout, baixo bajulador do general Sébastiani!

Mas, meu Deus, onde estou? Na escola de latim, nas dependências do colégio.

Capítulo XXIV

Eu não me saía bem com meus colegas, vejo hoje que eu tinha na época uma mistura muito ridícula de altivez e de necessidade de me distrair. Respondi a seu egoísmo mais áspero com minhas ideias de nobreza espanhola. Eu ficava contrariado quando em seus jogos eles me deixavam de lado, para cúmulo da infelicidade eu não conhecia esses jogos, punha neles uma nobreza de espírito, uma delicadeza que devia parecer-lhes loucura completa. A finura e a prontidão do egoísmo, um egoísmo, acredito, fora de medida, são as únicas coisas que têm sucesso entre as crianças.

Para completar meu pouco sucesso, eu era tímido diante do professor, uma palavra de desaprovação contida e dita por acaso por esse pequeno burguês pedante com um tom correto fazia virem lágrimas a meus olhos. Essas lágrimas eram fraqueza aos olhos dos irmãos Gautier, de Saint-Ferréol, penso eu, de Robert (atual diretor do Théâtre Italien, em Paris) e sobretudo de Odru. Esse último era um camponês muito forte e ainda mais grosseiro que media um pé a mais que todos nós e que chamávamos de Golias; tinha a graça deste, mas nos dava firmes cacholetas quando sua grosseira inteligência se dava conta enfim de que zombávamos dele.

Seu pai, rico camponês de Lumbin ou de outra aldeia do vale. (Assim é chamado por excelência o admirável vale do Isère, de Grenoble a Montmélian. Na realidade, o vale se estende até o *dente* de Moirans, deste modo:)

Meu avô aproveitara a partida de Séraphie para fazer com que eu frequentasse as aulas de matemática, de química e de desenho.

O Sr. Dupuy, esse burguês tão enfático e tão risível, era em termos de importância entre os cidadãos uma espécie de rival subalterno do doutor Gagnon. Ficava de quatro diante da nobreza, mas essa vantagem que ele tinha sobre o Sr. Gagnon era compensada pela ausência total de amabilidades e de ideias literárias que à época formavam como que o pão quotidiano da conversa. O Sr. Dupuy, com ciúmes por ver o Sr. Gagnon como membro da comissão de organização e seu superior, não acolheu a recomendação desse feliz rival em meu favor, e só consegui meu lugar na sala de matemática por força do mérito e ao ver esse mérito, durante três anos seguidos, posto continuamente em questão. O Sr. Dupuy, que falava sem parar (e nunca demais) sobre Condillac e sua *Lógica*, não tinha qualquer sombra de lógica em sua cabeça. Falava nobremente e com graça, e tinha uma figura que se impunha e maneiras muito educadas.

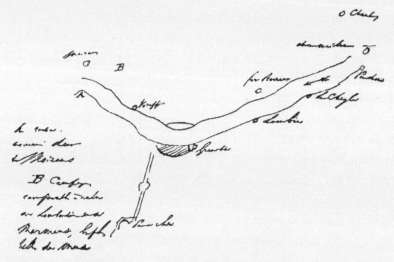

[Chambéry. – Montmélian. – Pontcharra. – Forte Barraux. – Le Cheylas. – Lumbin. – Grenoble. – Voreppe. – Moirans. – Pont de Claix. – A. Rochedo chamado dente de Moirans. – B. Campos comparáveis aos da Lombardia e de Marmande, os mais belos do mundo.]

Teve uma bela ideia em 1794, que foi a de dividir os 100 alunos que enchiam a sala no térreo, na primeira aula de matemática, em brigadas de cinco ou de sete, cada uma com um chefe.

O meu era um *grande*, isto é, um jovem que havia passado da puberdade e com um pé a mais de altura do que nós. Cuspia em nós, pondo habilmente um dedo diante da boca. No regimento esse tipo é chamado de *malandro*. Queixamo-nos desse malandro, chamado, penso eu, Raimonet, ao Sr. Dupuy, que foi admirável de nobreza, destituindo-o. O Sr. Dupuy costumava dar aula aos jovens oficiais de artilharia de Valence e era muito sensível à honra (ao golpe de espada).

Seguíamos o medíocre manual de Bezout, mas o Sr. Dupuy teve a boa ideia de nos falar de Clairaut[134] e da nova edição dele que o Sr. Biot (esse charlatão trabalhador) acabava de publicar.

Clairaut era feito para abrir o espírito que Bezout tendia a deixar para sempre fechado. Cada *proposição* em Bezout tem o ar de um grande segredo aprendido com uma boa vizinha.

Na sala de desenho, dei-me conta de que o Sr. Jay e o Sr. Couturier (de nariz quebrado), seu assistente, faziam-me uma terrível injustiça. Mas o Sr. Jay, na falta de qualquer outro mérito, tinha o da ênfase, ênfase que, em vez de nos fazer rir, inflamava-nos. O Sr. Jay tinha grande sucesso, o que era muito importante para a Escola Central, caluniada pelos padres. Ele tinha 200 ou 300 alunos.

Eram distribuídos por bancos com sete a oito, e a cada dia era preciso mandar fazer novos bancos. E que modelos! más academias desenhadas pelos senhores Pajou, pelo próprio Sr. Jay, as pernas, os braços, tudo era mais ou menos desajeitado, pesado, feio. O desenho era como o do Sr. Moreau jovem ou o desse Sr. Cochin,[135] que fala de modo tão risível sobre Michelangelo e Domenichino em seus três pequenos volumes sobre a Itália.

As grandes cabeças eram desenhadas a sanguínea ou gravadas como desenhos a lápis. É preciso confessar que a total ignorância do desenho aí aparecia menos do que nas *academias* (figuras nuas). O grande mérito dessas cabeças que tinham 18 polegadas de altura estaria no fato de as hachuras serem bem paralelas, quanto a imitar a natureza isso não estava em questão.

---

[134] Étienne Bezout era autor de um *Cours de mathématiques*, e Clairaut, de *Éléments de géométrie* e *Éléments d'algèbre*; Jean-Baptiste Biot escreveu várias obras sobre física, matemática e astronomia.

[135] Jacques-Augustin-Catherine Pajou (1766-1828) era pintor; Jean-Michel Moreau, dito o Jovem (1741-1814), é o conhecido desenhista, gravador e ilustrador; e Charles-Nicolas Cochin (1715-1790) escreveu *Voyage d'Italie ou recueil de notes sur les ouvrages de peinture et de sculpture qu'on voit dans les principales Villes d'Italie* (1751).

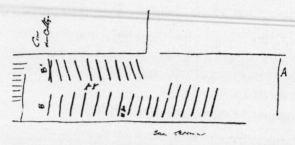

B. Bancos voltados para a Rue Neuve. – B'. Bancos que recebiam a luz pelas janelas que davam para o pátio. – Y. O alto Sr. Jay que percorria a sala com ar de gênio e com a cabeça jogada para trás. – A Armário onde ficavam os modelos.
[Pátio do colégio. – Rue Neuve.]

Um certo Moulezin, um completo imbecil, hoje rico e importante burguês de Grenoble e sem dúvida um dos mais rudes inimigos do senso comum, imortalizou-se logo pelo paralelismo perfeito de suas hachuras a sanguínea. Fazia academias e fora aluno do Sr. Villonne (de Lyon); eu, aluno do Sr. Le Roy, que a doença e o bom gosto parisiense haviam impedido enquanto vivo de ser tão charlatão quanto o Sr. Bridone em Lyon, desenhista de tecidos, eu só conseguia fazer as grandes cabeças, o que me chocou muito, mas teve a grande vantagem de ser uma lição de modéstia.

Eu tinha muito necessidade disso, já que é preciso falar com clareza. Meus parentes, de que eu era a obra, comprazíam-se com meus talentos diante de mim, e eu me supunha o jovem mais notável de Grenoble.

Minha inferioridade nos jogos com meus colegas de latim começou a me abrir os olhos. O banco das grandes cabeças em H, onde me puseram bem perto dos dois filhos de um sapateiro com caras ridículas (que inadequado para o neto do Sr. Gagnon!), inspirou-me a vontade de morrer ou de progredir.[136]

Eis a história de meu talento para o desenho: minha família sempre judiciosa havia decidido, depois de um ano ou de 18 meses de aulas com esse homem tão educado, o Sr. Le Roy, que eu desenhava muito bem.

---

[136] *Anotação de Stendhal na margem do manuscrito*: "Rapidez. Má caligrafia (razão da). 1º de janeiro de 1836. São apenas 2 horas, já escrevi 16 páginas; faz frio, as penas não estão boas. Em vez de ficar com raiva, prossigo, escrevendo como posso".

O fato é que eu nem mesmo pensava que o desenho fosse uma imitação da natureza. Eu desenhava com lápis preto e duro uma cabeça em semirrelevo. (Vi em Roma, no Braccio Nuovo,[137] que é a cabeça de Musa, médico de Augusto.) Meu desenho era limpo, frio, sem qualquer mérito, como o desenho de uma colegial de internato.

Meus parentes, que, com todas as suas frases sobre as belezas do campo e as belas paisagens, não tinham qualquer sensibilidade para as artes – nem uma gravura passável em casa! –, declararam-me muito bom em desenho. O Sr. Le Roy vivia ainda e fazia paisagens a guache (cor espessa) menos mal que o resto.

Consegui deixar o lápis e pintar a guache.

O Sr. Le Roy havia feito uma vista da ponte do Vence, entre La Buisserate e Saint-Robert, tomada do ponto A.

Eu passava por essa ponte várias vezes por ano para ir a Saint-Vincent, eu achava que o desenho, sobretudo a montanha em M, era muito semelhante, fiquei iluminado. Portanto, primeiro, e sobretudo, é preciso que um desenho se pareça com a natureza!

Não estavam mais em questão hachuras bem paralelas. Depois dessa bela descoberta, fiz rápidos progressos.

O pobre Sr. Le Roy veio a morrer, lamentei-o. Todavia, eu era ainda escravo nessa época e todos os jovens iam à casa do Sr. Villonne, desenhista de tecidos expulso da *Commune-Affranchie* pela guerra e pelos cadafalsos. Commune-Affranchie era o nome dado a Lyon depois de sua tomada.

Comuniquei a meu pai (mas por acaso e sem ter inteligência para pensar nisso) meu gosto pelo guache e comprei da Sra. Le Roy, pelo triplo do valor, muitos guaches de seu marido.

---

[137] Nome de parte do museu de antiguidades do Vaticano.

Eu ambicionava muito dois volumes dos *Contos*, de La Fontaine, com gravuras muito delicadamente feitas, mas muito claras.

"São horrores, disse-me a Sra. Le Roy com seus belos olhos de serviçal bem hipócritas, mas são obras-primas."

Eu vi que não podia conseguir que o preço dos *Contos*, de La Fontaine, ficasse como o dos guaches. A Escola Central abriu, não pensei mais no guache, mas minha descoberta ficou para mim: era preciso imitar a natureza, e isso impediu talvez que minhas grandes cabeças, copiadas a partir de desenhos banais, fossem tão execráveis quanto deveriam ser. Lembro-me do *Soldado indignado* no castigo de Heliodoro de Rafael; nunca vejo o original (no Vaticano)[138] sem me lembrar de minha cópia; a técnica do lápis inteiramente arbitrária, mérito falso, brilhava sobretudo no dragão que encima o casco.

Quando tínhamos feito um trabalho passável, o Sr. Jay se sentava no lugar do aluno, corrigia um pouco a cabeça argumentando com ênfase, mas enfim argumentando, e por fim assinava a cabeça por trás, aparentemente *ne varietur*, para que ela pudesse no meio ou no fim do ano ser apresentada no concurso. Ele nos inflamava, mas não tinha a menor noção do *belo*. Em sua vida só havia feito um quadro indigno, uma Liberdade copiada a partir de sua mulher, pequena, maciça, sem forma. Para torná-la mais leve, ele havia ocupado o primeiro plano com um túmulo por trás do qual a Liberdade aparecia escondida até os joelhos.

O fim do ano chegou, houve exames em presença da comissão e acho que de um membro do departamento.

Só consegui um pobre *accessit*[139] e ainda assim para agradar, acho eu, o Sr. Gagnon, presidente da comissão, e o Sr. Dausse, outro membro da comissão muito amigo do Sr. Gagnon.

Meu avô ficou humilhado com isso, e o disse para mim com uma polidez e uma medida perfeitas. Sua observação tão simples causou em mim todo efeito possível. Ele acrescentou, rindo: "Você só sabia nos mostrar seu traseiro grande!".

---

[138] Trata-se da segunda das salas de Rafael no Vaticano, *Heliodoro expulso do templo*.

[139] Recompensa que se dava àqueles que, sem terem obtido prêmio, ficaram perto de o receber.

Essa posição pouco simpática fora observada no quadro da sala de matemática.

Era uma lousa de seis pés por quatro, mantida a cinco pés de altura por um chassi muito sólido, subia-se até ela por três degraus.

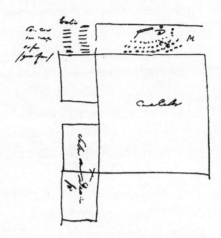

M. Sala de matemática. – D. O Sr. Dupuy, homem de cinco pés e oito polegadas de altura, com sua grande bengala, em sua imensa poltrona. – M. Seus protegidos os alunos nobres. – H. Eu, morrendo de vontade de ser chamado para subir ao quadro, e me escondendo para não ser chamado, morrendo de medo e de timidez. – H'. Meu banco.
[Escada. Perigosa, sem proteção de ferro. – Pátio do colégio. – Sala de desenho.]

O Sr. Dupuy mandava demonstrar uma proposição, por exemplo, o quadrado da hipotenusa ou este problema: um tecido custa 7 libras, 4 *sous* e 3 *deniers*[140] a toesa; o trabalhador fez duas toesas, cinco pés e três polegadas. Quanto deve receber?

No decorrer do ano, o Sr. Dupuy sempre havia chamado ao quadro os Monval, que eram nobres, de Pina, nobre e ultra, Anglès, Renneville, nobre, e nunca eu, ou uma única vez.[141]

O Monval mais novo, um estúpido com cara de estúpido, mas bom matemático (expressão da escola), foi massacrado pelos bandidos

---

[140] Antiga moeda francesa, correspondia a um duodécimo do soldo.

[141] *Primeira versão do manuscrito de Stendhal*: "Tendo subido ao quadro, fui tomado de timidez. Quando subi ao quadro diante da comissão a timidez redobrou; eu me confundia ao olhar esses senhores sentados ao lado do quadro".

na Calábria por volta de 1806, acho eu. O mais velho, que se dava muito bem com Paul-Louis Courier, tornou-se um velho sujo ultra... Foi coronel, arruinou de modo ignóbil uma grande dama de Nápoles; em Grenoble quis fazer jogo duplo por volta de 1830, foi descoberto e desprezado de modo geral. Morreu desse desprezo geral e muito merecido, muito louvado pelas pessoas religiosas (ver a *Gazette* de 1832 ou 1833). Era um homem bonito, um espertalhão capaz de tudo.

O Sr. de Pina, prefeito em Grenoble de 1825 a 1830. Ultra capaz de tudo e que esquecia a probidade em favor de seus nove ou 10 filhos, reuniu 60 ou 70 mil francos de renda. Fanático sombrio e, penso eu, um espertalhão capaz de tudo, um verdadeiro jesuíta.

Anglès, a seguir chefe de polícia, trabalhador infatigável, apreciador da ordem, mas em política um espertalhão capaz de tudo, todavia para mim infinitamente menos espertalhão que os dois precedentes, os quais no gênero trapaça têm o primeiro lugar em minha mente.

A bonita condessa Anglès era amiga da condessa Daru, em cujo salão a vi. O bonito conde de Meffrey (de Grenoble como o senhor Anglès) era seu amante. A pobre mulher entediava-se muito, ao que me parece, apesar da alta posição social do marido.

Esse marido, filho de um avaro célebre e ele próprio avaro, era o animal mais triste e tinha o mais falso e o mais antimatemático dos espíritos. De resto, covarde até o escândalo; contarei mais tarde a história de sua bofetada e de sua cauda. Por volta de 1826 ou 1827, perdeu a chefia de polícia e foi construir um belo castelo nas montanhas, perto de Roanne, e aí morreu bruscamente logo depois, ainda jovem. Era um triste animal, tinha todo o mal do caráter do Dauphiné, baixo, sagaz, cauteloso, atento aos menores detalhes.

O Sr. de Renneville, primo dos Monval, era belo e completamente tolo. Seu pai era o homem mais sujo e o mais orgulhoso de Grenoble. Nunca mais ouvi falar dele depois da escola.

O Sr. de Sinard, bom caráter, meu amigo, reduzido à mendicidade pela emigração, protegido e sustentado pela Sra. de Valserre, foi meu amigo.

Depois de subir até o quadro, escrevia-se em O. A cabeça do demonstrante ficava bem a oito pés de altura. Eu, posto em evidência uma vez por mês, de modo algum apoiado pelo Sr. Dupuy, que falava com Monval ou com de Pina enquanto eu demonstrava, eu era tomado de timidez e balbuciava. Quando por minha vez subi até o quadro, diante da comissão, minha timidez redobrou, eu me confundia ao olhar esses senhores, e sobretudo o terrível Sr. Dausse, sentado ao lado e à direita do quadro. Tive a presença de espírito de não mais olhá-los, de só prestar atenção em minha operação, e saí corretamente, mas aborrecendo-os. Que diferença do que aconteceu em agosto de 1799! Posso dizer que foi por força do mérito que fui bem-sucedido *na matemática* e no desenho, como dizíamos na Escola Central.

Eu era gordo e pequeno, usava uma sobrecasaca cinza claro. Daí a censura:

"Por que então você não recebeu prêmio?, dizia-me meu avô.
– Não tive tempo."

As aulas, acho eu, duraram apenas quatro ou cinco meses nesse primeiro ano.

Fui a Claix, sempre louco pela caça, mas, percorrendo os campos apesar de meu pai, eu refletia profundamente nessa observação: "Por que você não recebeu prêmio?".

Não lembro se fui durante quatro anos ou somente durante três à Escola Central. Estou certo da data de saída,

[*Lousa*]

exame do fim de 1799, os russos esperados em Grenoble.

Os aristocratas e meus parentes, acho eu, diziam:

O Rus, quando ego te adspiciam![142]

Quanto a mim, eu tremia pelo exame que devia fazer-me sair de Grenoble! Se algum dia eu voltar lá, algumas pesquisas nos Arquivos da administração departamental, na Prefeitura, poderão dizer-me se a Escola Central foi inaugurada em 1796 ou apenas em 1797.

---

[142] "Ó campo, quando te verei", Horácio, *Sátiras*, II, VI, 60. O verso permite um jogo de palavras entre o latim "*rus*" (campo) e o francês "*russe*" (russo).

Na época contava-se pelos anos da República, era o ano V ou o ano VI. Foi muito depois, quando o imperador tolamente o quis, que aprendi a conhecer 1796, 1797. Naquela época, eu via as coisas de perto.[143]

O imperador começou então a elevar o trono dos Bourbons e foi secundado pela fraqueza sem limites nem medidas do Sr. de Laplace. Coisa singular, os poetas têm coração, os sábios propriamente ditos são servis e fracos. Qual não foi a servilidade e a baixeza do Sr. Cuvier diante do poder! Causava horror mesmo ao sensato Sutton Sharpe. No Conselho de Estado o barão Cuvier era sempre da opinião mais covarde.

Quando da criação da ordem da Reunião,[144] eu era íntimo da Corte, ele veio *chorar*, é a palavra, para a receber. Relatarei em seu tempo a resposta do Imperador. Foram remunerados por sua fraqueza moral: Bacon, Laplace, Cuvier. O Sr. Lagrange foi menos fraco, ao que me parece.

Seguros de sua glória graças a seus escritos, esses senhores esperam que o sábio venha a encobrir o homem de Estado; em negócios de dinheiro, como em favores, correm atrás do útil. O célebre Legendre, geômetra de primeira ordem, ao receber a cruz da Legião de Honra, prendeu-a a sua roupa, olhou-se no espelho e pulou de alegria.

O apartamento era baixo, sua cabeça chocou-se contra o teto, ele caiu meio derreado. Teria sido uma morte digna para esse sucessor de Arquimedes!

Quantas baixezas não cometeram na Academia das Ciências, de 1815 a 1830 e a seguir, para conseguir medalhas! Isso é inacreditável, fiquei sabendo dos detalhes por intermédio dos senhores de Jussieu, Edwards, Milne-Edwards e pelo salão do barão Gérard. Esqueci tantas sujeiras.

Um diplomata é menos baixo na medida em que diz abertamente: "Farei tudo o que for preciso para progredir".

---

[143] *Anotação de Stendhal na margem do manuscrito*: "Caligrafia. A 1º de janeiro de 1836, 26 páginas. Todas as penas estão ruins: faz um frio de cão; em vez de procurar fazer bem minhas letras, e de me impacientar, *io tiro avanti*. O Sr. Colomb reprova-me em cada carta por escrever mal".

[144] A Ordem da Reunião foi criada em Amsterdã por Napoleão I, em 18 de outubro de 1811, para comemorar a reunião do reino da Holanda ao Império francês.

Capítulo XXV

Minha alma libertada da tirania começava a tomar algum impulso. Pouco a pouco eu não estava mais continuamente obsedado por esse sentimento tão enervante: o ódio impotente.

Minha boa tia Élisabeth era minha providência. Ela ia quase todas as noites jogar em casa das Sras. Colomb ou Romagnier. Essas ótimas irmãs só tinham de burguesas algumas maneiras de prudência e alguns hábitos. Tinham belas almas, coisa tão rara na província, e eram afetuosamente ligadas a minha tia Élisabeth.

Não falo suficientemente bem dessas boas primas; elas tinham a alma grande, generosa; tinham dado provas singulares disso nas grandes ocasiões de sua vida.

Meu pai, cada vez mais absorvido por sua paixão pela agricultura e por Claix, aí passava três ou quatro dias por semana. A casa do Sr. Gagnon, onde ele jantava e ceava todos os dias desde a morte de minha mãe, não lhe era mais tão agradável. Ele só falava de coração aberto com Séraphie. Os sentimentos espanhóis de minha tia Élisabeth mantinham-no a distância, sempre houve muito pouca conversa entre eles. A pequena astúcia de todos os instantes própria do Dauphiné e a timidez desagradável de um se aliavam mal com a sinceridade nobre e a simplicidade da outra. A Srta. Gagnon não tinha qualquer simpatia por meu pai, que de outro lado não tinha nível para entreter a conversa com o doutor Gagnon, ele era respeitoso e educado, o Sr. Gagnon era muito educado, e isso é tudo. Meu pai portanto nada sacrificava indo passar três ou quatro dias por semana em Claix. Disse-me duas ou três vezes, quando me forçava a acompanhá-lo a Claix, que era triste em sua idade não ter uma casa sua.

Voltando à noite para cear com minha tia Élisabeth, meu avô e minhas duas irmãs, eu não temia um interrogatório muito severo. Em geral eu dizia rindo que havia ido buscar minha tia em casa das Sras.

Romagnier e Colomb; frequentemente de fato da casa dessas senhoras eu a acompanhava até a porta do apartamento e descia de novo correndo para passar uma meia hora no passeio do Jardin de Ville, que, à noite no verão, ao luar, sob esplêndidos castanheiros de 80 pés de altura, servia de ponto de encontro para tudo o que era jovem e brilhante na cidade.

Pouco a pouco tornei-me mais ousado, fui mais frequentemente ao teatro, sempre na plateia, de pé.

Eu sentia um terno interesse em olhar uma jovem atriz, chamada Srta. Kubly. Logo fiquei perdidamente apaixonado por ela, nunca falei com ela.

Era uma jovem magra, bastante alta, com nariz aquilino, bonita, esbelta, bem feita. Tinha ainda a magreza da primeira juventude, mas um rosto sério e com frequência melancólico.

Tudo era novo para mim na estranha loucura que de repente se tornou dona de todos os meus pensamentos. Qualquer outro interesse se desfez para mim. Mal reconheci o sentimento cuja descrição me havia encantado na *Nouvelle Heloïse*, tratava-se ainda menos da volúpia de *Félicia*. Tornei-me de repente indiferente e imparcial em relação a tudo o que me cercava, foi a época da morte de meu ódio pela minha falecida tia Séraphie.

A Srta. Kubly representava na comédia os papéis principais de apaixonada, cantava também na ópera cômica.

Pode-se perceber que a verdadeira comédia não era para mim. Meu avô me atordoava sem parar com a grandiosa expressão: *o conhecimento do coração humano*. Mas o que eu podia saber sobre esse *coração humano*? Algumas *predições*, no máximo, tiradas dos livros, do *Dom Quixote* em particular, praticamente o único que não me inspirou desconfiança, todos os outros tinham sido aconselhados por meus tiranos, pois meu avô (recém-convertido, penso eu) se abstinha de brincar com os livros que meu pai e Séraphie me faziam ler.

Eu precisava portanto da comédia romanesca, isto é, do drama pouco negro, que apresentasse infelicidades de amor e não de dinheiro (o drama negro e triste que se apoiava na ausência de dinheiro sempre me causou horror enquanto burguês e muito verdadeiro, minha b... também está na natureza, dizia Préville[145] a um autor).

---

[145] Préville (1721-1799), célebre ator cujo verdadeiro nome era Pierre-Louis Dubus. Numa discussão sobre o "natural" no teatro e o emprego de falas triviais, defendidas

A Srta. Kubly brilhava em *Claudine de Florian*.[146]

Uma jovem da Savoie, que teve um filho no Montenvers de um jovem viajante elegante, veste-se de homem e, seguida por seu menino, trabalha como limpa-botas em uma praça de Turim. Ela encontra seu amante, que ela continua a amar, torna-se sua empregada, mas esse amante vai casar-se.

O ator que representava o amante, chamado Poussi, ao que me parece, esse nome me volta de repente depois de tantos anos, dizia com uma naturalidade perfeita: "Claude! Claude!" em certo momento em que ele repreendia seu empregado que lhe dizia mal de sua futura. Esse tom de voz ecoa ainda em meu espírito, vejo o ator.

Durante vários meses, essa obra, com frequência solicitada pelo público, deu-me os prazeres mais vivos, e eu diria os mais vivos que me foram dados pelas obras de arte, se, há muito tempo, meu prazer não tivesse sido a admiração terna, a mais devotada e a mais louca.

Eu não ousava pronunciar o nome da Srta. Kubly; se alguém dizia seu nome diante de mim, eu sentia um movimento singular perto do coração, eu ficava a ponto de cair. Havia como que uma tempestade em meu sangue.

Se alguém dizia *a* Kubly em vez de Srta. Kubly, eu experimentava um movimento de ódio e de horror que eu mal conseguia conter.

Ela cantava com sua pobre voz pequena e fraca em *Le Traité nul*, ópera de Gaveaux (com algum problema mental, morreu louco alguns anos mais tarde).

Ali começou meu amor pela música, que foi talvez minha paixão mais forte e mais onerosa, ela dura ainda aos 52 anos e mais viva que nunca. Não sei quantas léguas eu não faria a pé, ou a quantos dias de prisão eu não me submeteria para ouvir *Dom Juan* ou o *Matrimonio Segreto*, e não sei por qual outra coisa eu faria esse esforço. Mas para minha infelicidade execro a música *medíocre* (a meus olhos ela é um panfleto satírico contra a boa, por exemplo, o *Furioso*, de Donizetti,

---

    como parte da "natureza", Préville disse: "minha b... também está na natureza, e no entanto eu não a mostro".

[146] Comédia (1793) de Pigault-Lebrun a partir de uma das *Nouvelles*, de Florian, "Claudine, nouvelle savoyarde".

ontem à noite, Roma, *Valle*.[147] Os italianos, bem diferentes de mim, não podem mais suportar uma música desde que ela tenha mais de cinco ou seis anos. Um deles dizia diante de mim em casa de madame 120: "Uma música que tem mais de um ano pode ser bela?").

Que parêntese, meu Deus! Relendo, será preciso apagar ou pôr em outro lugar a metade deste manuscrito.

Aprendi de cor, e com quais entusiasmos! esse fio de vinagre contínuo e aos arrancos que se chamava *Le Traité nul*.

Um ator passável, que representava alegremente o papel do criado (vejo hoje que ele tinha a verdadeira despreocupação de um pobre diabo que só tem tristes pensamentos em casa, e que se entrega a seu papel com felicidade), deu-me as primeiras ideias do *cômico*, sobretudo no momento em que ele dirige a contradança que acaba por: "*Mathurine nous écoutait...*".[148]

Uma paisagem com a forma e o tamanho de uma letra de câmbio e em que havia muita guta fortalecida pelo bistre, sobretudo no primeiro plano à esquerda, que eu havia comprado com o Sr. Le Roy e que na época eu copiava deliciado, parecia-me absolutamente a mesma coisa que a atuação desse ator cômico que me fazia rir de bom grado quando a Srta. Kubly não estava em cena; se ele lhe dirigia a palavra, eu ficava enternecido, encantado. Daí decorre talvez que ainda hoje a mesma sensação com frequência me seja dada por um quadro ou por um trecho de música. Quantas vezes encontrei essa identidade no museu Brera, em Milão (1814-1821)!

Isso é de uma autenticidade e de uma força que tenho dificuldade para expressar, e em que aliás dificilmente se acreditaria.

O casamento, a união íntima dessas duas belas-artes, foi para sempre firmado, quando eu tinha 12 ou 13 anos, por quatro ou cinco meses da felicidade mais viva e da sensação de prazer mais forte, e indo quase até a dor, que jamais experimentei.

Atualmente, vejo (mas vejo de Roma, aos 52 anos) que eu tinha o gosto da música antes desse *Traité nul* tão saltitante, tão fio de vinagre, tão francês, mas que ainda sei de cor. Eis minhas lembranças: 1º o som

---

[147] Trata-se da ópera *Il Furioso nell'isola di San Domingo*, de Donizetti.
[148] "Mathurine nos escutava."

dos sinos de Saint-André, sobretudo tocando pelas eleições num ano em que meu primo Abraham Mollein (pai de meu cunhado Alexandre) era presidente ou simplesmente eleitor; 2º o barulho da bomba da Place Grenette quando as empregadas, à noite, bombeavam com a grande barra de ferro; 3º enfim, mas a menor de todas, o barulho de uma flauta que algum empregado do comércio tocava num quarto andar na Place Grenette.

Essas coisas já me haviam dado prazeres que, sem que eu o soubesse, eram prazeres musicais.

A Srta. Kubly atuava também em *Épreuve villageoise*, de Grétry, infinitamente menos ruim que o *Traité nul*. Uma situação trágica fez-me tremer em *Raoul, sire de Créqui*;[149] em suma, todas as más pequenas óperas de 1794 foram alçadas ao sublime por mim pela presença da Srta. Kubly, nada podia ser comum ou banal desde que ela aparecesse.

Tive um dia a extrema coragem de perguntar a alguém onde morava a Srta. Kubly. Foi provavelmente a ação mais ousada de minha vida.

"Rue des Clercs", responderam-me.

Tive a coragem, bem antes, de perguntar se ela tinha um amante. Ao que o indagado respondeu-me com algum ditado grosseiro, ele nada sabia sobre seu tipo de vida.

Eu passava pela Rue des Clercs em meus dias de grande coragem, o coração batia-me, eu talvez houvesse caído se a houvesse encontrado, eu me sentia aliviado quando, tendo chegado ao fim da Rue des Clercs, eu estava certo de não a encontrar.

Certa manhã, passeando sozinho no final da aleia dos grandes castanheiros no Jardin-de-Ville, e pensando nela como sempre, vi-a no outro lado do jardim, diante da parede da intendência, dirigindo-se para o terraço. Quase me senti mal e enfim *fugi*, como se o diabo me levasse, ao longo da grade pela linha F; ela estava, acho eu, em K', e tive a felicidade não ser visto por ela. Observem que ela não me conhecia de modo algum. Esse é um dos traços mais marcantes de meu caráter, assim sempre fui (mesmo anteontem). A felicidade de a ver de perto, a cinco ou seis passos de distância, era muito grande, queimava-me, e eu fugia dessa queimadura, dor muito real.

---

[149] Comédia (1789) com trechos musicais, sendo o texto de Monvel e a música de Dalayrac.

Essa singularidade me levaria a crer que para o amor tenho o temperamento melancólico de Cabanis.

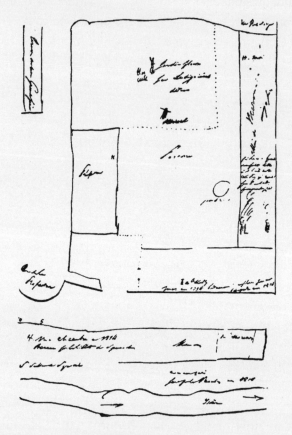

[*Terraço de meu avô. – Torre da prefeitura. – Prefeitura. – Hércules. – Jardim plantado por Lesdiguières, segundo se diz. – Canteiro. – Repuxo. – Rue Montorge. – H. Eu. – Aleia de castanheiros de 90 pés. – Deixei em Grenoble um pequeno quadro a óleo do Sr. Le Roy, que representa muito bem esse passeio. – Srta. Kubly. – Muro em 1794, tolamente substituído por uma bela grade por volta de 1814. H. Meu quarto em 1814. – O. Bilheteria do teatro. – S. Sala de espetáculo. – Casas. – Casa Morenas. – Novo cais feito pelos Bourbons por volta de 1818. – Isère. – La Périère.*]

De fato, o amor sempre foi para mim a maior das questões, ou antes a única. Nunca tive medo de nada a não ser de ver a mulher que amo olhar um rival com intimidade. Tenho muito pouca cólera contra o rival; ele cuida dos seus interesses, penso eu, mas minha dor é sem limites, e pungente, ao ponto que tenho necessidade de me entregar sobre um banco de pedra na porta da casa. Admiro tudo no rival preferido (o chefe de esquadras Gibory e a Sra. Martin, Palazzo Anguissola, Milão). Nenhuma outra dor produz em mim a milésima parte desse efeito.

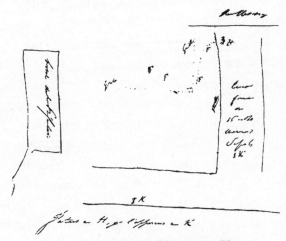

Eu estava em H, vi-a em K.
[Sede da Prefeitura. – Grade. – Grade. – Rue Montorge. – Terraço formado por 15 ou 20 castanheiros esplêndidos.]

Com o imperador, eu era atento, zeloso, sem pensar de modo algum em minha condecoração, diferentemente dos outros. (Exemplo: à noite, às 7 horas, em ..., em Lusace, campanha de 1813, no dia seguinte à morte do duque de Frioul.)

Não sou nem tímido nem melancólico, ao escrever e me expor ao risco de ser vaiado; sinto-me cheio de coragem e de orgulho quando escrevo uma frase que seria rejeitada por um desses dois gigantes (de 1835), Chateaubriand ou Villemain.

Sem dúvida em 1880 haverá algum charlatão hábil, moderado, na moda, como esses senhores de hoje. Mas, se lerem isto, vão julgar-me invejoso, isso me desola; esse banal vício burguês é, assim me parece, o mais estranho a meu caráter.

Realmente, só sou mortalmente ciumento das pessoas que procuram conquistar uma mulher que amo; bem mais, sou-o mesmo daqueles que a conquistaram 10 anos antes de mim. Por exemplo, o primeiro amante de Babet (em Viena, em 1809).

"Você o recebia em seu quarto!
— Tudo era quarto para nós, estávamos sozinhos no castelo, e ele tinha as chaves."

Sinto ainda o mal que me causaram essas palavras, era no entanto em 1809, há vinte e sete anos; vejo essa ingenuidade perfeita da bonita Babet; ela me olhava.

Sem dúvida tenho muito prazer em escrever há uma hora, e em procurar descrever *com bastante justeza* minhas sensações da época da Srta. Kubly, mas quem, diabos, terá disposição de ir a fundo, de ler esse monte excessivo de *eu* e de *mim*? Isso me parece *odioso* a mim mesmo. Está aí o defeito desse tipo de escrito em cujo sensabor, de resto, não há molho de charlatanismo com que eu possa dar jeito. Eu ousaria acrescentar: *como as* Confissões, *de Rousseau?* Não, apesar do enorme absurdo da objeção, ainda vão me considerar um invejoso ou antes alguém que procura criar uma comparação horrível pelo absurdo com a obra-prima desse grande escritor.

Declaro de novo e de uma vez por todas que desprezo soberana e sinceramente o Sr. Pariset, o Sr. de Salvandy, o Sr. Saint-Marc Girardin e os outros jactanciosos, pedantes a soldo e jesuítas do *Journal des Débats*, mas nem por isso me julgo mais perto dos grandes escritores. Não creio que eu tenha outro gênio, garantia de meu mérito, além do de representar *com semelhança* a natureza que me aparece tão claramente em certos momentos; em segundo lugar, estou certo de minha perfeita boa-fé, de minha adoração pelo verdadeiro; em terceiro lugar, do prazer que tenho em escrever, prazer que ia até a loucura em 1817, em Milão, em casa do Sr. Peronti, Corsia del Giardino.[150]

---

[150] *Anotação de Stendhal na margem do manuscrito*: "Talvez toda a [folha] 370 esteja mal posta, mas a insipidez do amor de Kubly deve ser revigorada por um pensamento mais substancial.
13 páginas em uma hora e meia. Frio dos diabos: 3 de janeiro de 1836".
Esse trecho dava sequência ao texto, foi riscado com a seguinte menção:
"excessivo: Fico sempre maravilhado de ter podido agradar a pessoas como o Sr. Lémo [Molé], de Créqui, ou o Sr. de Cot... [?] ou um certo gentil senhor do bairro de Saint-Germain que estava em busca de algumas de minhas obras segundo o que me contou Sautelet por volta de 1828. (O Sr. Sautelet, livreiro liberal, deu um tiro na cabeça por volta de 1829 em razão de uma mistura de vaidade, de amor e de dívidas. Era gerente do *National*, e sócio desse honesto, patriota e limitado Paulin ainda livreiro em 1836.)".

Capítulo XXVI

Mas voltemos à Srta. Kubly. Como nessa época eu estava longe da inveja, e de pensar em temer a *imputação de inveja*, e de pensar nos outros de qualquer modo que fosse! Para mim a vida estava começando.

Só havia um ser no mundo: a Srta. Kubly, só um acontecimento: ela ia atuar esta noite ou no dia seguinte?

Que desapontamento quando ela não atuava, e quando apresentavam uma tragédia qualquer!

Que exaltação de alegria pura, terna, triunfante, quando eu lia seu nome no cartaz! Eu o vejo ainda, esse cartaz, sua forma, seu papel, seus tipos.

Eu ia sucessivamente ler esse nome querido em três ou quatro lugares onde punham cartazes: na Porta dos Jacobinos, na abóbada do Jardin, na esquina[151] diante da casa de meu avô. Eu não lia apenas seu nome, eu me dava o prazer de reler todo o cartaz. Os tipos um pouco gastos do mau tipógrafo que fabricava esse cartaz se tornaram caros e sagrados para mim e, durante longos anos, gostei deles mais que de outros mais belos.

E ainda, lembro aqui: ao chegar a Paris, em novembro de 1799, a beleza dos tipos me chocou, não eram mais aqueles que haviam imprimido o nome de Kubly.

Ela partiu, não posso dizer a época. Durante muito tempo, não pude ir ao espetáculo. Deixaram-me aprender música, não foi sem dificuldade: a religião de meu pai ficava chocada com uma arte tão profana, e meu avô não tinha o menor gosto por essa arte.

---

[151] No manuscrito, em lugar da forma correta em francês, *"angle"*, está *"Engle"*; na margem há esta anotação: *"Engle*, ortografia da paixão, pintura dos sons, e nada mais".

Tomei um professor de violino chamado Mention, o homem mais divertido, estava ali a antiga alegria francesa misturada com bravura e amor. Era muito pobre, mas tinha a alma de artista, num dia em que eu tocava pior do que de hábito, ele fechou o caderno, dizendo: "Não dou mais aula".

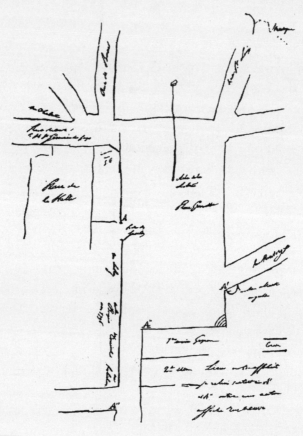

[Montanha. – Rue Saint-Louis. – Rue de Bonne. – Sr. Chabert. – Rue Neuve, o bairro St-Germain da região. – Amores com Sophie Gautier. – Place de la Halle. – Porta dos Jacobinos. – Sr. Le Roy. – Srtas. Bourgeois em 1796. – Sr. Corréard. – Sr. Rubichon. – Árvore da Liberdade. Place Grenette. – Rue Montorge. – Abóbada que ia até o jardim. – 1ª casa Gagnon. – 2ª idem. Terraço. – Lugares onde se afixavam cartazes. Eu relia sobretudo em A' e A" até de outro cartaz na Rue Neuve.]

Tive um professor de clarinete, chamado Hoffmann (Rue de Bonne), bom alemão; eu tocava um pouco menos mal. Não sei como deixei esse professor para passar para o Sr. Holleville, Rue Saint-Louis em frente à Sra. Barthélemy, mulher de nosso sapateiro. Violino muito passável, ele era surdo, mas distinguia a menor nota errada. Lá eu me encontrava com o Sr. Félix Faure (hoje par de França, primeiro presidente, juiz de agosto de 1835). Não sei como deixei Holleville.

Por fim, fui ter aula de música vocal, a despeito de meus parentes, às 6 horas da manhã, Place Saint-Louis, com um cantor muito bom.

Mas não havia o que fazer: eu tinha horror do primeiro dos sons que eu produzia. Eu comprava árias italianas, uma entre outras onde eu lia *Amore*,[152] ou não sei o quê, *nel' cimento*;[153] eu compreendia: *no cimento*. Eu adorava essas árias italianas de que eu nada compreendia. Eu havia começado muito tarde. Se alguma coisa houvesse sido capaz de me desagradar da música, teriam sido os sons execráveis que é preciso produzir para a aprender. Somente o *piano* teria podido me fazer superar a dificuldade, mas eu nascera numa família essencialmente inarmônica.

Quando mais adiante escrevi sobre música, meus amigos apresentaram-me como principal objeção essa ignorância. Mas devo dizer sem afetação alguma que ao mesmo tempo eu sentia no trecho que era executado nuances que eles não percebiam. O mesmo se dá com as nuances das fisionomias nas cópias do mesmo quadro. Vejo essas coisas tão claramente *como através de um cristal*. Mas, meu Deus! vão considerar-me um tolo!

Quando retornei à vida após alguns meses da ausência da Srta. Kubly, vi que eu era outro homem.

Eu não odiava mais Séraphie, eu a esquecia; quanto a meu pai, eu só desejava uma coisa: não estar junto dele. Observei, com remorso, que eu não tinha por ele uma *gota* de ternura nem de afeição.

Sou portanto um monstro, dizia-me eu. E durante longos anos não encontrei resposta para essa objeção. Em minha família, falava-se sem parar e *até a náusea* de ternura para com os pais. Essas boas pessoas chamavam de ternura a opressão contínua com que me honravam há cinco ou seis anos. Comecei a entrever que se entediavam mortalmente e que, tendo muita vaidade para reatar com a sociedade que haviam imprudentemente abandonado na época de uma perda cruel, eu era seu recurso contra o tédio.

---

[152] Em italiano no original.
[153] Em italiano no original, "o amor posto à prova".

Mas nada podia emocionar-me mais depois do que eu acabava de sentir. Estudei firmemente latim e desenho e ganhei o primeiro prêmio, não sei em qual desses dois cursos, e um segundo. Traduzi com prazer a *Vida de Agrícola*, de Tácito, foi quase a primeira vez que o latim me deu algum prazer. Esse prazer era estragado *amareggiato*[154] pelos tapas que me dava o grande Odru, gordo e ignaro camponês de Lumbin, que estudava conosco e não compreendia nada de nada. Eu brigava firme com Giroud, que tinha um casaco vermelho. Eu ainda era uma criança por uma boa metade de minha vida.

E, no entanto, a tempestade moral de que eu tinha sido presa durante vários meses me havia amadurecido, comecei a me dizer seriamente:

"É preciso tomar uma decisão e sair desse lamaçal."

Eu só tinha um meio no mundo: a matemática. Mas ela me era explicada de modo tão estúpido que eu não fazia qualquer progresso, é verdade que meus condiscípulos faziam ainda menos, se é possível. Esse grande Sr. Dupuy explicava-nos as proposições como uma sequência de receitas para fazer vinagre.

Todavia, Bezout era meu único recurso para sair de Grenoble. Mas Bezout era tão tolo! Era uma cabeça como a do Sr. Dupuy, nosso enfático professor.

Meu avô conhecia um burguês de cabeça estreita, chamado Chabert, o qual *explicava a matemática em casa*. Essa era a expressão da região que cabe perfeitamente ao homem. Consegui com muita dificuldade ir em casa do Sr. Chabert; tínhamos medo de ofender o Sr. Dupuy, e de resto era preciso pagar 12 francos por mês, ao que me parece.

Respondi que a maioria dos alunos do curso de matemática na Escola Central iam à casa do Sr. Chabert, e que se eu não fosse também ficaria como o último da Escola Central. Fui então à casa do Sr. Chabert, que era um burguês que se vestia bem, mas que tinha sempre o ar endomingado e preocupado em estragar seu casaco ou seu colete ou sua bela calça de casimira *amarelo-esverdeado*, ele tinha também uma bela figura burguesa. Morava na Rue Neuve, perto da Rue Saint-Jacques e quase em frente a Bourbon, negociante de ferro, cujo nome me impressionava, pois era com os sinais do mais profundo respeito e

---

[154] No original, em italiano, "amargurado", "magoado", "aflito".

da mais verdadeira devoção que meus parentes burgueses pronunciavam esse nome. Parecia que a vida da França estava ligada a ele.

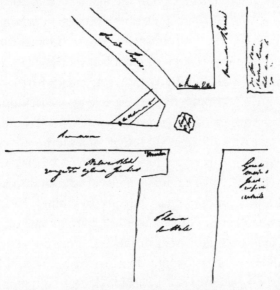

[Bomba St-Jacques. – Rue St-Jacques. Sr. Renauldon corno. – Rue de Bonne. Aqui foi dez anos mais tarde a casa construída segundo meus planos e que arruinou meu pai. – Grande casa dos Jacobinos em pedra de cantaria. – Place de Halle. – Mercado de trigo que ainda vi como igreja dos Jacobinos. – Bourbon. Rue Neuve. – Sr. Chabert no 3º.]

Mas eu reencontrava no Sr. Chabert essa ausência de atenção que me incomodava na Escola Central e fazia com que eu jamais fosse chamado ao quadro. Em um pequeno cômodo e no meio de sete a oito alunos reunidos em torno de um quadro de tela encerada, nada era mais desagradável que pedir para ir ao quadro, isto é, ir explicar pela quinta ou sexta vez uma proposição que quatro ou cinco alunos já haviam explicado. Era no entanto o que eu me via obrigado a fazer algumas vezes em casa do Sr. Chabert, sem o que eu nunca teria *demonstrado*. O Sr. Chabert julgava-me um *minus habens*[155] e permaneceu com essa abominável opinião. Mais tarde, nada era tão engraçado como ouvi-lo falar de meus sucessos em matemática.

---

[155] Em latim, "que tem menos; designa pessoas de pouca inteligência".

Mas nesse começo foi uma estranha ausência de cuidado ou, para dizer melhor, de inteligência, por parte de meus parentes, não perguntar se eu estava em condição de *demonstrar* e quantas vezes por semana eu subia ao quadro. Eles não desciam a esses detalhes. O Sr. Chabert, que fazia profissão de um profundo respeito pelo Sr. Dupuy, só chamava ao quadro aqueles que o eram na Escola Central. Havia um certo Sr. de Renneville que o Sr. Dupuy chamava ao quadro na condição de nobre e primo dos Monval, era uma espécie de imbecil quase mudo e com os olhos arregalados, eu ficava extremamente chocado quando via o Sr. Dupuy e o Sr. Chabert o preferirem a mim.

Desculpo o Sr. Chabert, eu devia ser o menino mais presunçoso e mais desprezível.[156] Meu avô e minha família proclamavam-me uma maravilha, não dirigiam todos os seus cuidados para mim já há cinco anos?

O Sr. Chabert era na verdade menos ignaro do que o Sr. Dupuy. Descobri em sua casa Euler e seus problemas sobre o número de ovos que uma camponesa trazia ao mercado quando um malvado lhe rouba um quinto, depois ela deixa cair a metade do resto etc., etc.

Isso me abriu o espírito, percebi o que era servir-se do instrumento chamado álgebra. Que diabos que ninguém nunca o havia dito para mim; o Sr. Dupuy pronunciava constantemente frases enfáticas sobre esse assunto, mas nunca essa observação simples: é uma *divisão do trabalho* que faz prodígios como todas as divisões do trabalho e permite à inteligência reunir todas as suas forças sobre um único aspecto dos objetos, sobre uma única de suas características.

Que diferença para nós se o Sr. Dupuy nos tivesse dito: Esse queijo está mole ou está duro; é branco, é azul; é velho, é jovem; é meu, é seu; é leve ou é pesado. De tantas características, consideramos apenas o peso. Qualquer que seja esse peso, nós o chamamos de A. Agora, sem pensar mais no queijo, apliquemos à A tudo o que sabemos das quantidades.

Nessa província recuada ninguém dizia para nós essa coisa tão simples; a partir dessa época, a Escola Politécnica e as ideias de Lagrange terão refluído para a província.

---

[156] *Primeira versão no manuscrito de Stendhal*: "Eu devia ser o mais presunçoso dos meninos. O Sr. Chabert, que não era muito atento, devia achar minha fisionomia desagradável".

A obra-prima da educação nessa época era um pequeno maroto vestido de verde, delicado, hipócrita, gentil, que não tinha três pés de altura e aprendia de cor as *proposições* que eram demonstradas, mas sem se preocupar se as compreendia sequer um pouco. Esse favorito do Sr. Chabert não menos que do Sr. Dupuy chamava-se, se não me engano, Paul-Émile Teysseyre. O examinador da Escola Politécnica, esse imbecil do Louis Monge, irmão do grande geômetra, que escreveu essa famosa tolice (no começo da *Estática*), não se deu conta de que todo o mérito de Paul-Émile era uma memória espantosa.

Ele chegou à Escola; sua hipocrisia completa, sua memória e seu bonito rosto de menina não tiveram ali o mesmo sucesso que em Grenoble, ele saiu de lá oficial, mas logo foi tocado pela graça e se tornou padre. Infelizmente, morreu do peito, eu teria acompanhado seu destino com prazer. Eu havia deixado Grenoble com uma vontade sem medida de poder um dia, a meu modo, dar-lhe umas cacholetas.

Parece-me que eu já lhe havia dado uma antecipação em casa do Sr. Chabert, onde ele ficava na minha frente, com razão, por sua memória imperturbável.

De sua parte, ele jamais se incomodava com nada e passava com um sangue-frio perfeito sob os ataques de *pequeno hipócrita* que lhe chegavam de todas as partes e que redobraram no dia em que o vimos coroado de rosas e desempenhando o papel de anjo em uma procissão.

Foi mais ou menos o único caráter que registrei na Escola Central. Ele fazia um belo contraste com o sombrio Benoît que encontrei no curso de literatura do Sr. Dubois-Fontanelle e que fazia a sublime ciência consistir no amor socrático que o doutor Clapier, o louco, havia-lhe ensinado.

Há talvez 10 anos não penso no Sr. Chabert: pouco a pouco lembro que ele era efetivamente muito menos limitado do que o Sr. Dupuy, embora tivesse um modo de falar mais arrastado ainda e uma aparência bem mais lamentável e burguesa.

Tinha estima por Clairaut e era uma grande coisa pôr-nos em contato com esse homem de gênio e afastar-nos um pouco do banal Bezout. Ele tinha Bossut, o *abbé* Marie, e de tempos em tempos fazia-nos estudar um teorema nesses autores. Ele tinha até mesmo em manuscrito algumas pequenas coisas de Lagrange, dessas coisas boas para nosso pequeno alcance.

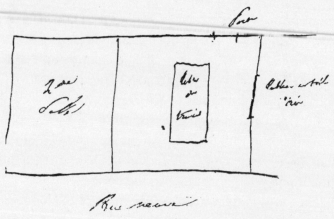

[Porta. – Segunda sala. – Mesa de trabalho. –
Quadro de tela encerada. – Rue Neuve.]

Parece-me que trabalhávamos com uma pena sobre um caderno de papel e em um quadro de tela encerada.

Minha desgraça estendia-se a tudo, talvez viesse de algum desajeitamento de meus parentes, que terão esquecido de enviar um peru de Natal ao Sr. Chabert ou a suas irmãs, pois ele tinha irmãs e muito bonitas, e sem minha timidez eu bem lhes teria feito a corte. Elas tinham muita consideração pelo neto do Sr. Gagnon, e de resto vinham à missa em casa no domingo.

Fazíamos plantas no grafômetro e na prancheta; um dia pegamos as medidas de um campo ao lado do caminho das Boiteuses. Trata-se do campo BCDF. O Sr. Chabert fez todos os outros traçarem linhas na prancheta, por fim chegou minha vez, mas fui o último ou o penúltimo, antes de uma criança. Fiquei humilhado e chateado; forcei muito a pena.

"Mas era uma linha que eu lhe havia dito para traçar, disse o Sr. Chabert com seu tom arrastado, e o que você fez foi uma barra."

Ele tinha razão. Acho que esse estado de desfavor acentuado nos Srs. Dupuy e Chabert e a indiferença perfeita do Sr. Jay na escola de desenho impediu-me de ser um tolo. Eu tinha disposições maravilhosas para sê-lo, meus parentes, cuja tristeza carola declamava sem parar contra a educação pública, haviam-se convencido sem muita dificuldade de que com cinco anos de cuidados, que pena! muito assíduos, eles haviam produzido uma obra-prima, e essa obra-prima era eu.

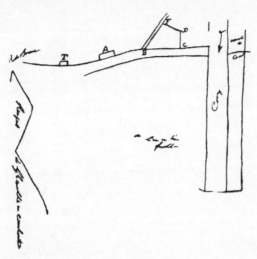

T. Casa desse louco do Camille Teisseire, jacobino que em 1811 quis queimar Rousseau e Voltaire. – A. Residência da boa mulher, ela é representada sem cabeça, isso me chocava muito.
[*Porta de Bonne. – Muralhas de Grenoble ao pôr do sol. – Lugar onde se fuzilou. – Pátios. – Moinho de Canel.*]

Um dia eu me dizia, mas na verdade isso foi antes da Escola Central: Será que eu não seria o filho de um grande príncipe, e tudo o que ouço dizer da Revolução, e o pouco que vejo dela, uma fábula destinada a fazer minha educação, como em *Émile*?

Pois meu avô, homem de agradável conversa, a despeito de suas resoluções piedosas, havia mencionado *Émile* diante de mim, falado da *Profession de foi du vicaire savoyard* etc., etc., etc. Eu havia roubado esse livro em Claix, mas não havia compreendido nada dele, nem mesmo os absurdos da primeira página, e depois de uns 15 minutos o abandonei. É preciso fazer justiça ao gosto de meu pai, ele era entusiasta de Rousseau e falava dele algumas vezes, pelo quê e por sua imprudência diante de uma criança, era bem repreendido por minha tia Séraphie.

Capítulo XXVII

Eu tinha e ainda tenho os gostos mais aristocráticos, eu faria tudo pela felicidade do povo, mas eu preferiria, penso eu, passar 15 dias todo mês na prisão do que viver com moradores de casas pobres.

Por essa época, liguei-me, não sei como, a François Bigillion (que mais tarde se matou, penso eu, pelo aborrecimento que lhe causava sua mulher).

Era um homem simples, natural, de boa-fé, que nunca buscava mostrar por uma resposta ambiciosa que ele conhecia a sociedade, as mulheres etc. Essa era nossa grande ambição e nossa principal fatuidade no colégio. Cada um desses garotos queria persuadir o outro de que tivera mulheres e conhecia a sociedade, Bigillion não tinha nada de parecido com isso. Fazíamos longos passeios juntos, sobretudo em direção à torre de Rabot e à Bastille. A vista magnífica de que se usufrui de lá, sobretudo para os lados de Eybens por trás do qual se elevam os mais altos Alpes, elevava nosso espírito. Rabot e a Bastille são a primeira uma velha torre, a segunda uma casinha, situadas em duas alturas muito diferentes, na montanha que fecha a cintura de muralha da cidade, muito ridícula em 1795, mas que 1836 está sendo melhorada.

Nesses passeios dizíamo-nos com toda franqueza o que nos parecia essa floresta terrível, sombria e deliciosa, na qual estávamos a ponto de entrar. Vê-se que se tratava da sociedade e do mundo.

Bigillion tinha grandes vantagens sobre mim:

1º Havia vivido livremente desde a infância, filho de um pai que não gostava muito dele e sabia se distrair de um modo que não era o de fazer do filho seu boneco.

2º Esse pai, burguês do campo muito abastado, morava em Saint-Ismier, aldeia situada a duas léguas de Grenoble, para o leste, em uma posição muito agradável no vale do Isère. Esse bom homem do campo, apreciador do vinho, da boa mesa e de frescas camponesas, alugara um apartamento em Grenoble para seus dois filhos que ali faziam sua educação. O mais velho se chamava Bigillion, segundo o uso de nossa província, o mais novo, Rémy, humorista, homem singular, verdadeiro natural do Dauphiné, mas generoso, um pouco ciumento mesmo naquela época da amizade que Bigillion e eu tínhamos um pelo outro,

Baseada na mais perfeita boa-fé, essa amizade tornou-se íntima ao termo de 15 dias. Ele tivera um tio que era um monge culto e, ao que me parece, muito pouco monge, o bom padre Morlon, talvez beneditino, que em minha infância quisera, por amizade por meu avô, confessar-me uma ou duas vezes. Eu ficara bem surpreso com seu tom de suavidade e polidez, bem diferente do áspero pedantismo dos ridículos frustrados a que meu pai me entregava mais frequentemente, como o padre Rambault.

Esse bom padre Morlon teve uma grande influência sobre meu espírito, ele tinha Shakspeare[157] traduzido por Letourneur, e seu sobrinho Bigillion pegou emprestado para mim sucessivamente todos os volumes dessa obra considerável para uma criança, 18 ou 20 volumes.

Julguei-me renascer ao lê-la. Primeiro, tinha a imensa vantagem de não ter sido elogiado e apregoado por meus parentes como Racine. Bastava que elogiassem uma coisa *como prazerosa* para fazer com que eu tomasse horror dela.

Para que nada faltasse ao poder de Shakspeare sobre meu coração, creio mesmo que meu pai me falou mal dele.

Eu desconfiava de minha família em relação a tudo, mas na área das belas-artes seus elogios eram suficientes para me dar uma aversão mortal pelas mais belas coisas. Meu coração bem mais avançado que minha inteligência sentia perfeitamente que ela as elogiava como os *Kings* elogiam hoje a religião, isto é, *com uma segunda fé*. Eu sentia bem confusamente, mas bem vivamente, e com um ardor que não tenho mais, que toda finalidade moral, isto é, por interesse, no artista, mata toda obra de arte. Li continuamente Shakspeare de 1796 a 1799. Racine, incessantemente louvado por meus parentes, fazia-me o efeito de um hipócrita banal. Meu avô havia-me contado a história de sua morte por não mais ter contado com a consideração de Luís XIV.

---

[157] Stendhal escreve sempre desse modo o nome de Shakespeare.

De resto, os versos entediavam-me como se alongassem a frase e a fizessem perder a nitidez. Eu abominava *corcel* em lugar de cavalo. Eu chamava isso de hipocrisia.

Como, vivendo solitário no seio de uma família que falava muito bem, eu poderia perceber a linguagem mais ou menos nobre? Onde eu teria pegado a linguagem não elegante?

Corneille desagradava-me menos. Os autores que me agradavam à época até a loucura eram Cervantes, *Dom Quixote*, e Ariosto em traduções. Imediatamente depois vinha Rousseau, que tinha o duplo defeito (*drawback*) de elogiar os padres e a religião e de ser elogiado por meu pai. Eu lia com delícia os *Contos*, de La Fontaine, e *Félicia*. Mas não eram *prazeres literários*. São desses livros que lemos com uma só mão, como dizia a Sra. ...[158]

Quando em 1824, no momento de me apaixonar por Clémentine, eu me esforçava para não deixar minha alma absorver-se na contemplação de suas graças (lembro-me de um grande combate uma noite, no concerto da Sra. du Bignon, onde eu estava ao lado do célebre general Foy, Clémentine, ultra, não ia a essa casa), quando, digo, escrevi *Racine e Shakespeare*, acusaram-me de brincar e de renegar minhas primeiras sensações de infância, vê-se como era verdade, o que eu me preservava de dizer (por ser inacreditável), que meu primeiro amor fora por Shakspeare, e entre outros por *Hamlet* e *Romeu e Julieta*.

Os Bigillion moravam na Rue Chenoise (não estou certo do nome), essa rua que desembocava entre a abóbada de Notre-Dame e um pequeno rio sobre o qual fora construído o convento dos agostinianos. Ali havia um famoso livreiro que eu visitava com frequência. Mais além ficava o Oratório, onde meu pai estivera preso alguns dias com o Sr. Colomb, pai de Romain Colomb, o mais antigo de meus amigos (em 1836). Eis essa rua cujo nome está mais ou menos apagado, mas não sua aparência.

Nesse apartamento situado no terceiro andar, em B, vivia com os Bigillion a irmã deles, a Srta. Victorine Bigillion, muito simples,

---

[158] A expressão "livros que lemos com uma só mão" é atribuída a várias pessoas, mas aparece nas *Confissões*, de Rousseau, em que é atribuída a uma mulher, talvez a Srta. de Villeroi, marechal-duquesa de Luxemburgo.

muito bonita, mas de modo algum de uma beleza grega, ao contrário, era uma figura profundamente alóbroga. Parece-me que hoje isso se chama raça gaélica. (Ver o Dr. Edwards e o Sr. Adrien de Jussieu, pelo menos foi esse último que me fez crer nessa classificação.)

A Srta. Victorine era inteligente e refletia muito, era o próprio frescor. Sua figura estava em perfeita concordância com as janelas quadriculadas do apartamento que ela ocupava com seus dois irmãos, sombrio, ainda que voltado para o sul e no terceiro andar, mas a casa em frente era enorme. Esse acordo perfeito chamava-me a atenção, ou, antes, eu sentia seu efeito, mas não o compreendia em nada.

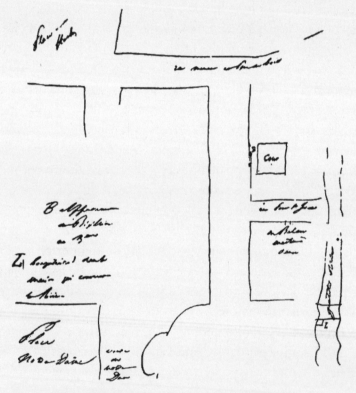

[Place aux Herbes. — Rua que leva à ponte de madeira. — Pátio. — Rue Pont-St-Jaime. — Sr. Belair, professor de dança. — Pequeno rio. — Abóbada de Notre-Dame. — Place Notre-Dame. — B. Apartamento de Bigillion no 3º. — L. Livreiro na casa sobre o rio.]

Ali frequentemente eu estava presente durante a ceia dos dois irmãos e da irmã. Uma empregada de sua região, simples como eles, preparava-a para eles, comiam pão escuro, o que parecia incompreensível para mim, que sempre só comera pão branco.

Aí estava toda minha vantagem em relação a eles; a seus olhos eu era de uma classe superior: o filho[159] do Sr. Gagnon, membro da comissão da Escola Central, era *nobre*, e eles, burgueses tendendo ao camponês. Não é que houvesse neles pesar nem tola admiração; por exemplo, gostavam mais do pão escuro que do pão branco, e só dependia deles a farinha ser peneirada para se ter pão branco.

Vivíamos ali em toda inocência, em torno dessa mesa de nogueira coberta por uma toalha de tecido cru cinza, Bigillion, o irmão mais velho, 14 ou 15 anos, Rémy 12, a Srta. Victorine 13, eu 13, a empregada 17.

Formávamos um grupo bem jovem, como se vê, e nenhum parente adulto para nos incomodar. Quando o Sr. Bigillion, o pai, vinha à cidade para um dia ou dois, não ousávamos desejar sua ausência, mas ele nos incomodava.

Talvez tivéssemos todos um ano a mais, mas no máximo, meus dois últimos anos 1799 e 1798 foram inteiramente absorvidos pela matemática e por Paris no final, foi portanto em 1797 ou antes 1796, ora, em 1796 eu tinha 13 anos.

Vivíamos então como jovens coelhos brincando em um bosque ao mesmo tempo que comendo serpilho. A Srta. Victorine era a dona de casa; ela punha cachos de uvas secas em uma folha de vinha amarrada por um fio, que ela me dava e de que eu gostava quase tanto quanto de sua encantadora figura. Algumas vezes eu lhe pedia um segundo cacho, e com frequência ela me recusava, dizendo: "Nós só temos oito e é preciso passar a semana".

Toda semana, uma ou duas vezes, vinham provisões de Saint-Ismier. Era o costume em Grenoble. A paixão de cada burguês é seu *domaine* [*propriedade*], e ele prefere uma verdura que vem de sua propriedade em Montbonnot, Saint-Ismier, Corene, Voreppe, Saint-Vincent ou Claix, Échirolles, Eybens, Domène etc., etc., e que lhe fica por quatro *sous*, à mesma verdura comprada por dois *sous* na Place aux Herbes. Esse burguês tinha 10 mil francos postos a 5% com os Perier

---

[159] Está assim no texto original, "filho" em lugar de "neto".

(pai e primo de Casimir, ministro em 1832), ele os põe em uma propriedade que lhe rende 2 ou 2 ½ e fica encantado. Penso que é pago em vaidade e pelo prazer de dizer com um ar importante: *Preciso ir a Montbonnot* ou: *Estou vindo de Montbonnot.*

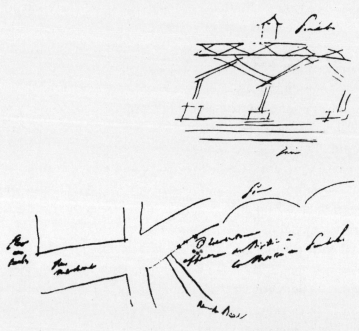

Deixei em Grenoble uma vista da ponte de madeira comprada por mim da viúva do Sr. Le Roy. É a óleo e *sbiadita*,[160] dulçorosa, à Dorat, à Florian, mas enfim é parecida quanto às linhas, só as cores são adocicadas e florianizadas. – Rue Marchande, assim chamada com razão, ali vinham comprar ou pelo menos passavam todos os camponeses de la Vallée (o vale de Grenoble em Montmélian, região muito rica e muito bonita).
[Ponte de Bois. – Isère.Place aux Herbes. – Rue Marchande. – Ponte. – O. Escada caracol. Apartamento dos Bigillion na subida da ponte de madeira. – Rue du Boeuf.]

Eu não tinha amor por Victorine, meu coração estava ainda inteiramente mortificado pela partida da Srta. Kubly e minha amizade por Bigillion era tão íntima que me parece que, de um modo resumido, por medo do riso, eu havia ousado confiar-lhe minha loucura.

---

[160] Em italiano no original, "descorado", "pálido".

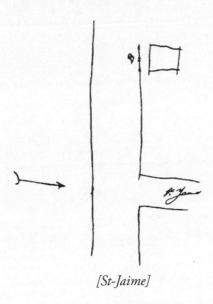
[St-Jaime]

Ele não se assustara com isso, era a melhor das criaturas, a mais simples, qualidades preciosas que acompanhavam o bom senso mais fino, bom senso característico dessa família e que se fortalecera nele pela conversa de Rémy, seu irmão e seu amigo íntimo, pouco sensível, mas de um bom senso inexorável. Rémy passava com frequência tardes inteiras sem abrir a boca.

Nesse terceiro andar passaram-se os momentos mais felizes de minha vida. Pouco depois, os Bigillion deixaram essa casa para ir morar na Montée du Pont de Bois; ou, antes, é exatamente o contrário, do Pont de Bois vieram para a Rue Chenoise, ao que me parece, certamente aquela em que dá a Rue Pont-Saint-Jaime. Estou certo das três janelas quadriculadas, em B, e de sua posição em relação à Rue Pont-Saint-Jaime. Mais que nunca faço descobertas ao escrever isto (em Roma, em janeiro de 1836). Esqueci três quartos de todas essas coisas sobre as quais não pensei seis vezes por ano nos últimos 20 anos.

Eu era muito tímido em relação a Victorine, cujos seios nascentes eu admirava, mas eu lhe confidenciava tudo, por exemplo, as perseguições de Séraphie, de que eu escapava com dificuldade, e lembro que ela se recusava a acreditar em mim, o que me dava uma pena mortal. Ela me dava a entender que eu tinha um mau caráter.

Capítulo XXVIII

Bigillion fez com que eu entendesse que o severo Rémy teria visto com muitos maus olhos que eu fizesse a corte a sua irmã, e esse foi o único ponto em relação ao qual não houve franqueza perfeita entre nós. Com frequência, pelo cair da noite, depois do passeio, como eu demonstrasse que iria subir até Victorine, eu recebia um adeus apressado que me contrariava muito. Eu tinha necessidade de amizade e de falar com franqueza, o coração ulcerado por tantas maldades de que, com ou sem razão, eu julgava firmemente ter sido objeto.

Confessarei no entanto que eu preferia muito mais ter essa conversa inteiramente simples com Victorine do que com seus irmãos. Vejo hoje meu sentimento da época, parecia-me incrível ver de tão perto esse animal terrível, uma mulher, e ainda com cabelos esplêndidos, um braço divinamente feito, embora um pouco magro, e por fim um colo encantador com frequência um pouco descoberto por causa do extremo calor. É verdade que sentado contra a mesa de nogueira, a dois pés da Srta. Bigillion, a quina da mesa entre nós, eu só falava com os irmãos para ser bem comportado. Mas por isso eu não tinha qualquer vontade de estar apaixonado, eu estava *scottato* (queimado, escaldado), como se diz em italiano, eu acabara de experimentar que o amor era uma coisa séria e terrível. Eu não me dizia, mas sentia muito bem que no total meu amor pela Srta. Kubly me havia provavelmente causado mais dores do que prazeres.

Enquanto havia esse sentimento por Victorine, tão inocente em palavras e mesmo em ideias, eu me esquecia de odiar e sobretudo de acreditar que me odiavam.

Parece-me que depois de um certo tempo o ciúme fraternal de Rémy acalmou-se; ou então ele foi passar alguns meses em Saint-Ismier. Viu talvez que na realidade eu não amava, ou teve algum assunto seu, éramos todos políticos de 13 ou 14 anos. Mas no Dauphiné já desde essa idade as pessoas são muito sagazes, não temos nem a despreocupação nem o ... do garoto de Paris, e cedo as paixões nos dominam. Paixões por ninharias, mas enfim o fato é que desejamos apaixonadamente.

Enfim, eu ia ficar com a Srta. Bigillion bem umas cinco vezes por semana a partir do cair da noite ou do santo (sino das 9 horas tocado em Saint-André).

Sem falar de modo algum da amizade que reinava entre nós, tive um dia, ao cear com meus parentes, a imprudência de mencionar essa família, fui severamente punido por minha leviandade. Vi desprezarem, com a pantomima mais expressiva, a família e os irmãos de Victorine.

"Não há uma menina? será alguma senhorita do campo?"

Lembro-me muito pouco dos termos do terrível desprezo e da cara de frio desdém que os acompanhava. Só tenho lembrança da sensação de ardência que esse desprezo causou em mim.

Devia ser exatamente o ar de desprezo frio e zombador que o barão des Adrets empregava sem dúvida ao falar de minha mãe ou de minha tia.

Minha família, apesar da condição de médico e de advogado, julga-se estar à beira da nobreza, as pretensões de meu pai não iam a nada menos do que as de fidalgo decaído. Todo o desprezo que foi expresso, nessa noite, durante toda a ceia estava baseado na condição de burguês rural do Sr. Bigillion, pai de meus amigos, e no fato de que seu irmão mais novo, homem muito sagaz, era diretor da prisão departamental da Place Saint-André, uma espécie de carcereiro burguês.

Essa família recebera são Bruno na Grande Cartuxa em .... Estava mais do que bem provado, isso era muito mais respeitável do que o fâmulo Beyle, juiz de aldeia de Sassenage sob os senhores da Idade Média. Mas o bom Bigillion pai, amante dos prazeres, bem posto em sua aldeia, não jantava em casa do Sr. de Marcieu, ou em casa da Sra. de Sassenage, e cumprimentava primeiro meu avô assim que o via por mais longe que estivesse e além do mais falava do Sr. Gagnon com a mais elevada consideração.

Essa manifestação de altivez distraía uma família que por hábito morria de tédio e durou toda a ceia, eu havia perdido o apetite ao ouvir meus amigos serem tratados assim, perguntaram-me o que eu tinha. Respondi que eu havia *merendado* muito tarde. A mentira é o único e fácil recurso da fraqueza. Eu morria de cólera contra mim mesmo: o quê! eu fora suficientemente tolo para falar com meus parentes do que me interessava?

Esse desprezo lançou-me numa perturbação profunda, e vejo sua razão neste momento, era Victorine. Não era portanto com esse animal terrível, tão temido, mas tão exclusivamente adorado, uma mulher como deve ser e bonita, que eu tinha a felicidade de toda noite conversar quase intimamente?

Ao termo de quatro ou cinco dias de dor cruel Victorine venceu, eu a declarei mais agradável e mais sociável do que minha família triste, *encolhida* (foi a palavra que usei), selvagem, que não convidava para a ceia, nunca ia a um salão onde houvesse 10 pessoas, ao passo que a Srta. Bigillion comparecia com frequência à casa do Sr. Faure em Saint-Ismier e à casa dos parentes de sua falecida mãe em Chapareillan para jantares de 25 pessoas. Ela era mesmo mais nobre graças à recepção de são Bruno por volta de 1080.

Muitos anos depois vi o mecanismo do que se passou à época em meu coração e, por falta de palavra melhor, chamei-o de *cristalização* (palavra que chocou tanto esse grande literato, ministro do Interior em 1833, o conde de Argout, cena divertida relatada por Clara Gazul[161]).

Essa remissão do desprezo durou bem cinco ou seis dias, durante os quais eu não pensava em outra coisa. Esse insulto tão gloriosamente vencido pôs *um fato novo* entre a Srta. Kubly e meu estado atual. Sem que minha inocência desconfiasse, era um grande ponto: entre a dor e nós é preciso pôr fatos novos, ainda que seja quebrar o braço.

Eu acabava de comprar um Bezout numa boa edição, e de mandar encaderná-lo com cuidado (talvez ele ainda exista em Grenoble em casa do Sr. Alexandre Mallein, diretor das Contribuições); tracei nele uma

---

[161] Trata-se do escritor Prosper Mérimée (1803-1870). Depois que este publicou a obra *Le Théâtre de Clara Gazul* (1825), Stendhal se referia a ele desse modo.

coroa de folhas, e no meio um V maiúsculo. Todos os dias eu olhava esse monumento.[162]

Depois da morte de Séraphie, eu teria podido, por necessidade de amar, reconciliar-me com minha família, esse traço de altivez pôs o infinito entre eles e eu; eu teria perdoado a imputação de um crime à família Bigillion, mas o desprezo! E meu avô era quem o havia expressado com mais graça, e por consequência com maior resultado!

Eu evitava falar com meus parentes sobre outros amigos que fiz nessa época: os Srs. Gall, La Bayette...

Gall era filho de uma viúva que o amava de modo exclusivo e o respeitava por probidade na condição de dono da fortuna, o pai devia ser algum velho oficial. Esse espetáculo tão singular para mim atraía-me e me enternecia. Ah! se minha pobre mãe tivesse vivido, dizia-me eu! Se pelo menos eu tivesse tido parentes do tipo da Sra. Gall, como eu teria gostado deles! A Sra. Gall respeitava-me muito como neto do Sr. Gagnon, o benfeitor dos pobres aos quais oferecia cuidados gratuitos e mesmo duas libras de boi para se fazer caldo. Meu pai era desconhecido.

Gall era pálido, magro, doentio, marcado pela varíola, de resto um caráter muito frio, muito moderado, muito prudente. Sentia que era senhor absoluto da pequena fortuna e que era preciso não perdê-la. Era simples, correto e de modo algum falastrão nem mentiroso. Parece-me que deixou Grenoble e a Escola Central antes de mim a fim de ir para Toulon e entrar para a marinha.

Era também à marinha que se destinava o simpático La Bayette, sobrinho ou parente do almirante (isto é, contra-almirante ou vice-almirante) Morard de Galles.

---

[162] *Anotação de Stendhal na margem do manuscrito*: "Pôr isto aqui, bastante cortado, pô-lo em seu tempo, em 1806 ou 10. Em uma de minhas viagens (retornos) a Grenoble, por volta de 1806, uma pessoa bem informada disse-me que a Srta. Victorine estava apaixonada. Eu invejava a pessoa. Eu supunha que fosse Félix Faure. Mais tarde uma outra pessoa me disse: 'A Srta. Victorine, falando-me da pessoa que ela amou por tanto tempo, disse-me: Ele não é bonito, mas nunca o acusarão de ser feio... É o homem com mais inteligência e simpatia entre os jovens de minha época. Em uma palavra, acrescentou essa pessoa, é o senhor'. 10 de janeiro de 1836. (Lido de Brosses.)".

Ele era tão simpático e tão nobre quanto Gall era digno de estima. Lembro-me ainda das encantadoras tardes que passávamos, conversando à janela de seu pequeno quarto. Este ficava no terceiro andar de uma casa que dava para a nova Place du Département. Ali eu partilhava sua *merenda*: maçãs e pão escuro. Eu tinha fome de toda conversa sincera e sem hipocrisia. A esses dois méritos, comuns a todos os meus amigos, La Bayette acrescentava uma grande nobreza de sentimentos e de maneiras, e uma ternura de espírito não suscetível de paixão profunda como Bigillion, mas mais elegante na expressão.

Parece-me que ele me deu bons conselhos na época de meu amor pela Srta. Kubly, de que ousei falar-lhe tanto ele era sincero e bom. Juntávamos toda nossa pequena experiência das mulheres, ou, antes, toda nossa pequena ciência extraída dos romances lidos por nós. Devia ser engraçado ouvir-nos.

Logo depois da partida de minha tia Séraphie, eu lera e adorara *Mémoires secrets*, de Duclos, que meu avô lia.

Foi, parece-me, na sala de matemática que conheci Gall e La Bayette, foi certamente ali que me tornei amigo de Louis de Barral (agora o mais antigo e o melhor de meus amigos, é a criatura que mais gosta de mim no mundo, não há, parece-me, sacrifício que eu não faça por ele).

Na época ele era muito pequeno, muito magro, muito fraco, era tido por levar ao excesso um mau hábito que tínhamos todos, e o fato é que ele tinha a cara disso. Mas sua aparência ganhava muito com um esplêndido uniforme de tenente da engenharia, chamávamos isso de adjunto da engenharia; teria sido um bom meio de ligar à Revolução as famílias ricas ou pelo menos de mitigar seu ódio.

Anglès também, depois conde Anglès e chefe de polícia, enriquecido pelos Bourbons, era adjunto da engenharia, bem como uma criatura subalterna por essência ornada com cabelos vermelhos e que se chamava Giroud, diferente do Giroud de casaco vermelho com o qual eu brigava com frequência. Eu zombava muito com o Giroud guarnecido com uma dragona de ouro e que era muito *maior* que eu, isto é, que era um homem de 18 anos, ao passo que eu era ainda um menino de 13 ou 14 anos. Essa diferença de dois ou três anos é imensa no colégio, é mais ou menos a do nobre e do plebeu no Piemonte.

O que me conquistou logo em Barral da primeira vez que falamos (ele tinha na época como supervisor, ao que me parece, Pierre-Vincent Chalvet, professor de história e muito doente da irmã mais velha da varíola[163]), o que então me conquistou em Barral foi: 1º a beleza de seu casaco, cujo azul me pareceu encantador; 2º seu modo de dizer estes versos de Voltaire, de que ainda me lembro:

> *Vous êtes, lui dit-il, l'existence et l'essence,*
> *Simple*

Sua mãe, uma senhora muito alta, *era uma Grolée* – dizia meu avô com respeito –, cujo traje ela foi a última de sua classe a usar; eu a vejo ainda perto da estátua de Hércules no jardim com um vestido de ramagens, isto é, de cetim branco ornamentado de flores, o dito vestido repuxado até os bolsos como minha avó (Jeanne Dupéron, viúva B…), com um enorme coque empoado e talvez um cãozinho no braço. Os molecotes seguiam-na a distância com admiração, e quanto a mim eu era levado, ou carregado, pelo fiel Lambert, eu podia ter 3 ou 4 anos quando dessa visão. Essa grande senhora tinha os costumes de sua classe. O marquês de Barral, seu marido, ex-presidente, ou mesmo primeiro presidente do Parlamento, não quis emigrar. Por isso era censurado por minha família como se tivesse recebido 20 bofetadas.

O sensato Sr. Destutt de Tracy teve a mesma ideia em Paris e foi obrigado a arrumar um trabalho, como o Sr. de Barral, que, antes da Revolução, chamava-se Sr. de Montferrat, isto é, Sr. marquês de Montferrat (pronuncie-se: Monferá, *a* muito longo): o Sr. de Tracy foi reduzido a viver com os rendimentos do lugar de conselheiro da Instrução Pública, penso eu; o Sr. de Barral conservara 20 ou 25 mil francos de renda, metade ou dois terços dos quais deu em 1793 não à pátria, mas ao medo da guilhotina. Talvez tenha sido retido na França por seu amor pela Sra. Brémond, que a seguir ele desposou. Encontrei o Sr. Brémond filho no exército, onde era chefe

---

[163] Trata-se da sífilis. Em francês usava-se "*vérole*" para "sífilis" e "*petite vérole*" para "varíola".

de batalhão, acho eu, depois subinspetor das Revistas[164] e sempre amante dos prazeres.

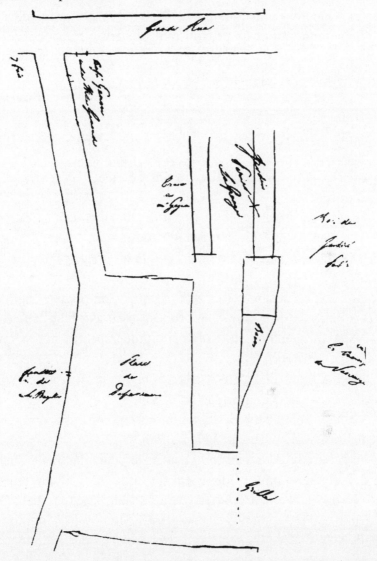

[Grande-Rue. – Sete vezes. – Café Genou, inde Sr. de Genoude. – Terraço do Sr. Gagnon. – Jardim Périer-Lagrange. – Banhos. – Bosque do Jardim Público. – Vista sobre as montanhas de Sassenage. – Grade. – Place du Département. – Janela de La Bayette.]

---

[164] Em francês, "*Revues*"; *Inspecteurs aux revues* eram funcionários civis encarregados de inspecionar as tropas no campo.

Não digo que seu sogro, o primeiro presidente de Barral (pois Napoleão o fez primeiro presidente ao criar as cortes imperiais), tenha sido um gênio, mas a meus olhos era de tal modo o contrário de meu pai e tinha tanto horror do pedantismo e de ferir o amor-próprio de seu filho, que ao sair de casa para ir ao passeio nos canais do *Drac*, se o pai dizia:

                                                                Bom dia,
o filho respondia..Demasia,
o pai...Ganso,
o filho..Ranço,
e o passeio se passava assim a dizerem rimas e a tentarem se atrapalhar um ao outro.

Esse pai ensinava a seu filho as *Sátiras*, de Voltaire (a única coisa perfeita a meu ver que esse grande reformador fez).

Foi então que percebi o verdadeiro *bom tom* e ele de imediato me conquistou.

Eu comparava sem cessar esse pai que fazia rimas e cheio de atenções delicadas para com o amor-próprio de seus filhos ao negro pedantismo do meu. Eu tinha o mais profundo respeito pela ciência do Sr. Gagnon, eu gostava sinceramente dele, eu não chegava a me dizer:

"Não se poderia reunir a ciência sem limites de meu avô e a amabilidade tão alegre e tão gentil do Sr. de Barral?"

Mas meu coração, por assim dizer, *pressentia* essa ideia que devia, a seguir, tornar-se fundamental para mim.

Eu já havia visto o bom tom, mas meio desfigurado, mascarado pela devoção nas noites piedosas em que a Sra. de Valserre reunia, no térreo da residência dos Adrets, o Sr. du Bouchage (par de França arruinado), o Sr. de Saint-Vallier (o grande Saint-Vallier), seu irmão Scipion, o Sr. de Pina (ex-prefeito de Grenoble, jesuíta profundo, 80 mil francos de renda e 17 filhos), os Srs. Sinard, de Saint-Ferréol, eu, a Srta. Bonne de Saint-Vallier, cujos belos braços (brancos e carnudos à veneziana) me impressionavam tanto.

O padre Chélan, o Sr. Barthélemy d'Orbane eram também modelos. O padre Ducros tinha o tom do gênio. (A palavra gênio era então para mim como a palavra *Deus* para os carolas.)

Capítulo XXIX

Eu não via o Sr. de Barral de modo tão positivo nessa época, ele era o objeto da aversão de meus parentes por não ter emigrado.

Como a necessidade tornava-me hipócrita (defeito de que muito me corrigi e cuja ausência me prejudicou tanto, em Roma, por exemplo), eu citava para minha família os nomes dos Srs. De La Bayette e de Barral, meus novos amigos.

"La Bayette! boa família, disse meu avô; seu avô fora capitão de navio, seu tio, o Sr. de ..., presidente no Parlamento. Para Montferrat, é um medíocre..."

É preciso confessar que certa noite, às 2 horas da madrugada, alguns guardas municipais, e o Sr. de Barral com eles, vieram prender o Sr. d'Antour, antigo conselheiro no Parlamento, imbecil de 30 anos que morava no primeiro andar e cuja ocupação constante era passear em seu grande salão roendo as unhas. O pobre diabo perdia a vista e além do mais era notoriamente suspeito, como meu pai. Era religioso até o fanatismo, mas excetuando isso de modo algum mau. Considerava-se indigno que o Sr. de Barral tivesse vindo prender um dos conselheiros outrora sob suas ordens quando ele era presidente do Parlamento.

É preciso convir que um burguês da França era um animal divertido por volta de 1794, quando pude começar a compreendê-lo, queixando-se amargamente da arrogância dos nobres e entre eles só estimando um homem por completo em virtude de seu nascimento. A virtude, a bondade, a generosidade não importavam, e até mesmo quanto mais um homem fosse distinto, mais fortemente lhe censuravam a falta de nascimento, e que nascimento!

Por volta de 1803, quando meu tio Romain Gagnon foi a Paris e se hospedou em minha casa, Rue de Ménars, não o apresentei em casa da Sra. de Neuilly, havia uma razão para tal: essa senhora não existia. Chocada por essa falta de apresentação, minha boa tia Élisabeth disse:

"É preciso que haja algo de extraordinário. De outro modo, Henry teria levado seu tio à casa dessa senhora: temos prazer de mostrar *que não nascemos embaixo de uma couve.*"[165]

Sou eu, por favor, que não nasci debaixo de uma couve.

E quando nosso primo Clet, horrivelmente feio, cara de boticário e ainda por cima de boticário por profissão (farmacêutico militar), esteve a ponto de se casar na Itália, minha tia Élisabeth respondia à reprovação por seu aspecto abominável:

"É preciso convir que se trata de um sujeito que não vale nada, dizia alguém.

— É verdade, mas há o nascimento! Primo do primeiro médico de Grenoble, não é nada?"

O caráter dessa nobre mulher era um exemplo bem gritante da máxima: *Noblesse oblige.* Não conheço nada de generoso, de nobre, de difícil que estivesse acima de sua generosidade e de seu desinteresse. É a ela em parte que devo o fato de falar adequadamente, se me escapasse uma palavra baixa, ela dizia: "Ah! Henry!". E seu rosto exprimia um frio desprezo cuja lembrança me *afligia* (me perseguia por muito tempo).

Conheci famílias em que se falava igualmente bem, mas nenhuma em que se falasse melhor que na minha. Isso não quer dizer que nela não se fizessem comumente os oito ou 10 erros próprios do Dauphiné.

Mas se eu me servia de uma palavra pouco precisa ou pretensiosa, no mesmo momento chegava-me uma brincadeira e com tanto mais felicidade, da parte de meu avô, pois eram mais ou menos as únicas brincadeiras que a piedade triste de minha tia Séraphie permitiu ao pobre homem. Era preciso, para evitar o olhar irônico desse homem de espírito, empregar a construção mais simples e a palavra própria, e no entanto não era preciso ousar servir-se de uma palavra baixa.

Vi as crianças, nas famílias ricas de Paris, empregarem sempre a construção mais ambiciosa para chegar ao estilo nobre, e os pais aplaudirem essa tentativa de ênfase. Os jovens parisienses diriam de bom grado *corcel* em lugar de *cavalo*, daí sua admiração pelos Srs. de Salvandy, de Chateaubriand etc.

---

[165] "Nascer embaixo de uma couve", expressão que significa "ser de origem desconhecida".

Havia aliás nessa época uma profundidade e uma verdade de sentimento no jovem natural do Dauphiné de 14 anos que nunca percebi no jovem parisiense. Em compensação, dizíamos: Eu estava no *cour-se* onde o Sr. *Passe-kin* leu-me um trecho em *ver-se* sobre a viagem de *Anver-se* a *Calai-ce*.[166]

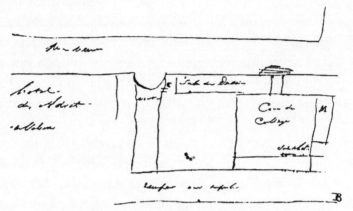

C. Apartamento de P. V. Chalvet sob a abóbada. –
M. Sala de matemática do Sr. Dupuy.
[Rue Neuve. – Residência dos Adrets. Sra. de Valserre. – Abóbada. – Sala de desenho. – Pátio do colégio. – Sala de latim. – Muralha. – Vista esplêndida.]

Foi só ao chegar a Paris, em 1799, que tive certeza de que havia outra pronúncia. A seguir tive aulas com o célebre La Rive e com Dugazon para eliminar os últimos restos do falar *arrastado* de minha região. Restam-me apenas duas ou três palavras ("*cote*", *kote*, em vez de *kaute*, pequena elevação; o bom padre Gattel teve portanto toda razão de indicar a pronúncia em seu bom dicionário, coisa reprovada recentemente por um tolo *literato* de Paris), e o sotaque firme e apaixonado do sul que, revelando a *força do sentimento*, o vigor com que se gosta ou se detesta, é de imediato singular e portanto *próximo do ridículo* em Paris.

Era portanto dizendo *chose* em vez de *chause*, *cote* em vez de *caute*, *Calai-ce* em lugar de *Kalai* (Calais) que eu conversava com meus amigos Bigillion, La Bayette, Gall, Barral.

---

[166] Formas de pronúncia das palavras "*cours*" (aula), "*Pasquin*", "*vers*" (verso), "*Anvers*", "*Calais*".

Este último vinha, ao que me parece, de La Tronche todas as manhãs passar o dia em casa de Pierre-Vincent Chalvet, professor de história, que vivia no colégio, sob a abóbada; pela altura de B, havia uma aleia bastante bonita de tílias, aleia muito estreita, mas as tílias eram antigas e frondosas, embora podadas, a vista era encantadora; ali eu passeava com Barral, que vinha do ponto C, muito próximo. O Sr. Chalvet, ocupado com suas putas, com sua sífilis e os livros que produzia, e além disso o mais despreocupado dos homens, deixava-o de bom grado escapar.

Acho que foi quando passeávamos em P que encontramos Michoud, cara de boi, mas homem excelente (que só cometeu o erro de morrer como partidário corrompido do ministério e conselheiro na Corte real por volta de 1827). Eu julgaria mesmo que esse excelente homem acreditava que a probidade só é obrigação entre indivíduos e que é sempre permitido trair seus deveres de cidadão para pegar algum dinheiro do governo. Faço uma enorme diferença entre ele e seu colega Félix Faure; este nasceu com a alma baixa, assim é par de França e primeiro presidente da Corte real de Grenoble.

Mas, quaisquer que tenham sido os motivos do pobre Michoud para vender a pátria aos desejos do procurador-geral, por volta de 1795 era o melhor, o mais natural, o mais fino, mas o mais simples de coração dos colegas.

Acho que aprendeu a ler com Barral em casa da Srta. Chavand, falavam com frequência de suas aventuras nessa pequena classe. (Já as rivalidades, as amizades, os ódios da sociedade!) Como eu os invejava! Acho mesmo que menti uma ou duas vezes ao deixar entender a outros de meus colegas que eu também aprendera a ler em casa da Srta. Chavand.

Michoud gostou de mim até sua morte, e ele não gostava de um ingrato, eu tinha a mais elevada estima por seu bom senso e sua bondade. Uma única vez trocamos socos, e como ele era duas vezes mais gordo que eu ele me maltratou.

Eu me censurava por meu desvio, não por causa dos socos recebidos, mas por ter desprezado sua extrema bondade. Eu era astuto e dizia coisas engraçadas que me valeram muitos socos, e esse mesmo caráter me valeu, na Itália e na Alemanha, no exército, alguma coisa de melhor, e, em Paris, críticas acerbas dos escritores menores.

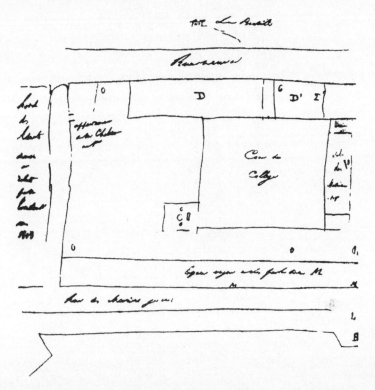

OOO. Instalações do colégio (construído pelos jesuítas). – P. Começo do passeio das antigas tílias. Tílias cortadas (*maimed*[167]) na altura. – L. Jardim abaixo do Sr. de Plainville, comandante ou ajudante da praça, pai de Plainville, o amigo de Barral. – C. Sala de química com suas duas colunas e sua mesa. O Sr. Trousset, professor (morto pouco depois do peito, protegido de meu avô). – D. Sala de desenho. D'. Sala de moldes de gesso com um palco em T. – G. Mesa onde se mostravam pedaços de cadáver em presença das Srtas. Genèvre.

[La Bastille. Rue Neuve. Residência dos Adrets, demolida e reconstruída pelo Sr. Trouilloud por volta de 1808. – Apartamento do Sr. Chalvet no 1º. – Pátio do Colégio. – Sala de matemática. – Espaço vago e fechado pela parede M. – Rue des Mûriers, acho.]

---

[167] Em inglês no original, "mutiladas".

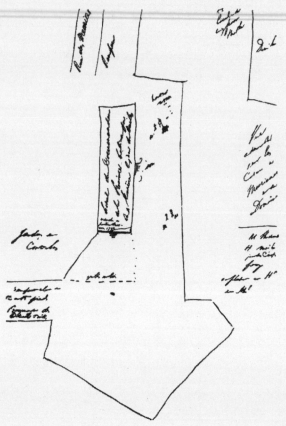

[Rue des Mûriers. – Muralha. – Túmulo de my poor mother.[168] – Meia lua. – Vista admirável sobre as encostas de Murianette e Domène. – Residência do comandante da Província ocupada pelo Sr. de Tonnerre no Dia das Telhas. Vendida, em parte destruída, por volta de 1793. Escada da entrada. – Elevação e vasos. – Jardim embaixo. – Grade de madeira. – Muralha elevada com 12 ou 15 pés. – Passeio das tílias cortadas. – Sr. Michoud. – H. Eu, no dia dos socos, ou melhor, em H' e M'.]

Quando me ocorre uma observação espirituosa, vejo sua gentileza e de modo algum sua maldade. Fico sempre surpreso com seu alcance como maldade, por exemplo, foram Ampère e A. de Jussieu que me fizeram ver o alcance da frase dirigida a esse tratante do visconde de La Passe (Civita-Vecchia, setembro de 1831 ou 1832): "Será que eu ousaria perguntar-lhe seu nome?", que La Passe jamais me perdoará.

---

[168] Em inglês no original, "minha pobre mãe".

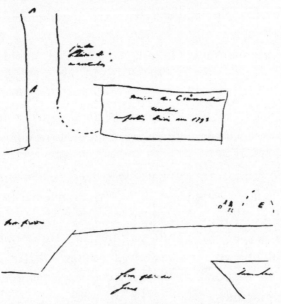

A. Aleia de velhas tílias apequenadas e talhadas (imagens de um verdadeiro poeta que é da Academia, e fala de Vênus e de Pomona). – H. Eu. – M. Michoud. – E. Elevação de terra de oito a 10 pés embaixo da qual ficava nosso campo de jogo da barra. – Vista magnífica sobre as encostas cobertas de vegetação.
[Jardim Plainville rebaixado. – Casa do comandante vendida em parte destruída por volta de 1793. – Fortificações. – Meia lua. – Fossos cheios de juncos.]

Agora por prudência não digo mais essas frases e, um desses dias, Dom Filippo Caetani fazia-me justiça ao dizer que eu era um dos homens menos maldosos que ele jamais vira, embora minha reputação fosse de homem imensamente espirituoso, mas bem maldoso e ainda mais imoral (imoral porque escrevi sobre as mulheres em *O amor* e porque, a despeito de mim mesmo, zombo dos hipócritas, corpo respeitável em Paris, quem poderia acreditar nisso? mais ainda que em Omar[169]).

Recentemente a Sra. d'Anvers, Sra. Toldi do *Valle*,[170] disse ao príncipe Caetani, quando eu saía de sua casa:

---

[169] Trata-se de Roma, um dos anagramas frequentes em Stendhal.
[170] La Toldi foi uma soprano que cantou no Teatro Valle, de Roma, na temporada de 1835-1836.

"Mas é o Sr. de Stendhal, esse homem de tanta inteligência *tão imoral*."

Uma atriz que tem um filho com o príncipe Leopoldo de Siracusa de Nápoles! O bom Dom Filippo defendeu-me muito seriamente da acusação de imoralidade.

Mesmo contando que um cabriolé amarelo acaba de passar pela rua tenho a infelicidade de ofender mortalmente os hipócritas, e mesmo os *tolos*.

Mas no fundo, caro leitor, não sei o que sou: bom, mau, espirituoso, tolo. O que sei perfeitamente são as coisas que me dão sofrimento ou prazer, que desejo ou que odeio.

Um salão de provincianos enriquecidos e que exibem luxo é, por exemplo, objeto de minha aversão. Em seguida, vem um salão de marqueses e portadores de condecorações da Legião de Honra que exibem sua moralidade.

Um salão de oito ou 10 pessoas, em que todas as mulheres tiveram amantes, onde a conversa é alegre, cheia de casos, e onde se bebe ponche leve à meia-noite e meia é o lugar do mundo onde me sinto melhor, ali em meu centro prefiro infinitamente mais ouvir outrem falar do que eu mesmo falar. De bom grado caio no silêncio da *felicidade* e, se falo, é apenas para *pagar meu bilhete de entrada,* expressão que empregada nesse sentido introduzi na sociedade de Paris, é como *fioritura* (importado por mim), que encontro incessantemente. Encontro mais raramente, é preciso convir, *cristalização*[171] (ver *O amor*). Mas não faço questão de modo algum dela, se encontrarem uma expressão melhor, mais própria da língua, para a mesma ideia, serei o primeiro a aplaudi-la e a me servir dela.

---

[171] *Anotação de Stendhal no manuscrito*: "Espécie de loucura que faz ver todas as perfeições e tudo *parecer perfeito* no objeto e que tem efeito na matriz. *Ele é pobre*: ah! como gosto mais dele! *Ele é rico*: ah! como gosto mais dele!".

Capítulo XXX

Vejo hoje que uma qualidade comum a todos os meus amigos era o natural ou a ausência de hipocrisia. A Sra. Vignon e minha tia Séraphie haviam-me feito sentir, em relação a essa primeira condição de sucesso na sociedade atual, um horror que me prejudicou muito e que chega à aversão física. O convívio prolongado com um hipócrita dá-me um começo de enjoo (como há um mês o italiano do cavaleiro Tallenay obriga a condessa Sandre a desamarrar seu espartilho, visto ... em novembro de 35).

Não era pelo *natural* que brilhava o pobre Grand-Dufay, rapaz muito inteligente, de modo que sempre foi apenas meu amigo *literário*, isto é, ele cheio de inveja e eu cheio de desconfiança, e ambos nos estimando muito.

Ele ganhou o primeiro prêmio de gramática geral no mesmo ano, ao que me parece, em que eu ganhava o primeiro prêmio de literatura. Mas que ano foi esse? Terá sido 1796 ou 1795? Eu teria grande necessidade dos arquivos da Prefeitura; nossos nomes eram impressos em cartazes *in-folio* e expostos. A sensata lei do Sr. de Tracy (a transcrever a seguir) cercava os exames de muita pompa. Não se tratava da esperança da pátria? Era um ensino tanto para o membro da administração departamental, produto moral do despotismo da Sra. Du Barry, quanto para o aluno.

Que havia para se fazer, em 1796, com todos os homens que tinham mais de 20 anos? Salvar a pátria do mal que eles estavam dispostos a lhe fazer e esperar de um modo ou de outro sua *death*?[172]

Isso é tão verdadeiro quanto triste de dizer. Que alívio para a barca do Estado, em 1836, se todos os que têm mais de 50 anos passarem de repente *ad patres*![173] Exceto, com certeza, *o Rei, minha Mulher e Eu*.

---

[172] Em inglês no original, "morte".
[173] Em latim no original, "aos pais" – "passar *ad patres*", isto é, morrer.

Numa das numerosas iluminações públicas que ocorriam todos os meses, de 1789 a 1791, um burguês pôs esta transparência:

VIVA
O REI
MINHA MULHER E EU

Grand-Dufay, o mais velho de quatro ou cinco irmãos, era uma pequena criatura magra e seca, com uma cabeça grande, um rosto muito marcado de varíola e no entanto muito vermelho, com olhos brilhantes, mas falsos, com um pouco da vivacidade inquietante do javali. Era cauteloso e nunca imprudente em suas proposições, sempre ocupado em elogiar, mas com os termos mais medidos possíveis. Dir-se-ia um membro do Instituto. De resto, com a mais viva inteligência e apreendendo admiravelmente as coisas, mas desde muito novo devorado pela ambição. Era o filho mais velho e o *enfant gâté*[174] (termo da região) de uma mãe com o mesmo caráter, e não sem razão: a família era pobre.

Que admirável Plougoulm (isto é, advogado-geral vendido ao poder e que sabe disfarçar as injustiças mais infames) Dufay não teria sido?

Mas ele não viveu e quando de sua morte, em Paris, por volta de 1803, eu terei de me acusar de um dos piores sentimentos de minha vida, de um daqueles que mais me fizeram hesitar em continuar estas Memórias. Eu o havia esquecido desde 1803 ou 1804, época dessa morte. É estranho como me lembro de tantas coisas desde que escrevo estas Confissões. Elas me vêm de repente, e me parece que as julgo com imparcialidade. A todo instante vejo o *melhor* que não fiz. Mas que diabo terá a paciência de as ler, estas coisas?

Meus amigos, quando saio à rua com um casaco novo e bem feito, dariam um escudo para que me jogassem um copo de água suja. A frase é mal feita, mas a coisa é verdadeira (excetuado, bem entendido, o excepcional conde de Barral, é o caráter de La Fontaine).

Onde se encontrará o leitor que, depois de quatro ou cinco volumes de *eu* e de *mim*, não desejará que me joguem não mais um copo

---

[174] Expressão francesa ("caprichoso", "mimado") que, ao contrário do que diz Stendhal, não é local.

de água suja, mas uma garrafa de tinta? Todavia, ó meu leitor, todo o mal está apenas nestas sete letras: B, R, U, L, A, R, D, que formam meu nome, e que dizem respeito a meu amor-próprio. Suponham que eu tivesse escrito *Bernard*, este livro, como o *Vigário de Wakefield*[175] (seu êmulo em inocência), não seria mais do que um romance escrito na primeira pessoa.

Será preciso pelo menos que a pessoa a quem eu tiver legado esta obra póstuma faça com que um redator qualquer abrevie todos os detalhes, o Sr. Amédée Pichot ou o Sr. Courchamps dessa época. Já se disse que nunca se vai tão longe em *opera d'inchiostro*[176] como quando não se sabe aonde se vai, se fosse sempre assim, as atuais Memórias, que pintam um *coração de homem*, como dizem os Srs. Victor Hugo, d'Arlincourt, Soulié, Raymond etc., etc., deveriam ser uma coisa muito bela. Os *eu* e os *mim* atormentavam-me ontem à noite (14 de janeiro de 1836) enquanto eu escutava o *Moisés*, de Rossini. A boa música faz-me pensar com mais intensidade e clareza naquilo de que me ocupo. Mas é preciso para isso que o tempo do *julgamento* tenha passado, há tanto tempo que julguei o *Moisés* (em 1823) que esqueci os termos do julgamento e não penso mais nisso, sou apenas o *Escravo do anel*, como dizem as *Noites árabes*.

As lembranças multiplicam-se sob minha pena. Eis que me dou conta de que esqueci um de meus amigos mais íntimos, Louis Crozet, agora engenheiro-chefe e muito digno engenheiro-chefe, em Grenoble, mas enterrado como o *Barão enterrado vivo diante de sua mulher*[177] e por ela afogado no egoísmo estreito de uma pequena e invejosa burguesia de uma aldeia de montanha da nossa região (La Mure, Corps ou Bourg-d'Oisans).

---

[175] *The Vicar of Wakefield* (1766), romance do escritor irlandês Oliver Goldsmith, foi um dos romances mais populares do século XVIII.

[176] Em italiano no original – "trabalho de tinta, obra literária" –, a partir de uma passagem de *Orlando furioso* (canto I, estrofe 3), de Ariosto: "*Quel ch'io vi debbo posso di parole/pagare in parte, e d'opera d'inchiostro*" ("O que devo posso com palavras pagar em parte, e com trabalho de tinta").

[177] *Anotação de Stendhal no manuscrito*: "Versos de *Homme du jour: Ci-gît, sans avoir rendu l'âme,/Le baron enterré vis-à-vis de sa femme*". Trata-se de dois versos do ato V, cena 3, da comédia *Les Dehors trompeurs ou l'Homme du jour* (1740), de Louis de Boissy.

Louis Crozet era feito para ser em Paris um dos homens mais brilhantes, teria batido em um salão Koreff, Pariset, Lagarde e, depois deles, eu, se for permitido nomear-me. Teria sido, com a pena na mão, um espírito no gênero de Duclos, autor do *Essai sur les moeurs* [*Ensaio sobre os costumes*] (mas esse livro estará talvez morto em 1880), o homem que, no dizer de d'Alembert, *tinha mais espírito em uma certa época.*

Foi, acho eu, *no latim* (como dizíamos), em casa do Sr. Durand, que me liguei a Crozet, então o menino mais feio e mais sem graça de toda a Escola Central; deve ter nascido por volta de 1784.

Tinha um rosto redondo e exangue, muito marcado pela varíola, e com pequenos olhos azuis muito vivos, mas com bordas atacadas, injetadas por essa cruel doença. Tudo isso era completado por um arzinho pedante e de mau humor; andando mal e como que com as pernas tortas, toda sua vida o antípoda da elegância e por infelicidade buscando a elegância, e com isso um espírito inteiramente divino. (La Fontaine.)

Raramente sensível, mas, quando o era, amava a Pátria com paixão e, penso eu, seria capaz de heroísmo se necessário. Teria sido um herói em uma assembleia deliberadora, um *Hampden*, e para mim isso é dizer tudo. (Ver a Vida de Hampden, de Lorde King ou Dacre, seu bisneto.)

Enfim, não tem comparação o natural do Dauphiné em que vi mais espírito e sagacidade, e ele tinha essa audácia misturada com timidez necessária para brilhar em um salão de Paris, como o general Foy ele se animava ao falar.

Ele me foi muito útil por essa última qualidade, *a sagacidade*, que naturalmente me faltava por completo e que, ao que me parece, ele chegou a me inocular em parte. Digo *em parte* pois sempre é preciso que eu me dedique. E se descubro alguma coisa, estou sujeito a exagerar minha descoberta e a não ver outra coisa que não ela.

Desculpo esse defeito de meu espírito chamando-o: *efeito necessário* e *sine qua non* de uma sensibilidade extrema.

Quando uma ideia se apodera muito de mim no meio da rua, *eu caio*. Exemplo: Rue de Richelieu, perto da Rue des Filles-Saint-Thomas, única queda durante cinco ou seis anos, causada em torno de 1826 por este problema: o Sr. de Belleyme deve ou não deve, no interesse de sua ambição, fazer-se nomear deputado? Era a época em que o Sr. de Belleyme, chefe de polícia (o único magistrado popular da época dos Bourbons do ramo mais velho), procurava desajeitadamente fazer-se deputado.

Quando as ideias me chegam no meio da rua, estou sempre a ponto de ir de encontro a um transeunte, de cair ou de ser atropelado pelos veículos. Perto da Rue d'Amboise, certo dia em Paris (uma ocasião em cem), eu olhava o Dr. Edwards sem o reconhecer. Isto é, havia duas ações; uma dizia bem: Eis o Dr. Edwards; mas a segunda, ocupada com o pensamento, não acrescentava: É preciso dizer-lhe bom dia, e lhe falar. O doutor ficou muito espantado, mas não chateado, não tomou a coisa como cena do gênio (como o teriam feito os Srs. Prunelle, antigo prefeito de Lyon, o homem mais feio da França, Jules-César Boissat, o homem mais pretensioso, Félix Faure e muitos outros de meus conhecidos e amigos).

Tive a felicidade de encontrar com frequência Louis Crozet, em Paris em 1800; em Paris de 1803 a 1806; em Placy de 1810 a 1814, aonde eu ia vê-lo e onde deixei meus cavalos guardados durante não sei qual missão do imperador. Enfim, dormimos no mesmo quarto (hotel de Hambourg, Rue de l'Université) na noite da tomada de Paris, em 1814. Devido ao sofrimento, ele teve uma indigestão durante a noite, eu que perdia tudo, eu considerava a coisa mais como um espetáculo. E de resto eu tinha o mau humor devido à estúpida correspondência do duque de Bassano comigo, quando eu estava na sétima divisão militar com esse anção *rimbambito*,[178] o conde de Saint-Vallier.

Eu ainda estava de mau humor, confesso-o para vergonha de meu espírito, pela conduta do imperador para com a deputação do Corpo Legislativo, em que se encontrava esse imbecil sensível e eloquente chamado Lainé (de Bordeaux), a seguir visconde e par de França, morto em 1835, ao mesmo tempo que esse homem *sem coração*, absolutamente privado de qualquer sensibilidade, chamado Roederer.

Com Crozet, para não perder nosso tempo com falatório admirativo de La Fontaine, Corneille ou Shakspeare, escrevíamos o que chamávamos *Caracteres* (eu gostaria mesmo de ver um deles hoje).

---

[178] Em italiano no original, "abobado, tonto".

Eram seis ou oito páginas *in-folio* apresentando (sob um nome suposto) o caráter de alguém conhecido por nós dois a um júri composto de Helvétius, Tracy e Maquiavel, ou Helvétius, Montesquieu e Shakspeare. Essas eram nossas admirações da época.

Lemos juntos Adam Smith e J.-B. Say, e depois abandonamos essa ciência por nela encontrarmos pontos obscuros ou mesmo contraditórios. Éramos ótimos em matemática, e depois desses três anos de Escola Politécnica Crozet era tão bom em química que lhe ofereceram um posto análogo ao do Sr. Thénard (hoje par de França, mas a nossos olhos da época homem sem gênio; só adorávamos Lagrange e Monge; mesmo Laplace era para nós quase que apenas um *espírito luminoso* destinado a fazer compreender, a esclarecer, mas não a inventar). Crozet e eu lemos Montaigne, não sei quantas vezes o Shakspeare de Letourneur (embora soubéssemos muito bem inglês).

Tínhamos sessões de trabalho de cinco ou seis horas depois de termos tomado café no hotel de Hambourg, na Rue de l'Université, com vista sobre o Musée des Monuments Français, encantadora criação bem próxima da perfeição, aniquilada por esses medíocres Bourbons.

Talvez haja orgulho na qualificação de excelente matemático a mim atribuída acima. Eu nunca soube cálculo diferencial e integral, mas certa época passava minha vida a pensar com prazer na arte de elaborar uma equação, ao que eu chamaria, se o ousasse, a metafísica da matemática. Ganhei o primeiro prêmio (e sem qualquer favor, ao contrário, minha altivez criava indisposição) entre oito jovens que, um mês depois, no fim de 1799, foram todos aceitos como alunos da Escola Politécnica.

Tive com Louis Crozet 600 a 800 sessões de trabalho *improbus*, de cinco a seis horas cada uma. Esse trabalho, sério e com as sobrancelhas franzidas, nós o chamávamos de *cavar*, palavra em uso na Escola Politécnica. Essas sessões foram minha verdadeira educação literária, era com extremo prazer que íamos assim à descoberta da verdade, para grande escândalo de Jean-Louis Basset (hoje barão de Richebourg, auditor, antigo subprefeito, antigo amante de uma Montmorency rica, e pretensioso sem qualquer inteligência, mas sem maldade). Essa criatura, com quatro pés e três polegadas de altura e desesperado por se chamar Basset, morava com Crozet no hotel de Hambourg. Dele só conheço o mérito de ter recebido um golpe de baioneta no peito, nas lapelas talvez de seu casaco, num dia em que da plateia tomamos de assalto a cena do Théâtre-Français em homenagem à Srta. Duchesnois (mas, meu Deus, estou me atropelando), excelente atriz em dois ou três papéis, morta em 1835.

Crozet e eu não deixávamos passar nada, ao trabalharmos juntos, tínhamos sempre medo de nos deixarmos perder pela vaidade, já que não considerávamos quaisquer de nossos amigos capazes de pensar conosco sobre esses assuntos.

Esses amigos eram os dois Basset, Louis de Barral (meu amigo íntimo, amigo íntimo também de Louis Crozet), Plana (professor em Turim, membro de todas as academias e de todas as ordens desse país). Crozet e Plana, ambos meus amigos, estavam em matemática um ano atrás de mim, aprendiam aritmética ao passo que eu estava na trigonometria e nos elementos de álgebra.

Capítulo XXXI[179]

Meu avô não gostava do Sr. Dubois-Fontanelle, era de fato homem de vaidade cultivada e implacável, homem da alta sociedade para uma infinidade de pessoas das quais falava em bons termos, mas de que não gostava.

Penso que tinha medo de ser desprezado, de ser pouco considerado como literato pelo pobre Sr. Dubois, que havia produzido uma tragédia, a qual tivera a honra de condenar seu editor às galés. Trata-se de *Éricie ou la Vestale*.[180] Era evidentemente *Éricie ou la Religieuse*, ou a *Mélanie* desse intrigante do Laharpe,[181] cujo frio gênio roubara, acho eu, o tema do pobre Sr. Dubois-Fontanelle, sempre tão pobre que adotara uma caligrafia horrivelmente reduzida para gastar menos papel.

O pobre Sr. Dubois foi para Paris muito jovem com *o amor pelo belo*. Uma pobreza constante forçou-o a buscar o útil, nunca pôde elevar-se ao nível dos vagabundos da primeira linha, como Laharpe, Marmontel etc., a necessidade forçou-o a aceitar a redação dos artigos políticos do *Journal des Deux-Ponts*, e, bem pior, ali ele se casou com uma alemã gorda e alta, ex-amante do rei da Baviera Maximiliano José, então príncipe Max e coronel francês.

Sua filha mais velha, filha do rei, foi casada com um certo Sr. Renauldon, personagem vaidoso feito de encomenda para ser bom prefeito de uma grande cidade de província. De fato, foi bom prefeito de Grenoble de 1800 a 1814, acho eu, e além do mais foi ultrajantemente corneado por meu primo Pellat, o rei dos tolos, que foi por isso

---

[179] *Anotação de Stendhal no manuscrito*: "16 de janeiro de 1836. No dia 15, excesso de leitura, batimento do coração, ou, antes, *coração apertado*".

[180] Peça de Dubois-Fontanelle, foi representada na Comédie Française, em 1767, e proibida no mesmo ano; tratava da questão dos votos religiosos.

[181] *Mélanie ou la Religieuse* (1770), peça de La Harpe.

desonrado e obrigado a sair da região com um cargo no serviço de impostos que lhe foi dado pelo generoso Français (de Nantes), financista poderoso sob o imperador e que deu um cargo a Parny. Conheci-o muito como literato, sob o nome de Sr. Jérôme, por volta de 1826. Todas essas pessoas de espírito, infelizes na ambição, tomam as letras como solução última. Por via de sua ciência da intriga e de seus amigos políticos obtêm simulacros de sucesso, e, assim, tornam-se *ridículos*. Desse tipo, vi o Sr. Roederer, o Sr. Français (de Nantes) e mesmo o conde Daru, quando, por seu poema *L'Astronomie* (publicado depois de sua morte), ele se tornou sócio livre da Academia das Ciências. Esses três homens de grande inteligência e finura, e certamente no primeiro nível dos conselheiros de Estado e dos prefeitos, nunca haviam visto essa pequena figura de geometria inventada por mim, simples auditor, há um mês.

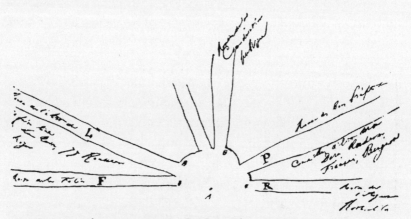

A. Momento do nascimento. – B. Caminhos tomados aos 7 anos, com frequência a despeito de nossa vontade. É soberanamente absurdo querer aos 50 anos deixar o caminho R ou o caminho P pelo caminho L. Frederico II não foi lido e aos 20 anos já pensava no caminho L.
[Caminho da consideração pública. – Caminho dos bons prefeitos e conselheiros de Estado: Srs. Daru, Roederer, Français, Beugnot. – Caminho do dinheiro: Rothschild. – Caminho da arte de se fazer ler: Tasso, J.-J. Rousseau, Mozart. – Caminho da loucura.]

Se, ao chegar a Paris, o pobre Sr. Dubois, que se acrescentou o nome Fontanelle, tivesse conseguido um pagamento de 100 luíses com a condição de escrever (como Beethoven por volta de 1805, em Viena), teria cultivado o *Belo*, isto é, imitado não a natureza, mas Voltaire.

Em vez disso, foi obrigado a traduzir as *Metamorfoses*, de Ovídio, e, bem pior, livros ingleses. Esse digno homem deu-me a ideia de aprender inglês e me emprestou o primeiro volume de Gibbon, e vi nessa ocasião que ele pronunciava: *Tĕ istory of te fall*.[182] Ele aprendera inglês sem professor, por causa da pobreza, e com um dicionário.

Só aprendi inglês muitos anos depois, quando *inventei* de aprender de cor as quatro primeiras páginas do *Vigário de Wakefield* (Uekfild). Foi, ao que me parece, por volta de 1805. Alguém teve a mesma ideia na Escócia, penso eu, e eu só soube disso em 1812 quando consegui algumas *Edinburgh Reviews* na Alemanha.

O Sr. Dubois-Fontanelle estava quase paralisado pela gota, seus dedos não tinham mais forma, ele era educado, gentil, prestativo, de resto seu caráter fora abalado pelo infortúnio constante.

Quando o *Journal des Deux-Ponts* foi conquistado pelos exércitos da Revolução, o Sr. Dubois não se tornou *aristocrata* por isso, mas, coisa singular, permaneceu sempre *cidadão francês*. Isso parecerá simples por volta de 1880, mas não era nada menos do que um milagre em 1796.

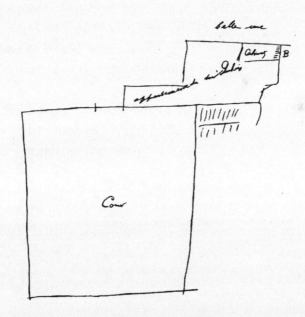

[Bela vista. – Apartamento do Sr. Dubois. Gabinete. Pátio.]

---

[182] Trata-se de *The History of the decline and fall of the Roman Empire*, de Gibbon.

Vejam meu pai, que, na Revolução, beneficiou-se de seus talentos, que foi primeiro adjunto, ocupando a função de prefeito de Grenoble, cavaleiro da Legião de Honra, e que detestava essa Revolução que o havia tirado de apuros.

O pobre e estimável Sr. Fontanelle, abandonado por seu jornal, chegou a Grenoble com sua gorda mulher alemã, que, apesar de sua primeira atividade, tinha maneiras vulgares e pouco dinheiro. Ele ficou muito feliz de ser professor com direito a residência, e foi mesmo ocupar seu apartamento na esquina *sudoeste* do pátio do colégio antes de estar terminado.

Em B estava sua bela edição de Voltaire *in*-8º, de Kehl, o único de seus livros que esse digno homem não emprestava. Seus livros tinham anotações com sua letra, felizmente quase impossível de ler sem lupa. Ele me havia emprestado *Émile* e ficou muito preocupado porque, a essa louca declamação de J.-J. Rousseau: "A morte de Sócrates é a de um homem, a de Jesus Cristo é a de um Deus", ele havia anexado um acréscimo (pedaço de papel colado) muito ponderado e muito pouco eloquente e que acabava pela máxima contrária.

Esse pedaço de papel o teria prejudicado muito, mesmo aos olhos de meu avô. O que teria havido se meu pai o tivesse visto? Nessa época meu pai não comprou o *Dictionnaire*, de Bayle, quando da venda de nosso primo Drier (homem dos prazeres), para não comprometer minha religião e ele me disse isso.

O Sr. Fontanelle estava muito abatido pela infelicidade, e pelo caráter de sua mulher infernal, para ser entusiasta, ele não tinha a menor faísca do fogo do padre Ducros, assim não teve qualquer influência sobre meu caráter.

Parece-me que segui esse curso com esse pequeno jesuíta Paul-Émile Teysseyre, o gordo Marquis (bom menino, jovem rico de Rives ou de Moirans), Benoît, bom menino que se julgava sinceramente um Platão porque o médico Clapier lhe havia ensinado o amor (do bispo de Clogher).[183]

---

[183] Em 1822, o bispo anglicano de Clogher foi vítima de um processo escandaloso por ter tido relações sexuais com um soldado. Stendhal fez com frequência alusão aos costumes do bispo de Clogher para referir homossexuais.

Isso não nos causava horror porque nossos pais teriam horror, mas isso nos espantava. Vejo hoje que aquilo que ambicionávamos era a vitória sobre esse animal terrível: uma mulher agradável, juiz do mérito dos homens, e não o prazer. Encontrávamos o prazer por toda parte. O sombrio Benoît não fez qualquer prosélito.

Logo o gordo *Marquês*, um pouco meu parente, assim me parece, não compreendeu mais nada no curso e nos deixou. Parece-me que tínhamos também um Penet, um ou dois Gauthier, *minus habens* sem consequência.

Houve nesse curso como em todos os outros um exame no meio do ano. Tive nele uma vantagem acentuada em relação a esse pequeno jesuíta do Paul-Émile que aprendia tudo de cor e que, por essa razão, dava-me grande medo, pois não tenho *qualquer memória*.

Eis um dos grandes defeitos de minha cabeça: rumino sem cessar sobre aquilo que me interessa, por força de o considerar em *posições de espírito* diferentes acabo por ver aí algo de novo, e faço com que *mude de aspecto*.

Estico os tubos da luneta em todos os sentidos, ou os recolho, segundo a imagem empregada pelo Sr. de Tracy (ver a *Lógica*).

Esse pequeno miserável do Paul-Émile, com seu tom meloso e falso, dava-me grande medo nesse exame. Felizmente, um certo Sr. *Teste-Lebeau* de Vienne, membro da administração departamental, cobriu-me de perguntas. Fui obrigado a inventar respostas e venci Paul-Émile, que só sabia de cor o sumário das lições do curso.

Em minha composição escrita, houve mesmo uma espécie de ideia a propósito de J.-J. Rousseau e elogios que ele merecia.

Tudo o que eu aprendia nas aulas do Sr. Dubois-Fontanelle era a meus olhos como uma ciência externa ou *falsa*.

Eu me julgava um *gênio* – de onde, diabos, tirei essa ideia? Gênio para a atividade de Molière e de Rousseau.

Eu desprezava sincera e soberanamente o talento de Voltaire: eu o achava *pueril*. Estimava sinceramente Pierre Corneille, Ariosto, Shakspeare, Cervantes e em palavras *Molière*. Minha dificuldade era pô-los em acordo.

Minha ideia sobre o belo literário no fundo é a mesma que em 1796, mas a cada seis meses ela se aperfeiçoa ou, se se quiser, ela muda um pouco.

É o *trabalho único de toda minha vida*.

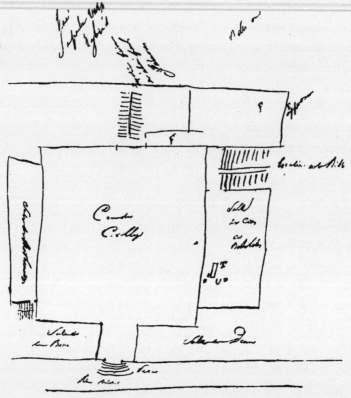

D. Poltrona do Sr. Dubois. – H. Eu. –
T. Mesa em torno da qual sentavam os oito ou 10 alunos.
[Vista esplêndida de Eybens. – Bela vista. – Escada pintada e feita pelos jesuítas. – F. Apartamento. – Escada da biblioteca. – Sala de matemática. – Pátio do colégio. – Sala do curso de literatura. – Sala dos moldes de gesso. – Sala de desenho. – Escada da entrada. – Rue Neuve.]

Todo o resto foi apenas *ganha-pão, ganha-pão* somado a um pouco de vaidade de o ganhar tão bem quanto outro qualquer; excluo disso a *Intendência* em Brunswick depois da partida de Martial. *Havia o atrativo da novidade* e a reprovação expressa pelo Sr. Daru sobre o intendente de Magdebourg, o Sr. Chaalons, ao que me parece.

Meu belo ideal literário tem mais a ver com usufruir das obras dos outros e com estimá-las, ruminar sobre seu mérito, do que com eu mesmo escrever.

Por volta de 1794 eu esperava tolamente o momento do *gênio*. Mais ou menos como a voz de Deus falando sobre *a sarça ardente* a

Moisés. Essa tolice fez-me perder muito tempo, mas talvez me tenha impedido de me contentar com a *meia mediocridade*, como fazem tantos escritores de mérito (por exemplo, o Sr. Loève-Veimars).

Quando me ponho a escrever, não penso mais em meu belo ideal literário, sou tomado por ideias que tenho necessidade de anotar. Suponho que o Sr. Villemain seja tomado por formas de frases; e o que se chama de poeta, um Delille, um Racine, por formas de versos.

Corneille era perturbado por formas de réplica:

Hé bien! prends-en ta part et me laisse la mienne...[184]

de Émilie para Cinna.

Como então minha ideia de perfeição mudou a cada seis meses, é-me impossível dizer qual ela era por volta de 1795 ou 1796, quando escrevi um drama cujo nome esqueci. O personagem principal chamava-se talvez Picklar, e talvez fosse tirado de Florian.

A única coisa que vejo claramente é que, há 46 anos, meu ideal é viver em Paris, em um quarto andar, escrevendo um drama ou um livro.

As baixezas infinitas e a noção de conduta necessárias para fazer representar um drama impediram-me de o fazer, a despeito de mim mesmo, e há apenas oito dias eu tinha remorsos abomináveis disso. Esbocei mais de 20, sempre com excessos de detalhes e muito profundos, muito pouco inteligíveis para o público tolo como o Sr. Ternaux, com que a revolução de 1789 povoou a plateia e os camarotes.

Quando, com seu imortal panfleto *Qu'est-ce que le Tiers? Nous sommes à genoux, levons-nous* [*Que é o Terceiro Estado? Estamos de joelhos, levantemo-nos*],[185] o padre Sieyès deu o primeiro golpe na aristocracia política, fundou sem o saber a aristocracia literária. (Essa ideia ocorreu-me em novembro de 1835, ao fazer um prefácio para De Brosses que chocou Colomb.)

---

[184] Stendhal cita de fora incorreta a seguinte passagem da peça de Corneille *Cinna* (ato V, cena 2): "*Eh bien! prends-en ta part et laisse-m'en la mienne*" (Pegue então a tua parte e me deixe a minha).

[185] A frase "Nous sommes à genoux... levons-nous" é na realidade de Prudhomme.

Capítulo XXXII

Eu tinha portanto um certo belo literário na cabeça em 1796 ou 1797, quando seguia o curso do Sr. Dubois-Fontanelle, esse belo era muito diferente do dele. O traço mais marcante dessa diferença era minha adoração pela verdade trágica e simples de Shakspeare, em contraste com a *puerilidade enfática* de Voltaire.

Lembro entre outros que o Sr. Dubois nos recitava com entusiasmo certos versos de Voltaire ou dele mesmo em que havia

> *dans la plaie*
> *retourner le couteau.*[186]

A palavra "*couteau*" chocava-me a fundo, profundamente, porque era uma má aplicação de minha regra, do meu amor pela simplicidade. Vejo hoje esse *porquê*. Senti intensamente por toda minha vida, mas só vejo o porquê muito tempo depois.

Somente ontem, 18 de janeiro de 1836, festa da *cathedra* de São Pedro, ao sair de São Pedro às 4 horas e ao me voltar para olhar a cúpula, *pela primeira vez em minha vida* eu a olhei como olho outro prédio, vi o balcão de ferro do tambor. Disse-me: vejo o que é pela primeira vez, até aqui eu o olhei como se olha a mulher de que se gosta. Tudo ali me agradava (falo do tambor e da cúpula), como eu poderia achar ali defeitos?

Eis que por outro caminho, outro lado, volto a ter a visão desse defeito que anotei mais acima nesse meu relato verídico, *a ausência de sagacidade*.

Meu Deus! como me perco! Eu tinha portanto uma doutrina interior quando seguia o curso do Sr. Dubois, eu só aprendia tudo o que

---

[186] "Na ferida / revirar a faca."

ele me dizia como uma *falsidade útil*. Sobretudo quando ele reprovava Shakspeare, eu ruborizava interiormente.

Mas eu aprendia *tanto melhor* essa doutrina literária na medida em que eu não era seu entusiasta.

Uma de minhas infelicidades foi a de não agradar às pessoas de que eu era entusiasta (exemplo, a Sra. Pasta e o Sr. de Tracy), aparentemente eu gostava deles à minha maneira e não à maneira deles.

Do mesmo modo, falho sempre na exposição de uma doutrina que *adoro*, contradizem-me, as lágrimas vêm-me aos olhos e não posso mais falar. Caso ousasse fazê-lo, eu diria: *Ah! vocês me cortam o coração!*. Lembro-me de dois exemplos bem incisivos para mim:

Elogio de Correggio a propósito de Prud'hon, estando eu a falar com Mareste no Palais-Royal, e indo a um piquenique com os Srs. Duvergier de Hauranne, o simpático Dittmer e o odioso Cavé.

O segundo ao falar de Mozart aos Srs. Ampère e Adrien de Jussieu, na volta de Nápoles perto de 1832 (um mês depois do tremor de terra que danificou Foligno).

Literariamente falando, o curso do Sr. Dubois (impresso depois em quatro volumes por seu neto, Ch. Renauldon) foi-me útil ao me dar uma visão completa do campo literário e ao impedir minha imaginação de exagerar as partes que desconhecia, como Sófocles, Ossian etc.

Esse curso foi muito útil para minha vaidade, ao confirmar os outros definitivamente na opinião que me situava entre os sete a oito meninos inteligentes da escola. Parece-me, no entanto, que Grand-Dufay estava colocado antes de mim, esqueci o nome dos outros.

A idade de ouro do Sr. Fontanelle, o tempo de que ele falava com enternecimento, era sua chegada a Paris, por volta de 1750. Tudo estava então repleto do nome de Voltaire e das obras que ele enviava sem parar de Ferney. (Ele já estaria em Ferney?)

Tudo isso era falho quanto ao efeito sobre mim, que detestava a *puerilidade* de Voltaire na história e sua *baixa inveja* de Corneille; parece-me que desde essa época eu havia observado o tom de pregação do *Comentário*, de Voltaire, na bela edição ilustrada de Corneille, que ocupava uma das prateleiras altas da estante com portas de vidro de meu pai em Claix, estante de que roubei a chave e onde eu havia descoberto, ao que me parece, a *Nouvelle Héloïse* alguns anos antes e, certamente depois, *Grandison*,[187] que eu lia derramando-me em lágrimas de emoção em um cubículo do segundo andar da casa de Claix, onde me julgava em segurança.

O Sr. Jay, esse grande falastrão, tão medíocre como pintor, tinha acentuado talento para despertar a emulação mais violenta em nossos corações, e, a meus olhos agora, esse é o primeiro talento de um professor. Como eu pensava diferente por volta de 1796! Eu tinha o culto do gênio e do talento.

Um fantasista que fizesse tudo *por impulsos repentinos*, como age de hábito um homem de gênio, não teria tido 400 ou 350 alunos como o Sr. Jay.

Enfim, a Rue Neuve ficava cheia quando saíamos de sua aula, o que redobrava os ares importantes e enfáticos do mestre.

Fiquei encantado, como com a mais difícil e a mais bela promoção possível, quando pelo meio do ano, ao que me parece, o Sr. Jay disse-me com seu ar majestoso e paterno:

"Vamos, Sr. B..., pegue sua pasta e vá, vá instalar-se na sala de moldes de gesso".

Essa palavra, *senhor*, de uso tão frequente em Paris, era inteiramente insólita em Grenoble, ao se falar a uma criança, e me espantava sempre quando dirigida a mim.

Não sei se devo essa promoção a alguma palavra de meu avô dirigida ao Sr. Jay ou a meu mérito para fazer hachuras bem paralelas na aula das acadêmias em que há pouco eu havia sido admitido. O fato é que ele surpreendeu a mim e aos outros.

Admitido entre os 12 ou 15 *Moldes*, meus trabalhos de lápis pretos e brancos, a partir das cabeças de Níobe e de Demóstenes (assim chamadas por nós) surpreenderam o Sr. Jay, que tinha o ar escandalizado por encontrar em mim tanto talento quanto nos outros. O melhor dessa classe era um Sr. Ennemond Hélie (mais tarde tabelião na corte), era o mais frio dos homens, dizia-se que estivera no exército. Seus trabalhos tendiam ao gênero de Philippe de Champagne, mas era

---

[187] *The History of sir Charles Grandison* (1754), romance epistolar de Samuel Richardson.

um homem e não uma criança como nós outros, era injusto fazê-lo concorrer conosco.

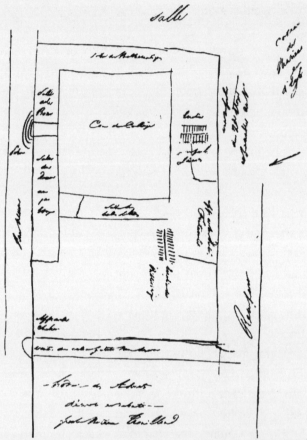

[Sala. – Encostas de Murianette e d'Eybens. – Vista esplêndida do segundo andar e passável do primeiro. – Muralha. – Sala de matemática. – Sala dos moldes de gesso. – Escada da entrada. – Rue Neuve. – Sala de desenho no 1º andar. – Pátio do colégio. – Sala de literatura. – Escada pintada pelos jesuítas. – Apartamento do Sr. Dubois-Fontanelle. – Escada da biblioteca. – Apartamento do Sr. Chalvet. – Abóbada sobre essa pequena rua deserta. – Residência dos Adrets demolida e reconstruída pelo tabelião Trouilloud.]

Logo, na sala dos moldes de gesso, obtive um prêmio. Nós o conseguimos a dois ou a três, tiramos a sorte e eu fiquei com o *Essai sur la poésie et la peinture* [*Ensaio sobre a poesia e a pintura*], do padre Dubos, que li com o mais vivo prazer. Esse livro correspondia aos sentimentos de meu espírito, sentimentos desconhecidos para mim mesmo.

Moulezin, o modelo do provinciano tímido, desprovido de qualquer ideia e muito cuidadoso, era excelente para traçar hachuras bem paralelas com um lápis de sanguínea bem aparado. Um homem de talento, no lugar do Sr. Jay, ter-nos-ia dito, mostrando-nos Moulezin: "Srs., eis como não se deve ser". Em vez disso, Moulezin era o rival de Ennemond Hélie.

O espirituoso Dufay fazia desenhos muito originais, dizia o Sr. Jay, ele se distinguiu sobretudo quando o Sr. Jay teve a excelente ideia de nos fazer todos posar sucessivamente para o estudo das cabeças. Tínhamos também o gordo Hélie, apelidado *o bezerro*[188] (o animal, o cabeça-dura), e os dois Monval cujo favorecimento *na* matemática os havia acompanhado na escola de desenho. Trabalhávamos com um ardor e uma rivalidade inacreditáveis duas ou três horas toda tarde.

Num dia em que havia dois modelos, como Odru, do latim, por sua altura me impedia de ver, dei-lhe um tapa com todas as minhas forças em O. Um momento depois, estando eu sentado de novo em meu lugar em H, ele puxou minha cadeira por trás e me fez cair de bunda no chão. Era um homem, era um pé mais alto que eu, mas me detestava muito. Eu havia desenhado na escada do latim, em combinação com Gauthier e Crozet, ao que me parece, uma caricatura enorme como ele, sob a qual eu havia escrito: Odruas Kambin. Ele ficava vermelho quando o chamavam de Odruas, e dizia *kambin* em vez de *quand bien*.

Imediatamente ficou decidido que devíamos bater-nos a pistola. Descemos para o pátio, como o Sr. Jay queria interpor-se, fugimos. O Sr. Jay voltou para a outra sala. Saímos, mas todo o colégio nos seguiu. Tínhamos talvez 200 seguidores.

Eu havia pedido a Diday, que ali estava, para me servir de testemunha, eu estava muito perturbado, mas cheio de ardor. Não sei como aconteceu de nos dirigirmos para a porta da Graille, muito incomodados por nosso cortejo. Era preciso conseguir pistolas, não

---

[188] No original, "*le bedot*", palavra do *patois* do Dauphiné para "bezerro", sendo também empregada com o sentido de tolo, estúpido.

era fácil. Acabei por conseguir uma pistola de oito polegadas de comprimento. Eu via Odru andar a 20 passos de mim, ele me cobria de xingamentos. Não nos deixavam aproximarmo-nos, com um soco ele me teria matado.

Eu não respondia a seus xingamentos, mas tremia de ódio. Não digo que eu teria ficado isento de medo se esse duelo tivesse sido arranjado como de hábito, quatro ou seis pessoas indo friamente juntas, às 6 horas da manhã, em um fiacre, a uma boa légua da cidade.

[Porta de Bonne. – Muralhas da cidade, 15 pés de altura. Terraços. – Porta da Graille. – Ponte. – Isère. – Lugar do duelo ou então entre a Porta de Bonne e a Porta Très-Cloîtres. – Cours [avenida] de Pont de Claix.]

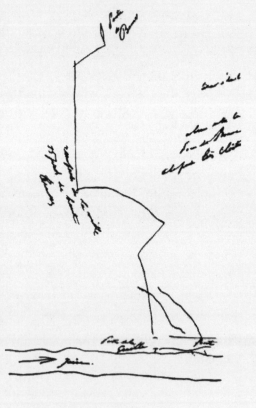

A guarda da porta da Graille esteve a ponto de pegar as armas.

Essa procissão de moleques, ridícula e muito incômoda para nós, redobrava seus gritos: *eles vão duelar? não vão?*, assim que parávamos para fazer qualquer coisa. Eu tinha muito medo de ser espancado por Odru, um pé mais alto que suas testemunhas e que as minhas. Lembro-me apenas de Maurice Diday como minha testemunha (a seguir, medíocre ultra, prefeito de Domène, e que escrevia aos jornais cartas ultra *sem ortografia*). Odru estava furioso.

Enfim, depois de uma hora e meia de perseguição, como a noite chegava, os moleques deram-nos um pouco de tranquilidade entre as portas de Bonne e Très-Cloîtres. Descemos para os fossos da cidade, traçados por Louis Royer a 10 pés de profundidade, ou paramos na beira desse fosso.

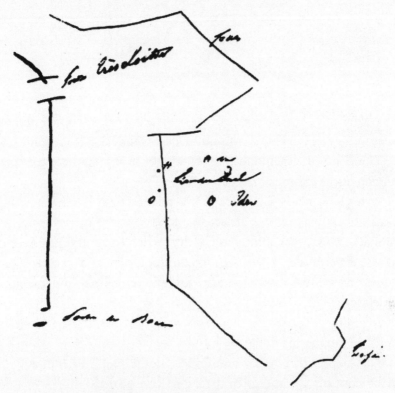

[Porta Très-Cloîtres. – Fossos. – Porta de Bonne. – Trapézio. – Lugar do duelo. – H. Eu. – O. Odru.]

Ali as pistolas foram carregadas, mediu-se um número de passos assustador, talvez 20, e eu me disse: eis o momento de ter coragem. Não sei como, Odru atiraria primeiro, olhei fixamente um pequeno pedaço de rocha em forma de trapézio que se encontrava acima dele, A, o mesmo que se via da janela de minha tia Élisabeth ao lado do teto da igreja de Saint-Louis.

Não sei como não se fez fogo. Provavelmente as testemunhas não haviam carregado as pistolas. Parece-me que não tive de apontar. A paz foi declarada, mas sem aperto de mãos e menos ainda abraço. Odru muito enfurecido ter-me-ia espancado.

Na Rue Très-Cloîtres, andando com minha testemunha Diday, eu lhe disse:

"Para não ter medo enquanto Odru apontava para mim, eu olhava o pequeno rochedo acima de Seyssins.

— Você não deve nunca dizer isso, um comentário como esse não deve nunca sair da sua boca", disse-me ele repreendendo-me seriamente.

Fiquei muito espantado e, refletindo sobre isso, muito escandalizado com essa reprimenda.

Mas já no dia seguinte eu sentia um remorso horrível por ter deixado que a coisa se arranjasse. Isso feria todos os meus devaneios espanhóis, como ousar admirar o *Cid* depois de não ter duelado? Como pensar nos heróis de *Ariosto*? Como admirar e criticar os grandes personagens da história romana cujos altos feitos eu relia com frequência no meloso Rollin?

Ao escrever isso, experimento a sensação de passar a mão sobre a cicatriz de uma ferida curada.

Não pensei duas vezes nesse duelo desde meu outro duelo arranjado com o Sr. Raindre (comandante de esquadrão ou coronel de artilharia leve), em Viena, em 1809, por causa de Babet.

Vejo que foi o grande remorso de todo o começo de minha juventude, e a verdadeira razão de minha presunção (quase insolência) no duelo de Milão em que Cardon foi testemunha.

No caso Odru eu estava espantado, perturbado, deixando-me levar, distraído pelo medo de ser espancado pelo colossal Odru, eu me preparava de tempos em tempos para ter medo. Durante as duas horas que durou a procissão dos 200 meninos eu me dizia: Quando os passos estiverem medidos, então é que haverá perigo. O que me causava horror era ser levado para casa *sobre uma escada*, como eu havia visto o pobre Lambert contar. Mas nem por um instante tive a ideia mais longínqua de que a coisa seria resolvida.

Chegado ao grande momento em que Odru me apontava e me parece que sua pistola falhava várias vezes, eu estudava os contornos do pequeno rochedo T. O tempo não me pareceu longo (como parecia longo na Moskowa ao muito corajoso e excelente oficial *Andréa* Corner, meu amigo).

Em uma palavra, não representei, fui perfeitamente natural, de modo algum fanfarrão, mas muito corajoso.

Errei, era preciso *ser fanfarrão*, com minha verdadeira resolução de me bater eu teria criado para mim uma reputação em nossa cidade, onde se duelava muito, não como os napolitanos de 1836, entre os quais os duelos produzem muito poucos cadáveres ou nenhum, mas como pessoas corajosas. Em contraste com minha extrema juventude (isso deve ter sido em 1796, portanto 13 anos, ou talvez 1795), e meus hábitos reservados e de *criança nobre*, se eu tivesse tido a presença de espírito de falar um pouco eu teria criado uma reputação admirável.

O Sr. Châtel, um de nossos conhecidos e um de nossos vizinhos, na Grande-Rue, havia matado seis homens. Na minha época, isto é, de 1798 a 1805, dois de meus conhecidos, Bernard filho e Royer *bico-grosso*,[189] foram mortos em duelo, o Sr. Royer, a 45 passos, ao cair da noite nas margens saibrosas do Drac, perto do lugar onde depois se construiu a ponte de ferro.

Esse pretensioso Bernard (filho de outro pretensioso, a seguir juiz na corte de Cassação, ao que me parece, e ultra), esse pretensioso Bernard recebeu no moinho de Canel um pequeno golpe de espada do simpático Meffrey (Sr. de Meffrey, recebedor-geral, marido da complacente dama de honra da duquesa de Berry, e depois feliz herdeiro do gordo Vourey). Bernard caiu morto, o Sr. de Meffrey fugiu para Lyon; a querela era quase *de casta*, Mareste foi, ao que me parece, testemunha de Meffrey e me contou a coisa.

De qualquer modo, fiquei com profundo remorso:

1º Por causa de meu espanholismo, defeito existente ainda em 1830, o que Fiori reconheceu e que ele define como Tucídides: você estende sua rede muito alto.

---

[189] "Bico-grosso", em francês, "*gros-bec*", é uma espécie de pardal.

2º Por falta de fanfarronice. Nos grandes perigos sou natural e simples. Isso foi de bom gosto em Smolensk aos olhos do duque de Frioul. O Sr. Daru, que não gostava de mim, escreveu a mesma coisa a sua mulher, de Vilna, acho eu, depois da retirada de Moscou.

Mas, aos olhos do comum das pessoas, não desempenhei o papel brilhante para o qual eu só precisava estender a mão a fim de alcançá-lo.

Quanto mais reflito sobre isso, mais me parece que essa disputa é de 1795, e bem anterior a minha paixão pela matemática, a minha amizade por Bigillion, a minha amizade terna pela Srta. Victorine.

Eu respeitava infinitamente Maurice Diday:

1º Porque meu excelente avô, amigo talvez íntimo de sua mãe, elogiava-o muito;

2º Eu o vira muitas vezes em uniforme de soldado da artilharia e ele fora além de Montmélian para encontrar sua unidade;

3º Enfim e sobretudo ele tinha a honra de ser apaixonado pela Srta. Létourneau, talvez a mais bela jovem de Grenoble e filha do homem certamente mais alegre, mais despreocupado, mais filósofo, mais reprovado por meu pai e meus parentes. De fato, o Sr. Létourneau parecia muito pouco com eles; arruinara-se e havia se casado com uma senhorita Borel, penso eu, uma irmã da mãe de Victorine Mounier, que foi a causa de meu abandono da atividade militar e de minha fuga para Paris em 1803.

V. Casa do Sr. Bigillion. – F. Casa do Sr. Faure.
*[Grenoble. – St-Ismier. – Forte Barraux. – Isère. –
Vale admirável. – Domène.]*

A Srta. Létourneau era uma beleza no gênero pesado (como as figuras de Tiarini, *Morte de Cleópatra* ou de *Antônio*, no Museu do Louvre).[190]

---

[190] Trata-se de um equívoco de Stendhal, pois esse quadro nunca esteve no Louvre. Tiarini (1577-1668) pintou uma *Toilette de Cléopâtre* que se encontra na galeria Doria-Panfili, em Roma.

Diday a seguir casou-se com ela, mas logo teve a dor de a perder depois de seis anos de amor: dizem que ele ficou desnorteado e se retirou para o campo em Domène.

Depois de meu prêmio, no meio do ano, no trabalho com os moldes de gesso, que escandalizou todos os cortesãos mais favorecidos que eu na corte do Sr. Jay, mas que ninguém ousou dizer imerecido, meu nível mudou *no desenho*, como dizíamos. Eu me teria posto no fogo para obter também um prêmio no fim do ano, parece-me que o obtive, caso contrário eu acharia a lembrança do sofrimento de o ter perdido.

Recebi o primeiro prêmio de literatura com aclamação, tive um *accessit* ou um segundo prêmio em matemática, e esse foi duro de conseguir. O Sr. Dupuy tinha uma repugnância acentuada por minha mania de argumentar.

Ele chamava todos os dias ao quadro, e tratando-os por você, os Srs. de Monval – ou os Monvaux, como nós os chamávamos –, porque eram nobres, ele próprio tinha pretensões à nobreza, Sinard, Saint-Ferréol, nobres, o bom Aribert que ele protegia, o simpático Mante etc., etc., e eu o mais raramente que ele podia, e quando eu lá estava ele não me escutava, o que me humilhava e me desconcertava muito, pois não perdia de vista os outros. Apesar disso, meu amor pela matemática, que começava a ser sério, fazia com que, quando encontrava uma dificuldade, eu a expusesse a ele, estando eu na lousa, H, e o Sr. Dupuy em sua grande poltrona azul celeste, em D; minha indiscrição o obrigava a responder e isso era o diabo. Ele me pedia sem parar para lhe expor minhas dúvidas em particular, com a desculpa de que isso fazia com que se perdesse tempo da classe.

[A. Lousa.]

Ele encarregava o bom Sinard de me solucionar minhas dúvidas, Sinard, muito mais preparado, mas de boa-fé, passava uma hora ou duas a negar essas dúvidas, depois a compreendê-las, e acabava por confessar que ele não sabia o que responder.

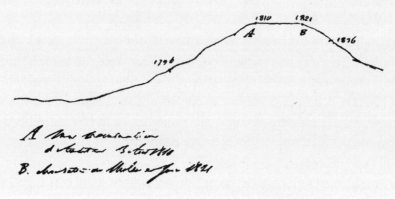

[A. Minha nomeação de auditor, 3 de agosto de 1810. –
B. Meu retorno de Milão, em junho de 1821.]

Parece-me que todas essas bravas pessoas, exceto Mante, faziam da matemática uma simples questão de memória. O Sr. Dupuy ficou com ar de muita decepção com meu primeiro prêmio tão triunfante no curso de literatura. Meu exame, que ocorreu, como todos os outros, em presença dos membros do Departamento, dos membros da comissão, de todos os professores e de 200 ou 300 alunos, foi agradável para esses senhores. Eu falei bem, e os membros da administração departamental, espantados por não se entediarem, cumprimentaram-me e, terminado meu exame, disseram-me: "Sr. B., o Sr. recebe o prêmio, mas para nosso prazer queira responder ainda a algumas perguntas".

Esse triunfo precedeu, acho eu, o exame de matemática e me dava um nível e uma segurança que no ano seguinte forçavam o Sr. Dupuy a me chamar com frequência ao quadro.

Se algum dia eu passar por Grenoble, é preciso que mande fazer pesquisas nos arquivos da Prefeitura para os anos 1794 a 1799 inclusive. A ata impressa da distribuição dos prêmios me dará a data de todos esses pequenos acontecimentos cuja lembrança, depois de tantos anos, volta-me com prazer. Eu estava na ascensão da vida, e com que imaginação ardorosa eu não imaginava os prazeres vindouros!... Estou na descida.

Depois desse mês de agosto triunfal, meu pai não ousou mais opor-se de modo tão firme a minha paixão pela caça. Deixou-me pegar, de má vontade, seu fuzil e mesmo um fuzil de maior calibre, mais sólido, que fora feito por encomenda para o falecido Sr. Rey, tabelião, seu cunhado.

Minha tia Rey era uma bonita mulher que eu ia ver em um bonito apartamento no pátio do Palácio. Meu pai não queria que eu fizesse amizade com Édouard Rey, seu segundo filho, insigne molecote ligado com a mais vil canalha. (É hoje o coronel de artilharia Rey, insigne natural do Dauphiné, sozinho mais ardiloso e mais enganador do que quatro procuradores de Grenoble, de resto superchifrudo, bem pouco agradável, mas que deve ser um bom coronel nesse exército que tem tantos detalhes. Parece-me que em 1831 estava trabalhando em Argel. Foi amante de M. P.)[191]

---

[191] *Anotação de Stendhal no manuscrito*: "Em sete quartos de hora, de 483 a 500: 17 páginas".

Capítulo XXXIII

Faço grandes descobertas sobre mim ao escrever estas Memórias. A dificuldade não é mais encontrar e dizer a verdade, mas encontrar quem a leia. Talvez o prazer das descobertas e dos juízos ou apreciações que a elas se seguem me determinará a continuar, a ideia de ser lido se desvanece cada vez mais. Eis-me na página 501 e ainda não saí de Grenoble!

Esse quadro das revoluções de um coração daria um grosso volume *in*-8º antes de chegar a Milão. Quem leria tais chatices? Que talento de pintor não seria necessário para representá-las bem, e detesto quase igualmente a descrição de Walter Scott e a ênfase de Rousseau. Eu precisaria ter como leitor uma Sra. Roland, e talvez a ausência de descrição das encantadoras sombras de nosso vale do Isère fizesse com que ela abandonasse o livro. Quanta coisa a dizer para quem tivesse a paciência de descrever corretamente! Que belos grupos de árvores, que vegetação vigorosa e luxuriante na planície, que bonitos bosques de castanheiras nas encostas e acima, que grandeza imprimem a tudo isso as neves eternas de Taillefer! Que baixo sublime para essa bela melodia!

Foi, acho eu, nesse outono que tive o delicioso prazer de matar um tordo, no caminho da vinha acima da Grand'Pièce, precisamente em frente ao cume arredondado e branco da montanha de Taillefer. Foi uma das mais intensas felicidades de minha vida. Eu acabava de percorrer as vinhas de Doyatières, entrava pelo caminho estreito, entre duas sebes muito altas e densas, que desce para o grande terreno de H em P, quando de repente um grande tordo com um pequeno grito alçou voo da vinha em T' para o alto da árvore T, uma cerejeira, acho eu, muito esguia e pouco carregada de folhagem.

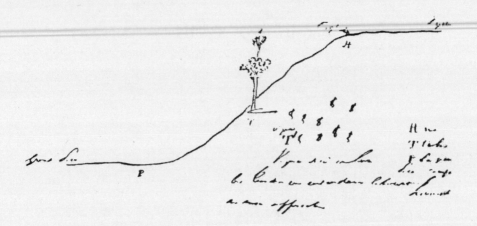

[Doyatières. – Grande terreno. – Vinha. – Vinha de onde partiu o tordo ao ouvir o barulho de minha aproximação. – H. Eu. – T. A árvore. – P. O grande terreno relativamente horizontal.]

Eu o vi, atirei numa posição mais ou menos horizontal, pois eu ainda não havia descido. O tordo caiu batendo na terra de um modo que ainda ouço. Desci o caminho, ébrio de alegria.

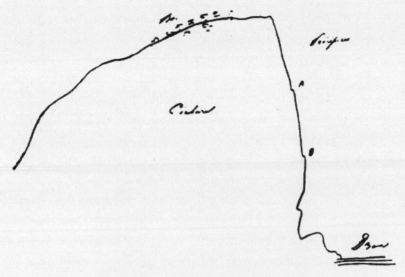

[Comboire. – Bosque. – Precipícios. – Drac.]

Voltei para casa, fui dizer a um velho empregado rabugento e um pouco caçador:

"Barbier, seu aluno é digno do senhor!".

[Doyatières. – Grande terreno.]

Esse homem teria sido muito mais sensível à dádiva de uma moeda de 12 *sous* e de resto não compreendeu uma palavra do que eu lhe dizia.

Assim que fico emocionado, caio no espanholismo, transmitido por minha tia Élisabeth, que dizia ainda: Belo como o Cid.

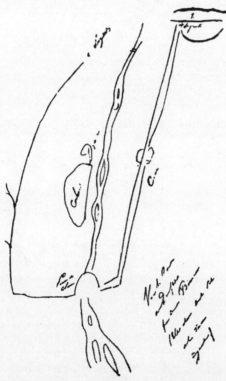

[Isère. – La Graille. – Cours. – Seyssins. – Drac. – Comboire. – Pont de Claix.
– Ver o mapa do Dauphiné do Sr. De Bourcet.
(Ele ficava no salão do terraço à esquerda.)]

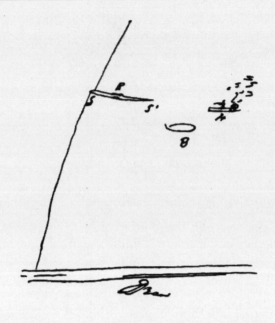

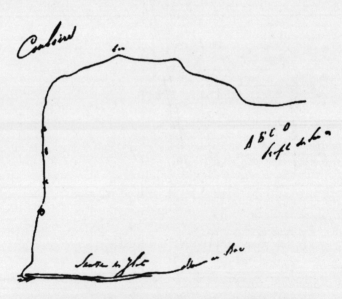

[Comboire. – Bosque. – A. B. C. O. Perfil dos caminhos. –
Caminho des Îlots que ia à barcaça.]

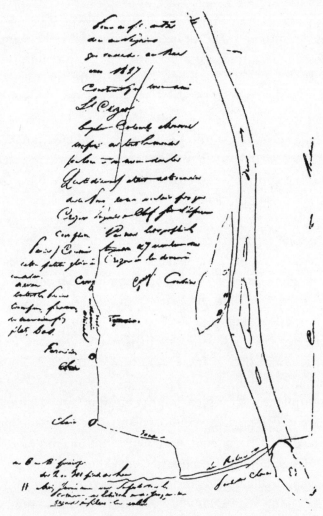

[Ponte de ferro, dita de Seyssins, que sucedeu à barcaça por volta de 1827, construída por meu amigo Louis Crozet: o medíocre coronel Monval, desprezado por todo mundo (e elogiado quando de sua morte em La Quotidienne), era acionista dessa ponte e não queria que Crozet, engenheiro-chefe, fizesse a prova completa. Por uma litografia os Perier (Casimir, Augustin etc.) querem retirar essa pequena glória de Crozet e a dar a um de seus sobrinhos. Em tudo os Perier enganadores, astutos, de má-fé, medíocres, baixos. – Le Rondeau. – Cours. – Drac. – La Robine. – Pont de Claix. – Drac. – Comboire. – Cossey. – Cossey. – Estrada ou caminho vicinal. – Furonières. – Claix. – Estrada. – De B em B' precipícios de 200 ou 300 pés de altura. – H. Eu, eu tinha uma vista esplêndida sobre as encostas de Échirolles e de Jarry, e meu olhar percorria o vale.]

Ao percorrer, com um fuzil na mão, as vinhas e as partes altas das cercanias de Furonières, eu devaneava profundamente. Como meu pai, cioso de me contrariar, proibia a caça, e quando muito a tolerava com grande dificuldade por fraqueza, eu ia raramente e quase nunca à caça com verdadeiros caçadores. Algumas vezes na caça à raposa nos precipícios do rochedo de Comboire com Joseph Brun, o *podador* de nossas vinhas de altitude. Ali, posto à espera de uma raposa, eu me repreendia por meu devaneio profundo de que teria sido preciso despertar-me se o animal tivesse aparecido. Apareceu um dia a 15 passos de mim, vinha para mim a passos miúdos, atirei e não vi nada. Errei por completo. Os perigos dos precipícios a pico sobre o Drac eram tão terríveis para mim que eu pensava muito nesse dia no perigo do retorno; a pessoa tem de resvalar pelas beiradas como A e B com a perspectiva do Drac mugindo ao pé do rochedo. Os camponeses com os quais eu ia (Joseph Brun e seu filho, Sébastien Charrière etc.) haviam guardado seus rebanhos de carneiros nessas encostas íngremes desde a idade de 6 anos e de pés descalços; se necessário, tiravam os sapatos. Para mim, não era questão de tirar os meus, e fui duas ou três vezes no máximo a esses rochedos.

Tive um medo completo no dia em que errei a raposa, bem maior que o que tive, parado em uma plantação de cânhamo na Silésia (campanha de 1813), sozinho, vendo vir em minha direção 18 ou 20 cossacos. Naquele dia em Comboire eu olhava em meu relógio, que era de ouro, como faço nas grandes circunstâncias para ter uma lembrança clara ao menos da hora, e como fez o Sr. de Lavalette no momento de sua condenação à morte (pelos Bourbons). Eram 8 horas, fizeram-me levantar antes do amanhecer, o que me perturba sempre toda a manhã. Eu pensava na bela paisagem, no amor e provavelmente também nos perigos do retorno, quando a raposa veio para mim a passo miúdo. Sua grossa cauda fez com que eu a reconhecesse como sendo uma raposa, pois no primeiro momento tomei-a por um cão. Em S, o caminho podia ter dois pés, e em S', duas polegadas, era preciso que a raposa desse um salto para passar de S' para H, com meu tiro de fuzil ela saltou sobre as brenhas em B a cinco ou seis pés abaixo de nós.

Os caminhos possíveis, praticáveis mesmo para uma raposa, são em número muito pequeno nesse precipício; três ou quatro caçadores ocupam-nos, outro lança os cães, a raposa anda e muito provavelmente chega a algum caçador.

Uma caça de que os caçadores falavam sem parar é a da camurça no *Peuil de Claix*, mas a proibição de meu pai era precisa, nunca nenhum deles ousou levar-me. Foi em 1795, acho eu, que tive esse belo medo nos rochedos de Comboire.

Matei pouco tempo depois meu segundo tordo (*turdus – grive*),[192] mas menor que o primeiro, já de noite, mal o vendo, numa nogueira no campo do Sr. de La Peyrouse, acho eu, acima de *nossa Pelissone (id est*: de nossa vinha Pelissone).

Matei o terceiro e último em uma pequena nogueira na beira do caminho ao norte de nosso *pequeno pomar*. Esse tordo muito pequeno estava quase verticalmente sobre mim e quase me caiu no nariz. Caiu no muro de pedras secas e, com ele, grossas gotas de sangue que ainda vejo.

Esse sangue era sinal de vitória. Foi somente em Brunswick em 1808 que a piedade me fez perder o gosto pela caça, hoje ela me parece um assassinato desumano e repugnante, e eu não mataria um mosquito sem que houvesse necessidade. A última codorna que matei em Civita-Vecchia no entanto não me provocou piedade. As perdizes, codornas, lebres parecem-me frangos nascidos para acabar no espeto.

Se fossem consultados antes de se fazer com que nascessem em fornos à egípcia,[193] no fim dos Champs-Elysées, provavelmente não recusariam.

Lembro-me da sensação deliciosa certa manhã, ao partir antes do nascer do dia com Barbier e ao encontrar uma bela lua e um vento quente. Era a época das vindimas, nunca a esqueci. Nesse dia eu havia extorquido de meu pai a permissão para seguir Barbier, seu factótum na direção da agricultura da *propriedade*, a uma feira em Sassenage ou Les Balmes. Sassenage é o berço de minha família. Aí eram juízes ou *beyles*, e o *ramo mais velho* (Louis-Philippe disse mesmo "o mais velho de minha raça") ainda estava estabelecido aí em 1795 com 15 ou 20

---

[192] Stendhal emprega a palavra "*tourdre*" (tordo), menos usual, por isso dá entre parênteses o nome latino e a forma mais corrente em francês, "*grive*".

[193] Esses fornos foram instalados por um dramaturgo, Marie-Emmanuel Théaulon (1787-1841), a fim de incubar ovos de pássaros segundo um método egípcio.

mil francos de renda que, sem uma certa lei de *13 germinal*, ao que me parece, caber-me-iam *integralmente*. Meu patriotismo não foi abalado por isso; é verdade que nessa idade, sem saber o que era *ter necessidade* e trabalhar desagradavelmente para ganhar o necessário, o dinheiro era para mim apenas satisfação de fantasias, ora, eu não tinha fantasias, já que não frequentava outras pessoas e não via *nenhuma mulher*; o dinheiro portanto não era nada a meus olhos. No máximo, eu teria desejado comprar um fuzil de dois canos.

Eu era então como um grande rio que vai precipitar-se em uma cascata, como o Reno, acima de Schaffhouse, cujo curso é ainda tranquilo, mas que vai precipitar-se em uma imensa cascata. Minha cascata foi o amor pela matemática, que de início, como meio de deixar Grenoble, a personificação do gênero burguês e da *náusea* no sentido próprio do termo, e em seguida pelo amor por ela própria, absorveu tudo.

A caça que me levava a ler com *enternecimento* a *Maison rustique* [*Casa rústica*] e a fazer extratos da *Histoire des animaux* [*História dos animais*], de Buffon, cuja ênfase me chocava, desde essa tenra idade, como prima-irmã da hipocrisia dos padres de meu pai, a caça foi o último sinal de vida de minha alma, antes da matemática.

Eu ia o mais que podia à casa da Srta. Victorine Bigillion, mas ela passou, ao que me parece, longas temporadas no campo nesse ano. Eu também via muito Bigillion, seu irmão mais velho, La Bayette, Gall, Barral, Michoud, Colomb, Mante,[194] mas o coração ficava com a matemática.

Ainda um relato e depois estarei totalmente irritado com x e com y.

Trata-se de uma conspiração contra a árvore da Fraternidade.

Não sei por que conspirei. Essa árvore era um infeliz e jovem carvalho muito esbelto, com 30 pés de altura pelo menos, que havia sido transplantado, para seu grande pesar, para o meio da Place Grenette, em muito inferior à árvore da Liberdade, que tinha toda minha ternura.

---

[194] *Anotação de Stendhal no manuscrito*: "Fiz amizade com Mante, rapaz duro e perfeitamente seco, e por ele com Treillard, seu amigo. Mante, mais tarde, em Paris, em 1804, quase me envolveu na conspiração Moreau, mas fez com que eu lesse Tracy e Say (Rue de l'Échelle casa de P..., o jovem) e o segundo tanto quanto o ouro".

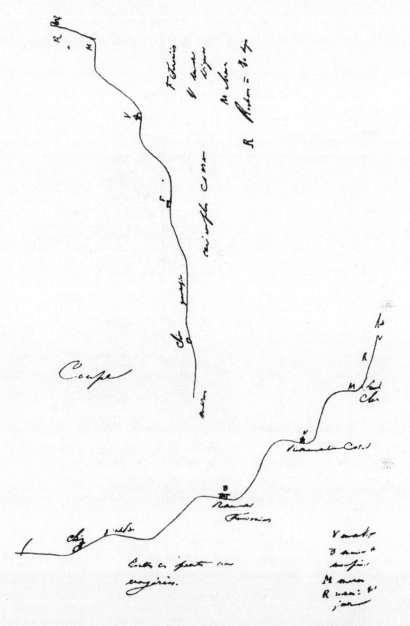

[Pântano. – Claix. – Grande terreno. – Isso é mais correto. – F. Furonières. – V. Sr. de Vignon. – M. Pântano. – R. Rochedos a 80 graus.]
[Corte. – Rochedos. – Peuil de Claix. – Planalto da encosta. – Planalto de Furonières. – Grande terreno. – Claix. – Todas essas encostas são exageradas. – V. Sr. de Vignon. – B. Casa de meu pai. – M. Pântano. – H. Rochedos a 80° de inclinação.]

A árvore da Fraternidade, talvez rival da outra, fora plantada ao lado da barraca de castanhas em frente às janelas do falecido Sr. Le Roy.

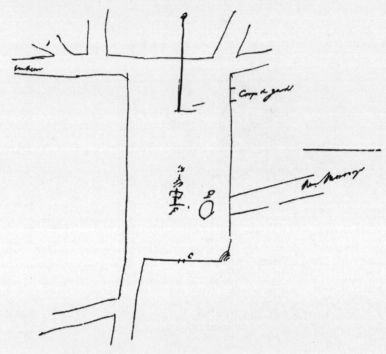

F. era essa árvore que talvez só tivesse um tufo de folhas no alto da haste. – P. era a bomba. – C. a porta da casa de meu avô, tão frequentemente mencionada, e cujo primeiro andar era ocupado pelas Srtas.
Codé, muito religiosas.
[Rue Neuve. – Corpo de guarda. – Rue Montorge.]

Não sei em que ocasião prenderam na árvore da Fraternidade um cartaz branco no qual o Sr. Jay havia pintado em amarelo, e com seu talento comum, uma coroa, um cetro, correntes, tudo isso embaixo de uma inscrição e em atitude de coisas vencidas.

A inscrição tinha várias linhas e não tenho dela a mesma lembrança, embora tenha sido contra ela que conspirei.

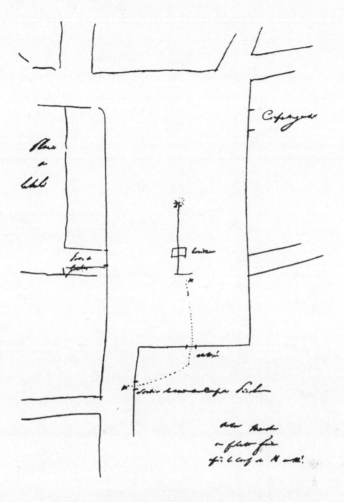

[Praça do mercado. – Porta dos Jacobinos. – Corpo de guarda. – Cartaz. – Entrada. – Saída na noite do tiro de pistola. – Nossa caminhada ou antes fuga depois do tiro, de M em M'.]

Isso é bem uma prova deste princípio: um pouco de paixão aumenta a inteligência, muito a apaga. Contra o que conspiramos? Não sei. Só me lembro, e ainda assim vagamente, desta máxima: É de nosso dever prejudicar, tanto quanto pudermos, aquilo que odiamos. E mesmo isso é bem vago. Quanto ao resto, nem a menor lembrança do que odiávamos e dos motivos de nosso ódio, apenas a imagem do fato e isso é tudo, mas ela é muito nítida.

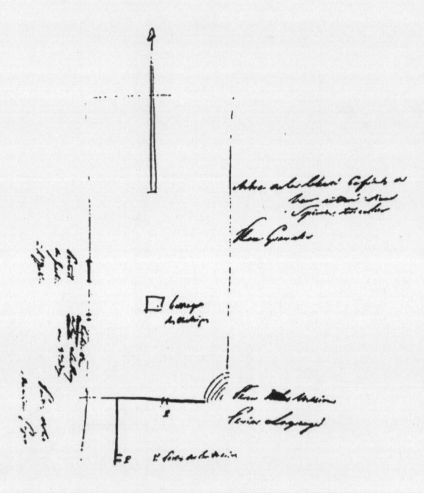

[Árvore da liberdade, 60 pés de altura, cercada por uma espiral tricolor. – Place Grenette. – Barraca das castanhas. – Escada da entrada da casa Périer-Lagrange. – P. Portas da casa. Portão dos Jacobinos à italiana. – Residência do Sr. Le Roy no 3º andar. – Porta da casa.]

Tive sozinho a ideia da coisa, foi preciso comunicá-la aos outros, que de início foram frios; – o corpo da guarda fica tão perto!, diziam eles; mas enfim foram tão resolutos quanto eu. Os conspiradores foram: Mante, Treillard, Colomb e eu, talvez um ou dois mais.

Por que não dei o tiro de pistola? Não sei. Parece-me que foi Treillard ou Mante.

Foi preciso conseguir essa pistola, ela tinha oito polegadas de comprimento. Nós a carregamos até a boca. A árvore da Fraternidade devia ter 36 ou 40 pés de altura, o cartaz estava preso a 10 ou 12 pés, parece-me que havia uma barreira em torno da árvore.

O perigo podia vir do corpo de guarda C, cujos soldados passeavam com frequência no espaço não pavimentado de P em P'.

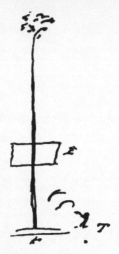

Alguns passantes que provinham da Rue Montorge ou da Grande-Rue podiam deter-nos. Os quatro ou cinco de nós que não atiraram observavam os soldados do corpo de guarda, talvez fosse esse o meu posto por ser o mais perigoso, mas não tenho disso nenhuma lembrança. Outros observavam a Rue Montorge e a Grande-Rue.

Pelas 8 horas da noite, estava muito escuro, e não muito frio, estávamos no outono ou na primavera, a praça em certo momento ficou vazia, passeávamos despreocupadamente e demos o sinal para Mante ou a Treillard.

O tiro partiu e fez um barulho terrível, o silêncio era profundo, e a pistola, carregada ao máximo. No mesmo instante os soldados do posto C estavam em cima de nós. Acho que não éramos os únicos a odiar a inscrição e que pensavam que ela poderia ser atacada.

Os soldados quase nos alcançavam, fugimos para a porta G da casa de meu avô, mas um nos viu muito bem: todo mundo estava nas janelas, muitos aproximavam as velas e iluminavam.

Essa porta G que dá para a Grenette comunicava por uma passagem estreita no segundo andar com a porta G' que dava para a Grande-Rue. Mas essa passagem não era desconhecida de ninguém.

Para fugirmos, seguimos então a linha FFF. Alguns de nós fugiram também, ao que me parece, pela grande Porta dos Jacobinos, o que me levaria a crer que éramos mais numerosos do que o que eu disse. Prié talvez fosse dos nossos.

Eu e um outro, talvez Colomb, acabamos sendo os mais vigorosamente perseguidos. *Eles entraram nessa casa*, ouvíamos gritarem bem perto de nós.

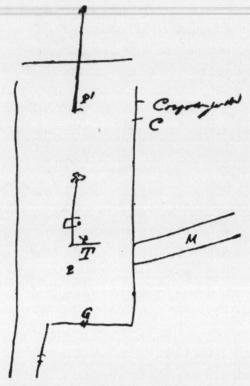

[Corpo de guarda.]

Não continuamos a subir até a passagem abaixo do segundo andar, batemos insistentemente no primeiro, que dava para a Place Grenette, o antigo apartamento de meu avô, atualmente alugado para as Srtas. Codé, velhas chapeleiras muito religiosas. Felizmente elas abriram, nós as encontramos muito assustadas com o tiro de pistola e ocupadas em ler a Bíblia.

Em duas palavras, nós lhes dissemos: perseguem-nos, digam que passamos a noite aqui. Sentamo-nos, quase ao mesmo tempo tocam de modo quase a arrancar a campainha, quanto a nós estamos sentados a escutar a Bíblia, acho mesmo que um de nós pega o livro.

Os guardas entram. Quem eram, não tenho ideia, provavelmente eu os olhava muito pouco.

"Esses cidadãos passaram a noite aqui?

— Sim, senhores, sim, cidadãos", disseram, corrigindo-se, as pobres carolas assustadas. Acho que o irmão delas, o Sr. Codé, velho empregado há 45 anos do hospital, estava com elas.

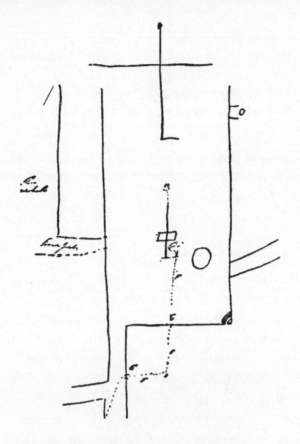

[Praça do mercado. – Porta dos Jacobinos.]

Era preciso que esses guardas ou cidadãos zelosos fossem bem pouco perspicazes ou muito favoráveis ao Sr. Gagnon, que era venerado por toda a cidade, do barão des Adrets até o taberneiro Poulet, pois nossa perturbação devia nos levar a fazer uma cara estranha no meio dessas pobres carolas fora de si pelo medo. Talvez esse medo, que era tão grande quanto o nosso, tenha-nos salvado, todo o grupo devia ter a mesma cara espantada.

Os guardas repetiram duas ou três vezes a pergunta: "Os cidadãos passaram aqui toda a noite? Ninguém entrou depois que os senhores ouviram o tiro de pistola?".

O miraculoso, a propósito do qual pensamos depois, foi que essas solteironas jansenistas tenham querido mentir. Creio que se deixaram levar a esse pecado por veneração por meu avô.

Os guardas pegaram nossos nomes e por fim se foram.

Nossos cumprimentos a essas senhoritas foram breves. Ficamos ouvindo atentamente, quando não ouvimos mais os guardas, saímos e continuamos a subir para a passagem.

Mante e Treillard, mais ágeis que nós e que haviam entrado na porta G antes de nós, contaram-nos no dia seguinte que quando chegaram à porta G', que dá para a Grande-Rue, encontraram-na ocupada por dois guardas. Esses senhores puseram-se a falar da amabilidade das senhoritas com que haviam passado a noite, os guardas não lhes fizeram qualquer pergunta e eles se foram.

Seu relato deu-me tanta impressão de realidade que eu não poderia dizer se não foi Colomb e eu que saímos falando da amabilidade dessas senhoritas.

Pareceria mais natural para mim que Colomb e eu entrássemos na casa, já que ele partiu uma meia hora depois.

O interessante foram as discussões sobre os autores presumíveis da revolta a que meu pai e minha tia Élisabeth se entregavam. Parece-me que contei tudo a minha irmã Pauline, que era minha amiga.

No dia seguinte, na Escola Central, Monval (mais tarde coronel e desprezado), que não gostava de mim, disse-me: "Pois bem! você e os seus deram um tiro de pistola na árvore da Fraternidade!".

O delicioso foi contemplar o estado do cartaz: estava furado.

Os cetros, coroas e outros atributos *vencidos* estavam pintados ao sul, do lado que defrontava a árvore da Liberdade. As coroas etc. estavam pintadas em amarelo claro sobre papel estendido sobre uma tela ou sobre uma tela preparada para a pintura a óleo.

Não penso nesse caso há 15 ou 20 anos. Confessarei que o acho muito bonito. Eu repetia frequentemente, com entusiasmo, nessa época, e ainda repeti não tem quatro dias, este verso de *Horace*:

Albe vous a nommé, je ne vous connais plus![195]

Essa ação estava bem de acordo com essa admiração.

O singular é que eu mesmo não tenha dado o tiro de pistola. Mas não creio que tenha sido por prudência censurável. Parece-me,

---

[195] "Alba vos nomeou, não vos conheço mais", *Horace* (ato II, cena 3), de Corneille.

mas o entrevejo de modo duvidoso e como através de uma bruma, que Treillard, que chegava de sua aldeia (Tullins, acho eu), quis de todo modo dar o tiro de pistola como para passar a ser considerado habitante da nossa cidade.

Ao escrever isto, a imagem da árvore da Fraternidade aparece a meus olhos, minha memória faz descobertas. Acredito ver que a árvore da Fraternidade estava cercada por um muro de dois pés de altura com pedras de cantaria encimado por uma grade de ferro de cinco ou seis pés de altura.

Jomard era um pobre coitado de um padre, como mais tarde Mingrat, que foi guilhotinado por ter envenenado seu padrasto, um Sr. Martin de Vienne, ao que me parece, antigo *membro do Departamento*, como se dizia. Vi o julgamento desse patife e em seguida o vi ser guilhotinado. Eu estava na calçada diante da farmácia do Sr. Plana.

Jomard havia deixado crescer a barba, tinha os ombros cobertos por um pano vermelho por ser parricida.

Eu estava tão perto que depois da execução eu via as gotas de sangue se formarem ao longo da lâmina antes de caírem. Isso me causou horror e durante não sei quantos dias não consegui comer *cozido de carne*.

Capítulo XXXIV

Acho que cuidei de tudo de que eu queria falar antes de entrar no último relato que terei a fazer das coisas de Grenoble, quero dizer de minha entrada na matemática.

A Srta. Kubly havia partido há muito e dela só me restava uma terna lembrança, a Srta. Victorine Bigillion ficava muito no campo, meu único prazer em leitura eram Shakspeare e as *Memórias*, de Saint-Simon, então em sete volumes, que comprei mais tarde em 12, edição com os tipos de Baskerville, paixão que durou como a dos espinafres, em termos físicos, e que, em termos intelectuais, é tão forte aos 53 quanto aos 13 anos.

Eu gostava de matemática na exata proporção em que desprezava meus professores, os Srs. Dupuy e Chabert. Apesar da ênfase e do bom tom, do ar de nobreza e de delicadeza que o Sr. Dupuy tinha ao dirigir a palavra a alguém, tive bastante perspicácia para adivinhar que ele era infinitamente mais ignaro do que o Sr. Chabert. O Sr. Chabert, que, na hierarquia social dos burgueses de Grenoble, via-se tão abaixo do Sr. Dupuy, às vezes, domingo ou quinta-feira pela manhã, pegava um volume de Euler ou de ... e lutava firme com a dificuldade. Ele no entanto sempre tinha o ar de um boticário que conhece boas receitas, mas nada mostrava como essas *receitas* nascem umas das outras, nenhuma *lógica*, nenhuma filosofia nessa cabeça; por não sei qual mecanismo de educação ou de vaidade, talvez por religião, o bom Sr. Chabert odiava até o nome dessas coisas.

Com minha cabeça de hoje eu há dois minutos era injusto a ponto de me espantar por não ter visto de imediato o remédio. Eu não tinha qualquer apoio, meu avô por vaidade tinha repugnância pela matemática, que era o único limite de sua ciência quase universal. Esse homem, ou, antes, *o Sr. Gagnon nunca esqueceu nada do que leu*, dizia-se com respeito em Grenoble. A matemática constituía a única resposta de seus inimigos. Meu pai detestava a matemática por religião, acho eu, ele só a perdoava um pouco porque ela ensina a *fazer a planta das propriedades*. Eu fazia para ele sem parar cópias da planta de suas posses em Claix, em Échirolles, em Fontagnieu, no Cheylas (vale perto...), onde ele acabava de fazer um bom negócio.

Eu desprezava Bezout tanto quanto os Srs. Dupuy e Chabert.

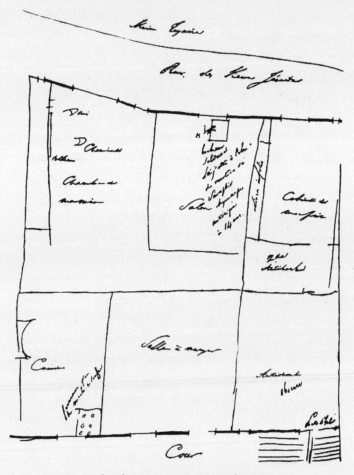

H. Eu lendo atentamente o padre Marie.
[Casa Teisseire. – Rue des Vieux-Jésuites. – Quarto de minha mãe. Eu. Cheminade. Quadro. – Sala. Felicidade solitária. Ali eu estava ao abrigo das opressões de Séraphie. Misantropia antecipada aos 14 anos. – Gabinete de meu pai. Livros in-folio. – Segunda antecâmara. – Cozinha. Forno para os moldes de enxofre. – Sala de refeições. – Antecâmara escura. Porta de entrada. – Pátio.]

Havia cinco a seis *bons* na Escola Central que foram recebidos na Escola Politécnica em 1797 ou 1798, mas eles não se dignavam de responder a minhas dificuldades, talvez expostas pouco claramente ou que antes os embaraçavam.

Comprei ou recebi como prêmio as obras do padre Marie, um volume *in*-8º. Li esse volume com a avidez de um romance. Nele encontrei as verdades expostas em outros termos, o que me deu muito prazer e recompensou meu trabalho, mas de resto nada de novo.

Não quero dizer que nele não haja realmente novidade, talvez eu não o compreendesse, eu não era suficientemente instruído para o ver.

Para meditar mais tranquilamente, eu me havia estabelecido no salão mobiliado com 12 belas poltronas bordadas por minha pobre mãe e que só era aberto uma ou duas vezes por ano para tirar a poeira. Esse cômodo inspirava-me o recolhimento, eu ainda tinha nessa época a imagem das bonitas ceias dadas por minha mãe. Deixava-se esse salão reluzente de luzes quando dava 10 horas para passar à sala de refeições, onde havia um peixe enorme. Era o luxo de meu pai; ele tinha ainda esse instinto no estado de devoção e de especulações agrícolas em que o vi reduzido.

Foi sobre a mesa T que eu havia escrito o primeiro ato ou os cinco atos de meu drama, que eu chamava de comédia, esperando o momento do gênio mais ou menos como se um anjo devesse aparecer-me.

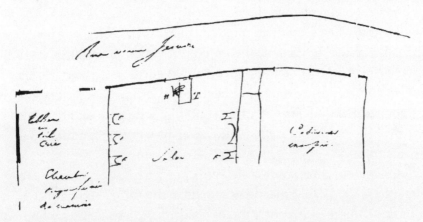

FF. Grandes poltronas bordadas por minha mãe (Sra. Henriette Gagnon). – T. Mesa de trabalho de seu filho – H. Eu trabalhando.
[Rue Vieux-Jésuites. – Quarto sempre fechado de minha mãe. Quadro em tela encerada. – Sala. – Gabinete de meu pai.]

Meu entusiasmo pela matemática talvez tivesse tido por base principal meu horror pela hipocrisia, a hipocrisia a meus olhos era minha tia Séraphie, a Sra. Vignon e seus padres.

A meu ver, a hipocrisia era impossível em matemática, e, em minha simplicidade juvenil, eu pensava que o mesmo se dava em todas as ciências em que eu havia ouvido dizer que ela se aplicava. Como fiquei quando me dei conta de que ninguém podia explicar-me como era que: menos vezes menos dá mais (- × - = +)? (Trata-se de uma das bases fundamentais da ciência que se chama *álgebra*.)

Faziam bem pior do que não me explicar essa dificuldade (que sem dúvida é explicável, pois ela leva à verdade), explicavam-na para mim por meio de razões evidentemente pouco claras para aqueles que as apresentavam.

O Sr. Chabert pressionado por mim embaraçava-se, repetia sua *lição*, aquela precisamente contra a qual eu apresentava objeções, e acabava dispondo-se a me dizer:

"Mas é o uso, todo mundo admite essa explicação. Euler e Lagrange, que aparentemente valiam tanto quanto o senhor, admitiram-na. Sabemos que o senhor é muito inteligente (isso queria dizer: sabemos que o senhor ganhou um primeiro prêmio de *literatura* e falou bem ao *Sr. Teste-Lebeau* e aos outros membros do Departamento), o senhor aparentemente quer fazer-se notar."

Quanto ao Sr. Dupuy, ele tratava minhas tímidas objeções (tímidas por causa de seu tom enfático) com um sorriso de altivez vizinho do distanciamento. Embora muito menos capaz que o Sr. Chabert, ele era menos burguês, menos limitado e talvez julgasse corretamente graças a seu conhecimento de matemática. Se hoje eu visse esses senhores por oito dias, saberia de imediato o que fazer. Mas é preciso sempre voltar a esse ponto.

Criado em uma redoma de vidro por parentes cujo desespero tornava a mentalidade ainda mais estreita, sem qualquer contato com os homens, eu tinha sensações intensas aos 15 anos, mas era bem mais incapaz que outra criança de julgar os homens e de perceber suas diferentes farsas. Assim, no fundo não tenho grande confiança em todos os juízos com que preenchi as 536 páginas precedentes. Certamente de verdadeiro há apenas as *sensações*, só que para chegar à verdade é preciso pôr quatro sustenidos em minhas expressões. Apresento-as com a frieza e os sentidos amortecidos pela experiência de um homem de 40 anos.

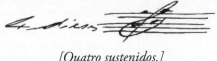

[Quatro sustenidos.]

Lembro distintamente que, quando eu falava a um aluno *bom* de minha dificuldade de *menos vezes menos*, ele ria na minha cara: todos eram mais ou menos como Paul-Émile Teysseyre e decoravam. Eu os via dizer com frequência no quadro ao fim das demonstrações:
"*É portanto evidente*" etc.

Nada é menos evidente para vocês, pensava eu. Mas se tratava de coisas evidentes para mim, e das quais, apesar da melhor vontade, era impossível duvidar.

A matemática considera apenas um pequeno aspecto dos objetos (sua quantidade), mas nisso ela tem o atrativo de só dizer coisas seguras, a verdade e quase toda a verdade.

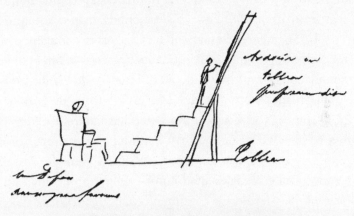

[Lousa ou quadro propriamente dito. – Quadro. – Sr. Dupuy em sua grande poltrona.]

Aos 14 anos, em 1797, eu imaginava que a alta matemática, a que eu nunca soube, compreendia *todos* ou quase todos os aspectos dos objetos, que assim, progredindo, eu chegaria a saber coisas seguras, indubitáveis e que eu poderia provar para mim mesmo à vontade *a propósito de todas as coisas.*

Levei tempo para me convencer de que minha objeção a - × - = + não poderia absolutamente entrar na cabeça do Sr. Chabert, que o Sr. Dupuy sempre só responderia por um sorriso de altivez, e que os *bons* aos quais eu fazia perguntas zombariam sempre de mim.

Fiquei reduzido ao que ainda hoje me digo: é preciso que - vezes - dá + seja verdade, pois evidentemente, ao empregar a toda hora essa regra no cálculo, chega-se a resultados *verdadeiros e indubitáveis*.

Minha grande infelicidade era esta figura:

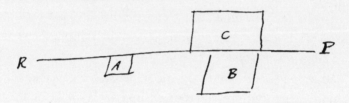

Suponhamos que RP seja a linha que separa o positivo do negativo, tudo o que está acima é positivo, como negativo tudo o que está abaixo; como, tomando o quadrado B tantas vezes quantas há de unidades no quadrado A, posso chegar a fazer mudar de lado o quadrado C?

E, seguindo uma comparação desajeitada que o sotaque de Grenoble e soberanamente arrastado do Sr. Chabert tornava ainda mais desajeitada, suponhamos que as quantidades negativas sejam as dívidas de um homem, como, multiplicando 10 mil francos de dívida por 500 francos, esse homem terá ou chegará a ter uma fortuna de 5 milhões?

O Sr. Dupuy e o Sr. Chabert são hipócritas como os padres que vêm dizer a missa em casa de meu avô e minha cara matemática não passa de um engodo? Eu não sabia como chegar à verdade. Ah! com que avidez na época eu teria escutado uma palavra sobre a lógica ou a arte de *encontrar a verdade*! Que momento para me explicar a *Lógica* do Sr. de Tracy! Talvez eu tivesse sido outro homem, eu teria tido uma cabeça bem melhor.

Concluí, com minhas pobres pequenas forças, que o Sr. Dupuy podia muito bem ser um enganador, mas que o Sr. Chabert era um burguês vaidoso que não podia compreender que existissem objeções não vistas por ele.

Meu pai e meu avô tinham a *Encyclopédie in-folio* de Diderot e d'Alembert, é, ou, antes, era uma obra de 700 a 800 francos. É preciso uma imensa influência para levar um provinciano a pôr um tal capital em livros, donde concluo, hoje, que era preciso que antes de meu nascimento meu pai e meu avô tivessem sido de fato do partido filosófico.

Era com pesar que meu pai me via folhear a *Encyclopédie*. Eu tinha a mais inteira confiança nesse livro por causa do distanciamento de meu pai e do ódio decidido que ele inspirava aos padres que frequentavam a casa. O grande vigário e cônego Rey, grande cara de papel machê, com cinco pés e 10 polegadas de altura, fazia uma singular careta ao pronunciar enviesado os nomes de Diderot e de d'Alembert. Essa careta dava-me uma alegria íntima e profunda, ainda sou muito predisposto a esse tipo de prazer.[196] Eu o saboreei algumas vezes em 1815 ao ver os nobres negarem a coragem de Nicolas Buonaparte, pois na época esse era o nome desse grande homem, e todavia a partir de 1807 eu havia desejado apaixonadamente que ele não conquistasse a Inglaterra, onde refugiar-se então?

Procurei então consultar os verbetes de matemática de d'Alembert na *Encyclopédie*, o tom de fatuidade deles, a ausência de culto pela verdade chocaram-me muito e de resto compreendi pouca coisa. Com que ardor eu nessa época adorava a verdade! Com que sinceridade eu a julgava a rainha do mundo em que eu ia entrar! Eu não lhe via quaisquer outros inimigos que não os padres.

Se - x - = + me havia provocado muito sofrimento, pode-se pensar que negror se apoderou de minha alma quando comecei a *Estática*, de Louis Monge, irmão do ilustre Monge e que ia vir para aplicar os exames para a Escola Politécnica.

No começo da geometria, diz-se: "*Dá-se o nome de PARALELAS a duas linhas que prolongadas ao infinito não se encontrariam nunca*". E, no começo da *Estática*, esse insigne animal do Louis Monge pôs mais ou menos isto: "*Pode-se considerar que duas linhas paralelas se encontram, se forem prolongadas ao infinito*".

Pensei estar lendo um catecismo e ainda por cima um dos mais desajeitados. Foi em vão que pedi explicações ao Sr. Chabert.

---

[196] *Anotação de Stendhal no manuscrito*: "Que diabo poderia se interessar pelos simples movimentos de um coração descritos sem retórico? Omar, 1836. *Likeness by Valeri, april 1836*".

"Meu filho, disse ele, tomando esse ar paternal que vai tão mal à raposa do Dauphiné, o ar de Édouard Mounier (par de França em 1836), meu filho, você saberá isso mais tarde"; e o monstro, aproximando-se de seu quadro de tela encerada e traçando duas linhas paralelas e muito próximas, diz-me:

"Você vê bem que no infinito pode-se dizer que elas se encontram."

Quase abandonei tudo. Um confessor, hábil e bom jesuíta, nesse momento poderia ter-me convertido comentando esta máxima:

"Você vê que tudo é erro, ou, antes, que nada há de falso, nada de verdadeiro, tudo é convenção. Adote a convenção que melhor o fará ser recebido na sociedade. Ora, a ralé é patriota e sempre sujará esse lado da questão: faça-se aristocrata como seus parentes e encontraremos meio de enviá-lo a Paris e de o recomendar a senhoras influentes."

Capítulo XXXV

Dito isso com ardor, eu me tornaria um esperto e eu teria uma grande fortuna hoje, em 1836.

Aos 13 anos eu imaginava o mundo unicamente a partir dos *Mémoires secrets* [*Relatos secretos*], de Duclos, e dos *Mémoires* [*Relatos*], de Saint-Simon, em sete volumes. A felicidade suprema era viver em Paris, fazendo livros com 100 luíses de renda. Marion dizia-me que meu pai me deixaria mais.

Parece-me que eu me disse: *verdadeira ou falsa a matemática me tirará de Grenoble*, desse lamaçal que me dá náuseas.

Mas acho esse raciocínio bem avançado para minha idade. Eu continuava a trabalhar, seria uma pena muito grande interromper, mas eu estava profundamente inquieto e entristecido.

Enfim o acaso quis que eu encontrasse um grande homem e que não me tornasse um tratante. Aqui pela segunda vez *o tema ultrapassa quem narra*. Tentarei não ser exagerado.

Em minha adoração pela matemática, eu ouvia falar há algum tempo de um jovem, famoso jacobino, grande e intrépido caçador e que sabia matemática bem melhor que os Srs. Dupuy e Chabert, mas que não fazia disso uma atividade. Só que, como não era nada rico, havia dado aulas a esse espírito falso do Anglès (depois conde e chefe de polícia, enriquecido por Luís XVIII à época dos empréstimos).

No entanto, eu era tímido, como ousar abordá-lo? Além do mais suas aulas eram extremamente caras, 12 *sous* por aula, como pagar? (Esse preço parece-me muito ridículo, talvez fosse 24 ou 40 *sous*.)

Contei tudo isso com plenitude de coração a minha boa tia Élisabeth, que talvez na época tivesse 80 anos, mas seu excelente coração e sua cabeça melhor ainda, se isso é possível, não tinham mais que 30 anos. Generosamente ela me deu muitos escudos de 6 francos. Não era, porém, o dinheiro que devia custar a essa alma cheia do orgulho mais justo e mais delicado, era preciso que eu tivesse essas aulas *escondido de meu pai*, e a que repreensões com fundamento, legítimas, ela não se expunha? Séraphie ainda era viva? Eu não responderia o contrário. Todavia, eu era bem criança quando minha tia Séraphie morreu, pois, ao tomar conhecimento de sua morte na cozinha em frente ao armário de Marion, pus-me de joelhos para agradecer a Deus por uma libertação tão grande.

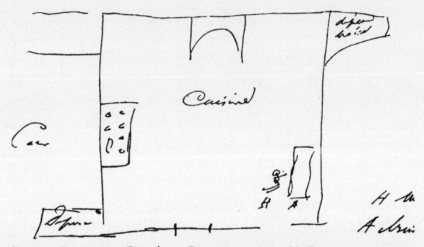

[Pátio. – Despensa. – Cozinha. – Despensa escura. – H. Eu. – A. Armário.]

Esse acontecimento, os escudos dados tão nobremente por minha tia Élisabeth para que eu tivesse às escondidas aulas com esse terrível jacobino, impediu-me para todo sempre de ser um tratante. Ver um homem a partir do modelo dos gregos e dos romanos e desejar morrer caso não fosse como ele foi apenas um instante: *punto* (*Non sia che un punto*)[197] (Alfieri).

Não sei como eu, tão tímido, aproximei-me do Sr. Gros. (O afresco caiu neste trecho e eu não passaria de um medíocre romancista, como Dom Rugiero Caetani,[198] se procurasse substituí-lo. Alusão aos afrescos do Campo Santo de Pisa e a seu estado atual.)

---

[197] "Que seja só um instante". Esse trecho em italiano não é uma citação, mas tem a ver com uma passagem da peça *Oreste*, de Alfieri.

[198] Referência a um manuscrito italiano do século XVII, *Vita di D. Ruggiero scritta da lui stesso verso il 16...*

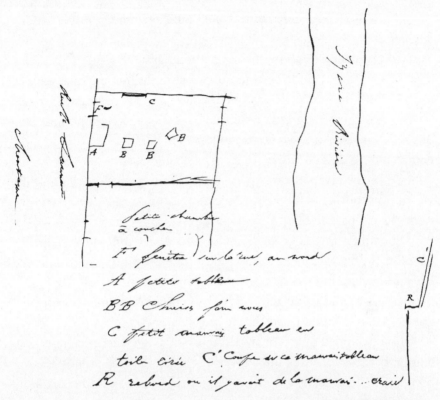

[Montanha. – Rue Saint-Laurent. – Isère, rio. – Quarto pequeno de dormir. – F. Janela que dá para a rua, ao norte. – A. – Mesinha. – BB. Cadeiras para nós. – C. Quadro pequeno e ruim de tela encerada. – C'. Corte desse quadro ruim. – R. Rebordo onde havia giz branco ruim que se desfazia no dedo quando se escrevia no quadro. Nunca vi nada de tão vagabundo.]

Sem saber como cheguei até lá, vejo-me no pequeno quarto que Gros ocupava em Saint-Laurent, o bairro mais antigo e mais pobre da cidade; é uma rua longa e estreita, espremida entre a montanha e o rio. Não entrei sozinho nesse pequeno quarto, mas quem era meu companheiro de estudo? Seria Cheminade? Quanto a isso, o mais completo esquecimento, toda a atenção do meu espírito voltava-se aparentemente para Gros. (Esse grande homem morreu há tanto tempo que acho que posso retirar-lhe o Senhor.)

Era um jovem de um louro escuro, muito ativo, mas muito gordo, devia ter 25 ou 26 anos; os cabelos eram extremamente cacheados e bastante compridos, estava vestido com um redingote, e nos disse:

"Cidadãos, por onde começamos? seria preciso ver o que vocês já sabem.

– Mas sabemos as equações de segundo grau".

E, como homem de bom senso, pôs-se a nos mostrar essas equações, isto é, a formação de um quadrado de $a + b$, por exemplo, que ele nos fez elevar à segunda potência: $a^2 + 2ab + b^2$, a suposição de que o primeiro membro da equação fosse um começo de quadrado, o complemento desse quadrado etc., etc., etc.

Os céus estavam abertos para nós, ou pelo menos para mim. Eu via enfim o porquê das coisas, não era mais uma receita de boticário caída do céu para resolver as equações.

Eu tinha um prazer vivo, análogo ao de ler um romance arrebatador. É preciso confessar que tudo o que Gros nos disse sobre as equações de segundo grau estava mais ou menos no ignóbil Bezout, mas ali nosso olho não ousava vê-lo. Isso era tão banalmente exposto que eu não me dava ao trabalho de prestar atenção.

Na terceira ou quarta aula, passamos para as equações de terceiro grau, e aí Gros foi inteiramente novo. Parece-me que ele nos transportava imediatamente à fronteira da ciência e diante da dificuldade a vencer, ou diante do véu que se tratava de levantar. Ele nos mostrava, por exemplo, uma após a outra as diversas maneiras de resolver as equações de terceiro grau, quais haviam sido as primeiras tentativas de *Cardano*[199] talvez, em seguida os progressos, e por fim o método atual.

Ficamos muito espantados por ele não nos fazer demonstrar a mesma proposição um após o outro. Assim que uma coisa estava bem compreendida, ele passava a outra.

Sem que Gros fosse de modo algum um charlatão, ele tinha o efeito dessa característica tão útil em um professor como em um general em chefe, ele ocupava todo meu espírito. Eu o adorava e o respeitava tanto que talvez eu o desagradasse. Encontrei tão frequentemente esse efeito desagradável e surpreendente que talvez seja por um erro de memória que eu o atribua à primeira de minhas paixões de admiração. Desagradei ao Sr. de Tracy e à Sra. Pasta por admirá-los com muito entusiasmo.

---

[199] Girolamo Cardano (1501-1576), matemático italiano.

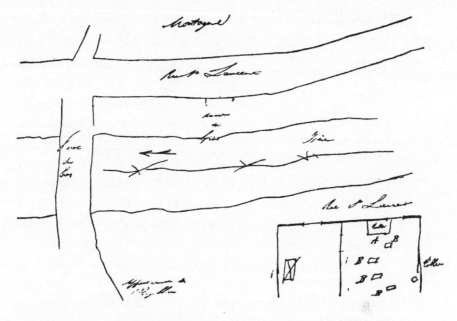

[Montanha. – Rue Saint-Laurent. – Casa de Gros. – Ponte de madeira. – Isère. – Apartamento dos Bigillion. – Rue St-Laurent. – Mesa. – Quadro.]

Num dia[200] de grandes novidades, falamos de política durante toda a aula e no fim ele não quis nosso dinheiro. Eu estava tão acostumado ao gênero sórdido dos professores do Dauphiné, Srs. Chabert, Durand etc., que esse gesto muito simples redobrou minha admiração e meu entusiasmo. Parece-me nessa ocasião que éramos três, talvez Cheminade, Félix Faure e eu, e me parece também que púnhamos, na pequena mesa A, cada um uma moeda de 12 *sous*.

Não me lembro de quase nada em relação aos dois últimos anos, 1798 e 1799. A paixão pela matemática absorvia de tal forma meu tempo que Félix Faure me disse que eu usava na época meu cabelo muito comprido, de tanto que eu *lamentava* a meia hora que seria preciso perder para os cortar.

---

[200] *Anotação de Stendhal na margem do manuscrito:* "29 de janeiro de 1836. Chuva e tempo frio; passeio a San Pietro in Montorio, onde tive a ideia de escrever isto em 1832".

Pelo fim do verão de 1799, meu coração de cidadão estava consternado com nossas derrotas na Itália, Novi e as outras, que causavam a meus parentes uma viva alegria misturada todavia com inquietação. Meu avô, mais razoável, teria desejado que os russos e os austríacos não chegassem a Grenoble. Mas para dizer a verdade quase que só posso falar desses desejos de minha família por suposição, a esperança de a deixar em breve e o amor vivo e direto pela matemática absorviam-me a ponto de eu dar bem pouca atenção aos discursos de meus parentes. Eu não me dizia talvez claramente, mas eu sentia isso: No ponto em que estou, de que me servem esses falatórios caducos?

Logo um temor egoísta veio misturar-se a meu pesar de cidadão. Eu temia que, por causa da aproximação dos russos, não houvesse exame em Grenoble.

Bonaparte desembarcou em Fréjus. Acuso-me de ter tido este desejo sincero: esse jovem Bonaparte, que eu imaginava um belo jovem como um coronel de ópera-cômica, deveria fazer-se rei da França.

Essa palavra só despertava em mim ideias brilhantes e generosas. Esse erro banal era fruto de minha mais medíocre educação. Meus parentes eram como empregados em relação ao rei. Bastava a palavra rei e o nome Bourbon, e as lágrimas lhes vinham aos olhos.

Não sei se tive esse sentimento tolo em 1797 deleitando-me com o relato das batalhas de Lodi, de Arcole etc., etc., que desolavam meus parentes, que por muito procuraram não acreditar nisso, ou se o tive em 1799 com a notícia do desembarque de Fréjus. Inclino-me por 1797.

Na verdade, a aproximação do inimigo fez com que o Sr. Louis Monge, examinador da Escola Politécnica, não viesse a Grenoble. Será preciso ir a Paris, dissemo-nos todos. Mas, pensava eu, como conseguir de meus parentes uma viagem dessas? Ir à Babilônia moderna, à cidade da corrupção, aos 16 anos e meio! Fiquei extremamente agitado, mas não tenho qualquer lembrança distinta.

Os exames do curso de matemática do Sr. Dupuy chegaram e isso foi um triunfo para mim.

Entre oito ou nove jovens fui eu que tirei o primeiro prêmio, sendo eles na maioria mais velhos e mais protegidos que eu, e dois meses mais tarde todos foram aceitos como alunos na Escola Politécnica.

Fui eloquente no quadro, é que eu falava de uma coisa sobre a qual eu refletia apaixonadamente há 15 meses pelo menos e que eu estudava há três anos (a verificar, desde o início do curso do Sr. Dupuy na sala do térreo da Escola Central). O Sr. Dausse, homem obstinado e sábio, vendo que eu sabia, fez-me as perguntas mais difíceis e as mais adequadas para embaraçar. Era um homem de aspecto terrível e nunca animador. (Ele parecia Domeniconi, excelente ator que admiro no *Valle* em janeiro de 1836.)

O Sr. Dausse, engenheiro-chefe, amigo de meu avô (que estava presente em meu exame e com grande prazer), acrescentou ao primeiro prêmio um volume *in*-4º de Euler. Talvez esse presente tenha sido dado em 1798, ano no fim do qual ganhei também o primeiro prêmio de matemática. (O curso do Sr. Dupuy compunha-se de dois anos ou mesmo de três.)

Logo depois do exame, à noite, ou antes na noite do dia em que meu nome foi exposto com tanta glória ("Mas pelo modo como o cidadão B... respondeu, pela exatidão, pela facilidade brilhante...", esse foi o último esforço da política do Sr. Dupuy: a pretexto de não prejudicar meus sete ou oito colegas, o que lhe pareceu melhor foi fazer com que obtivessem o primeiro prêmio, a pretexto de não prejudicá-los na admissão à Escola Politécnica, mas o Sr. Dausse, cabeça-dura dos diabos, fez com que se incluísse na ata e, por consequência, com que se imprimisse uma frase como a precedente), vejo-me passando no bosque do Jardin de Ville, entre a estátua de Hércules e a grade, com Bigillion e dois ou três outros inebriados com meu triunfo, pois todo mundo o achou justo e se via bem que o Sr. Dupuy não gostava de mim; o rumor das aulas que eu tivera com esse jacobino do Gros, eu que tinha a vantagem de seguir seu curso, dele, Sr. Dupuy, não era algo que se destinasse a me reconciliar com ele.

Portanto, passando ali, eu dizia a Bigillion, filosofando como era de nosso hábito:

— Neste momento, uma pessoa perdoaria todos os seus inimigos.

— Ao contrário, disse Bigillion, a pessoa se aproximaria deles para os vencer.

A alegria inebriava-me um pouco, é verdade, e eu desenvolvia argumentações para a esconder, no entanto no fundo essa resposta marca o profundo bom senso de Bigillion mais terra a terra que eu, e ao mesmo tempo a exaltação espanhola a que tive a infelicidade de estar sujeito toda minha vida.

Vejo circunstâncias: Bigillion, meus colegas e eu, acabávamos de ler o cartaz com a frase a meu respeito.

Sob a abóbada da Sala de Concertos, a ata dos exames, assinada pelos membros da administração departamental, estava exposta na porta da sala.

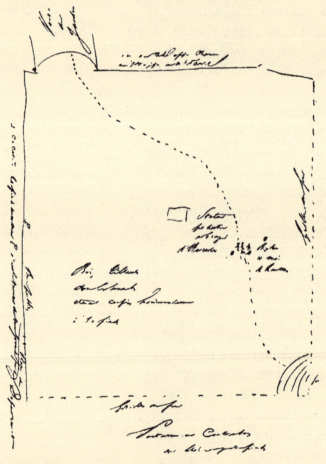

[Abóbada do Jardim. – Aqui, no segundo andar, apartamento de Charvet, no primeiro, apartamento do Sr. Faure. – Estátua pedestre em bronze de Hércules. – B. Bigillion. – H. Eu. – A. Dois outros. – Grades de ferro. – Bosque, tílias cujos galhos eram cortados horizontalmente a 30 pés. – Grades de ferro. – Porta. Canteiro abaixo três ou quatro pés. – Banhos públicos. Praça do Departamento. – Desse lado a 20 pés desse muro P ficava o terraço de meu avô.]

Depois desse exame triunfante, fui a Claix. Minha saúde tinha uma necessidade imperiosa de repouso. Mas eu tinha uma inquietação mortal com a qual eu sonhava no pequeno bosque de Doyatières e nas brenhas dos caminhos de Les Îlots, ao longo do Drac e da encosta a 45 graus de Comboir (eu tinha um fuzil apenas para constar). Meu pai me daria dinheiro para que eu fosse enfiar-me na nova Babilônia, nesse centro de imoralidade, aos 16 anos e meio?

Aqui ainda o excesso da paixão, da emoção destruiu toda lembrança. Não sei de modo algum como minha partida se arranjou.

Falou-se de um segundo exame pelo Sr. Dupuy, eu estava esgotado, extenuado pelo trabalho, realmente as forças estavam no fim. Repassar a aritmética, a geometria, a trigonometria, a álgebra, as seções cônicas, a estática, de modo a passar por um novo exame, era uma corveia atroz. Realmente eu não aguentava mais. Esse novo esforço, que eu esperava, mas para dezembro, teria feito com que tomasse horror por minha cara matemática. Felizmente a preguiça do Sr. Dupuy, ocupado com suas vindimas de Noyarey, veio em auxílio da minha. Ele me disse, tratando-me por você, o que era grande sinal de favor, que tinha perfeitamente conhecimento do que eu sabia, que um novo exame era inútil, e me deu com ar digno e sacerdotal um esplêndido certificado certificando uma falsidade, a saber, que ele me havia feito passar por um novo exame para minha admissão na Escola Politécnica e que eu me havia saído muito bem.

Meu tio deu-me 2 ou 4 luíses de ouro que eu recusei. Provavelmente meu boníssimo avô e minha tia Élisabeth fizeram-me presentes de que não tenho qualquer lembrança.

Minha partida foi organizada com um certo Sr. Rosset, conhecido de meu pai e que voltava a Paris, onde estava estabelecido.

O que vou dizer não é bonito. No momento preciso da partida, esperando o veículo, meu pai recebeu minha despedida no Jardin de Ville sob as janelas das casas que dão para a Rue Montorge.

Ele chorava um pouco. A única impressão que me deram suas lágrimas foi a de o achar bem feio. Se o leitor toma horror por mim, que se digne de se lembrar das centenas de passeios forçados a Les Granges com minha tia Séraphie, passeios que me impunham *para me agradar*. É essa hipocrisia que me irritava mais e que me fez execrar esse vício.

A emoção eliminou completamente qualquer lembrança de minha viagem com o Sr. Rosset de Grenoble a Lyon, e de Lyon a Nemours.

Foi nos primeiros dias de novembro de 1799, pois em Nemours, a 20 ou 25 léguas de Paris, ficamos sabendo dos acontecimentos do 18 Brumário (ou 9 de novembro de 1799) que haviam ocorrido na véspera.

Ficamos sabendo deles à noite, eu não compreendia grande coisa, e estava encantado que o jovem general Bonaparte se fizesse rei da França. Meu avô falava frequentemente e com entusiasmo de Philippe-Auguste e de Bouvines, todo rei da França era a meus olhos um Philippe-Auguste, um Luís XIV ou um voluptuoso Luís XV, como eu havia visto em *Mémoire secrets*, de Duclos.

A satisfação não estragava em nada minha imaginação. Minha ideia fixa ao chegar a Paris, a ideia a que eu voltava quatro ou cinco vezes por dia e sobretudo ao anoitecer, nesse momento de devaneio, era que uma bonita mulher, uma mulher de Paris bela de modo muito diferente da Sra. Kubly ou de minha pobre Victorine, cairia diante de mim ou se veria em algum grande perigo do qual eu a salvaria, e a partir disso eu seria seu amante. Minha razão era uma razão de caçador: eu a amaria com tanto ardor que devo encontrá-la!

Essa loucura, nunca confessada a ninguém, talvez tenha durado seis anos. Só me curei um pouco dela pela secura das damas da corte de Brunswick entre as quais estreei em novembro de 1806.

Capítulo XXXVI
Paris

O Sr. Rosset deixou-me num hotel na esquina da Rue de Bourgogne com a Rue Saint-Dominique, entrava-se pela Rue Saint-Dominique; queriam pôr-me perto da Escola Politécnica, onde julgavam que eu ia entrar.

Fiquei muito espantado com o som dos sinos que tocavam a hora. As cercanias de Paris haviam-me parecido horrivelmente feias, não havia montanhas! Esse desencanto aumentou rapidamente nos dias seguintes.

Deixei o hotel e por economia peguei um quarto na esplanada dos Invalides, fui um pouco acolhido e guiado pelos *matemáticos* que no ano anterior haviam entrado na escola. Foi preciso ir vê-los.

Foi preciso ir ver meu primo Daru.

Era exatamente a primeira visita que eu fazia em minha vida.

O Sr. Daru, homem do mundo, com uns 65 anos, deve ter ficado bem escandalizado com meu desajeitamento e esse desajeitamento devia ser bem desprovido de graças.

Eu chegava a Paris com o projeto definido de ser um sedutor de mulheres, o que eu chamaria hoje de um *Dom Juan* (segundo a ópera de Mozart).

O Sr. Daru fora por muito tempo secretário-geral do Sr. de Saint-Priest, intendente do Languedoc, que hoje compreende, ao que me parece, sete departamentos. É possível que se tenha visto nas histórias que o famoso Basville, esse sombrio tirano, fora intendente ou antes rei do Languedoc de 1685 a 1710 talvez. Era uma região de Estados,[201] esse vestígio de discussão pública e de liberdade exigia um secretário-geral

---

[201] Na França do Antigo Regime as províncias submetidas à autoridade do rei dividiam-se em *pays d'États* (regiões de Estados) e em *pays d'élection* (regiões de eleição).

hábil sob um intendente que era uma espécie de grande senhor, como o Sr. de Saint-Priest, que talvez tenha sido intendente de 1775 a 1786.

O Sr. Daru, oriundo de Grenoble, filho de um burguês com pretensão a nobre, mas pobre por orgulho como toda minha família, era o filho de suas obras, e sem roubar havia talvez reunido 400 ou 500 mil francos. Havia atravessado a Revolução com habilidade, e sem deixar cegar-se pelo amor ou pelo ódio que podia ter pelos preconceitos, pela nobreza e pelo clero. Era um homem sem outra paixão que o *útil* da vaidade ou a vaidade do útil, eu o vi muito de baixo para discernir qual. Havia comprado uma casa na Rue de Lille, 506, na esquina com a Rue de Bellechasse, da qual só ocupava modestamente o pequeno apartamento acima da porta cocheira.

O primeiro andar no fundo do pátio estava alugado à Sra. Rebuffel, mulher de um negociante de grande mérito e homem de caráter e de espírito ardoroso, exatamente o contrário do Sr. Daru, o Sr. Rebuffel, sobrinho do Sr. Daru, e que, por seu caráter acomodatício e prestativo, entendia-se bem com o tio.

O Sr. Rebuffel ia diariamente passar uns quinze minutos com sua mulher e sua filha Adèle, e no resto do tempo vivia na Rue Saint-Denis em sua casa de comércio, com a Srta. Barbereu, sua sócia e sua amante, moça ativa, comum, de 30 ou 35 anos, que me parecia muito ter cara de fazer cenas e de pôr chifres em seu amante e de não deixá-lo de modo algum entediar-se.

Fui recebido com afeição e abertura de coração pelo bom Sr. Rebuffel, ao passo que o Sr. Daru pai me recebeu com frases de afeição e de devotamento por meu avô que me apertavam o coração e me deixavam mudo.

O Sr. Daru era um velho alto e bastante bonito com um grande nariz, coisa bastante rara no Dauphiné, tinha um olho um pouco vesgo e o ar bastante falso.[202] Tinha consigo uma velhinha toda encolhida,

---

[202] *Anotação de Stendhal na margem do manuscrito*: "Eu devo ter causado o efeito de um estranho animal. A inserir. O Sr. Daru era um velho alto e muito bonito com um nariz grande, coisa bastante rara na França, e tinha um olho um pouco vesgo e o ar bastante falso. A Sra. Daru, pequena velha muito religiosa, rica, de tom suave e no fundo bastante boa, não ousava dizer palavra diante dele. Ele se divertia com uma bonita menininha de 5 anos, sua neta: a Srta. Le Brun (hoje

toda provinciana, que era sua mulher, ele a havia desposado outrora por causa de sua fortuna, que era considerável, e de resto ela não ousava dizer uma única palavra diante dele.

A Sra. Daru era boa no fundo e muito educada, com um arzinho de dignidade conveniente a uma subprefeita de província. De resto, nunca encontrei criatura que fosse mais completamente desprovida do fogo celeste. Nada no mundo poderia emocionar essa alma por alguma coisa de nobre ou de generoso. A prudência mais egoísta, e de que se glorifica, ocupa nesses tipos de alma a possibilidade, o lugar da emoção colérica ou generosa.

Essa disposição prudente, sensata, mas pouco simpática, formava o caráter de seu filho mais velho, o conde Daru, ministro secretário de Estado de Napoleão, que tanto influiu em minha vida, da Srta. Sophie, mais tarde Sra. de Baure, surda, da Sra. Le Brun, agora marquesa de Grave. Seu segundo filho, Martial Daru, não tinha nem cabeça nem espírito, mas um bom coração, era-lhe impossível fazer mal a alguém.

A Sra. Cambon, filha mais velha do Sr. e da Sra. Daru, talvez tivesse um caráter elevado, mas apenas a entrevi, morreu alguns meses depois de minha chegada a Paris.

Seria necessário advertir que esboço o caráter dessas pessoas tal como as vi a seguir? O traço definitivo, que me parece o verdadeiro, fez-me esquecer todos os traços anteriores (termo de desenho).

Conservo apenas imagens de minha primeira entrada no salão do Sr. Daru.

Por exemplo, vejo muito bem o pequeno vestido de chita indiana vermelho que uma simpática menina de 5 anos vestia, a neta do Sr. Daru, e com a qual ele se divertia como o velho e entediado Luís XIV com a duquesa de Bourgogne. Essa simpática menina, sem a qual um

---

marquesa de Brossard. O Sr. de Brossard muito gastador e general sem valor e se pretendendo da mais antiga nobreza. Parece-me um ardiloso muito baixo). Desde o primeiro momento esse salão me cheirou mal e me aborreceu excessivamente. Mas qual salão me teria agradado com o romance complicado ocupando toda minha cabeça, e o terno e sublime amor a la Bradamante que eu buscava na época? Eu devia ser o louco mais sério. O que devia ocupá-los era esta objeção: No entanto ele não é estúpido! Que diabo de caráter dizia [?] a Sra. Le Brun; é que eu nunca dizia uma palavra em sua presença".

silêncio triste teria reinado frequentemente na pequena sala da Rue de Lille, era a Srta. Pulchérie Le Brun (agora marquesa de Brossard, muito imperiosa, dizem, com o volume de um tonel e que com uma vara dirige seu marido, o general de Brossard, que, por sua vez, comanda o departamento do Drôme).

O Sr. de Brossard é um poço sem fundo que se pretende da mais alta nobreza, descendente de Luís, o Gordo, acho eu, fanfarrão, falastrão pouco delicado quanto aos meios de restaurar suas finanças sempre em desordem. Total: caráter de nobre pobre, é um mau caráter e que se associa de hábito a muitos infortúnios. (Chamo de *caráter* de um homem sua maneira habitual de ir em busca da felicidade, em termos mais claros, mas menos significativos: *o conjunto de seus hábitos morais.*)

Mas me perco. Em dezembro de 1799 eu estava bem longe de ver tão claramente as coisas, mesmo físicas. Eu era totalmente emoção, e esse excesso de emoção só me deixou algumas imagens muito nítidas, mas sem explicações dos comos e dos porquês.

O que vejo hoje muito nitidamente e que em 1799 eu sentia de modo muito confuso é que quando de minha chegada a Paris dois grandes objetos de desejos constantes e apaixonados reduziram-se a nada de repente. Eu havia adorado Paris e a matemática. Paris sem montanhas inspirou-me um desencantamento tão profundo que ele ia quase até a nostalgia. A matemática não foi mais para mim do que como a estrutura da fogueira da véspera (coisa vista em Turim, no dia seguinte à festa de São João de 1802).

Eu estava atormentado por essas mudanças – aos 16 anos e meio eu naturalmente não via com certeza nem o *porquê* nem o *como* delas.

Na verdade eu só havia gostado de Paris devido à aversão profunda por Grenoble.

Quanto à matemática, havia sido apenas um meio. Eu a odiava mesmo um pouco em novembro de 1799, pois a temia. Estava decidido a não me submeter a exame em Paris, como fizeram os sete ou oito alunos que haviam ganhado o primeiro prêmio depois de mim na Escola Central e que foram todos aprovados. Ora, se meu pai tivesse tido algum cuidado, ele me teria forçado a fazer esse exame, eu teria entrado na escola e eu não poderia mais *viver em Paris fazendo comédias.*

De todas as minhas paixões era a única que me restava.

Não concebo, e essa ideia vem-me pela primeira vez 37 anos depois dos acontecimentos, ao escrever isto, não concebo como meu pai não me forçou a fazer o exame. Provavelmente confiava na extrema paixão pela matemática que ele havia visto em mim. Meu pai de resto só se emocionava com o que estava perto dele. Eu tinha no entanto um medo do diabo de ser forçado a entrar na escola, e esperava com a máxima impaciência o anúncio da abertura dos cursos. Em *ciências exatas* é impossível entrar em um curso na terceira aula.

Passemos às imagens que me restam.

Vejo-me tomando remédio sozinho e abandonado em um quarto barato que eu havia alugado na esplanada dos Invalides, no final, entre a extremidade (desse lado da esplanada) da Rue de l'Université e da Rue Saint-Dominique, a dois passos desse prédio da lista civil do imperador onde eu devia alguns anos mais tarde desempenhar um papel tão diferente.

O profundo desapontamento de achar Paris pouco agradável havia-me embrulhado o estômago. A lama de Paris, a ausência de montanhas, a visão de tantas pessoas ocupadas passando rapidamente em belos veículos a meu lado, eu que não conhecia ninguém e que nada tinha a fazer, davam-me um pesar profundo.

Um médico que tivesse tido o trabalho de estudar meu estado, seguramente pouco complicado, ter-me-ia dado um emético e me mandado ir de três em três dias a Versailles ou a Saint-Germain.

Caí nas mãos de um insigne charlatão e sobretudo de um ignorante, era um cirurgião do exército, muito magro, estabelecido nas cercanias dos Invalides, bairro então muito miserável, e cuja atividade era cuidar das *blenorragias* dos alunos da Escola Politécnica. Deu-me remédios escuros que eu tomava sozinho e abandonado em meu quarto que só tinha uma janela a sete ou oito pés de altura, como uma prisão. Ali me vejo tristemente sentado ao lado de um pequeno aquecedor de ferro, minha tisana posta no chão.

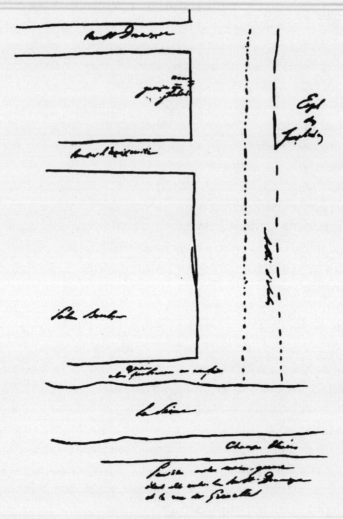

[Esplanada dos Invalides. – Aleias de árvores. – Rue Saint-Dominique. – Casa mobiliada onde eu morava. – Rue de l'Université. – Palácio Bourbon. – Cais então muito lamacento e não pavimentado. – O Sena. – Champs-Elysées. – Talvez nossa casa mobiliada fosse entre a Rue Saint-Dominique e a Rue de Grenelle.]

Mas meu maior mal nesse estado era essa ideia que voltava sem cessar: Meu Deus! que erro! mas que devo então desejar?

Capítulo XXXVII

É preciso convir que a queda era grande, assustadora. E quem a experimentava era um jovem de 16 anos e meio, um dos espíritos menos razoáveis e mais susceptíveis a emoções que já encontrei.

Eu não tinha confiança em ninguém.

Eu havia ouvido os padres de Séraphie e de meu pai *glorificarem-se* pela facilidade com que conduziam, isto é, enganavam, tal pessoa ou tal grupo de pessoas.

A religião parecia-me uma máquina negra e poderosa, eu tinha ainda alguma crença no inferno, mas nenhuma em seus padres. As imagens do inferno que eu havia visto na Bíblia *in*-8º encadernada em pergaminho verde com ilustrações, e nas edições de Dante de minha pobre mãe, faziam-se horror; mas quanto aos padres, nada. Eu estava longe de ver o que ela é na realidade, uma corporação poderosa e à qual é tão vantajoso estar filiado, testemunha meu contemporâneo e compatriota o jovem Genou, que, sem meias, com frequência me serviu café no café Genou, na esquina da Grande-Rue com a Rue du Département, e que há 20 anos é em Paris o Sr. de Genoude.

Eu só tinha apoio em meu bom senso e minha crença no *Espírito*, de Helvétius. Digo *crença* de propósito, criado sob uma máquina de vácuo, tomado pela ambição, mal emancipado por meu envio para a Escola Central, Helvétius só podia ser para mim *predição das coisas que eu ia encontrar*. Eu tinha confiança nessa longa predição porque duas ou três pequenas predições, aos olhos de minha tão curta experiência, haviam-se verificado.

Eu não era *astucioso*, sagaz, desconfiado, sabendo virar-me com excesso de habilidade e de desconfiança em uma negociação de 12 *sous*, como a maioria de meus colegas, contando os pedaços de achas que deviam formar os *feixes de lenha* fornecidos pelo proprietário, como os *Monval*, meus colegas, que eu acabava de encontrar em Paris e na *escola* onde estavam há um ano. Eu era nas ruas de Paris um sonhador apaixonado, olhando para o céu e sempre a ponto de ser esmagado por um cabriolé.

Em suma, *eu não era hábil para as coisas da vida* e por consequência eu não podia ser apreciado, como disse esta manhã não sei qual jornal de 1836, em estilo de jornal que pelo insólito do estilo quer iludir em relação ao pensamento inútil ou pueril.

Ver essa verdade a meu respeito seria ser hábil para as coisas da vida.

Os Monval davam-me sugestões muito sensatas no sentido de eu não me deixar ser roubado em 2 ou 3 *sous* por dia, e suas ideias causavam-me horror, deviam achar-me um imbecil no caminho das Petites-Maisons.[203] É verdade que por orgulho eu exprimia pouco minhas ideias. Parece-me que foram os *Monvaux* ou outros alunos chegados um ano antes à escola que conseguiram para mim o quarto e o médico barato.

Terá sido Sinard? Ele havia morrido do peito em Grenoble um ano antes, ou só morreu aí um ou dois anos depois?

No meio desses amigos ou, antes, dessas crianças cheias de bom senso e que disputavam 3 *sous* por dia ao proprietário, que com cada um de nós, pobres diabos, ganhava talvez legitimamente 8 *sous* por dia e roubava 3, total: 11 *sous, eu estava mergulhado em êxtases involuntários, em devaneios intermináveis, em invenções infinitas* (como diz o jornal *com importância*).[204]

Eu tinha minha lista dos vínculos que combatiam as paixões, por exemplo: *padre* e *amor, pai* e *amor à Pátria*, ou *Bruto*, que me parecia a chave do sublime em literatura. Isso era inteiramente inventado por mim. Esqueci-o há 26 anos talvez, é preciso que eu volte a isso.

Constantemente eu estava profundamente emocionado. De que devo gostar se Paris não me agrada? Eu me respondia: "Uma

---

[203] Antigo manicômio de Paris, situado no bairro de Saint-Germain, constituído por uma série de casas construídas em 1554. Daí a expressão: estar no caminho das Petites-Maisons, ou seja, estar no caminho da loucura.

[204] Essa citação, bem como a precedente e as seguintes, provêm na verdade da peça *Chatterton*, de Alfred de Vigny.

encantadora mulher cairá a 10 passos de mim, eu a levantarei e nós nos adoraremos, ela conhecerá minha alma e verá como sou diferente dos *Monvaux*".

Mas essa resposta, sendo da maior seriedade, eu a dava duas ou três vezes por dia, e sobretudo *ao cair da noite*, que com frequência para mim é ainda um momento de emoção terna, tenho vontade de beijar minha amante (quando a tenho) com lágrimas nos olhos (quando tenho uma).

Na época eu era uma criatura constantemente emocionada, e nunca pensava, a não ser em raros momentos de cólera, em impedir nossa proprietária de me roubar 3 *sous* nos feixes de lenha.

Será que eu ousaria dizê-lo? Mas talvez não seja verdade, *eu era um poeta*. Não, é verdade, como esse simpático padre Delille que conheci dois ou três anos depois por meio de Cheminade (Rue des Francs-Bourgeois no Marais), mas como o Tasso, como um centésimo do Tasso, desculpem-me o orgulho. Eu não tinha esse orgulho em 1799, eu não sabia fazer um verso. Só há quatro anos é que digo para mim mesmo que em 1799 eu estava bem perto de ser um poeta. Só me faltavam a audácia de escrever, uma *chaminé* pela qual o *gênio* pudesse escapar.

Depois de *poeta* eis o *gênio*, desculpem-me o exagero.

"*Sua sensibilidade tornou-se muito viva: aquilo que só faz aflorar as outras fere-o até o sangue.*" Assim eu era ainda em 1799, assim ainda sou em 1836, mas aprendi a ocultar tudo isso sob a ironia imperceptível ao geral das pessoas, mas que Fiori percebeu muito bem.

"*As afeições e as ternuras de sua vida são esmagadoras e desproporcionais, seus entusiasmos excessivos fazem com que se extravie, suas simpatias são muito verdadeiras, aqueles que ele lamenta sofrem menos que ele.*"

Isso é literalmente para mim. (Com exceção da ênfase e da importância [*self-importance*] esse jornal tem razão.)

O que marca minha diferença em relação aos tolos importantes do jornal e *que carregam sua cabeça como um santo sacramento* é que nunca acreditei que a sociedade me devesse a menor coisa. Helvétius salvou-me dessa enorme tolice. *A sociedade paga os serviços que ela vê.*

O erro e a infelicidade de Tasso foram ele dizer: "Como! toda a Itália tão rica não poderá dar uma pensão de 200 sequins (2.300 francos) a seu poeta!".

Li isso em uma de suas cartas.

Tasso não via, porque lhe faltava Helvétius, que os 100 homens que em 10 milhões compreendem o *Belo*, que não é imitação ou aperfeiçoamento do *Belo* já compreendido pelo comum das pessoas, têm necessidade de 20 ou 30 anos para persuadir as 20 mil almas mais sensíveis depois das deles que esse novo Belo é realmente belo.

Observarei que há exceção quando há espírito de partido envolvido. O Sr. de Lamartine talvez tenha feito em sua vida 200 belos versos. Como o partido ultra por volta de 1818 era acusado de *estupidez* (eram chamados de Sr. de la Jobardière[205]), sua vaidade ferida louvou a obra de um nobre com a força da irrupção de um lago tempestuoso que derruba o dique.[206]

Nunca tive portanto a ideia de que os homens fossem injustos para comigo. Acho extremamente ridícula a infelicidade de todos os nossos ditos poetas que se nutrem dessa ideia e que censuram os contemporâneos de Cervantes e de Tasso.

Parece-me que meu pai me dava então 100 francos por mês, ou 150 francos. Era uma fortuna; eu não pensava de modo algum em ter falta de dinheiro, de modo que não pensava de modo algum em dinheiro.

O que me faltava era um coração amoroso, era uma mulher.

As prostitutas causavam-me horror. O que de mais simples do que fazer como hoje, pegar uma bonita jovem por um luís na Rue des Moulins?

Não me faltavam luíses. Sem dúvida meu avô e minha tia-avó Élisabeth haviam-me dado, e eu certamente não os havia gastado. Mas o sorriso de um coração apaixonado! mas o olhar da Srta. Victorine Bigillion!

Todas as histórias alegres, exagerando a corrupção e a avidez das jovens, que me eram contadas pelos matemáticos que na época cumpriam a função de amigos meus, faziam-me mal ao coração.

---

[205] Herói ultra de uma comédia satírica, *Monsieur de La Jobardière ou La Révolution Impromptu* (1830), de Dumersan e Dupin.

[206] *Anotação de Stendhal na margem do manuscrito*: "'O poder declara que é estranho à inteligência que lhe faz sombra.' Chatterton". Na introdução da peça *Chatterton*, de Alfred de Vigny, há esta passagem: "*Mais le pouvoir declare qu'il ne protège que les intérêts positifs, et qu'il est étranger à l'intelligence, dont il a ombrage*".

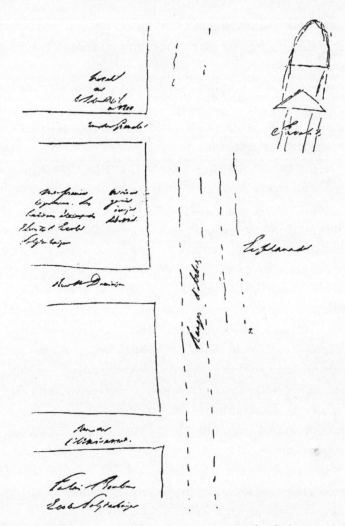

*[Invalides. – Esplanada. – Fileiras de árvores. – Prédio da lista civil em 1810.
– Rue de Grenelle. – Casa mobiliada onde comecei. Minha primeira moradia.
Os moradores eram alunos da Escola Politécnica. – Rue St-Dominique. –
Rue de l'Université. – Palais Bourbon. Escola Politécnica.]*

Eles falavam de *mulheres da rua*, as moças de 2 *sous*, nas pedras de cantaria a 200 passos da porta de nossa pobre casa.

Um coração amigo, é isso que me faltava. O Sr. Sorel convidava-me às vezes para jantar, o Sr. Daru também, suponho eu, mas eu achava esses homens tão distantes de meus êxtases sublimes, eu era tão tímido por vaidade, sobretudo com as mulheres, que eu nada dizia.

Uma mulher? uma moça?, diz Chérubin.[207] Com exceção da beleza, eu era Chérubin, tinha cabelos pretos muito ondulados e olhos cujo ardor dava medo.

O homem que amo, ou: *Meu enamorado é feio, mas ninguém jamais lhe censurará a feiura, ele é tão inteligente!* É isso o que por essa época a Srta. Victorine Bigillion dizia a Félix Faure, que só muitos anos depois soube de quem se tratava.

Ele atormentava um dia sua bonita vizinha, a Srta. Victorine Bigillion, por causa da indiferença desta. Parece-me que Michel, ou Frédéric Faure, ou ele mesmo, Félix, queriam fazer a corte à Srta. Victorine.

(Félix Faure, par de França, primeiro presidente da Corte real de Grenoble, criatura medíocre e *físico gasto*.

Frédéric Faure, ardiloso natural do Dauphiné, isento de qualquer generosidade, de inteligência, morto capitão de artilharia em Valence.

Michel, ainda mais ardiloso, ainda mais tipicamente do Dauphiné, talvez pouco corajoso, capitão da guarda imperial, conheci-o em Viena em 1809, diretor do asilo de pobres em Saint-Robert, perto de Grenoble (a partir de quem fiz o Sr. Valenod no *Vermelho*). Bigillion, excelente coração, homem correto, muito econômico, escrivão-chefe do Tribunal de Primeira Instância, matou-se por volta de 1827, aniquilado, acho eu, por ser corno, mas sem ódio contra sua mulher.)

Não quero representar-me como um amante infeliz quando de minha chegada a Paris, em novembro de 1799, nem mesmo como um amante. Eu estava muito ocupado com a sociedade e com o que ia fazer nesse mundo tão desconhecido para mim.

Esse problema era minha amante, daí minha ideia de que o amor antes de se ter uma posição e de ter um lugar no mundo não pode ser devotado e inteiro como o amor em uma criatura que imagina saber o que é o mundo.

Todavia, com frequência eu sonhava entusiasmadamente com nossas montanhas do Dauphiné; e a Srta. Victorine passava vários meses todo ano na Grande-Chartreuse, onde seus ancestrais haviam recebido São Bruno em 1100. A Grande-Chartreuse era a única montanha que

---

[207] Trata-se de uma fala do personagem da peça *Le Mariage de Figaro* (ato I, cena 7), de Beaumarchais.

eu conhecia; parece-me que eu já havia ido lá uma ou duas vezes com Bigillion e Rémy.

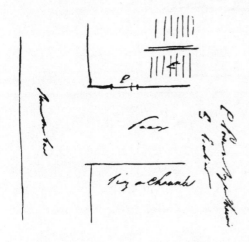

[Rue du Bac. – Passagem. – Térreo. – P. Porta do térreo. – E. Escada.]

Eu tinha uma terna lembrança da Srta. Victorine, mas nem por um instante eu duvidava de que uma jovem de Paris não lhe fosse 100 vezes superior. No entanto, a primeira impressão de Paris me desagradou por completo.

Esse amargor profundo, esse desencanto, aliados a um respeitável médico, tornaram-me, ao que me parece, bastante doente. Eu não podia mais comer.

O Sr. Daru, o pai, fez com que eu me cuidasse nessa primeira doença?

De repente, vejo-me em um quarto no terceiro andar, dando para a Rue du Bac; entrava-se nessa casa pela passagem Sainte-Marie, hoje tão embelezada e tão mudada. Meu quarto era uma mansarda, e o último andar da escada, horrível.

É preciso que eu estivesse bem doente, pois o Sr. Daru pai levou-me o famoso doutor Portal, cujo rosto me assustou. Ele tinha o ar de estar resignado ao ver um cadáver. Tive uma enfermeira, coisa bem nova para mim.

Fiquei sabendo depois que estive ameaçado por uma hidropisia de peito. Acho que tive delírios, e fiquei umas três semanas ou um mês de cama.

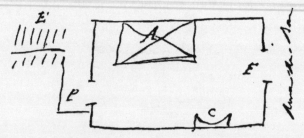

A. Cama em que quase morri. – E. Escada horrível. – C. Lareira. – F. Janela na mansarda para a Rue du Bac.
[Rue du Bac.]

Félix Faure vinha ver-me, ao que me parece. Acredito que ele me contou, e ao pensar nisso tenho certeza, que, no delírio, eu o exortava, ele que manejava bem as armas, a voltar a Grenoble e chamar[208] em duelo aqueles que estivessem zombando de nós porque não havíamos entrado na Escola Politécnica. Se algum dia eu vier a falar de novo com esse juiz dos prisioneiros de abril, fazer perguntas sobre a nossa vida de 1799. Essa alma fria, tímida e egoísta, deve ter lembranças exatas, de resto ele deve ser dois anos mais velho que eu e ter nascido por volta de 1781.

Vejo duas ou três imagens da convalescência.

Minha enfermeira fazia o cozido para mim perto de minha lareira, o que me parecia *vulgar*, e me recomendavam muito para não pegar frio; como eu me entediava demais na cama, eu prestava atenção às recomendações. Os detalhes da vida física de Paris chocavam-me.[209]

Sem qualquer intervalo depois da doença vejo-me morando em um quarto no segundo andar da casa do Sr. Daru, na Rue de Lille (ou

---

[208] *Anotação de Stendhal na margem do manuscrito*: "3 de fevereiro de 1836. Esta é a página 26; hoje de meio-dia às 3 horas, e li 51 páginas de *Chatterton* durante esse tempo".

[209] *Anotação de Stendhal na margem do manuscrito*: "Trabalho. A 2 de fevereiro, chuva infame, de meio-dia às 3 horas. Escritas 26 páginas e percorridas 50 páginas de *Chatterton*. Diri e Sandre; sem poder acabar *Chatterton*.
Meus Deus! como Diri é tolo! Que animal! Leva tudo a mal. 3 de fevereiro de 1836. Esta noite, o *Barbeiro* no Valle com uma comédia de Scribe por Bettini".
Sandre era o conde Cini; Diri, provavelmente Dom Mario Massimo, duque di Rignano (donde *di R*ignano).

de Bourbon quando há Bourbons na França), n. 505. Esse quarto dava para quatro jardins, era bastante amplo, um pouco como uma mansarda; o ... entre as duas janelas era inclinado 45 graus.

O quarto agradava-me bastante. Com papel fiz um caderno para escrever comédias.

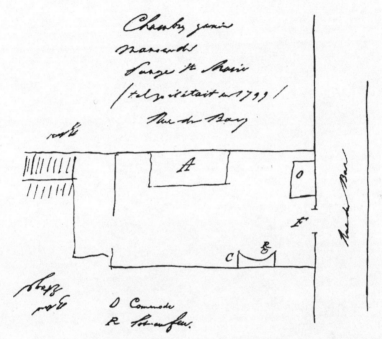

[*Quarto mobiliado. Mansarda. Passagem Ste-Marie (tal como era em 1799, na Rue du Bac). – Rue du Bac. – 3º andar. – O. Cômoda. – R. Cozido.*]

Foi nessa época, acho eu, que ousei procurar o Sr. Cailhava para comprar um exemplar de sua *Art de la comédie* [*Arte da comédia*], que eu não encontrava em nenhum livreiro. Desenterrei esse velho gascão em um cômodo do Louvre, acho eu. Ele me disse que seu livro era mal escrito, o que neguei decididamente. Ele deve ter-me tomado por um louco.

Só encontrei uma única ideia nesse diabo de livro e ainda por cima ela não era de Cailhava, mas de Bacon. Mas não é nada apenas uma ideia em um livro? Trata-se da definição do *riso*.

Minha coabitação apaixonada com a matemática deixou-me um amor louco pelas boas *definições*, sem as quais só há mais ou menos.

Capítulo XXXVIII

Mas uma vez a arte da comédia sobre minha mesa, enfrentei seriamente esta grande questão: eu devia tornar-me compositor de óperas, como Grétry? ou fazedor de comédias?

Eu mal conhecia as notas (o Sr. Mention havia-me dispensado, por ser indigno de tocar violino), mas eu me dizia: as notas são apenas a arte de escrever as ideias, o essencial é tê-las. E eu acreditava tê-las. O que há de engraçado é que o acho ainda hoje, e com frequência incomoda-me não ter deixado Paris para ir ser lacaio de Paisiello em Nápoles.

Não tenho qualquer gosto pela música puramente instrumental, mesmo a música da Capela Sistina e do coro do Capítulo de São Pedro não me dá qualquer prazer (mesmo juízo em ... de janeiro de 1836, dia da *Cathedra* de San Pietro).

Só a melodia vocal parece-me produto do gênio. Um tolo esforça-se em vão para tornar-se sábio, não pode a meu ver encontrar um belo canto, por exemplo: *Se amor si gode in pace*[210] (primeiro ato e talvez primeira cena do *Matrimonio segreto*).

Quando um homem de gênio dá-se ao trabalho de estudar a melodia, chega à bela instrumentação do quarteto de *Bianca e Faliero* (de Rossini) ou do dueto de *Armida* do mesmo.

Nos bons tempos de meu gosto pela música, em Milão de 1814 a 1821, quando na manhã de uma ópera nova eu ia retirar meu libreto no *La Scala*, eu não podia deixar, ao lê-lo, de fazer toda sua música, de cantar as árias e os duetos. E ousarei dizê-lo? algumas vezes à noite eu achava minha melodia *mais nobre* e *mais sensível* que a do maestro.

Como eu não tinha e não tenho absolutamente qualquer ciência, qualquer maneira de fixar a melodia em um pedaço de papel para poder corrigi-la sem medo de esquecer a cantilena primitiva, isso era como a

---

[210] "Se amor se goza em paz."

primeira ideia de um livro que me vem. Ela é 100 vezes mais inteligível depois de tê-la trabalhado. Mas enfim essa primeira ideia é o que nunca se encontra nos livros dos escritores medíocres. Suas frases mais fortes parecem-me como o *dardo de Príamo: sine ictu*.[211]

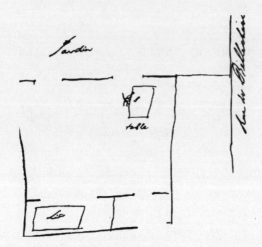

[Jardim. – Rue de Bellechasse. – Mesa. – Cama.]

Por exemplo, fiz, ao que me parece, uma encantadora melodia, e imaginei o acompanhamento, para esses dois versos de La Fontaine (criticados pelo Sr. Nodier como pouco piedosos, mas por volta de 1820 sob os Bourbons):

>   *Un mort s'en allait tristement*
>   *S'emparer de son dernier gîte;*
>   *Un curé s'en allait gaiement*
>   *Enterrer ce mort au plus vite.*[212]

Talvez seja a única melodia que fiz com letra em francês. Tenho horror da obrigação de pronunciar *gi-teu, vi-teu*.[213] O francês parece-me

---

[211] "Sem força", da *Eneida*, livro II, versos 544-545: "*Sic fatus senior, telumque imbelle sine ictu/coniecit*" (Assim disse o velho, e lançou um dardo inofensivo sem força).

[212] Versos de La Fontaine que iniciam a fábula XI do livro VII: "Le curé et le mort": "Um morto ia tristemente/Tomar posse de sua última morada;/Um padre ia alegremente/Enterrar sem demora esse morto".

[213] Pronúncia das palavras "*gîte*" e "*vite*" na poesia metrificada e que não corresponde à pronúncia corrente.

ter a mais acentuada falta de talento para a música, como o italiano tem a mais espantosa falta de talento para a dança.

Algumas vezes, dizendo tolices de propósito comigo mesmo, para me fazer rir, para fornecer piadas ao partido contrário (que com frequência sinto perfeitamente em mim), eu me digo: mas como eu teria talento para a música à Cimarosa, sendo francês?
Respondo: por parte de minha mãe, com quem pareço, sou talvez de sangue italiano. O Gagnoni que fugiu para Avignon depois de ter assassinado um homem na Itália casou-se lá talvez com a filha de um italiano adido ao vice-legado.
Meu avô e minha tia Élisabeth tinham evidentemente um rosto italiano, o nariz aquilino etc.
E atualmente, quando cinco anos de estada contínua em Roma fizeram-me penetrar ainda mais no conhecimento da estrutura física dos romanos, vejo que meu avô tinha exatamente a conformação, a cabeça, o nariz romanos.
Mais ainda, meu tio Romain Gagnon tinha uma cabeça evidentemente quase romana, com exceção da tez, que era muito bonita.
Nunca vi um belo canto composto por um francês, os mais belos não se elevam acima do caráter grosseiro que convém ao canto *popular*, isto é, que deve agradar a todos, tal como:

Allons, enfants de la patrie...

de Rouget de Lisle, capitão, canto composto em uma noite em Estrasburgo.
Esse canto parece-me extremamente superior a tudo o que uma cabeça francesa já fez, mas por seu gênero necessariamente inferior a:

*Là ci darem la mano,
Là mi dirai di si...*[214]

de Mozart.

---

[214] Texto do dueto entre Dom Giovanni e Zerlina no I ato da ópera *Dom Giovanni*, de Mozart.

Confessarei que só acho perfeitamente belos os cantos de apenas dois autores: Cimarosa e Mozart, e será mais fácil enforcar-me do que me fazer dizer qual dos dois prefiro.

Quando minha má sorte fez-me conhecer dois salões entediantes, é sempre aquele de onde saio que me parece o mais penoso.

Quando acabo de ouvir Mozart ou Cimarosa é sempre o último ouvido por mim que me parece talvez um pouco preferível ao outro.

Paisiello parece-me uma *água-pé* bastante agradável e que se pode mesmo procurar e beber com prazer nos momentos em que se acha o vinho muito forte.

Direi o mesmo de algumas árias de alguns compositores inferiores a Paisiello, por exemplo: *Senza sposo non mi lasciate, signor governatore* (não me lembro dos versos), das *Cantatrici villane*, de Fioravanti.[215]

O mal dessa água-pé é que ao cabo de um momento a achamos *insípida*. Só se deve beber um copo dela.

Quase todos os autores são vendidos à religião quando escrevem sobre as raças de homens. O número muito pequeno de pessoas de boa-fé confunde os fatos provados com as suposições. É quando uma ciência está começando que um leigo, como eu, pode ousar falar dela.

Digo portanto que é em vão que se pediria a um cão de caça a inteligência de um *barbet*, ou a um *barbet* para mostrar que seis horas antes uma lebre passou por aqui.

Pode haver exceções individuais, mas a verdade geral é que o *barbet* e o cão de caça têm cada um seu talento.

É provável que aconteça o mesmo com as raças de homens.

O que é certo, observado por mim e por Constantin, é que vimos toda uma sociedade romana (120,[216] Batacia, visto em 1834, acho eu) que se ocupa exclusivamente de música e que canta muito bem os finais da *Semiramide*, de Rossini, e a música mais difícil, valsar toda uma noite com a música de contradanças, na verdade mal tocada quanto

---

[215] Na ópera *Le cantatrice villane* (1795), do compositor italiano Valentin Fioravante (1770-1837), encontra-se esta passagem: "*Sior Dom Marco, sior Maestro/Soccorrete, deh parlate!/Senza sposo non mi fate/Infelice, oh Dio, restar*".

[216] Trata-se do endereço da Via Vignaccia, 120, onde moravam alguns conhecidos de Stendhal, o advogado Ciabatta (referido como Batacia e algumas vezes como Sr. 120) e provavelmente o pintor Abraham Constantin.

ao andamento. O romano, e mesmo o italiano em geral, tem enorme falta de talento para a dança.

Pus o carro à frente dos bois de propósito para não revoltar o francês de 1880, quando ousarei fazer com que leia que nada era igual à falta de talento de seus ancestrais de 1830 para julgar a música cantada ou a executar.

Os franceses tornaram-se conhecedores desse gênero a partir de 1820, mas sempre bárbaros no fundo, tomo como prova disso apenas o sucesso de *Robert le diable*, de Meyerbeer.

O francês é menos insensível à música alemã, com exceção de Mozart.

O que o francês aprecia em Mozart não é a novidade terrível do *canto* pelo qual Leporello convida a estátua do comendador a cear, é antes o acompanhamento. De resto, disseram a essa criatura *vaidosa* antes de tudo e acima de tudo que esse *dueto* ou *trio* é sublime.

Um pedaço de rocha cheio de ferro que percebemos na superfície do terreno faz pensar que cavando um poço e galerias profundas se chegará a encontrar uma quantidade de metal satisfatória, mas talvez não se encontre nada.

Assim eu era em relação à música em 1799. O acaso fez com que eu procurasse anotar os sons de minha alma com páginas impressas. A preguiça e a falta de oportunidade para aprender o físico, o chato da música, a saber tocar piano e anotar minhas ideias, tiveram papel importante nessa determinação que teria sido inteiramente diferente, se eu tivesse encontrado um tio ou uma amante apreciadores da música. Quando à paixão, ela permaneceu completa.

Eu andaria 10 léguas a pé na lama, a coisa que mais detesto no mundo, para assistir a uma representação de *Dom Juan* bem interpretada. Se se pronuncia uma palavra italiana de *Dom Juan*, de imediato me vem a lembrança terna da música e toma conta de mim.

Só tenho uma objeção, mas pouco inteligível; a música agrada-me como *signo*, como lembrança da felicidade da juventude, ou *por ela mesma*?

Sou por essa última posição. *Dom Juan* encantava-me antes de ouvir Bonoldi[217] exclamar (no Scala, em Milão) de sua pequena janela:

---

[217] Claudio Bonoldi, tenor.

Falle passar avanti,
Di che ci fanno onor?[218]

Mas esse assunto é delicado, voltarei a ele quando me afundar nas discussões sobre as artes durante minha estada em Milão, tão apaixonada e posso dizer em suma a *flor de minha vida* de 1814 a 1821.

A ária: *Tra quattro muri*,[219] cantada pela Sra. Festa, agrada-me como um signo, ou por seu mérito intrínseco?

Per te ogni mese um paio,[220] dos *Pretendenti delusi*, não me encanta como signo?

Sim, admito o *signo* para essas duas últimas, mas também jamais as elogiei como obras-primas. Mas não creio de modo algum no signo para o *Matrimonio segreto* ouvido 60 ou 100 vezes no Odéon com a Sra. Barilli, seria em 1803 ou 1810?

Certamente nenhuma *opera d'inchiostro*, nenhuma obra de literatura me causa um prazer tão vivo quanto *Dom Juan*.

No entanto, a folha 14 da nova edição de De Brosses, lida recentemente, em janeiro de 1836, aproximou-se muito dele.

Uma grande prova de meu amor pela música é que a ópera-cômica de Feydeau *me irrita*.

Podendo usar o camarote de minha prima de Longueville, só aguentei aí uma meia representação. Vou a esse teatro de dois em dois ou de três em três anos, vencido pela curiosidade, e saio no segundo ato como o visconde,

le Vicomte indigné sortait au second acte.[221]

irritado por toda a noite.

A ópera (francesa) irritou-me ainda mais intensamente até 1830 e ainda me desagradou por completo em 1833 com Nourrit e a Sra. Damoreau.

---

[218] Palavras que Dom Giovanni dirige a Leporello, no ato I, cena 19, de *Dom Giovanni*.
[219] Palavras de Rosina no dueto com Fígaro no segundo ato da ópera *Barbiere di Siviglia*, de Rossini.
[220] Palavras de Dom Procopio no ato I, cena 7, de *I Pretendenti delusi*, ópera de Giuseppe Mosca.
[221] "O visconde indignado saía no segundo ato" – Boileau, *Épitre VII à M. Racine*.

Estendi-me porque somos sempre maus juízes das paixões ou gostos que temos, sobretudo quando esses gostos são os da boa sociedade. Não há jovem afetado do bairro de Saint-Germain, como o Sr. de Blancmesnil, por exemplo, que não se diga louco pela música. De minha parte, detesto tudo o que é *romança francesa*. O *Panseron*[222] põe-me em fúria, faz com que eu odeie aquilo de que gosto com paixão.

A boa música faz-me sonhar de modo delicioso com o que ocupa meu coração no momento. Daí os momentos deliciosos que tive no Scala de 1814 a 1821.

---

[222] Auguste-Matthieu Panseron (1796-1859), compositor.

Capítulo XXXIX

Morar na casa do Sr. Daru não era nada, era preciso jantar em casa, o que me entediava mortalmente.

A cozinha de Paris desagradava-me quase tanto quanto a falta de montanhas e aparentemente pela mesma razão. Eu não sabia o que era não ter dinheiro. Por essas duas razões, nada me desagradava como esses jantares no apartamento exíguo do Sr. Daru.

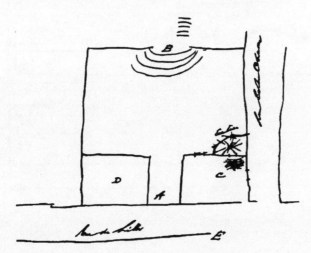

A. Porta cocheira. – B. Escada da entrada, ou antes sem escada.
Escada em caracol para o primeiro andar. Todo o primeiro andar A.
C. D. apartamento do Sr. Daru. O mesmo espaço no segundo andar, apartamento dos Srs. Pierre e Martial Daru, seus filhos. – E. Degrau que leva à escada pela qual eu subia para meu quarto.
[Rue de Lille. – Rue de Bellechasse. – Escada.]

Como eu disse, ele ficava sobre a porta cocheira.

É nesse salão e nessa sala de refeições que sofri cruelmente ao receber essa educação *dos outros* a que meus parentes me haviam tão judiciosamente subtraído.

O gênero polido, cerimonioso, cumprindo escrupulosamente todas as convenções, ainda hoje me gela e me reduz ao silêncio. Morro, por menos que a isso se acrescentem a nuance religiosa e a declamação sobre os grandes princípios da moral.

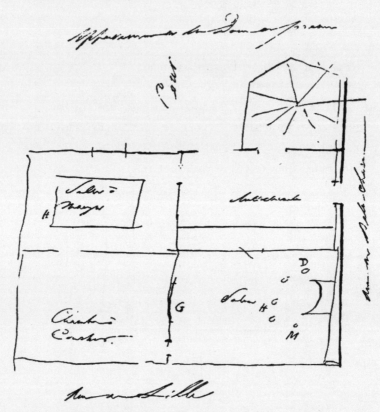

HH. Eu. – M. Poltrona da Sra. Daru. – D. Sr. Daru o pai. – G. Grande espelho com canapé à frente.
[Apartamento do Sr. Daru no primeiro andar. – Pátio. – Sala de refeições. – Antecâmara. – Quarto de dormir. – Sala. – Rue de Bellechasse. – Rue de Lille.]

Que se julgue o efeito desse veneno em janeiro de 1800, quando ele era aplicado a órgãos inteiramente novos e cuja extrema atenção não deixava que se perdesse uma gota.

Eu chegava a esse salão às 5h30, ao que me parece, para jantar. Ali eu tremia ao pensar na necessidade de dar a mão à Srta. Sophie e à Sra. Cambon ou à Sra. Le Brun ou à própria Sra. Daru para ir à mesa.

[505 Rue de Lille. – Meu quarto. – Sala. – Antecâmara. – Quarto de dormir. – Sala.]

(A Sra. Cambon sucumbiu pouco a pouco a uma doença que a partir de então a tornava muito amarela. A Sra. Le Brun é marquesa de Grave em 1836; o mesmo aconteceu com a Srta. Sophie, que se tornou Sra. de Baure. Perdemos há muitos anos a Sra. Daru mãe e o Sr. Daru pai. A Srta. Pulchérie Le Brun é a marquesa de Brossard em 1836. Os Srs. Pierre e Martial Daru morreram, o primeiro por volta de 1829, o segundo dois ou três anos antes. A Sra. Le Brun, marquesa de Grave, antigo ministro da Guerra.)

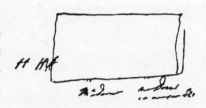

[Sra. Daru. – Sr. Daru ao que me parece.]

À mesa, instalado no ponto H, eu não comia nada que me agradasse. A cozinha parisiense desagradava-me por completo, e me desagrada ainda após tantos anos. Mas esse incômodo não era nada na minha idade, eu o sentia quando podia ir a um restaurante.

Era a restrição moral que me matava.

Não era o sentimento da injustiça e do ódio contra minha tia Séraphie como em Grenoble.

Quisera Deus que eu tivesse apenas esse tipo de infelicidade! Era bem pior, era o sentimento contínuo das coisas que eu queria fazer e que não podia alcançar.

Que se avalie a extensão de minha infelicidade! Eu que me julgava ao mesmo tempo um Saint-Preux e um Valmont (das *Ligações perigosas*, imitação de *Clarisse* que se tornou o breviário dos provincianos), eu que, julgando ter uma disposição infinita para amar e ser amado, julgava que só me faltava a oportunidade, eu me achava inferior e desajeitado em tudo em uma sociedade que eu achava triste e enfadada, como seria em um salão agradável!

Era então essa a Paris que eu tanto havia desejado!

Não imagino hoje como não enlouqueci entre 10 de novembro de 1799 e 20 de abril mais ou menos, quando parti para Genebra.

Não sei se além do jantar eu não era ainda obrigado a estar presente ao almoço.

Mas como fazer com que se imagine minha loucura? Eu concebia a sociedade única e exclusivamente pelas *Memórias secretas*, de Duclos, os três ou sete volumes de Saint-Simon então publicados e os romances.

Eu só havia visto a sociedade, e apenas como que pelo gargalo de uma garrafa, em casa da Sra. de Montmaur, o original da Sra. de Merteuil nas *Ligações perigosas*. À época ela era velha, rica e manca. Disso estou certo; quanto à moral, ela se opunha a que me dessem apenas uma metade de noz cristalizada quando eu ia a sua casa no *Chevallon*, ela fazia sempre com que eu ganhasse uma inteira. "Isso faz as crianças sofrerem tanto", dizia ela. Eis tudo o que vi da moral. A Sra. de Montmaur havia alugado ou comprado a casa dos *Drevon*, jovens que gostavam dos prazeres da vida, íntimos de meu tio R. Gagnon e que pouco a pouco se arruinaram.

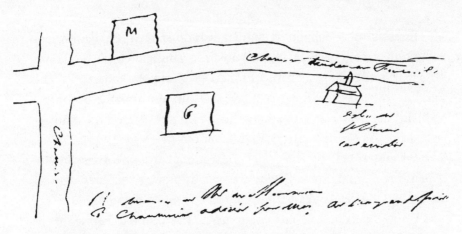

[Caminho. – Chevallon. – Caminho para Fontanil. – Igreja de St-Vincent, ao que me parece. – M. Casa da Sra. de Montmaur. – G. Cabana que eu adorava, de meu avô.]

O detalhe sobre essa Sra. de Montmaur, original da Sra. de Merteuil, talvez esteja deslocado aqui, mas eu quis mostrar pelo caso da noz cristalizada o que eu conhecia da sociedade.

Isso não é tudo, há muito pior. Eu me atribuía vergonhosamente, e quase como crime, o silêncio que reinava com muita frequência na corte de um velho burguês déspota e entediado como era o Sr. Daru, o pai.

Estava ali meu principal sofrimento. Um homem devia ser a meu ver apaixonado no amor e ao mesmo tempo trazer alegria e animação a todos os grupos em que se encontrasse.

E ainda essa alegria universal, essa arte de agradar a todos não deviam basear-se na arte de adular os gostos e as fraquezas de todos, eu não suspeitava de todo esse lado da arte de agradar que provavelmente me teria revoltado; a amabilidade que eu queria era a alegria pura de Shakspeare em suas comédias, a amabilidade que reina na corte do duque exilado na floresta das Ardenas.[223]

Essa amabilidade pura e etérea na corte de um velho prefeito livre-pensador e entediado, e muito religioso, acredito!

O absurdo não pode ir mais longe, mas minha infelicidade, embora baseada no *absurdo*, não era menos muito real.

---

[223] A floresta das Ardenas é uma das fontes da floresta da peça *As You Like It*, de Shakespeare.

Esses silêncios, quando eu estava na sala do Sr. Daru, desolavam-me.

O que eu era nesse salão? Eu não abria a boca, segundo o que me disse mais tarde a Sra. Lebrun, marquesa de Grave. A condessa d'Oraison disse-me recentemente que a Sra. Le Brun tem amizade por mim, pedir-lhe alguns esclarecimentos sobre a cara que eu fazia no salão do Sr. Daru nessa primeira aparição, no começo de 1800.

Eu morria pela opressão, pelo desapontamento, pelo descontentamento comigo mesmo. Quem me teria dito que as maiores alegrias de minha vida deviam cair sobre mim cinco meses depois!

Cair é a palavra adequada, isso me caiu do céu, mas isso vinha de minha alma, ela era também meu único recurso durante os quatro ou cinco meses que morei no quarto em casa do Sr. Daru pai.

Todas as dores do salão e da sala de refeição desapareciam quando, sozinho em meu quarto, que dava para os jardins, eu me dizia: "Devo tornar-me compositor de música, ou então fazer comédias como Molière?". Eu sentia, bem vagamente, é verdade, que eu não conhecia bastante nem o mundo nem a mim mesmo para me decidir.

Eu era desviado desses elevados pensamentos por outro problema muito mais terrestre e premente. O Sr. Daru, como homem preciso que era, não compreendia por que eu não entrava na Escola Politécnica, ou, se esse ano estivesse perdido, por que eu não continuava meus estudos para me apresentar aos exames do período seguinte, setembro de 1800.

Esse velho severo fazia-me ouvir com muita polidez e reserva que uma explicação entre nós a esse respeito era necessária. Eram precisamente essa reserva e essa polidez tão novas para mim, eu que ouvia um parente pela primeira vez em minha vida tratar-me de senhor, que desafiavam minha timidez e minha imaginação loucas.

Explico isso agora. No fundo eu via muito bem a questão, mas esses preparativos polidos e insólitos faziam-me desconfiar dos abismos desconhecidos e temíveis de que eu não poderia livrar-me. Eu me sentia aterrorizado pelos modos diplomáticos do hábil ex-prefeito, aos quais eu estava bem longe na época de poder dar os nomes adequados. Tudo isso me tornava incapaz de sustentar minha opinião de viva voz.

A ausência completa de colégio fazia de mim uma criança de 10 anos no tocante a minhas relações com a sociedade. A mera visão de um personagem que se impunha tanto e que fazia tremer todo mundo em sua casa, a começar por sua mulher e seu filho mais velho, falando diretamente comigo e a portas fechadas punha-me na impossibilidade de dizer duas palavras seguidas. Vejo hoje que esse rosto do Sr. Daru pai com um olho um pouco vesgo era exatamente para mim

Lasciate ogni speranza, voi ch'entrate.[224]

Não vê-lo era a maior felicidade que ele poderia dar-me.

Minha perturbação extrema destruiu-me a memória. Talvez o Sr. Daru pai me tivesse dito alguma coisa como: "Meu caro primo, seria bom tomar uma decisão dentro de oito dias".

No excesso de minha timidez, de minha angústia e de minha *confusão*, como se diz em Grenoble e como eu dizia na época, parece-me que escrevi antecipadamente a conversa que eu queria ter com o Sr. Daru.

Só me lembro de um único detalhe desse terrível encontro. Eu disse em termos menos claros:

"Meus parentes deixam-me mais ou menos à vontade quanto à decisão a tomar.

– Vejo isso muito bem", respondeu o Sr. Daru com uma entonação rica de sentimento e que me chocou muito em um homem tão cheio de circunspecção e de hábitos perifrásticos e diplomáticos.

Esse comentário impressionou-me, o resto está esquecido.

Eu estava muito contente com meu quarto, que dava para os jardins, entre a Rue de Lille e a Rue de l'Université, com uma pequena vista da Rue Bellechasse.

A casa pertencera a Condorcet, cuja bonita viúva vivia à época com o Sr. Fauriel (hoje do Instituto, um verdadeiro sábio que ama a ciência por ela mesma, coisa tão rara nessa instituição).

Condorcet para não ser importunado pelas pessoas havia mandado fazer uma escada de madeira, quase vertical e sem os espelhos dos degraus, pela qual subia ao terceiro andar (eu ficava no segundo) em

---

[224] Dante, *Inferno*, canto III, verso 9: "Deixai toda esperança, vós que entrais". Da inscrição que se lê na porta do inferno.

um quarto em cima do meu. Quanto isso me teria impressionado três meses antes! Condorcet, o autor desse *Esboço dos progressos futuros*[225] que eu havia lido com entusiasmo duas ou três vezes!

Que pena! meu coração estava mudado. Assim que eu estava sozinho e tranquilo e livre de minha timidez, esse sentimento profundo voltava:

"Paris, é só isso?"

Isso queria dizer: o que eu tanto desejei como o soberano bem, a coisa a que sacrifiquei minha vida por três anos, entedia-me. Não era o sacrifício de três anos que me afligia; apesar do medo de entrar na Escola Politécnica no ano seguinte, eu gostava da matemática, a questão terrível que eu não via com nitidez, porque não tinha suficiente espírito para tal, era esta: onde está então a felicidade na Terra? E algumas vezes eu chegava até esta: há uma felicidade na Terra?

Não ter montanhas arruinava por inteiro Paris a meus olhos.

Ter nos jardins árvores podadas completava a ruína.

No entanto, o que me dá prazer discernir hoje (em 1836), eu não era injusto com o belo verde dessas árvores.

Eu sentia, bem mais do que o dizia com clareza: sua forma é lamentável, mas que verdor delicioso e que forma uma massa com encantadores labirintos onde a imaginação passeia! Esse último detalhe é de hoje. Eu sentia na época sem distinguir muito as causas. A sagacidade que nunca foi meu forte faltava-me inteiramente. Eu era como um cavalo espantadiço que não vê o que há, mas obstáculos ou perigos imaginários; o bom é que meu coração se excitava, e eu marchava orgulhosamente para os maiores perigos. Ainda sou assim hoje.

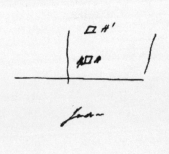

[Jardim. – Tílias.]

Quanto mais eu passeava em Paris, mais a cidade me desagradava. A família Daru tinha grandes bondades para comigo. A Sra. Cambon

---

[225] Trata-se de *Esquisse d'un tableau historique des progrès de l'esprit humain* (1795).

cumprimentava-me por minha sobrecasaca de artista, cor oliva com lapelas de veludo.

"Ela lhe fica muito bem", dizia-me ela.

A Sra. Cambon quis levar-me ao museu com uma parte da família e um Sr. Gorse ou Gosse, um rapaz gordo e comum, que lhe fazia um pouco a corte. Ela morria de melancolia por ter perdido, um ano antes, uma filha única de 16 anos.

Saímos do museu, ofereceram-me um lugar no fiacre; voltei a pé na lama e, conquistado pela bondade da Sra. Cambon, tive a bela ideia de entrar em sua casa. Encontro-a em *tête-à-tête* com o Sr. Gorse.

Senti todavia toda a extensão ou uma parte da extensão da minha tolice.

"Mas por que você não subiu no fiacre?", disse-me a Sra. Cambon espantada.

Desapareci ao cabo de 10 minutos. O Sr. Gorse deve ter pensado poucas e boas a meu respeito. Eu devia ser um singular problema na família Daru; a resposta devia variar entre *é um louco* e *é um imbecil*.

Capítulo XL

A Sra. Le Brun, hoje marquesa de Grave, disse-me que todos os habitantes desse pequeno salão estavam espantados com meu silêncio completo. Eu me calava por instinto, sentia que ninguém me compreenderia; que caras para que eu lhes falasse de minha terna admiração por Bradamante! Esse silêncio trazido pelo acaso era da melhor política, era o único meio de conservar um pouco de dignidade pessoal.

Se algum dia eu revir essa mulher inteligente, é preciso que eu a encha de perguntas para que ela me diga o que eu era na época. Na verdade, eu o ignoro. Só posso registrar o grau de felicidade sentido por essa máquina. Como sempre insisti nas mesmas ideias a seguir, como saber onde eu estava na época? O poço tinha 10 pés de profundidade, a cada ano acrescentei cinco pés, agora a 190 pés, como ter a imagem do que ele era em fevereiro de 1800, quando só tinha 10 pés?

Admiravam meu primo Mure (quando morreu era chefe de escritório no Ministério do Comércio), a criatura prosaica por excelência, porque, ao entrar à noite pelas 10 horas em casa do Sr. Daru, na Rue de Lille, n. 505, ele saía a seguir a pé para ir comer certos pequenos salgados no cruzamento Gaillon.

Essa simplicidade, essa ingenuidade de gulodice que me fariam rir hoje em um rapaz de 16 anos, enchiam-me de espanto em 1800. Não sei nem sequer se uma noite não saí, nessa abominável humidade de Paris que eu execrava, para ir comer desses pequenos salgados. Esse expediente era um pouco pelo prazer e muito pela glória. O prazer foi pior que nada, e a glória também aparentemente; se se ocuparam do fato, devem ter visto nele apenas uma banal imitação. Eu estava bem longe de dizer ingenuamente o porquê de meu expediente, se eu tivesse sido de minha parte original e ingênuo, talvez minha saída das 10 horas da noite tivesse provocado um sorriso nessa família entediada.

A doença que fez o doutor Portal subir ao meu terceiro andar da passagem Sainte-Marie (Rue du Bac) deve ter sido séria, pois perdi todos os cabelos. Não deixei de comprar uma peruca, e meu amigo Edmond Cardon não deixou de a jogar na cornija de uma porta certa noite no salão de sua mãe.

Cardon era muito magro, muito alto, muito bem criado, muito rico, de maneiras perfeitas, um admirável boneco, filho da Sra. Cardon, camareira da rainha *Maria Antonieta*.

Que contraste entre Cardon e eu! e no entanto nos aproximamos. Fomos amigos do tempo da Batalha de Marengo; ele era na época ajudante de campo do ministro da Guerra Carnot; escrevemo-nos até 1804 ou 1805. Em 1815 esse ser elegante, nobre, encantador arrebentou seus miolos quando viu que prendiam o marechal Ney, seu parente por casamento. Ele não estava comprometido em nada, foi exatamente loucura efêmera, causada pela extrema vaidade de cortesão de se descobrir com um marechal e príncipe como primo. A partir de 1803 ou 1804, ele se fazia chamar Cardon de Montigny, apresentou-me a sua mulher, elegante e rica, gaguejando um pouco, que me pareceu ter medo da energia feroz desse montanhês alóbrogo. O filho desse ser bom e adorável chama-se Sr. de Montigny e é conselheiro ou auditor na Corte real de Paris.

Ah! como um bom conselho me teria feito bem na época! Como o mesmo conselho me teria feito bem em 1821! Mas diabos, nunca ninguém me deu esse conselho. Descobri isso por volta de 1826, mas era mais ou menos muito tarde, e de resto contrariava muito meus hábitos. Vi claramente a seguir que em Paris é o *sine qua non* mas também teria havido menos verdade e originalidade em meus pensamentos literários.

Que diferença se o Sr. Daru ou a Sra. Cambon me tivessem dito em janeiro de 1800:

"Meu caro primo, se você quer ter alguma posição na sociedade, é preciso que 20 pessoas tenham interesse em falar bem de você. Assim, escolha um salão, não deixe de ir lá todas as terças-feiras (se esse for o dia dele), faça por onde ser apreciado, ou pelo menos seja muito polido com cada uma das pessoas que vão a esse salão. Você será alguma coisa na sociedade, você poderá esperar agradar a uma mulher simpática quando você tiver o apoio de dois ou três salões. Ao cabo de

10 anos de constância, esses salões, se você os escolher em nosso nível da sociedade, levá-lo-ão a tudo. O essencial é a constância em ser um dos fiéis todas as terças-feiras."

Eis o que eternamente me faltou. Eis o senso da exclamação do Sr. Delécluze, dos *Débats*, por volta de 1828: "Se você fosse um pouco mais habilidoso!".

Era preciso que esse homem íntegro estivesse bem convicto dessa verdade, pois ele estava furiosamente ciumento de algumas palavras que, para minha grande surpresa, fizeram muito efeito, por exemplo, nele: "Bossuet... é uma *piada séria*".

Em 1800, a família Daru atravessava a Rue de Lille e subia ao primeiro andar em casa da Sra. Cardon, antiga camareira de Maria Antonieta, que ficava toda contente por ter a proteção de dois comissários das guerras tão respeitados quanto os Srs. Daru, comissário intendente, e Martial Daru, simples comissário. Hoje explico assim a ligação, e erro, por falta de experiência eu não podia julgar nada em 1800. Peço portanto ao leitor para não se deter nessas explicações que me escapam em 1836, é romance mais ou menos provável, não é mais história.

Eu era portanto ou antes me parecia que eu era muito bem recebido no salão da Sra. Cardon, em janeiro de 1800.

Ali se representavam charadas com disfarces, divertia-se sem parar. A pobre Sra. Cambon nem sempre vinha; essa alegria ofendia sua dor, de que ela morreu alguns meses depois.

O Sr. Daru (a seguir ministro) acabava de publicar a *Cléopédie*, acho eu, um pequeno poema no gênero jesuítico, isto é, no gênero dos poemas latinos feitos por jesuítas por volta de 1700. Ele me parece banal e fácil, eu o li há uns 30 anos.

O Sr. Daru, que no fundo não tinha inteligência (mas entrevejo isso só ao escrever aqui), era muito orgulhoso de ser presidente pela segunda vez de quatro sociedades literárias. Esse tipo de tolice pululava em 1800, e não era tão vazio quanto isso nos parece hoje. A sociedade renascia depois do Terror de 1793 e o meio medo dos anos seguintes. Foi o Sr. Daru pai que me fez conhecer com uma suave alegria essa glória de seu filho mais velho.

Quando ele voltava de uma dessas sociedades literárias, Edmond, disfarçado de prostituta, foi interpelá-lo na rua a 20 passos da casa.

Isso foi bem divertido. A Sra. Cardon ainda tinha a alegria de 1788, isso escandalizaria nossa pudicícia de 1836.

O Sr. Daru, ao chegar, viu-se seguido na escada pela prostituta, que descia suas saias de baixo.

"Fiquei muito espantado, disse-nos ele, ao ver nosso bairro infestado."

Algum tempo depois, ele me levou a uma das sessões de uma dessas sociedades que ele presidia. Esta se reunia em uma rua que fora demolida para ampliar a Place du Carrousel, para os lados da nova galeria, ao norte do Carrousel, que ladeia o eixo da Rue Richelieu, a 40 passos mais ao poente.

Eram 7h30 da noite, as salas estavam muito iluminadas. A poesia causou-me horror, que diferença de Ariosto e Voltaire! Isso era burguês e banal (que boa escola eu já tinha!), mas eu admirava muito e com desejo o colo da Sra. Constance Pipelet, que leu uma peça de verso. Eu lhe disse mais tarde, ela era à época mulher de um pobre diabo de cirurgião de hérnias, e lhe falei em casa da condessa Beugnot quando era princesa de Salm-Dyck, acho eu. Contarei seu casamento, precedido por dois meses de estada em casa do príncipe de Salm, com seu amante, para ver se o castelo não lhe desagradaria muito, e o príncipe de modo algum enganado, mas sabendo de tudo e a isso se submetendo, e ele tinha razão.

Fui ao Louvre, ao pintor *Regnault*, autor de *Educação de Aquiles*, quadro sem valor gravado pelo excelente Berwick, e fui aluno de sua Academia. Todas as gratificações a serem dadas pelas pastas, direitos de cadeira etc. me espantaram muito, eu ignorava perfeitamente todos esses usos parisienses e, para dizer a verdade, todos os usos possíveis, e devo ter parecido avaro.

Eu levava por toda parte meu terrível desapontamento.

Achar chata e detestável essa Paris que eu havia imaginado como o bem soberano! Tudo ali me desagradava, até sua cozinha, que não era a da casa paterna, essa casa que me havia parecido a reunião de tudo o que era mau.

Para completar, meu medo de ser forçado a prestar um exame para a escola fazia-me odiar minha cara matemática.

Parece-me que o terrível Sr. Daru pai me dizia: "Já que, segundo os certificados de que é portador, você é tão melhor que os seus sete colegas que foram aprovados, você poderia hoje mesmo, se fosse aprovado, pegá-los facilmente nos cursos que eles seguem".

O Sr. Daru falava-me como homem acostumado a ser ouvido e a conseguir exceções.

Uma coisa, felizmente para mim, deve ter retardado as instâncias do Sr. Daru para que eu retomasse o estudo da matemática. Meus parentes anunciavam-me sem dúvida como um prodígio completo. Meu boníssimo avô adorava-me e de resto eu no fundo era obra sua, eu só tinha tido ele como mestre, excetuando a matemática. Ele fazia comigo meus trabalhos de latim, ele fazia quase sozinho meus versos latinos sobre uma mosca que encontra uma morte *negra* no leite *branco*.

Tal era o espírito do padre jesuíta autor do poema cujos versos eu refazia. Sem os autores lidos às escondidas, eu estava feito para ter esse espírito e para admirar a *Cléopédie*, do conde Daru, e o espírito da Academia (francesa). Teria sido um mal? Eu teria tido sucessos de 1815 a 1830, reputação, dinheiro, mas minhas obras seriam bem mais banais e muito mais bem *escritas* do que o são. Creio que a afetação que se chama de escrever bem em 1825-1836 será bem ridícula por volta de 1860, desde que a França, libertada de revoluções políticas todos os 15 anos, tenha tempo de pensar nos prazeres do espírito. O governo forte e violento de Napoleão (de cuja pessoa eu tanto gostava) durou apenas 15 anos, 1800-1815. O governo de dar vômito desses Bourbons imbecis (ver as canções de Béranger) durou 15 anos também, de 1815 a 1830. Quanto durará um terceiro? Durará mais?

Mas me perco, nossos sobrinhos deverão perdoar esses desvios, seguramos a pena com uma mão e a espada com a outra (ao escrever isto espero a notícia da execução de Fieschi[226] e do novo ministério de março de 1836, e acabo devido a minha atividade de assinar três cartas dirigidas a ministros cujos nomes não sei).

Voltemos a janeiro ou fevereiro de 1800. Realmente eu tinha a experiência de uma criança de 9 anos e provavelmente um orgulho

---

[226] Autor de um atentado contra o rei Luís Filipe, em 1835; foi condenado à morte e executado em 1836.

dos diabos. Eu fora realmente o aluno mais digno de nota da Escola Central. Além disso, o que valia muito mais, eu tinha ideias exatas sobre tudo, eu havia lido muito, eu adorava a leitura, um livro novo, desconhecido para mim, consolava-me de tudo.

Mas a família Daru, apesar dos sucessos do autor da tradução de Horácio,[227] não era de modo algum literária, era uma família de cortesãos de Luís XIV tal como os retrata Saint-Simon. No Sr. Daru filho mais velho só gostavam de seu sucesso, toda discussão literária teria sido um crime político como se tendesse a pôr em dúvida a glória da casa.

Um dos infortúnios de meu caráter é o de esquecer o sucesso e de me lembrar profundamente de minhas tolices. Escrevi por volta de fevereiro de 1809 a minha família: "A Sra. Cambon exerce o império da inteligência, e a Sra. Rebuffel, o dos sentidos". Quinze dias depois tive uma vergonha profunda de meu estilo e da coisa.

Era uma falsidade, era bem pior ainda, era uma ingratidão. Se havia um lugar onde eu era menos incomodado e mais natural, era o salão dessa excelente e bonita Sra. Rebuffel, que morava no primeiro andar da casa que me dava um quarto no segundo. Meu quarto ficava, ao que me parece, em cima do salão da Sra. Rebuffel. Meu tio Gagnon havia-me contado como ele a havia tido em Lyon, ao admirar seu bonito pé, e levando-a a pô-lo sobre uma mala para vê-lo melhor. Uma vez, sem o Sr. Bartelon, o Sr. Rebuffel teria surpreendido meu tio em uma posição inequívoca. A Sra. Rebuffel, minha prima, tinha uma filha, Adèle, que anunciava muito espírito, parece-me que ela não manteve a palavra. Depois de nos termos gostado um pouco (amor de crianças), o ódio e depois a indiferença substituíram as criancices e a perdi inteiramente de vista a partir de 1804. O jornal de 1835 fez-me saber que seu tolo marido, o barão Auguste Petiet, o mesmo que me deu um golpe de sabre no pé esquerdo, acabava de a deixar viúva com um filho na Escola Politécnica.

Terá sido em 1800 que a Sra. Rebuffel tinha como amante o Sr. *Chieze*, fidalgo bastante afetado de Valence no Dauphiné, amigo de minha família em Grenoble, ou terá sido em 1803? Terá sido em 1800

---

[227] Pierre Daru traduziu Horácio.

ou em 1803 que o bom Rebuffel, homem de coração e inteligente, homem para sempre respeitável a meus olhos, recebia-me para jantar na Rue Saint-Denis no serviço de transporte que ele tinha com uma senhorita Barbereu, sua sócia e amante?

Que diferença para mim se meu avô Gagnon tivesse tido a ideia de me recomendar ao Sr. Rebuffel em vez do Sr. Daru! O Sr. Rebuffel era sobrinho do Sr. Daru, embora mais novo apenas sete a oito anos, e, por causa de sua dignidade política, ou, antes, administrativa, secretário-geral de todo o Languedoc (sete departamentos), o Sr. Daru pretendia tiranizar o Sr. Rebuffel, o qual, nos diálogos que me contava, aliava divinamente o respeito à firmeza. Lembro-me de que eu comparava o tom que ele assumia com o de J.-J. Rousseau em sua *Carta a Christophe de Beaumont, arcebispo de Paris*.

O Sr. Rebuffel teria feito tudo de mim, eu teria sido mais sábio se o acaso me tivesse posto sob sua orientação. Mas meu destino era de tudo conquistar na ponta da espada. Que oceano de *sensações violentas* tive em minha vida e sobretudo nessa época!

Tive muitas em relação ao pequeno acontecimento que vou contar, mas em que sentido? o que eu desejava com paixão? Não me lembro mais.

O Sr. Daru filho mais velho (eu o chamarei conde Daru, apesar do anacronismo: ele só se torna conde por volta de 1809, acho eu, mas tenho o hábito de o chamar assim), o conde Daru portanto, se quiserem permitir-me que o chame assim, era em 1800 secretário-geral do Ministério da Guerra. Ele se matava de trabalhar, mas é preciso admitir que falava disso sem parar e estava sempre de mau humor ao vir jantar. Algumas vezes fazia seu pai e toda a família esperarem uma hora ou duas. Chegava por fim com a fisionomia de um boi sobrecarregado e olhos vermelhos. Com frequência voltava à noite para o escritório; na verdade, tudo tinha de ser reorganizado e se preparava em segredo a campanha de Marengo.

Estou para nascer, como diz Tristram Shandy, e o leitor sairá dessas criancices.

Um belo dia, o Sr. Daru pai chamou-me em particular e me fez tremer, ele me disse: "Meu filho vai levá-lo para trabalhar com ele no escritório da Guerra". Provavelmente, em vez de agradecer, fiquei no silêncio tenaz da extrema timidez.

No dia seguinte, pela manhã, andando ao lado do conde Daru, que eu admirava, mas que me fazia tremer, e nunca pude acostumar-me com ele, nem, ao que me parece, ele comigo, vejo-me andando ao longo da Rue Hillerin Bertin, muito estreita na época. Mas onde era esse Ministério da Guerra aonde íamos juntos?

Só vejo meu lugar à mesa em H ou em H', numa das duas mesas que eu não ocupava ficava o Sr. Mazoïer, autor da tragédia de *Teseu*, pálida imitação de Racine.

Capítulo XLI

No fundo do jardim havia infelizes tílias muito podadas, por trás das quais íamos urinar. Foram os primeiros amigos que tive em Paris. Seu destino me deu dó: serem assim podadas! eu as comparava às belas tílias de Claix, que tinham a felicidade de viver no meio das montanhas.

Mas teria eu desejado voltar a essas montanhas?

Sim, ao que me parece, se eu não tivesse de lá encontrar meu pai e lá pudesse viver com meu avô, sim seria bom, mas *livre*.

Eis a que ponto minha extrema paixão por Paris havia descido. E me acontecia de dizer que a verdadeira Paris era invisível a meus olhos.

As tílias do Ministério da Guerra avermelharam pelo alto. O Sr. Mazoïer sem dúvida lembrou-me o verso de Virgílio:

Nunc erubescit ver[228]

Não é isso, mas lembro assim, ao escrever, pela primeira vez há 36 anos; Virgílio causava-me horror no fundo, porque protegido pelos padres que vinham dizer a missa e me falar de latim em casa de meus parentes. Nunca, apesar de todos os esforços de minha razão, Virgílio se ergueu para mim dos efeitos dessa má companhia.

As tílias tiveram brotos, enfim tiveram folhas, fiquei provavelmente enternecido, eu tinha portanto amigos em Paris!

A cada vez que eu ia urinar atrás dessas tílias no fundo do jardim, minha alma era *revigorada* pela visão desses amigos. Gosto ainda deles depois de 36 anos de separação.

---

[228] "A primavera começa a ficar vermelha." Esse verso não se encontra em Virgílio, mas a associação entre "primavera" e a cor púrpura ou vermelha aparece nas *Bucólicas* (IX, 40) e nas *Geórgicas* (II, 319-320).

Mas esses bons amigos existem? Construíram tanto nesse bairro! Talvez o ministério onde peguei da pena oficial pela primeira vez seja ainda o ministério da Rue de l'Université, diante da praça cujo nome ignoro?

Ali o Sr. Daru instalou-me numa escrivaninha e me disse para copiar uma carta. Não direi nada de minha caligrafia miúda e de difícil leitura, bem pior que a atual, mas ele descobriu que eu escrevia *cela*[229] com dois *ll: cella*.

Era esse o literato, o brilhante *humanista* que discutia o mérito de Racine e que havia ganhado todos os prêmios em Grenoble!

Admiro hoje, *mas apenas hoje*, a bondade de toda essa família Daru. Que fazer de um animal tão orgulhoso e tão ignorante?

E o fato é que no entanto eu atacava muito bem Racine em minhas conversas com o Sr. Mazoïer. Éramos ali quatro empregados, e os dois outros, ao que me parece, escutavam-me quando eu discutia com o Sr. Mazoïer.

Eu tinha uma teoria interior que eu queria redigir com o título de *Filosofia nova*, título meio italiano, meio latino. Eu tinha uma admiração verdadeira, sentida, apaixonada por Shakspeare, que no entanto eu só havia encontrado por intermédio das frases pesadas e enfáticas do Sr. Letourneur e seus companheiros.

Ariosto também tinha muito poder sobre meu coração (mas o Ariosto do Sr. de Tressan, pai do simpático capitão que tocava clarineta e que havia contribuído para que eu aprendesse a ler, ultra muito medíocre e marechal de campo por volta de 1820).

Creio ver que o que me protegia do mau gosto de admirar a *Cléopédie*, do conde Daru, e logo depois o padre Delille era essa doutrina interior baseada no verdadeiro prazer, prazer profundo, refletido, chegando até a felicidade, que me haviam dado Cervantes, Shakspeare, Corneille, Ariosto, e um ódio pela puerilidade de Voltaire e sua escola. Sobre isso, quando ousava falar, eu era inflexível até o fanatismo, pois não tinha qualquer dúvida de que todos os homens de com boa saúde e não estragados por uma má educação literária pensavam como eu. A experiência ensinou-me que a maioria das pessoas deixa a sensibilidade que tenha naturalmente para as artes ser dirigida pelo autor da moda,

---

[229] Pronome demonstrativo, "isso", "aquilo".

era Voltaire em 1788, Walter Scott em 1828. E quem é hoje, 1836? Felizmente ninguém.

Esse amor por Shakspeare, Ariosto e a *Nouvelle Héloïse* em segundo plano, que eram os mestres de meu coração literário quando de minha chegada a Paris no final de 1799, preservou-me do mau gosto (*Delille menos a gentileza*) que reinava nos salões Daru e Cardon, e que era tanto mais perigoso para mim, tanto mais contagioso, na medida em que o conde Daru era um autor que estava produzindo e que em outros aspectos todo o mundo admirava e que eu mesmo admirava. Ele acabava de se tornar *intendente* chefe, acho eu, do exército da Helvécia, que acabava de salvar a França em Zurique sob Masséna. O Sr. Daru pai repetia-nos sem parar que o general Masséna dizia a todo o mundo ao falar do Sr. Daru: "Eis um homem que posso apresentar a meus amigos e a meus inimigos".

No entanto, Masséna, que conheci bem, era ladrão como uma pega, ou seja, por instinto; fala-se ainda dele em Roma (*ostensório* da família Doria, na Igreja de Santa Inês, na Piazza Navona, acho eu), e o Sr. Daru nunca roubou um cêntimo.[230]

Mas, meu Deus, que falatório! Não posso chegar a falar de Ariosto, cujos personagens cavalariços e *com força de carregadores* hoje me entediam tanto. De 1796 a 1804 Ariosto não me causava *reação adequada*. Eu levava inteiramente a sério as passagens ternas e romanescas. Elas abriram, independentemente de mim, o único caminho pelo qual a emoção podia chegar a minha alma. Só posso ser tocado até o enternecimento *depois de uma passagem cômica*.

Daí meu amor quase exclusivo pela *opera buffa*, daí o abismo que separa minha alma da do barão Poitou (ver no fim do volume o prefácio para De Brosses que incomodou Colomb) e de todo o comum das pessoas de 1830 que *só vê a coragem sob o bigode*.

Somente na *opera buffa* posso ser enternecido até as lágrimas. A pretensão da *opera seria* de comover faz cessar de imediato para mim a possibilidade de ficar comovido.[231] Mesmo na vida real um pobre

---

[230] Referência às pilhagens dos exércitos napoleônicos na Itália.

[231] *Anotação de Stendhal na margem do manuscrito*: "3 de março de 1836. Civita-Vecchia. De 7 a 17 de fevereiro carnaval e sobretudo trabalho. Caso Romanelli,

que pede esmola com gritos de infelicidade, bem longe de me causar piedade, faz-me pensar com toda a severidade filosófica possível na utilidade de uma casa penitenciária.

Um pobre que não me dirige a palavra, que não lança gritos de lamento e *trágicos* como é uso em Roma, e come uma maçã arrastando-se no chão como o homem sem pernas há oito dias, toca-me quase até as lágrimas de imediato.

Daí minha completa antipatia em relação à tragédia, minha antipatia que vai até a *ironia* em relação à tragédia em versos.

Faço exceção para esse homem simples e grande, Pierre Corneille, a meu ver imensamente superior a Racine, esse cortesão cheio de habilidade e de belas palavras. As regras de Aristóteles, ou supostamente tais, eram um obstáculo assim como os versos para esse poeta original. Racine só é original aos olhos dos alemães, ingleses etc., porque eles ainda não tiveram uma corte com espírito, como a de Luís XIV, que obrigasse todas as pessoas ricas e nobres de um país a passarem todos os dias oito horas juntas nos salões de Versalhes.

O correr do tempo fará com que *ingleses, alemães, americanos* e outras pessoas com dinheiro ou sonhadoras antilógicas compreendam a habilidade cortesã de Racine; mesmo a ingênua mais inocente, Junie ou Aricie, está cheia da habilidade de uma prostituta respeitável; Racine nunca pôde fazer uma Sra. de La Vallière, mas sempre uma jovem extremamente hábil e talvez virtuosa fisicamente, mas com certeza não moralmente. Por volta de 1900 talvez os alemães, americanos, ingleses chegarão a compreender todo o espírito cortesão de Racine. Talvez um século depois, chegarão a sentir que ele nunca pôde fazer uma La Vallière.

Mas como esses olhos fracos poderão perceber uma estrela tão próxima do sol? A admiração desses *grosseiros polidos e avaros* pela civilização que dava um verniz encantador mesmo ao marechal de Boufflers (morto por volta de 1712), que era um tolo, impedi-los-á de sentir a falta total de simplicidade e de naturalidade em Racine, e de compreender esse verso de Camille:

---

carta de 17 páginas. Fraqueza de Scarabée e de Praslin. Dor de cabeça, terceira vez. Belo dia perdido. Isso faz com que eu abrevie o cuidado de me alimentar".

Tout ce que je voyais me semblait Curiace.[232]

Nada de mais simples que eu escreva isso aos 53 anos, mas que o sentisse em 1800, que tivesse uma espécie de horror por Voltaire e pela afetação grosseira de Alzire,[233] com meu desprezo tão vizinho do ódio pela religião, em boa razão, eis o que me espanta, a mim, aluno do Sr. Gagnon, que se tinha em boa conta por ter sido por três dias hóspede de Voltaire em Ferney, eu, aluno ao pé do pequeno busto desse grande homem posto sobre um suporte de ébano.

Sou eu ou o grande homem quem está sobre o suporte de ébano?

Enfim, admiro o que eu era literariamente em fevereiro de 1800 quando escrevia *cella*.

O conde Daru, tão imensamente superior a mim e a tantos outros como homem de trabalho, como *advogado consultivo*, não tinha a inteligência necessária para desconfiar do valor desse louco orgulhoso.

O Sr. Mazoïer, o funcionário meu vizinho, que aparentemente se entediava menos com minha loucura misturada com orgulho do que com a estupidez dos dois outros funcionários a 2.500 francos, deu-me alguma atenção, e fui indiferente a isso. Todos que admiravam esse *hábil cortesão* chamado Racine eram vistos por mim como incapazes de ver e de sentir o *verdadeiro belo* que a meus olhos era a ingenuidade de Imogen quando exclama: "*Salut, pauvre Maison qui te gardes toi-même*".[234]

As injúrias dirigidas a Shakspeare pelo Sr. Mazoïer, e com que desprezo em 1800!!, enterneciam-me até as lágrimas em favor desse grande poeta. A seguir nada me fez adorar a Sra. Dembowski como as críticas que sobre ela faziam os prosaicos de Milão. Posso chamar essa senhora de encantadora, quem pensa nela hoje? Talvez eu não seja o único depois que há 11 anos ela deixou a terra! Aplico esse mesmo

---

[232] *Horace* (ato I, cena 2), de Corneille, "Tudo o que eu via me parecia Curiácio".

[233] Personagem da tragédia *Alzire*, de Voltaire.

[234] "Salve, pobre Casa que te guardas a ti mesma", *Cymbeline* (ato III, cena 7), de Shakespeare. O texto em inglês diz: "*Now, peace be here. Poor house that keep'st thyself!*". A frase não é dita por Imogen, mas por Belarius.

raciocínio à condessa Alexandrine Petit. Não sou hoje seu melhor amigo, depois de 22 anos? E quando isto aparecer (se algum dia um livreiro não temer perder seu tempo e seu papel!), quando isto aparecer depois de minha própria morte, quem pensará ainda em Métilde e em Alexandrine? E, apesar de sua modéstia de mulher e desse horror a ocupar o público que vi nelas, se do lugar onde estão elas virem este livro ser publicado, não ficarão bem contentes?

But who to dumb forgetfulness a prey[235] não está satisfeito, após tantos anos, de ver seu nome pronunciado por uma boca amiga?

Mas onde diabos eu estava? Em meu escritório onde escrevia *cella*.

Por menos que o leitor tenha o espírito comum, imaginará que essa longa digressão tem por finalidade esconder minha vergonha de ter escrito *cella*. Engana-se, sou um outro homem. Os erros daquele homem de 1800 são descobertas que faço, a maioria, ao escrever isto. Só me lembro, depois de tantos anos e acontecimentos, do sorriso da mulher que eu amava. Outro dia eu havia esquecido a cor de um dos uniformes que usei. Ora, você experimentou, ó leitor benévolo, o que é um uniforme num exército vitorioso e único objeto da atenção da nação como o exército de Napoleão?

Hoje, graças aos céus, a tribuna obscureceu o exército.

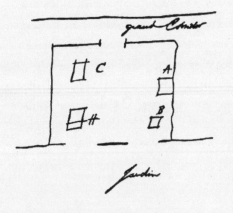

Tílias no fundo. – Eu estava na mesa H ou H' e o Sr. Mazoïer na outro. Os dois empregados subalternos em A e B.
[Grande corredor. – Jardim.]

---

[235] "Mas quem presa de mudo esquecimento", da estrofe 22 da *Elegy Written in a Country Churchyard* (1751), de Thomas Gray. No poema, o texto diz: "*For who to dumb Forgetfulness a prey*".

Decididamente, não posso lembrar-me da rua onde se situava esse escritório no qual peguei pela primeira vez a pena administrativa! Era no final da Rue Hillerin-Bertin, então margeada por muros de jardins. Vejo-me caminhando seriamente ao lado do conde Daru indo a seu escritório depois do sombrio e frio almoço da casa n. 505, na esquina da Rue Bellechasse com a de Lille, como diziam os bons escritores de 1800.

Que diferença para mim se o Sr. Daru me houvesse dito: "Quando o senhor tiver uma carta para fazer, reflita bem sobre o que quer dizer, e em seguida sobre o tom de reprimenda ou de ordem que o ministro que assinará sua carta queria dar. Tomada sua decisão, escreva com determinação".

Em lugar disso, eu procurava imitar a forma das cartas do Sr. Daru, ele repetia com muita frequência a expressão *com efeito* e eu enchia minhas cartas com *com efeito*.

Que distância daí às grandes cartas que eu inventava em Viena em 1809, tendo uma varíola horrível, o cuidado de um hospital de 4 mil feridos (o pássaro voa)[236], uma amante que eu enganava e uma amante que eu adorava! Toda essa mudança ocorreu graças apenas a minhas reflexões, o Sr. Daru nunca me deu outra opinião que não fosse sua cólera quando riscava minhas cartas.

O bom Martial Daru estava sempre a meu lado de maneira brincalhona. Ia com frequência ao Ministério da Guerra, era a *Corte* para um comissário das guerras. Ele era responsável pelo controle do hospital do Val-de-Grâce, ao que me parece, em 1800, e sem dúvida o conde Daru, a melhor cabeça desse ministério em 1800 (isso não é dizer muito), tinha o segredo do exército de reserva.[237] Todas as vaidades do corpo dos comissários das guerras estavam em ebulição pela criação do corpo, e bem mais pela determinação do uniforme dos *Inspetores das Revistas*. Parece-me que vi na época o general Olivier com sua perna de

---

[236] No trecho entre parênteses (*l'oiseau vole*), há um jogo de palavras com o nome do diretor do hospital, Philippe Loiseau (o sobrenome pode ser entendido como "o pássaro" [*l'oiseau*], e "*vole*" pode ser "voa" ou "rouba").

[237] Exército de reserva era o nome que se dava ao exército de 60 mil homens que se estava reunindo em Dijon e arredores nos primeiros meses de 1800.

pau, recentemente nomeado *inspetor-chefe das Revistas*. Essa vaidade, levada ao cúmulo pelo *chapéu bordado* e o casaco vermelho, era a base da conversa nas casas Daru e Cardon. Edmond Cardon, impulsionado por uma mãe hábil e que bajulava abertamente o conde Daru, tinha a promessa de um lugar de adjunto no Comissariado das Guerras.

O bom Martial Daru fez com que eu logo percebesse a possibilidade para mim desse belo uniforme.

A escrever creio descobrir que Cardon o usou, casaco azul-rei, bordados dourados no colarinho e nos ornamentos das mangas.

A essa distância, quanto à vaidade (paixão secundária em mim), as coisas imaginadas e as coisas vistas se confundem.

Como o bom Martial viera então visitar-me em meu escritório, viu que eu havia enviado uma carta às repartições com a palavra *informações*.

"Diabos! disse-me ele rindo, você já faz as cartas correrem assim!"

Era, ao que me parece, usurpar o privilégio ao menos de um subchefe de escritório, eu, último dos extranumerários.

Com essa palavra *informações*, o escritório do *pagamento*, por exemplo, dava as informações relativas a *pagamento*, o escritório do *vestuário* as relativas ao *vestuário*; suponhamos o caso de um oficial do vestuário do 7º Ligeiro que devia restituir sobre seu soldo 107 francos, montante da sarja que ele recebeu indevidamente, eu precisava das informações dos dois escritórios acima referidos para poder fazer a carta que o Sr. Daru secretário-geral devia assinar.

Estou persuadido de que bem poucas de minhas cartas iam até o Sr. Daru, o Sr. Barthomeuf, homem comum, mas bom funcionário, começava então a carreira como seu secretário particular (isto é, funcionário pago pelo Ministério da Guerra), empregado no escritório onde o Sr. Daru escrevia e tinha de suportar suas estranhas explosões e os excessos de trabalho que esse homem terrível para si e para os outros exigia de todos que estivessem perto dele. Logo fui contagiado pelo *terror* inspirado pelo Sr. Daru e esse sentimento em relação a ele nunca me deixou. Eu nascera excessivamente sensível e a dureza de suas palavras era sem limites nem medida.

Todavia, por muito tempo não fui suficientemente digno de consideração para ser tratado rudemente por ele. E agora que reflito sobre isso com bom senso, vejo que nunca fui realmente maltratado. Não sofri a centésima parte do que suportou o Sr. de Baure, antigo advogado-geral do Parlamento de Pau (Havia tal parlamento? Não tenho qualquer livro em Civita-Vecchia para procurar isso, mas tanto faz, este livro, feito unicamente com minha memória, não será feito com outros livros).

Percebo que entre o Sr. Daru e eu sempre houve como que um pedaço do suporte do canhão levado pela bala inimiga e que funciona como *proteção* no corpo da peça que essa bala vem atingir (como no Ticino, em 1800).

Minha proteção foi Joinville (hoje barão Joinville, intendente militar da 1ª divisão, Paris), em seguida o Sr. de Baure. Chego a essa ideia bem nova para mim: o Sr. Daru me teria poupado? É bem possível. Mas o *terror* sempre foi tal que essa ideia só me ocorre em março de 1836.

Todo mundo no Ministério da Guerra tremia ao se aproximar do escritório do Sr. Daru, quanto a mim eu tinha medo só de olhar a porta. Sem dúvida o Sr. Daru viu esse sentimento em meus olhos e com o caráter que lhe vejo agora (caráter *tímido* para quem o terror inspirado constituía uma *muralha*) meu medo deve tê-lo lisonjeado.

As criaturas grosseiras como me parecia o Sr. Barthomeuf deviam sentir menos as palavras estranhas com que esse *boi furioso* investia tudo o que se aproximava de si nos momentos em que o trabalho o esmagava.

Com esse *terror* ele fazia com que trabalhassem os 700 a 800 funcionários do Ministério da Guerra, cujos chefes, 15 ou 20 importantes, a maioria sem qualquer talento, nomeados chefes de escritório, eram tratados muito rudemente pelo Sr. Daru. Esses animais, longe de abreviarem e simplificarem os casos, procuravam com frequência confundi-los mesmo para o Sr. Daru (*as makes every day with me my Greek*)[238]. Acho que isso é feito para atormentar um homem que vê postas à esquerda sobre sua escrivaninha 20 ou 30 cartas com pressa de

---

[238] "Como faz todo dia comigo meu grego." Esse grego era o chanceler do consulado de Civitavecchia, Lysimaque Caftangioglu-Tavernier, com quem Stendhal não tinha boas relações.

resposta. Vi com frequência sobre a escrivaninha do Sr. Daru um monte de um pé de altura dessas cartas pedindo ordens, e ainda escritas por pessoas que ficariam encantadas de poder dizer: "Não recebi a tempo as ordens de Vossa Excelência...", e com a perspectiva de um Napoleão irritando-se em Schoenbrünn e dizendo que houve *negligência* etc.

Capítulo XLII

Minhas relações com o Sr. Daru, iniciadas assim em fevereiro ou janeiro de 1800, só terminaram com sua morte, em 1828 ou 1829. Ele foi meu benfeitor no sentido de que me empregou de preferência a muitos outros, mas passei muitos dias de chuva, com dor de cabeça por causa de um aquecedor excessivamente aquecido, a escrever de 10 horas da manhã a uma hora depois de meia-noite, e isso sob os olhos de um homem furioso e constantemente encolerizado porque tinha *sempre medo*. Eram os *Ricochets*[239] de seu amigo Picard, ele tinha um medo mortal de Napoleão, e eu tinha um medo mortal dele.

Ver-se-á em Erfurt, em 1809, o *nec plus ultra* de nosso trabalho. O Sr. Daru e eu fizemos toda a intendência-geral do exército durante sete ou oito dias. Não havia nem mesmo um copista. Maravilhado com o que fazia, o Sr. Daru só se irritou duas ou três vezes por dia, foi um período de prazer. Eu estava irado comigo mesmo por ficar perturbado por suas palavras duras. Isso não piorava nem melhorava meu progresso, e de resto nunca me preocupei com a promoção. Vejo-o hoje, eu buscava o mais possível ficar separado do Sr. Daru, ainda que apenas por uma porta meio fechada. Seus comentários duros sobre os presentes e os ausentes eram-me insuportáveis.

Quando eu escrevia *cela* com dois *ll* no Ministério da Guerra, no final da Rue Hillerin-Bertin, eu estava bem longe de conhecer ainda toda a dureza do Sr. Daru, esse vulcão de insultos. Eu estava completamente espantado, tinha apenas a experiência de uma criança de 9 anos, e no entanto eu acabava de completar 17 no dia 23 de janeiro de 1800.

---

[239] *Les Ricochets* (1807), comédia de Louis-Benoît Picard em que há um príncipe cujo mau humor atinge a todos a sua volta.

O que me desolava, era a conversa incessante e banal dos funcionários meus companheiros que me impedia de trabalhar e de pensar. Durante mais de seis semanas, às 4 horas eu estava estupidificado.

Félix Faure, meu colega bastante íntimo em Grenoble, não tinha de modo algum meu devaneio louco sobre o Amor e as Artes. É essa ausência de loucura que sempre embotou nossa amizade, que não passou de camaradagem de vida. Ele é hoje par de França, primeiro presidente, e condena sem muito remorso, penso eu, a 20 anos de prisão os loucos de Abril,[240] excessivamente punidos por seis meses de prisão tendo em vista o perjúrio *of the King*, e à morte esse segundo Bailly, o sábio Morey, guilhotinado a 19 de março de 1836, culpado talvez, mas sem prova. Em cinco minutos Félix Faure resistiria a uma injustiça que lhe fosse pedida, mas, se derem 24 horas à sua vaidade, a mais burguesa que conheço, se um rei lhe pedir a cabeça de um inocente, ele achará razões para a dar. O egoísmo e uma ausência completa de uma fagulha mínima de generosidade, associados a um caráter triste à inglesa e ao medo de ficar louco como sua mãe e sua irmã, formam o caráter desse meu colega. É o mais medíocre de todos os meus amigos e aquele que fez a maior fortuna.

Que diferença de generosidade em relação a Louis Crozet, a Bigillion! Mareste faria as mesmas coisas pela promoção, mas sem se fazer ilusão, e *à italiana*. Edmond Cardon teria feito as mesmas coisas gemendo e as revestindo de toda a graça possível, d'Argout, com entusiasmo e pensando no perigo pessoal e superando esse temor. Louis Crozet (engenheiro-chefe em Grenoble) teria exposto heroicamente sua vida em vez de condenar a 20 anos de prisão um louco generoso como Kersausie (que nunca vi), punido demais com seis meses de prisão. Colomb recusaria ainda mais claramente que Louis Crozet, mas poderiam enganá-lo. Assim, o mais medíocre de quase todos os meus amigos é Félix Faure (par de França), com quem vivi intimamente em janeiro de 1800, de 1803 a 1805, e de 1810 a 1815 e 1816.

Louis Crozet disse-me que seus talentos mal chegam à mediocridade, mas sua tristeza contínua dava-lhe dignidade quando o conheci na *Matemática*, ao que me parece, por volta de 1797. Seu pai, nascido muito pobre, havia feito uma bela fortuna na administração das

---

[240] Referência a uma insurreição ocorrida em abril de 1834, na França.

Finanças, e tinha uma bela propriedade em Saint-Ismier (a duas léguas de Grenoble, na estrada de Barraux e Chambéry).

Mas acho que tomarão como *inveja* minha severidade para com esse medíocre par de França. Acreditarão em mim quando eu acrescentar que desprezaria trocar de reputação com ele? Dez mil francos e estar isento de acusações *for my future writings*[241] seria meu *bastão de marechal*, ideal, é verdade.

Félix Faure apresentou-me, a meu pedido, a Fabien, mestre de armas na Rue Montpensier, acho eu, rua dos cabriolés, perto do Théâtre-Français, atrás do Corazza,[242] perto da passagem diante da fonte e da casa onde Molière morreu. Ali eu praticava esgrima na mesma sala que vários oriundos de Grenoble, mas não com eles.

Dois grandes e sujos tratantes entre outros (falo do fundo e não da aparência, e de trapaça em assuntos particulares, não do Estado), os senhores Casimir-Perier, mais tarde ministro, e Duchesne, membro da Câmara dos Deputados em 1836. Este último não apenas roubava no jogo 10 francos em Grenoble por volta de 1820, mas também foi pego em ação.

Casimir-Perier era à época talvez o mais belo jovem de Paris, era sombrio, selvagem, seus belos olhos mostravam loucura.

Digo loucura no sentido próprio. A senhora Savoye de Rollin, sua irmã, célebre carola e no entanto não maldosa, fora louca e durante vários meses fizera comentários dignos de Aretino, e em termos os mais claros sem qualquer véu. Isso é engraçado, onde uma mulher muito religiosa e da melhor sociedade pode usar uma dúzia de palavras que não ouso escrever aqui? O que explica um pouco esse gênero de amabilidades é que o Sr. Savoye de Rollin, homem de extrema inteligência, livre-pensador filósofo etc., etc., amigo de meu tio, tornara-se impotente por abuso um ano ou dois antes de seu casamento com a filha de Perier *milord*. É o nome que Grenoble dava a um homem inteligente, amigo de minha família, que desprezava de todo coração a boa sociedade e que deixou 350 mil francos a cada um de seus 10 ou 12 filhos, todos mais ou menos enfáticos, tolos e loucos. O preceptor deles fora o meu, esse profundo e seco espertalhão, o padre Raillane.

---

[241] Em inglês no original, "por meus escritos futuros".
[242] Café parisiense, famoso na época da Revolução.

O Sr. Perier *milord* só pensava em dinheiro. Meu avô Gagnon, que gostava dele apesar de seu protestantismo na *boa sociedade*, que irritava muito o Sr. Gagnon, contava-me que o Sr. Perier ao chegar a um salão não podia deixar de ao primeiro olhar fazer a conta bem exata de quanto havia custado a mobília. Meu avô, como todos os ortodoxos, atribuía confissões humilhantes ao Sr. Perier *milord*, que fugia da boa sociedade de Grenoble como da peste (por volta de 1780).

Uma noite meu avô encontrou-o na rua: "Venha comigo em casa da Sra. de Quinsonnas.

– Eu lhe confessarei uma coisa, meu caro Gagnon, quando se esteve algum tempo seguido sem ver a boa sociedade e que se adquiriu certo hábito da má, sentimo-nos deslocados na boa".

Suponho que o bom convívio das mulheres dos presidentes do Parlamento de Grenoble, as senhoras de Sassenage, de Quinsonnas, de Bailly, tinha ainda um grau de mistura ou de *afetação* muito elevado para um homem de caráter tão forte como o Sr. Perier *milord*. Acho que eu me teria entediado muito no meio em que Montesquieu brilhava por volta de 1745, em casa da Sra. Geoffrin ou em casa da Sra. de Mirepoix. Descobri nos últimos tempos que o espírito das 20 primeiras páginas de La Bruyère (que em 1803 fez minha educação literária, segundo os elogios de Saint-Simon lidos nas edições em três e em sete volumes) é uma cópia exata do que Saint-Simon chama ter muito espírito. Ora, em 1836 essas 20 primeiras páginas são pueris, vazias, de muito bom tom certamente, mas não valem muito a pena de serem escritas. O estilo é admirável por não estragar o pensamento que tem a infelicidade de ser *sine ictu*. Essas 20 páginas tiveram espírito talvez até 1789. O espírito, tão *delicioso* para quem o sente, não dura. Como um belo pêssego passa em alguns dias, o *espírito* passa em 200 anos, e bem mais rápido se há revolução nas relações que as classes de uma sociedade têm entre si, na distribuição do poder em uma sociedade.

O espírito deve estar cinco ou seis graus acima das ideias que formam a inteligência de um público.

Se está oito graus acima, *dá dor de cabeça a esse público* (defeito da conversa de Dominique[243] quando está animado).

---

[243] Nome com que Stendhal às vezes se referia a si mesmo.

Para acabar de esclarecer meu pensamento direi que La Bruyère estava cinco graus acima da inteligência comum dos duques de Saint-Simon, de Charost, de Beauvilliers, de Chevreuse, de La Feuillade, de Villars, de Montfort, de Foix, de Lesdiguières (o velho Canaples), de Harcourt, de La Rocheguyon, de La Rochefoucauld, de Huimières, das senhoras de Maintenon, de Caylus, de Berry etc., etc., etc.

Por volta de 1780, na época do duque de Richelieu, La Bruyère deve ter estado no nível das inteligências de Voltaire, do Sr. de Vaudreuil, do duque de Nivernais (pretenso filho de Voltaire), quando esse medíocre Marmontel passava por inteligente, na época de Duclos, Collé etc., etc.

Em 1836, excetuadas as questões de arte literária, ou, antes, de *estilo*, excetuando-se formalmente os juízos sobre Racine, Corneille, Bossuet etc., La Bruyère permanece abaixo da inteligência de um grupo que se reuniria em casa da Sra. Boni de Castellane e que seria composto pelos senhores Mérimée, Molé, Koreff, eu, o Dupin mais velho, Thiers, Béranger, o duque de Fitz-James, Sainte-Aulaire, Arago, Villemain.

É fato que o espírito falta, cada um reserva todas as suas forças para a sua atividade que lhe dá uma posição no mundo. O espírito *dinheiro vivo*, imprevisto mesmo para quem fala, o espírito de Dominique causa medo às conveniências. Se não me engano, o *espírito* vai refugiar-se nas senhoras de costumes fáceis, em casa da Sra. Ancelot (que não tem mais amantes que a Sra. de Talaru, a primeira ou a segunda), mas em cuja casa se ousa mais.

Que terrível digressão *a favor* dos leitores de 1880! Mas compreenderão a alusão *a favor*?[244] Duvido, os vendedores ambulantes terão então outra expressão para fazer com que os discursos do rei sejam comprados. O que é uma alusão *explicada*? Espírito à maneira de *Charles Nodier*, espírito entediante.

Quero colar aqui um exemplo do estilo de 1835. É o Sr. Gozlan que fala no *Temps*...

....

---

[244] Referência à aprovação de uma lei em 1834 que, segundo os opositores do governo, proibia a venda de certos panfletos e permitiam a daqueles *a favor*.

O mais suave, o mais verdadeiramente jovem de todos esses sombrios homens de Grenoble que se exercitavam nas armas com o elegante Fabien, era sem dúvida o Sr. César Pascal, filho de um pai igualmente simpático e a quem Casimir-Perier deu a cruz quando ministro, e a recebedoria-geral de Auxerre a seu irmão natural, o simpático Turquin, e outra recebedoria-geral, a de Valence, ao sobrinho de Casimir, o Sr. Camille Teisseire.

Mas, no meio de sua semidesonestidade como negociante, o Sr. Casimir-Perier tinha a qualidade do Dauphiné, sabia *querer*. O ar de Paris, que enfraquece, corrói a faculdade de *querer*, não havia ainda penetrado em nossas montanhas em 1800. Sou testemunha fiel disso quanto a meus colegas. Napoleão, Fieschi tinham a faculdade de *querer* que falta ao Sr. Villemain, ao Sr. Casimir Delavigne, ao Sr. de Pastoret (Amédée), criados em Paris.

Com o elegante Fabien convenci-me de minha inaptidão para as armas. Seu auxiliar, o sombrio Renouvier, que se matou, acho eu, depois de ter matado em duelo com um golpe de espada seu último amigo, fez-me compreender muito sinceramente minha inaptidão. Tive a felicidade de me bater sempre a pistola, eu não previa essa felicidade em 1800, e, cansado de evitar a terça e a quarta sempre muito tarde, decidi, em havendo necessidade, lançar-me com ímpeto sobre meu adversário. Isso me prejudicou todas as vezes que no exército me vi com a espada do lado. Em Brunswick, por exemplo, meu desajeitamento poderia ter-me enviado *ad patres* com o camareiro-mor de Münchhausen, felizmente ele não foi corajoso esse dia, ou antes não quis comprometer-se. Tive do mesmo modo uma inaptidão para o violino, e ao contrário um talento natural e singular para acertar as perdizes e as lebres e, em Brunswick, um corvo com um tiro de pistola a 40 passos, enquanto o veículo se deslocava a grande trote, o que me valeu o respeito dos ajudantes de campo do general Rivaud, esse homem tão polido (*Rivaud de la Raffinière*, odiado pelo príncipe de Neuchâtel [Berthier], mais tarde comandante em Rouen e *ultra* por volta de 1825).

Tive a felicidade também de atingir um *banco-zettel*[245] em Viena, no Prater, no duelo arranjado com o Sr. Raindre, coronel ou comandante

---

[245] Papel-moeda.

de esquadra de artilharia ligeira. Renomado pela bravura, não demonstrou isso foi de modo algum!

Enfim, portei a espada toda minha vida sem saber manejá-la. Sempre fui gordo e com tendência a perder o fôlego. Meu projeto sempre foi: "Está pronto?" e logo o golpe de segunda.

Na época em que eu praticava armas com César Pascal, Félix Faure, Duchesne, Casimir-Perier e dois ou três outros do Dauphiné, fui ver Perier *milord* (no Dauphiné, omite-se o "senhor" quando há um apelido). Encontrei-o em um apartamento de suas belas casas de Feuillants (perto da atual Rue Castiglione). Ocupava um dos apartamentos que não conseguia alugar. Era o mais alegre dos avaros e o do melhor convívio. Saiu comigo, usava um traje azul que tinha na aba uma mancha amarelo-avermelhada de oito polegadas de diâmetro.

Eu não compreendia como esse homem de uma aparência tão agradável (mais ou menos como meu primo Rebuffel) podia deixar morrer de fome seus filhos Casimir e Scipion.

A casa Perier pegava a 5% as economias das empregadas, dos porteiros, dos pequenos proprietários, eram quantias de 500, 800, raramente 1.500 francos. Quando vieram os *assignats* e que por um luís de ouro se tinha 100 francos, ela reembolsou todos esses pobres diabos, vários se enforcaram ou se afogaram.

Minha família achou esse procedimento infame. Não me surpreende em comerciantes, mas por que uma vez tendo chegado aos milhões não encontrar um pretexto honesto para reembolsar as empregadas?

Minha família era perfeita no que se referia a dinheiro, teve grande dificuldade para tolerar um de nossos parentes que reembolsou em *assignats* uma quantia de 8 ou 10 mil francos, tomada de empréstimo em bilhetes do banco de Law[246] (1718, acho eu, a 1793).

Eu faria um romance se quisesse anotar aqui a impressão que as coisas de Paris me causaram, impressão tão modificada mais tarde.

---

[246] John Law, escocês, criou um banco na França, em 1716.

Capítulo XLIII

Não sei se disse que a pedido de seu pai o Sr. Daru levou-me a duas ou três dessas sociedades literárias cuja presidência dava tanto prazer a seu pai. Ali eu admirei o talhe e sobretudo o colo da senhora *Pipelet*, mulher de um pobre diabo de um cirurgião herniário. Mais tarde a conheci um pouco, em sua condição de princesa.

O Sr. Daru recitava seus versos com uma bonomia que me pareceu bem estranha nesse rosto severo e afogueado, eu o olhava com espanto. Eu me dizia: é preciso imitá-lo, mas eu não tinha nenhuma tendência para isso.

Lembro-me do profundo tédio dos domingos, eu passeava ao acaso; essa era então a Paris que eu tanto havia desejado! A ausência de montanhas e de bosques apertava-me o coração. Os bosques estavam intimamente ligados a meus devaneios de amor terno e devotado como em Ariosto. Todos os homens pareciam-me *prosaicos* e medíocres nas ideias que tinham do amor e da literatura. Eu evitava fazer confidência de minhas objeções contra Paris. Assim, não percebi que o centro de Paris está a uma hora de distância de uma bela floresta, morada de cervos na época dos reis. Qual não teria sido meu encantamento em 1800 ao ver a floresta de Fontainebleau, onde há alguns pequenos rochedos em miniatura, os bosques de Versalhes, Saint-Cloud etc., etc. Provavelmente eu teria achado que esses bosques se pareciam muito com um jardim.

Foi preciso nomear adjuntos para os comissários das guerras. Dei-me conta disso pelo redobrar de atenções da Sra. Cardon em relação à família Daru e mesmo em relação a mim. O Sr. Daru passou uma manhã com o ministro com o relatório sobre esse assunto.

Minha ansiedade fixou em minha cabeça a imagem do escritório onde eu esperava o resultado, eu havia mudado de escritório, minha mesa estava assim situada em um cômodo muito grande. O Sr. Daru seguiu a linha DD' ao voltar do ministro, ele mandara nomear, ao que me parece, Cardon e o Sr. Barthomeuf. Não fiquei com inveja de Cardon, mas sim do Sr. Barthomeuf, em relação ao qual sempre mantive distância. Enquanto esperava a decisão, eu havia escrito em meu apoio de mão: MAU PARENTE em letras maiúsculas.

Observe-se que o Sr. Barthomeuf era um excelente funcionário e que o Sr. Daru assinava todas as suas cartas (isto é, o Sr. Barthomeuf apresentava 20 cartas, o Sr. Daru assinava 12, assinava corrigindo seis ou sete e devolvia para serem refeitas uma ou duas).

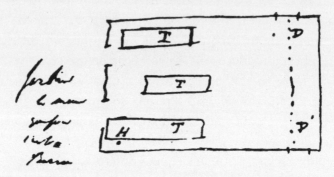

[Jardim. O mesmo que no outro escritório.]
H. eu, TTT. mesas ocupadas por diversos funcionários.

Quanto às minhas, assinava apenas a metade, e ainda que cartas! Mas o Sr. Barthomeuf tinha a natureza e a cara de um empregado de mercearia e, exceto os autores latinos que ele conhecia como conhecia o *Regulamento para o soldo*, era incapaz de dizer uma palavra sobre as relações da literatura com a natureza do homem, com a maneira como este é afetado; eu de minha parte compreendia perfeitamente o modo como Helvétius explica Régulo, eu fazia sozinho um grande número de aplicações desse gênero, eu estava bem além de *Cailhava* na arte da comédia etc., etc., eu partia dali para me julgar superior ou pelo menos igual ao Sr. Barthomeuf.

O Sr. Daru deveria ter feito com que eu fosse nomeado e em seguida fazer-me trabalhar duro. Mas o acaso guiou-me pela mão em cinco ou seis grandes circunstâncias de minha vida. Realmente, devo uma pequena estátua à *Fortuna*. Foi uma extrema felicidade, para mim, não ter sido feito adjunto com Cardon. À época eu não pensava assim, eu suspirava um pouco ao olhar seu belo uniforme dourado, seu chapéu, sua espada.

Mas não tive o menor sentimento de inveja. Aparentemente eu compreendia que não tinha uma mãe como a Sra. Cardon. Eu a havia visto importunar o Sr. Daru (Pierre) até impacientar o homem mais fleugmático. O Sr. Daru não se irritou, mas seus olhos de javali eram como que de uma pintura. Enfim ele lhe disse diante de mim: "Senhora, tenho a honra de lhe prometer que, se houver adjuntos, seu filho será um deles".

A irmã da Sra. Cardon era, ao que me parece, a Sra. Auguié da posta, cujas filhas à época eram íntimas da cidadã Hortense Beauharnais. Essas senhoritas foram criadas em casa da Sra. Campan, a colega e provavelmente a amiga da Sra. Cardon.

Eu ria e demonstrava minha amabilidade de 1800 com as Srtas. Auguié, uma das quais se casou logo depois, parece-me, com o general Ney.

Eu as achava alegres e bonitas, eu devia ser um estranho animal, talvez essas senhoritas tivessem suficiente espírito para ver que eu era *estranho* e não *medíocre*. Enfim, não sei por que, eu era bem acolhido. Que admirável salão a cultivar! É isso que o Sr. Daru pai deveria ter-me feito compreender. Essa verdade, fundamental em Paris, eu só a percebi pela primeira vez 27 anos mais tarde, depois da famosa Batalha de San Remo.[247] A fortuna, em relação à qual tenho muito para estar satisfeito, levou-me a vários dos mais influentes salões. Recusei em 1814 um lugar de milhões, em 1828 eu estava em convívio íntimo com os Srs. Thiers (ministro dos Negócios Estrangeiros, ontem), Mignet, Aubernon, Béranger. Tinham muita consideração por mim nesse salão. Eu achava o Sr. Aubernon tedioso, Mignet, sem espírito, Thiers, um insolente muito falastrão; só Béranger agradou-me, mas, para não ter o ar de fazer a corte ao poder, não fui vê-lo na prisão e deixei que a Sra. Aubernon antipatizasse comigo como homem imoral.

E a condessa Bertrand em 1809 e 1810! Que falta de ambição, ou, antes, que preguiça!

Lamento pouco a ocasião perdida! Em vez de 10, eu teria 20 mil; em vez de cavaleiro, seria oficial da Legião de Honra, mas teria passado três ou quatro horas por dia nessas banalidades de ambição que são enfeitadas com o nome de política, teria feito muitas semibaixezas, seria prefeito de Mans (em 1814 eu ia ser nomeado prefeito de Mans).

---

[247] Anagrama de Saint-Omer.

A única coisa que lamento é não viver em Paris, mas eu estaria cansado de Paris em 1836, como estou cansado de minha solidão entre os selvagens de Civita-Vecchia.

No conjunto, nada lamento a não ser não ter comprado uma renda com as gratificações de Napoleão por volta de 1808 e 1809.

O Sr. Daru pai estava errado em suas ideias ao não me dizer: "Deveria procurar agradar a Sra. Cardon e suas sobrinhas, as Srtas. Auguié. Com sua proteção você será feito comissário das guerras dois anos mais cedo. Não diga nada mesmo a Daru do que acabo de lhe dizer. Lembre-se de que você só terá promoção por meio dos salões. Trabalhe bem pela manhã, e à noite cultive os salões, meu interesse é o de guiá-lo. Por exemplo, tenha o mérito da assiduidade, comece por este. Não falte nunca a uma terça-feira da Sra. Cardon".

Era preciso todo esse falatório para ser compreendido por um louco que pensava mais em *Hamlet* e no *Misanthrope* do que na vida real. Quando me entediava em um salão, eu faltava a ele na semana seguinte e só reaparecia depois de 15 dias. Com a franqueza de meu olhar e a extrema infelicidade e prostração de força que o *tédio* me dá, vê-se como eu devia avançar meus assuntos com essas ausências. De resto, eu dizia sempre sobre um tolo: *é um tolo*. Essa mania valeu-me *muitos inimigos*. Desde que passei a ter espírito (em 1826) vieram aos montes os epigramas e *frases que não podem mais ser esquecidas*, dizia-me um dia essa boa Sra. Mérimée. Eu deveria ter sido morto 10 vezes, e, no entanto, só tenho três ferimentos dos quais dois são *bobagens* (na mão e no pé esquerdos).

De dezembro a abril de 1800 meus salões eram: a Sra. Cardon, a Sra. Rebuffel, a Sra. Daru, o Sr. Rebuffel, a Sra. Sorel, acho eu, cujo marido me havia servido como protetor durante a viagem. Eram pessoas simpáticas e úteis, prestativas, que entravam nas minúcias de meus assuntos, que me cultivavam até mesmo por causa do crédito já bastante digno de nota do Sr. Daru (o conde). Eles me entediavam porque não eram de modo algum romanescos e literários; (*cut there*)[248], abandonei-os na maior parte.

Meus primos Martial e Daru (o conde) haviam feito a guerra da Vendée. Nunca vi pessoas mais desprovidas de todo sentimento

---

[248] Em inglês no original, "cortar aqui".

patriótico, no entanto, correram risco em Rennes, em Nantes e em toda a Bretanha, de serem assassinados 20 vezes; assim, não adoravam os Bourbons, falavam deles com o respeito que se deve ao infortúnio, e a Sra. Cardon nos dizia mais ou menos a verdade sobre Maria Antonieta: boa, limitada, cheia de altivez, muito galante, e muito debochada em relação ao serralheiro chamado Luís XVI, tão diferente do simpático conde d'Artois. De resto, Versalhes, a corte do rei Pétaud,[249] e ninguém, com exceção talvez de Luís XVI, e ainda assim raramente, fazia uma promessa ao povo a não ser com a intenção de a violar.

Creio lembrar-me de que em casa da Sra. Cardon foram lidas as *Memórias* de sua colega Sra. Campan, bem diferentes da tola homilia que se imprimiu por volta de 1820. Várias vezes só voltamos pela rua às 2 horas da manhã, eu estava em meu elemento, eu, adorador de Saint-Simon, e eu falava de um modo que destoava de minha tolice e minha exaltação habituais.

Adorei Saint-Simon em 1800 como em 1836. Os espinafres e Saint-Simon foram meus únicos gostos duradouros, depois do de viver em Paris com 100 luíses de renda, fazendo livros. Félix Faure lembrou-me em 1829 que eu lhe falava assim em 1798.

A família Daru ficou logo toda ocupada com o decreto da organização do corpo de inspetores das Revistas, decreto com frequência corrigido, ao que me parece, pelo Sr. Daru (o conde), e em seguida com a nomeação do conde Daru e de Martial; o primeiro foi inspetor, e o segundo, subinspetor das Revistas, ambos com o chapéu bordado e o traje vermelho. Esse belo uniforme chocou o militar, bem menos vaidoso todavia em 1800 do que dois ou três anos depois, quando a virtude teria se transformado em ridículo.

Acredito ter esgotado minha primeira estada em Paris de novembro de 1799 a abril ou maio de 1800, falei até demais, haverá o que apagar. Excetuando-se o belo uniforme de Cardon (gola bordada em ouro), a sala de Fabien e minhas tílias no fundo do jardim da Guerra, todo o resto só aparece através de uma nuvem. Sem dúvida eu via com

---

[249] "Corte do rei Pétaud" indica uma corte (ou um meio) em que reina a desordem, todos querem mandar e ninguém respeita ninguém. Pétaud é um lendário rei dos mendigos do século XVI.

frequência Mante, mas nenhuma lembrança. Teria sido então que Grand-Dufay morreu no café da Europa, no Boulevard du Temple, ou em 1803? Não posso dizê-lo.

No Ministério da Guerra os Srs. Barthomeuf e Cardon eram adjuntos, e eu muito exaltado e muito ridículo sem dúvida aos olhos do Sr. Daru. Pois enfim eu não estava em condição de fazer a menor carta. Martial, essa ótima criatura, estava sempre comigo de modo brincalhão e nunca me fez perceber que como funcionário eu não tinha o senso comum. Ele estava inteiramente ocupado por seus amores com a Sra. Lavalette, com a Sra. Petiet, pela qual seu sensato irmão, o conde Daru, fora muitas vezes ridículo. Ele pretendia enternecer essa fada má com versos. Tomei conhecimento de tudo isso alguns meses mais tarde.

Todas essas coisas tão novas para mim constituíam uma cruel distração para minhas ideias literárias ou de amor apaixonado e romanesco, tratava-se então da mesma coisa. Por outro lado, meu horror por Paris diminuía, mas eu estava inteiramente louco, o que nesse gênero me parecia verdade um dia parecia-me falso no dia seguinte. Minha cabeça era um brinquedo completo de meu espírito. Mas pelo menos não me abri jamais com ninguém.

Há 30 anos pelo menos esqueci essa época tão ridícula de minha primeira viagem a Paris, sabendo que de modo geral bastaria chamá-la com um assobio, eu não detinha nela meu pensamento. Há apenas oito dias que penso nisso de novo; e se há uma prevenção no que escrevo, ela é contra o Brulard dessa época.

Não sei se procurei agradar a Rebuffel e sua filha durante essa primeira viagem, e se tivemos a dor de perder a Sra. Cambon quando eu estava em Paris. Lembro-me apenas de que a Srta. Adèle Rebuffel me contava particularidades singulares sobre a Srta. Cambon, de quem fora companheira e amiga. A Srta. Cambon, que tinha um dote de 25 ou 30 mil francos de renda, o que era enorme após a República em 1800, experimentou o destino de todas as condições muito boas, foi vítima das ideias mais estúpidas. Suponho que fosse preciso casá-la aos 16 anos, ou pelo menos fazer com que ela fizesse muito exercício.

Não me resta a menor lembrança de minha partida para Dijon e o exército de reserva, o excesso da alegria absorveu tudo. Os Srs. Daru (o conde), então inspetor das Revistas, e Martial Daru, subinspetor das Revistas, haviam partido antes de mim.

Cardon não foi tão cedo, sua hábil mãe queria dar-lhe outro caminho. Ele chegou logo a Milão, ajudante de campo do ministro da Guerra Carnot. Napoleão havia empregado esse grande cidadão para o *desgastar* (*id est*: tornar impopular e ridículo, se pudesse. Logo Carnot recaiu em uma pobreza nobre de que Napoleão só teve vergonha por volta de 1810, quando não teve mais medo dele).

Não tenho qualquer ideia de minha chegada a Dijon, não mais que de minha chegada a Genebra. A imagem dessas duas cidades foi apagada pelas imagens mais completas que me deixaram as viagens posteriores. Sem dúvida, eu estava louco de alegria. Tinha comigo uns 30 volumes em estereotipia. A ideia de aperfeiçoamento e de *nova invenção* faziam-me adorar esses volumes. Muito sensível às sensações de odor, eu passava minha vida a lavar as mãos quando tinha lido um livro velho, e o mau cheiro havia-me dado um preconceito contra Dante e as belas edições desse poeta reunidas por minha pobre mãe, ideia sempre cara e sagrada para mim, e que por volta de 1800 estava ainda no primeiro plano.

Ao chegar a Genebra, eu estava louco pela *Nouvelle Héloïse*, meu primeiro passeio foi à velha casa onde nasceu J.-J. Rousseau, em 1712, que encontrei em 1833 transformada em uma esplêndida casa, imagem da utilidade e do comércio.

Em Genebra faltavam diligências, encontrei um começo da desordem que aparentemente reina no exército. Eu estava recomendado a alguém, aparentemente a um comissário das guerras francês deixado para cuidar das passagens e dos transportes. O conde Daru havia deixado um cavalo doente, esperei sua recuperação.

Ali enfim recomeçam minhas lembranças. Depois de vários adiamentos, uma manhã pelas 8 horas atam a esse jovem cavalo suíço e baio-claro minha enorme mala e, um pouco depois da porta de Lausanne, monto a cavalo.

Era pela segunda ou terceira vez em minha vida. Séraphie e meu pai opuseram-se constantemente a ver-me montar a cavalo, exercitar armas etc.

Esse cavalo, que não saíra da estrebaria há um mês, ao cabo de 20 passos dispara, deixa a estrada e se joga no lago em um campo plantado de salgueiros, acho que a mala o feria.

Capítulo XLIV

Eu morria de medo, mas o sacrifício estava feito, os maiores perigos não iriam deter-me. Eu olhava os quartos dianteiros de meu cavalo, e os três pés que me separavam do chão pareciam-me um precipício sem fundo. Para cúmulo do ridículo, acho que eu tinha esporas.

Meu jovem cavalo fogoso galopava portanto ao acaso no meio desses salgueiros quando ouvi que me chamavam: era o empregado sensato e prudente do capitão Burelviller, que por fim, ao gritar para que eu puxasse a rédea e ao se aproximar, conseguiu parar o cavalo depois de um galope de uns 15 minutos pelo menos em todas as direções. Parece-me que no meio de meus medos sem número, eu tinha o de ser arrastado para o lago.

"O que o senhor quer de mim?, disse eu a esse empregado, quando por fim ele conseguiu acalmar meu cavalo.

– Meu patrão quer falar-lhe."

Logo pensei em minhas pistolas, é sem dúvida alguém que quer prender-me. A estrada cheia de passantes, mas toda minha vida vi minha ideia e não a realidade (como um *cavalo espantadiço*, disse-me 17 anos mais tarde o conde de Tracy).

Retornei orgulhosamente ao capitão, que encontrei atenciosamente parado na estrada principal.

"O que o senhor deseja?", disse-lhe eu, esperando para dar o tiro de pistola.

O capitão era um homem alto e louro, de meia-idade, magro, e com aspecto irônico e velhaco, nada atraente, ao contrário. Ele me explicou que, ao passar pela porta, o Sr. ... lhe havia dito:

"Está ali um jovem que vai para o exército nesse cavalo, que monta pela primeira vez a cavalo, e que nunca viu o exército. Tenha a caridade de ficar com ele durante os primeiros dias."

Esperando sempre irritar-me e pensando em minhas pistolas, eu considerava o sabre reto e imensamente longo do capitão Burelviller, que, ao que me parece, pertencia ao exército da cavalaria pesada: traje azul, botões e patentes de prata.

Acho que por cúmulo do ridículo eu tinha um sabre, mesmo, e pensando bem estou certo disso.

Até onde posso avaliar, agradei a esse Sr. de Burelviller, que tinha o ar de um grande falcão e que talvez tivesse sido expulso de um regimento e procurasse se ligar a outro. Mas tudo isso é conjectura, como a fisionomia das pessoas que conheci em Grenoble antes de 1800. Como eu poderia ter julgado?

O Sr. de Burelviller respondia a minhas perguntas e me ensinava a montar a cavalo. Fazíamos o trajeto juntos, íamos pegar juntos nosso bilhete de alojamento, e isso durou até a Casa d'Adda, Porta Nova em Milão, à esquerda indo em direção à porta.

Eu estava completamente embriagado, louco de felicidade e de alegria. Aqui começa uma época de entusiasmo e de felicidade perfeita. Minha alegria, meu arrebatamento só diminuíram um pouco quando me tornei dragão do 6º Regimento e ainda assim se tratou apenas de um eclipse.

Eu não acreditava então estar no cúmulo da felicidade que um ser humano possa encontrar aqui embaixo.

Mas essa é a verdade. E isso quatro meses depois de ter sido tão infeliz em Paris, quando me dei conta ou julguei dar-me conta de que Paris não era, em si, o cúmulo da felicidade.

Como apresentar o arrebatamento de Rolle?

Será preciso talvez reler e corrigir esta passagem, contra meu intento, de medo de mentir com artifício como J.-J. Rousseau.

Como o sacrifício de minha vida à minha fortuna estava feito e consumado, eu era excessivamente ousado a cavalo, mas ousado sempre a perguntar ao capitão Burelviller: "Será que vou morrer?".

Felizmente meu cavalo era suíço e pacífico e sensato como um suíço; se fosse romano e traidor, ele me teria matado 100 vezes.

Aparentemente agradei ao Sr. Burelviller, mas ele se dedicou a me formar em tudo; e foi para mim de Genebra a Milão, durante uma viagem de quatro ou cinco léguas por dia, o que um excelente preceptor deve ser para um jovem príncipe. Nossa vida era uma conversa agradável, misturada com acontecimentos singulares e não sem algum pequeno perigo; por consequência impossibilidade da mais distante aparência de tédio. Eu não ousava dizer minhas quimeras nem falar de *literatura* a esse duro astuto de 28 ou 30 anos que parecia o contrário da emoção.

Assim que chegávamos ao fim da etapa do trajeto, eu o deixava, dava a gratificação a seu empregado para cuidar de meu cavalo, eu podia então ir sonhar em paz.

Em Rolle, ao que me parece, tendo chegado cedo, ébrio de felicidade com a leitura da *Nouvelle Héloïse* e com a ideia de passar por Vevey, tomando talvez Rolle por Vevey, ouvi de repente tocar à toda o sino majestoso de uma igreja situada na colina a um quarto de légua acima de Rolle ou de Nyon, subi até lá. Eu via esse belo lago estender-se sob meus olhos, o som do sino era uma encantadora música que acompanhava minhas ideias e lhes dava uma fisionomia sublime.

Foi ali, ao que me parece, que estive mais próximo da *felicidade perfeita*.

Para um tal momento vale a pena ter vivido.

A seguir falarei de momentos semelhantes, em que o fundo para a felicidade era talvez mais real, mas a sensação seria tão viva? o arrebatamento da felicidade tão perfeito?

Que dizer de um momento como esse sem mentir, sem cair no romance?

Em Rolle ou Nyon, não sei qual (a verificar, é fácil ver essa igreja cercada por oito ou 10 grandes árvores), em Rolle exatamente começou o tempo feliz de minha vida, devia ser então 8 ou 10 de maio de 1800.

O coração ainda me bate ao escrever isto 36 anos depois. Deixo o papel, erro pelo quarto e volto a escrever. Prefiro negligenciar algum aspecto verdadeiro a cair no execrável defeito de fazer declamação, como é hábito.

Em Lausanne, acho eu, agradei ao Sr. Burelviller. Um capitão suíço, reformado ainda jovem, trabalhava na prefeitura municipal. Era um ultra escapado da Espanha ou de alguma outra corte; desincumbindo-se do trabalho desagradável de distribuir bilhetes de alojamento a esses sacripantas franceses, pôs-se a discutir conosco e chegou ao ponto de dizer, ao falar da *honra* de servirmos nossa pátria: "Se há honra...".

Minha lembrança sem dúvida exagera a observação.

Pus a mão em meu sabre e quis tirá-lo, o que prova que eu tinha um sabre.

O Sr. Burelviller me conteve.

"É tarde, a cidade está cheia, trata-se de ter um alojamento", disse mais ou menos e deixamos o senhor da prefeitura, antigo capitão, depois de lhe termos dito claramente o que pensávamos dele.

No dia seguinte, estando a cavalo na estrada de Villeneuve, o Sr. Burelviller interrogou-me sobre minha prática com as armas.

Ficou estupefato quando lhe confessei minha completa ignorância. Fez-me, ao que me parece, pôr-me em guarda da primeira vez que paramos para deixar nossos cavalos urinarem.

"E o que o Sr. teria feito se esse cão aristocrata tivesse saído conosco?

— Eu me teria jogado sobre ele."

Aparentemente essa observação foi dita como eu a pensava.

O capitão Burelviller estimou-me muito a partir de então e o disse para mim.

Era preciso que minha perfeita inocência e total ausência de mentira fosse bem evidente para dar valor ao que, em qualquer outra circunstância, teria sido uma brincadeira muito grosseira.

Ele começou a me dar alguns princípios de espada em nossas paradas à noite.

"De outro modo o senhor será espetado como um..."

Esqueci o termo de comparação.

Martigny, acho eu, ao pé do Grande São Bernardo, deixou-me esta lembrança: o belo general Marmont, em traje de conselheiro de Estado, bordado azul-celeste sobre azul-rei, ocupado com o deslocamento de um parque de artilharia. Mas esse uniforme é possível? Não sei, mas ainda o vejo.

Talvez eu tenha visto o general Marmont com uniforme de general, e mais tarde lhe apliquei o uniforme de conselheiro de Estado. (Ele está em Roma aqui perto, março de 1836, o *traidor* duque de Ragusa, apesar da mentira que o tenente-general Despans me falou diante de minha lareira no lugar onde escrevo, há não mais de 12 dias.)

O general Marmont estava à esquerda da estrada pelas 7 horas da manhã na saída de Martigny, podia ser então 12 ou 14 de maio de 1800.[250]

Eu era alegre e ativo como um jovem potro, eu me via como Calderon fazendo suas campanhas na Itália, eu me via como um curioso destacado para o exército para ver, mas destinado a fazer comédias como Molière. Se eu tivesse um emprego a seguir, seria para viver, já que não era suficientemente rico para correr o mundo às minhas custas. Eu só pedia para ver grandes coisas.

Foi portanto com mais alegria ainda do que habitualmente que examinei Marmont, esse jovem e belo favorito do primeiro cônsul.

Como os suíços em cujas casas havíamos nos hospedado em Lausanne, Villeneuve, Sion etc., etc. haviam-nos traçado um quadro infame do Grande São Bernardo, eu estava mais alegre ainda do que de hábito, mais alegre não é a expressão, é antes mais feliz. Meu prazer era tão vivo, tão íntimo, que chegava a ser pensativo.

Eu era, sem me dar conta, extremamente sensível à beleza das paisagens. Já que meu pai e Séraphie, como verdadeiros hipócritas que eram, louvavam muito as belezas da natureza, eu julgava ter horror pela natureza. Se alguém me tivesse falado das belezas da Suíça, ter-me-ia dado enjoo, eu saltava as frases desse gênero nas *Confissões* e na *Héloïse*, de Rousseau, ou, antes, para ser exato, eu as lia correndo. Mas essas frases tão belas tocavam-me apesar de mim mesmo.

Devo ter tido extremo prazer ao subir o São Bernardo, mas certamente, sem as precauções do capitão Burelviller, que com frequência me pareciam extremas e quase ridículas, eu estaria morto talvez já nesse primeiro passo.

Queiram lembrar-se de minha educação extremamente ridícula. Para não me fazer correr qualquer perigo, meu pai e Séraphie me haviam impedido de montar a cavalo e, até onde puderam, de ir à caça. No máximo eu ia passear com um fuzil, mas nunca uma caçada verdadeira em que se tem fome, chuva, excesso de cansaço.

---

[250] *Anotação de Stendhal na margem do manuscrito*: "São Bernardo: ali vi o perigo pela primeira vez. Meu cavalo suíço no final não passava de um cavalo estropiado. O perigo em si não era grande, mas as circunstâncias acessórias diminuíam o homem".

Além do mais, a natureza deu-me os nervos delicados e a pele sensível de uma mulher. Eu não podia, alguns meses depois, segurar o sabre por duas horas sem ficar com a mão cheia de bolhas. No São Bernardo, eu era quanto ao físico como uma mocinha de 14 anos; eu tinha 17 anos e três meses, mas nunca o filho mimado de grande senhor recebeu uma educação mais mole.

Aos olhos de meus parentes a coragem militar era uma qualidade de jacobinos, valorizavam apenas a coragem de antes da Revolução, que havia valido a cruz de São Luís ao chefe do ramo rico da família (o capitão Beyle de Sassenage).

Excetuando-se a moral, buscada por mim nos livros proibidos por Séraphie, quando cheguei ao São Bernardo eu era um poltrão completo. O que eu me teria tornado se não fosse o encontro com o Sr. Burelviller e se eu tivesse prosseguido sozinho? Eu tinha dinheiro e não havia nem sequer pensado em contratar um empregado. Distraído por meus deliciosos devaneios, baseados em Ariosto e na *Nouvelle Héloïse*, eu deixava de lado todas as observações prudentes; achava-as burguesas, medíocres, odiosas.

Daí minha aversão, mesmo em 1836, pelos fatos *cômicos* em que se encontra necessariamente um personagem reles. Eles me provocam uma aversão que vai até o horror.

Estranha disposição para um sucessor de Molière!

Todos os sensatos conselhos dos hoteleiros suíços haviam sido deixados de lado por mim.

A certa altitude, o frio tornou-se penoso, uma bruma penetrante nos cercou, a neve cobria a estrada há muito. Essa estrada, pequeno caminho entre dois muros de pedra seca, estava cheia com oito ou 10 polegadas de neve que se derretia e embaixo seixos rolados (como os de Claix, polígonos irregulares cujos ângulos são um pouco desgastados).

De tempos em tempos, um cavalo morto fazia com que o meu se assustasse, logo, o que foi bem pior, ele não se assustou mais. No fundo era um sendeiro.

Capítulo XLV
O São Bernardo

A cada passo tudo se tornava pior. Encontrei o perigo pela primeira vez, esse perigo não era grande, é preciso admiti-lo, mas para uma mocinha de 15 anos que não fora molhada pela chuva 10 vezes em sua vida!

O perigo não era portanto grande, mas estava em mim mesmo, as circunstâncias diminuíam o homem.

Não terei mais vergonha de me fazer justiça, fui constantemente alegre. Se eu sonhava, era com as frases pelas quais J.-J. Rousseau poderia descrever esses montes severos cobertos de neve e que se elevavam até as nuvens com seus cumes sempre obscurecidos por grossas nuvens cinzas que corriam rapidamente.

Meu cavalo dava a impressão de cair, o capitão xingava e era sombrio, seu prudente empregado, que se tornara meu amigo, estava muito pálido.

Eu estava trespassado pela umidade, incessantemente éramos incomodados e mesmo parados por grupos de 15 ou 20 soldados que subiam.

Em lugar dos sentimentos de heroica amizade que eu imaginava para eles em consequência de seis anos de devaneios heroicos, baseados nos caracteres de Ferragus e de Rinaldo, eu entrevia egoístas amargos e maus, com frequência xingavam-nos pela raiva de nos ver a cavalo e eles estarem a pé. Um pouco mais e nos roubavam nossos cavalos.

Essa visão do caráter humano me contrariava, mas eu a afastava logo para usufruir desta ideia: vejo portanto uma coisa difícil!

Não me lembro de tudo isso, lembro-me melhor dos perigos posteriores, quando eu estava bem mais perto de 1800, por exemplo, no final de 1812, na marcha de Moscou para Königsberg.

Enfim, depois de uma quantidade enorme de zigue-zagues que me pareciam formar uma distância infinita, num fundo entre dois rochedos pontudos e enormes, percebo à esquerda uma casa baixa, quase coberta por uma nuvem que passava.

É a hospedaria! Aí nos deram, como a todo o exército, um meio copo de vinho que me pareceu gelado como uma *decocção vermelha*.

Só tenho lembrança do vinho, e sem dúvida a ele juntaram um pedaço de pão e de queijo.

Parece-me que entramos, ou então os relatos que me fizeram sobre o interior da hospedaria produziram uma imagem que 36 anos depois *tomou o lugar da realidade*.

Eis um risco de mentir de que me dei conta desde que há três meses penso neste diário verídico.

Por exemplo, imagino muito bem a descida. Mas não quero dissimular que cinco ou seis anos depois vi uma gravura dali que achei muito semelhante, e minha lembrança *não é mais do que* a gravura.

É esse o perigo de comprar gravuras dos belos quadros que vemos em nossas viagens. Logo a gravura passa a constituir toda a lembrança, e destrói a lembrança real.

Foi o que me aconteceu com a Madona de *San Sisto*, de Dresden. A bela gravura de Müller destruiu-a para mim, ao passo que eu imagino perfeitamente os maus pastéis de Mengs, na mesma galeria de Dresden, dos quais não vi gravura em parte alguma.

Vejo muito bem o tédio de manter meu cavalo pela rédea; o caminho era formado de rochas imóveis situadas assim:

[*Precipício. – Lago gelado.*]

De A a B podia haver três ou quatro pés. L, lago gelado sobre o qual eu via 15 ou 20 cavalos ou mulas caídos; de R a P o precipício

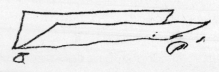

parecia-me quase vertical, de P a E era muito íngreme. O diabo é que as quatro patas de meu cavalo se reuniam na linha reta formada no ponto O pela união de dois rochedos que formavam a estrada, e então o sendeiro dava a impressão de cair, à direita não havia muito problema, mas à esquerda! Que diria o Sr. Daru, se eu perdesse seu cavalo? E aliás todas as minhas coisas estavam na enorme mala, e talvez a maior parte de meu dinheiro.

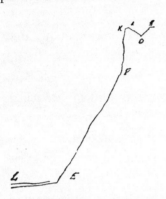

O capitão imprecava contra seu empregado, que lhe feria seu segundo cavalo, ele próprio dava bengaladas na cabeça de seu cavalo, era um homem muito violento, e enfim não se ocupava em nada de mim.

Para cúmulo dos problemas, um canhão passou, ao que me parece, foi preciso fazer os cavalos saltarem para a direita da estrada, mas sobre essa circunstância eu não queria jurar, ela está na gravura.

Lembro-me muito bem dessa longa descida circular em torno desse diabo de lago gelado.

Por fim, perto de Étroubles ou antes de Étroubles, perto de um lugarejo chamado Saint-Oyen, a natureza começou a se tornar menos austera.

Foi para mim uma sensação deliciosa.

Eu disse ao capitão Burelviller:

"O São Bernardo é só isso?".

Parece-me que ele se irritou, pensou que eu mentia (em termos que usávamos: que eu brincava com ele).

Creio entrever em minhas lembranças que ele me tratou de conscrito, o que me pareceu uma injúria.

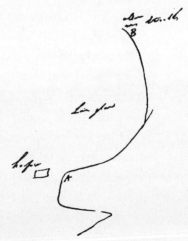

[Indo para Étroubles. – Lago gelado. – Hospedaria.]

Em Étroubles, onde dormimos, ou em Saint-Oyen, minha felicidade foi extrema, mas eu começava a compreender que era só nos momentos em que o capitão estava alegre que eu podia ousar meus comentários.

Eu me disse: estou na Itália, isto é, no país da *Zulietta* que J.-J. Rousseau encontrou em Veneza, no Piemonte na região da Sra. Bazile.

Eu compreendia que essas ideias eram ainda mais ilícitas para o capitão, que, ao que me parece, uma vez havia tratado Rousseau de escritor descarado.

Eu seria obrigado a fazer romance e procurar imaginar o que deve sentir um jovem de 17 anos, louco de felicidade ao escapar do convento, se eu quisesse falar de minhas sensações de Étroubles no Forte de Bard.

Esqueci-me de dizer que eu continuava com minha inocência de Paris, foi somente em Milão que eu me livraria desse tesouro. O que há de engraçado é que não me lembro claramente com quem.

A violência da timidez e da sensação matou por completo a *lembrança*.

Enquanto seguíamos caminho, o capitão dava-me aulas de equitação e para tornar mais viva a coisa dava bengaladas na cabeça de seu cavalo, que se irritava muito. O meu era um sendeiro mole e prudente. Eu o acordava com grandes esporadas. Por felicidade ele era muito forte.

Minha imaginação desenfreada, como eu não ousava dizer seus segredos ao capitão, fazia-me pelo menos incitá-lo com perguntas sobre equitação. Eu era discreto.

"E quando um cavalo recua e se aproxima assim de um fosso profundo, que é preciso fazer?

– Que diabos! o senhor mal consegue segurar-se, e me pergunta coisas que embaraçam os melhores cavaleiros!"

Sem dúvida algum bom palavrão acompanhou essa resposta, pois ela ficou gravada em minha memória.

Eu devia aborrecê-lo muito. Seu sensato empregado advertiu-me de que ele fazia seus cavalos comerem a metade pelo menos do farelo que ele me mandava comprar para *refazer* o meu. Esse sensato empregado ofereceu-se para passar a trabalhar para mim; ele iria fazer o que bem quisesse comigo, ao passo que o terrível Burelviller o tratava mal.

Esse belo discurso não me causou qualquer impressão. Parece-me que pensei que eu devia um reconhecimento infinito ao capitão.

De resto, eu estava tão feliz ao contemplar essas belas paisagens e o arco do triunfo de Aosta que eu só tinha um desejo, era que essa vida durasse para sempre.

Julgávamos que o exército estivesse a 40 léguas adiante de nós.

De repente, encontramo-lo parado perto do Forte de Bard.

Eis mais ou menos o corte do vale.

Vejo-me acampando a uma meia légua do forte, à esquerda da estrada principal.

No dia seguinte, eu tinha 22 picadas de mosquito no rosto e um olho inteiramente fechado.

Aqui o relato se confunde com a lembrança.

Parece-me que ficamos detidos dois ou três dias embaixo do *Bard*.

Eu temia as noites por causa das picadas desses terríveis mosquitos, tive tempo de me curar pela metade.

O primeiro cônsul[251] estava conosco?

Terá sido, como me parece, enquanto estávamos nessa pequena planície abaixo do forte que o coronel Dufour tentou impor-se pela força? E que dois soldados da engenharia tentaram cortar as correntes da ponte levadiça? Vi as rodas dos canhões serem recobertas de palha ou isso é a lembrança do relato que encontro em minha cabeça?

Os terríveis tiros de canhão nesses rochedos tão altos, em um vale tão estreito, deixavam-me louco de emoção.

Por fim, o capitão disse-me: "Vamos passar pelo alto de uma montanha à esquerda".

Fiquei sabendo mais tarde que essa montanha se chama Albaredo.

É o caminho. *[Bard.]*

---

[251] Napoleão Bonaparte.

Depois de uma meia légua, ouvi essa sugestão passar de boca em boca: "Segurem a rédea dos cavalos só com dois dedos da mão direita para que não os arrastem, caso eles caiam no precipício.

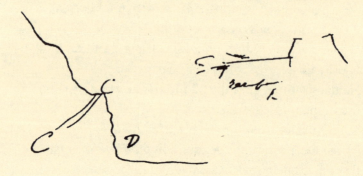

[Muralha R.]
O caminho ou antes a trilha recentemente mal aberta com picaretas era como C e o precipício como D, a muralha como R.

— Diabos! Então há perigo!", eu me disse.
Paramos numa pequena plataforma.
"Ah! eles nos miram, disse o capitão.
— Será que estamos ao alcance?, disse eu ao capitão.
— Ora, então o meu valente já está com medo?", disse-me ele com humor. Havia ali sete a oito pessoas.

Esse comentário foi como o canto do galo para São Pedro. Revejo, aproximei-me da beira da plataforma para ficar mais exposto, e quando ele retomou o caminho demorei-me por alguns minutos para mostrar minha coragem. Foi assim que vi o fogo pela primeira vez.

Era uma espécie de virgindade que me pesava tanto quanto a outra.

Capítulo XLVI

À noite, ao refletir sobre isso, eu não me refazia de meu espanto: *Quê! é só isso?*, eu me dizia.

Esse espanto um pouco tolo e essa exclamação seguiram-me por toda a vida. Creio que isso se deva à imaginação, faço essa descoberta, assim como muitas outras em 1836, ao escrever isto.

Parêntese. – Com frequência eu me digo, mas sem pesar: Que belas ocasiões perdi! Eu seria rico, pelo menos teria meios! Mas vejo em 1836 que meu maior prazer é *sonhar*, mas sonhar com o quê? Frequentemente com coisas que me entediam. É impossível para mim a atividade exigida pelas providências necessárias para reunir 10 mil francos de renda. Além do mais, é preciso bajular, não desagradar a ninguém etc. Esse intento é quase impossível para mim.

Pois bem! O conde de Canclaux era tenente ou subtenente no 6º Regimento de Dragões ao mesmo tempo que eu, ele era considerado intrigante, hábil, sem perder por isso uma oportunidade de agradar aos poderosos etc., etc., sem fazer um único passo que não tivesse uma finalidade etc., etc. O general Canclaux, seu tio, havia pacificado a Vendée, acho eu, e assim tinha certa influência. O Sr. de Canclaux deixou o regimento para entrar na carreira consular, teve provavelmente todas as qualidades que me faltam, é cônsul em Nice, como eu em Civita-Vecchia. Isso deve consolar-me de não ser intrigante ou pelo menos hábil, prudente etc. Tive o raro prazer de fazer por toda a minha vida mais ou menos o que me agradava, e cheguei exatamente aonde chegou esse homem frio, hábil etc. O Sr. de Canclaux fez-me uma gentileza quando passei por Nice, em dezembro de 1833. Talvez tenha a mais do que eu o fato de ter fortuna, mas provavelmente ele a herdou de seu tio, e de resto tem a carga de uma mulher velha. Eu não mudaria, isto é: eu não gostaria de que minha alma entrasse em seu corpo.

Portanto, não devo queixar-me do destino. Tive uma situação execrável dos 7 aos 17 anos, mas, a partir da passagem do monte São Bernardo (a 2.491 metros de altitude acima do oceano), não tive mais de me queixar do destino, mas ao contrário me felicitar por ele.

Em 1804, eu desejava 100 luíses e minha liberdade; em 1836 desejo com paixão 6 mil francos e minha liberdade. O que está além disso faria bem pouco para minha felicidade. Isso não quer dizer que eu não quisesse apalpar 25 mil francos e minha liberdade para ter um bom veículo com molas bem macias, mas a ladroagem do cocheiro talvez me desse mais mau humor do que o veículo prazer.

Minha felicidade consiste em nada ter para administrar, eu seria muito infeliz se tivesse 100 mil francos de renda em terras e casas. Eu venderia tudo rapidamente com prejuízo, ou pelo menos três quartos, para comprar renda. A felicidade, para mim, é não dirigir ninguém e não ser dirigido, acredito portanto que fiz bem de não casar com a Srta. Rietti ou a Srta. Vidau. – Fim do parêntese.

Lembro-me de que tive extremo prazer ao entrar em Étroubles e em Aosta. O quê! a passagem do São Bernardo *é isso?*, eu me dizia sem parar. Cometi mesmo o erro de dizê-lo alto algumas vezes, e por fim o capitão Burelviller tratou-me mal apesar de minha inocência, tomou isso como uma fanfarronice (*id est*: *bravata*). Com muita frequência minhas ingenuidades causaram o mesmo efeito.

Um comentário ridículo ou apenas exagerado com frequência foi suficiente para estragar as mais belas coisas para mim: por exemplo, em Wagram, ao lado do canhão quando o mato pegava fogo, esse coronel piadista nosso amigo que disse: "*É uma batalha de gigantes!*". A impressão de grandeza foi irremediavelmente afastada por todo o dia.

Mas, meu Deus! quem lerá isto? Que palavrório! Poderei por fim voltar a meu relato? Será que algum leitor vai saber se este está em 1800, na estreia de um louco no mundo, ou nas reflexões sábias de um homem de 53 anos?

Observei antes de deixar meu rochedo que o canhoneio de Bard fazia um barulho assustador; era o *sublime*, um pouco vizinho demais do perigo. A alma, em vez de apenas se deliciar, estava ainda um pouco ocupada em se conter.

Avisei de uma vez por todas o bravo homem, único talvez que terá a coragem de me ler, que todas as belas reflexões desse tipo são de 1836. Eu teria ficado espantado em 1800 com elas, talvez eu não as tivesse compreendido, apesar da minha solidez no tocante a Helvétius e Shakspeare.

Ficou-me uma lembrança nítida e muito séria da muralha que fazia esse grande tiroteio contra nós. O comandante desse fortim, situado *providencialmente*, como diriam os bons escritores de 1836, julgava deter o general Bonaparte.

Acredito que o alojamento da noite foi em casa de um padre, já muito maltratado pelos 25 ou 30 mil homens que haviam passado antes do capitão Burelviller e seu aluno. O capitão egoísta e mau xingava, parece-me que o cura me deu pena, eu lhe falei em latim, para diminuir seu medo. Era um grande pecado, é em pequena dimensão o crime desse vil canalha Bourmont[252] em Waterloo. Por felicidade o capitão não me ouviu.

H. Eu. – B. Aldeia de Bard. – CCC. Canhões que atiravam sobre LLL. – XX. Cavalos caídos do caminho LLL mal traçado à beira do precipício. – P. Precipício a 95 ou 80 graus, com 30 ou 40 pés de altura. – P'. Outros precipícios a 70 ou 60 graus, e brenhas sem fim. Vejo ainda o bastião CCC, é tudo o que me resta de meu medo. Quando eu estava em H, não vi nem cadáveres nem feridos, mas apenas cavalos em X.
O meu que saltava e cuja rédea eu segurava com apenas dois dedos segundo a ordem incomodava-me muito.

---

[252] O general de Bourmont, três dias antes da Batalha de Waterloo, passou com todo seu Estado-maior para o lado inimigo.

O pároco agradecido ensinou-me que: *Donna* queria dizer "mulher", *cattiva*, "má" e que era preciso dizer: *quante sono miglia di qua a Ivrea?* quando eu quisesse saber quantas milhas havia daqui a Ivrea.

Foi o começo do meu italiano.

Fiquei tão impressionado com a quantidade de cavalos mortos e de outros restos do exército que encontrei de Bard a Ivrea, que não me restou lembrança distinta. Era a primeira vez que eu conhecia essa sensação tão renovada a seguir: encontrar-me entre as colunas de um exército de Napoleão. A sensação presente absorvia tudo, inteiramente como a lembrança da primeira noite em que Giulia me tratou como amante. Minha lembrança é apenas um romance fabricado nessa ocasião.

Vejo ainda Ivrea tal como entrevista pela primeira vez a três quartos de légua, um pouco à direita, e à esquerda das montanhas à distância, talvez o Monte Rosa e os montes de Biella, talvez esse Rezegon de Leck,[253] que eu mais tarde tanto adoraria.

Tornava-se difícil não tanto ter um bilhete de alojamento dos habitantes aterrorizados, mas defender esse alojamento contra grupos de três ou quatro soldados que perambulavam para pilhar. Tenho alguma ideia de um sabre na mão para defender uma porta de nossa casa que caçadores a cavalo queriam levar para fazer com ela um bivaque.

À noite tive uma sensação que jamais esquecerei.

Fui ao teatro, apesar do capitão, que, levando em conta minha criancice e minha ignorância das armas, sendo ainda que meu sabre era muito pesado para mim, tinha medo sem dúvida de que eu fosse morto em alguma esquina. Eu não tinha uniforme, é o que há de pior nas colunas de um exército... etc., etc.

Por fim fui ao teatro, apresentavam o *Matrimonio segreto*, de Cimarosa, a atriz que representava Caroline tinha um dente de menos na frente. Isso é tudo o que me resta de uma felicidade divina.

Eu mentiria e faria romance se tentasse detalhá-la.

De imediato desapareceram minhas duas grandes ações: 1º ter passado o São Bernardo, 2º ter estado no fogo. Tudo isso me pareceu

---

[253] Trata-se de Resegone di Lecco numa transcrição fonética de Stendhal.

grosseiro e baixo. Experimentei algo semelhante a meu entusiasmo da igreja acima de Rolle, mas bem mais puro e bem mais vivo. O pedantismo de Julie d'Étange incomodava-me em Rousseau, ao passo que tudo era divino em Cimarosa.

Nos intervalos do prazer eu me dizia: E estou aqui lançado em uma atividade grosseira em vez de consagrar minha vida à música!

A resposta era, sem qualquer mau humor: É preciso viver, vou ver o mundo, tornar-me um bravo militar, e depois de um ou dois anos volto à música, *meu único amor.* Eu me dizia essas palavras enfáticas.

Minha vida renovou-se, e todo o meu desapontamento com Paris foi enterrado para sempre.

Eu acabava de ver distintamente onde estava a felicidade. Parece-me hoje que meu grande infortúnio devia ser: não encontrei a felicidade em Paris, onde durante tanto tempo acreditei que ela estivesse, onde está então? Não estaria em nossas montanhas do Dauphiné? Então meus parentes teriam razão, e o melhor que eu faria seria voltar para elas.

A noite de Ivrea destruiu o Dauphiné para sempre em meu espírito. Sem as belas montanhas que eu havia visto pela manhã ao chegar, talvez Berland, Saint-Ange e Taillefer não tivessem sido vencidos para sempre.

Viver na Itália e ouvir essa música tornou-se a base de todos os meus pensamentos.

No dia seguinte pela manhã, ao caminhar ao passo de nossos cavalos com o capitão que tinha seis pés de altura, tive a infantilidade de falar de minha felicidade, ele me respondeu com brincadeiras grosseiras sobre a facilidade de costumes das atrizes. Essa palavra era cara e sagrada para mim, por causa da Sra. Kubly, e além do mais nessa manhã eu estava apaixonado por Carolina (do *Matrimonio*). Parece-me que tivemos uma altercação séria com alguma ideia de duelo de minha parte.

Não compreendo em nada minha loucura, é como minha provocação ao excelente Joinville (agora barão Joinville, intendente militar em Paris), eu não podia sustentar meu sabre em linha horizontal.

Feita a paz com o capitão, fomos, ao que me parece, ocupados pela Batalha do Ticino, em que me parece que nos envolvemos, mas sem perigo. Não falo mais nada, de medo de fazer romance; essa batalha, ou combate, foi-me contada com grandes detalhes poucos meses depois pelo Sr. Guyardet, chefe de batalhão na 6ª ou 9ª ligeira, o regimento desse bom Macon, morto em Leipzig por volta de 1809, ao que me parece. O relato do Sr. Guyardet, feito, ao que me parece, a Joinville em minha presença, completa minhas lembranças e tenho medo de tomar a impressão desse relato por uma lembrança.

Não me lembro nem sequer se o combate do Ticino contou em meu espírito como a segunda vez em que vi tiros, em todo caso só podiam ter sido tiros de canhão, talvez tivéssemos medo de ser atacados com sabres, já que nos encontrávamos com alguma cavalaria que fora obrigada pelo inimigo a voltar. Só vejo com clareza a fumaça do canhão ou da fuzilaria. Tudo é confuso.

Excetuando-se a felicidade mais intensa e mais louca, nada tenho realmente a dizer de Ivrea a Milão. A vista da paisagem encantava-me. Eu não a achava a realização do belo, mas quando, depois do Ticino até Milão, a frequência das árvores e a força da vegetação, e mesmo as hastes de milho, ao que me parece, impediam de ver a 100 passos à direita e à esquerda, eu achava que *estava ali o belo*.

É isso que Milão foi para mim durante 20 anos (1800 a 1820). Essa imagem adorada mal começa a se separar do belo. Minha razão diz-me: mas o verdadeiro belo é Nápoles e o Posillipo, por exemplo, são os arredores de Dresden, os muros em ruína de Leipzig, o Elba abaixo de Rainville em Altona, o lago de Genebra etc., etc. É minha razão que diz isso, meu coração só sente Milão e o campo *luxuriante* que a cerca.[254]

---

[254] *Anotação de Stendhal na margem do manuscrito*: "Terceiro volume iniciado em 20 de janeiro de 1836 à página 501, concluído em 10 de março de 1836 em Civita-Vecchia, página 796.
8 de abril de 1836. Este volume 3º terminado na chegada a Milão. 796 páginas são uma boa quantidade, uma vez aumentadas pela correção e defesa antecipada contra a crítica, 400 páginas *in*-8º. Quem lerá 400 páginas de movimentos do coração?".

Capítulo XLVII
Milão

Certa manhã, ao entrar em Milão numa encantadora manhã de primavera, e que primavera! e em que região do mundo! vi Martial a três passos de mim, à esquerda de meu cavalo. Parece-me vê-lo ainda, era na *Corsia del Giardino*, pouco depois da Via dei Bigli, no começo da Corsia di Porta Nova.

Ele estava de redingote azul com um chapéu bordado de ajudante-geral.

Ficou feliz de me ver.

"Julgavam-no perdido, disse-me ele.

– O cavalo ficou doente em Genebra, respondi, só parti no...

– Vou mostrar-lhe a casa, é a apenas dois passos."

Cumprimentei o capitão Burelviller, nunca mais o revi.

Martial deu meia volta e me levou à Casa d'Adda em D.

A fachada da Casa d'Adda não estava concluída, a maior parte estava então em tijolos grosseiros como San Lorenzo em Florença. Entrei num pátio magnífico. Desci do cavalo muito espantado e admirando tudo. Subi por uma escada esplêndida. Os empregados de Martial soltaram minha mala e levaram meu cavalo.

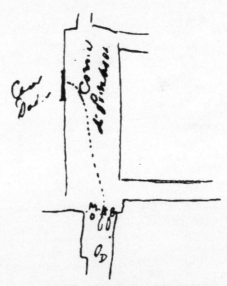

M. Martial. – H. Eu, a cavalo. – B. O capitão Burelviller a cavalo. – D. O empregado do capitão.
[*Casa d'Adda. – Corsia di Porta Nova.*]

Subi com ele e logo me vi em um esplêndido salão que dava para a Corsia. Eu estava encantado, era a primeira vez que a arquitetura produzia efeito em mim. Logo trouxeram excelentes costeletas panadas. Durante vários anos esse prato lembrou-me Milão.

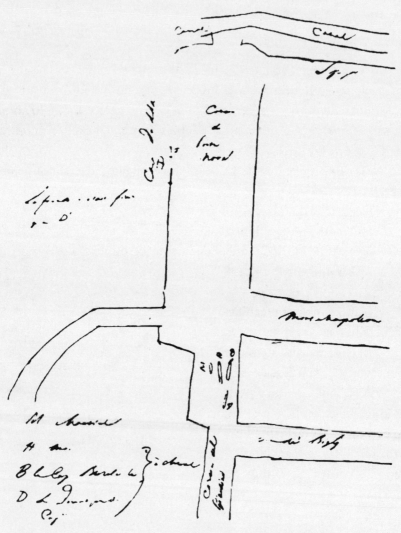

[Canal. – Canal. – (Via della) Spiga. – Corsia di Porta Nova. – Casa d'Adda. A fachada só estava concluída em D'. – Monte Napoleão. – Via dei Bigli. – Corsia del Giardino. – M. Martial. – H. Eu

> B. *O cap. Burelviller*
> D. *O empregado do cap. (a cavalo).]*

Essa cidade tornou-se para mim o mais belo lugar da Terra. Não sinto de modo algum o encanto de minha pátria, tenho pelo lugar onde nasci uma repugnância que vai até a aversão física (o enjoo). Milão foi para mim de 1800 a 1821 o lugar onde constantemente desejei morar.

Passei lá alguns meses de 1800, foi a mais bela época de minha vida. Voltei assim que pude em 1801 e 1802, já que estava de guarnição em Bréscia e em Bérgamo, e por fim morei em Milão, por escolha minha, de 1815 a 1821. Só minha razão me diz, mesmo em 1836, que Paris é melhor. Por volta de 1803 ou 1804, eu evitava no gabinete de Martial levantar os olhos para uma estampa que mostrava ao longe a Catedral de Milão, a lembrança era muito terna e me fazia mal.

Talvez estivéssemos no fim de maio, ou no começo de junho, quando entrei na Casa d'Adda (essa palavra tornou-se sagrada para mim).

Martial foi perfeito e realmente sempre foi perfeito para mim. Incomoda-me não ter visto isso mais quando ele estava vivo; como ele espantosamente tinha uma pequena vaidade, eu tratava com respeito essa vaidade.

Mas o que eu lhe dizia à época, a partir do meu nascente contato com o mundo, e também por amizade, eu deveria ter-lhe dito por amizade apaixonada e por reconhecimento.

Ele não era romanesco, e eu levava essa fraqueza até a loucura; a ausência dessa loucura o tornava banal a meus olhos. O romanesco em mim se estendia ao amor, à bravura, a tudo. Eu temia o momento de dar a gratificação a um porteiro por medo de não lhe dar o suficiente e de ofender sua delicadeza. Aconteceu-me frequentemente de não ousar dar a gratificação a um homem muito bem vestido por medo de o ofender; e devo ter passado por avaro. É o defeito contrário ao da maioria dos subtenentes que conheci: eles pensavam em escamotear uma *mancia*.[255]

Esse foi um intervalo de felicidade louca e completa, vou sem dúvida vaguear um pouco ao falar dele. Talvez fosse melhor ater-me à linha precedente.

---

[255] Em italiano no original, "gorjeta".

Desde o fim de maio até o mês de outubro ou de novembro, quando me tornei subtenente no 6º Regimento de Dragões em Bagnolo ou Romanengo, entre Bréscia e Cremona, tive cinco ou seis meses de felicidade celeste e completa.[256]

Não se pode perceber distintamente a parte do céu muito vizinha ao sol, por um efeito semelhante terei grande dificuldade para fazer uma narração razoável de meu amor por Angela Pietragrua. Como fazer um relato um pouco sensato de tantas loucuras? Por onde começar? Como tornar isso um pouco inteligível? E já esqueço a ortografia, como me acontece nos grandes arrebatamentos de paixão, e se trata no entanto de coisas passadas há 36 anos.

Digne-se de perdoar-me, ó leitor benévolo! Mas antes, se você tem mais de 30 anos ou se, antes de 30, você é do partido prosaico, feche o livro!

Será que acreditarão nele? mas tudo parecerá absurdo em meu relato desse ano de 1800. Esse amor tão celeste, tão apaixonado, que me havia inteiramente retirado da Terra para me transportar em uma região de quimeras, mas quimeras as mais celestes, as mais deliciosas, as mais desejadas, só chegou ao que se chama de felicidade em setembro de 1811.

Desculpem-me o excesso, 11 anos, não de fidelidade, mas de uma espécie de constância.

A mulher que eu amava, e por quem me julgava de algum modo amado, tinha outros amantes, mas ela me preferia no mesmo nível meu, eu me dizia! Eu tinha outras amantes.

(Passeei por uns 15 minutos antes de escrever.)

Como relatar de modo razoável esses tempos? Prefiro deixar para um outro dia.

Reduzindo-me às formas razoáveis, eu faria muita injustiça ao que quero relatar.

Não quero me referir a como eram as coisas, descubro pela primeira vez mais ou menos em 1836 o que elas eram; mas, por outro

---

[256] *Anotação de Stendhal no manuscrito*: "Em 26 de março de 1836; às 10h30, carta muito polida para gékon [anagrama de '*congé*', isto é, licença]. Desde essa grande corrente em minhas ideias, não trabalho mais. 1º de abril de 1836. *Prova* de 31 de março. Vignaccia: *stabat mater*, velhas estrofes bárbaras em latim rimado, mas pelo menos ausência de espírito a la Marmontel".

lado, não posso escrever o que elas eram para mim em 1800, o leitor jogaria fora o livro.

Que partido tomar? Como retratar a felicidade louca?

O leitor alguma vez esteve loucamente apaixonado? Alguma vez teve a fortuna de passar uma noite com a amante que ele mais amou na vida?

De fato não posso continuar, o tema ultrapassa o narrador.

Sinto que sou ridículo, ou, antes, não digno de crédito. Minha mão não pode mais escrever, deixo para amanhã.

Talvez fosse melhor deixar de lado esses seis meses.

Como descrever a excessiva felicidade que me era dada por tudo? É impossível para mim.

Só me resta traçar um sumário para não interromper inteiramente o relato.

Sou como um pintor que não tem mais coragem de pintar um pedaço de seu quadro. Para não estragar o resto ele esboça *alla meglio*[257] o que não pode pintar.

Ó leitor frio, desculpe minha memória, ou, antes, salte 50 páginas.

Este é o sumário daquilo que, com um intervalo de 36 anos, não posso contar sem o estragar horrivelmente.

Eu poderia ter dores horríveis pelos cinco, 10, 20 ou 30 anos que me restam de vida, mas ao morrer eu não diria: Não quero recomeçar.

Antes de tudo, a felicidade de ter como parente Martial. Um homem medíocre, abaixo do medíocre se quiserem, mas bom e alegre, ou, antes, à época ele próprio feliz, com quem vivi.

Tudo isso são descobertas que faço ao escrever. Sem saber como retratar, faço a análise do que senti à época.

Estou muito frio hoje, o tempo está cinza, sinto-me um pouco mal.

Nada pode impedir minha loucura.

Na condição de homem do mundo que detesta exagerar, não sei como fazer.

Escrevo isto e sempre escrevi tudo como Rossini escreve sua música, penso nisso, ao escrever toda manhã o que se encontra diante de mim no *libretto*.

---

[257] Em italiano no original, "do melhor modo".

Leio em um livro[258] que recebo hoje:

"Esse resultado não é sempre perceptível para os contemporâneos, para aqueles que o operam e o experimentam; mas a distância e do ponto de vista da história, pode-se observar a que época um povo perde a originalidade de seu caráter" etc., etc. (Villemain, prefácio, página X.)

Estragamos sentimentos muito ternos ao contá-los de modo detalhado.[259]

---

[258] Trata-se de um livreto que reproduzia o prefácio de Villemain para a sexta edição do *Dictionnaire de l'Académie*.

[259] *Anotações de Stendhal no final do manuscrito*: "1836, 26 de março, anúncio da licença *for* Lutécia. A imaginação voa para outros lugares. Este trabalho é interrompido por ela. O tédio amortece o espírito, muito exigido de 1832 a 1836, Omar. Este trabalho interrompido sem cessar pela profissão ressente-se sem dúvida desse amortecimento. Vi nesta manhã a galeria Fesch com o príncipe, e as salas de Rafael. – Pedantismo: nada é ruim em Dante e Rafael, idem mais ou menos quanto a Goldoni 8 de abril de 1836, Omar".
"O tédio gela o espírito. Não posso dissimular-me que a total privação do comércio das ideias não me tenha lançado nessa má disposição de 1832 a 1836. Escrever o que segue era um consolo. Fui muito inimigo da mentira ao escrever, mas não comuniquei ao leitor benévolo o tédio que fazia com que eu dormisse no meio do trabalho, em lugar dos batimentos de coração do n. 71, Richelieu? 6 de abril de 1936."
"Trabalho em Civitavecchia: três ou quatro dias apenas de 24 de fevereiro a 19 de março de 1836, o resto no trabalho profissional, ganha-pão."
"Plano, 27 de março. Viagem: o navio a vapor até Marselha. Comprar seis *foulards* em Livorno e 20 pares de luvas amarelas no Gagiati, em Roma.//Sequência, viagem: de modo algum a mala-posta em Marselha, ainda se fosse a de Toulouse e Bordeaux, para evitar o desgosto de Valence e Lyon, Samur e Auxerre, de mim muito conhecidos. Mau começo. Provavelmente o desvio de Florença, ao chegar a Livorno, não me agradará. Talvez ir à Inglaterra, pelo menos a Bruxelas, talvez a Edimburgo.//Aproveitar meu tempo nessa viagem de Paris. Jamais dizer Omar. Muito mudado. 2º Regime, para evitar as ceias Tour de Nesle. Ver muito o Sr. de La Touche, Balzac, se eu puder, para a literatura; o Sr. Chasles um pouco por Levavasseur; as Sras. D'Anjou (assiduamente), Castellane, Tascher, e Jules, Ancelot, Menti, Coste, 7 Julia. É a assiduidade que é necessária. Se eu ficasse em Paris, é nesses primeiros dois meses que posso basear os salões do resto *of my life*. Só sinto entusiasmo por Giulia. Uma residência no sul, Rue Taitbout. O que são, por três meses, 200 francos a mais para moradia?" [N. T. A referência na anotação acima a "Tour de Nesle" deve-se ao fato de a esses jantares se seguir a visita a locais de prostituição; "Tour de Nesle" denomina um episódio lendário de adultério e crime, tema de uma peça de 1832 de Alexandre Dumas e Frédéric Gaillardet.]

Apêndice[260]

TÍTULOS

VIDA DE Hʸ BRUL[ARD]
escrita por ele próprio. *Life.* Nov. 35

VIDA DE HENRY BRULARD
escrita por ele próprio. Romance imitado
do *Vigário de Wakefield.*

VIDA DE HENRY BRULARD

Aos Srs. da Polícia. Este é um romance imitado do *Vigário de Wakefield.* O herói, Henry Brulard, escreve sua vida, aos 52 anos, depois da morte de sua mulher, a célebre Charlotte Corday.

Começo da obra tomo I, Eu, Henry Brulard, escrevi o que segue em Roma de 1832 a 1836.

VIDA DE HENRY BRULARD
escrita por ele próprio, romance moral.

---

[260] Incluem-se nos Apêndices os títulos, comentados pelo próprio Stendhal, que ele pensava em dar a seu livro; fazem parte do manuscrito principal da obra. Incluem-se também os vários textos em que Stendhal dava instruções sobre o destino do manuscrito após sua morte.

Aos Srs. da Polícia, nada de político. O herói deste romance acaba por se tornar padre como Jocelyn.[261]

Na folha seguinte:

VIDA DE HENRY BRULARD
escrita por ele próprio, tomo segundo.

Romance imitado do *Vigário de Wakefield* sobretudo no que se refere à pureza dos sentimentos.

VIDA DE H^y BRULARD

Terceiro volume iniciado em 20 de janeiro de 1836 na página 501, terminado em 10 de março de 1836 em Civita-Vecchia na página 796.
Vida de Henry Brulard, escrita por ele próprio. Romance de detalhes, imitado do *Vigário de Wakefield*.
Aos Senhores da Polícia. Nada de Político neste romance. O projeto é um exaltado em todos os gêneros que, desgostoso e esclarecido pouco a pouco, acaba por se consagrar ao culto dos altares.

VIDA DE H^y BRULARD
Tomo IV
Divisão

Por clareza, dividir esta obra assim:

Livro primeiro.

De seu nascimento à morte da Sra. Henriette Gagnon.

---

[261] Herói de um longo poema de Alphonse de Lamartine, *Jocelyn* (1836).

Livro segundo. 2.

Tirania Raillane (assim chamada não pela forma mas por seus efeitos perniciosos).

Livro 3. 3.
O mestre Durand.

Livro 4. 4.
A Escola Central, a matemática até a partida para Paris, em novembro de 1799.
Dividir em capítulos de 20 páginas.

Plano: estabelecer as épocas, cobrir a tela, depois, ao reler, acrescentar as lembranças, por exemplo: 1. O padre Chélan; 2. *Je me révorte* (o chapeleiro, dia das Telhas).

Pequenos fatos a inserir.
1. Mau cheiro das pessoas que assistiam às vésperas, na Charité (M. B., superior).
2. O padre Rey faz-me entrar no coro, em Saint-André. Habitualmente, eu ficava bem perto da grande grade do coro. Sermões.
Tudo isso antes do fechamento das igrejas, mas em que época elas foram fechadas em Grenoble?
3. Enterro, ou antes exéquias, em Notre-Dame, do bispo intruso, chamado com desprezo por minha família padre Pouchot.

A incluir.
1790, Federação do campo de marte vista em Grenoble, lado esquerdo da Place Grenette.
91, Ansiedade da família, fuga de Varennes.

Testamentos

Doo e lego este manuscrito sobre a história de minha vida ao Sr. Alphonse Levavasseur, após ele ao Sr. Hy Fournier e sucessivamente aos Srs. Amyot, Paulin, Wurtz, Philarète Chasles, com a condição de que sejam mudados todos os nomes de mulher e de que não seja mudado nenhum nome de homem, e de que só seja impresso, se isso valer a pena, quinze anos depois de minha morte. Roma, 29 de novembro de 1935.

H. Beyle

Lego e doo este manuscrito: *Vida de Henry Brulard,* etc., e todos aqueles relativos à história de minha vida, ao Sr. Abraham Constantin, cavaleiro da Legião de Honra, e, se ele não o imprimir, ao Sr. Alphonse Levavasseur, livreiro, Place Vendôme, e, caso este morra antes de mim, eu o lego sucessivamente aos Srs. Ladvocat, Fournier, Amyot, Treutel e Wurtz, Didot, com a condição: 1º Que antes de imprimir este manuscrito, mudarão todos os nomes de mulher: onde pus Pauline Sirot, porão Adèle Bonnet, basta pegar os nomes da próxima lista de jurados, em suma, deve-se trocar absolutamente todos os nomes de mulheres e não mudar nenhum nome de homem. Segunda condição: enviar exemplares às bibliotecas de Edimburgo, Filadélfia, Nova York, México, Madri e Brunswick. Mudar todos os nomes de mulher, condição *sine qua non.* Civita-Vecchia, 29 de novembro de 1835.

H. Beyle

Vida de Henri Brulard. Condições:
 1º Só imprimir depois de minha morte;
 2º Mudar absolutamente todos os nomes de mulheres;
 3º Não mudar nenhum nome de homem.
Civita-Vecchia, 30 de novembro de 1835.

H. Beyle

Lego e doo a *Vida de Henri Brulard,* escrita por ele próprio ao Sr. Alphonse Levavasseur, Place Vendôme, e depois dele aos Srs. Philarète

Chasles, Henri Fournier, Amyot, com a condição de que sejam mudados todos os nomes de mulher e de que não seja mudado nenhum nome de homem.

Civitavecchia, 1º de dezembro de 1835.

Lego e doo o presente volume ao Sr. Cavaleiro Abraham Constanti (de Genebra), pintor em porcelana. Se o Sr. Constantin não o imprimir nos mil dias que se seguirem a minha morte, lego e doo este volume sucessivamente aos Srs. Alphonse Levavasseur, livreiro, no. 16, Place Vendôme, Philarète Chasles, homem de letras, Henry Fournier, livreiro, rue de Seine, Paulin, livreiro, Delaunay, livreiro/ e se nenhum desses senhores achar de interesse imprimir nos cinco anos que se seguirem a minha morte, deixo este volume aos mais idoso dos livreiros que mora em Londres e cujo nome começa por um C.

Civita-Vecchia, 24 de dezembro de 1835.
H. Beyle

Exijo (*sine qua non conditio*) que todos os nomes de mulher sejam mudados antes da impressão. Confio em que essa precaução e a distância das épocas impedirão qualquer escândalo.

Civita-Vecchia, 31 de dezembro de 1835.
H. Beyle

Doo e lego este volume e todos os volumes da *Vida de Henry Brulard* ao Sr. Abraham Constanti, cavaleiro da Legião de Honra, e depois dele, caso não o imprima, aos Srs. Levavasseur, livreiro, Place Vendôme, Philarète Chasles, homem de letras, Amyot, Pourrat, livreiros. Roma, 20 de janeiro de 1836.

H. Beyle

Lego e doo este volume *e os dois precedentes* da *Vida de Henry Brulard* ao Sr. Abraham Constantin, cavaleiro da Legião de Honra, pintor em porcelana, domiciliado em Genebra, e depois dele, caso não o imprima, aos Srs. Romain Colomb, Rue Godot-de-Mauroy, n. 35, Levavasseur, livreiro, Paulin, livreiro, um após o outro Philarète Chasles, homem de letras. O manuscrito pertencerá àquele desses senhores que achar de seu interesse imprimi-lo, de forma abreviada ou em sua totalidade.

Roma, 28 de janeiro de 1836.
H. Beyle

Este livro foi composto com tipografia Adobe Garamond Pro e
impresso em papel Off-White 70 g/m² na Formato Artes Gráficas.